鹿島茂
Shigeru Kashima

聖人366日事典

Dictionnaire des 366 saints et saintes

東京堂出版

まえがき

英語でセイント（Saint）、フランス語でサン（Saint）ないしはサント（Sainte）と呼ばれる聖人の存在を身近に感じるようになったのは、三〇年ほど前に一年間パリに滞在して、頻繁《ひんぱん》にパリの街を歩くようになってからです。

たとえば、カルチエ・ラタンのサント＝ジュヌヴィエーヴ（聖ジュヌヴィエーヴ）の丘を下りて、サン＝ジャック（聖ヤコブ）通りを横切り、サン＝ミッシェル（聖ミカエル）大通りとサン＝ジェルマン（聖ゲルマヌス）大通りの交差点でバスに乗ってサン＝トノレ（聖オノリウス）通りで降りて買い物をするといったように、パリでは、ごく普通の日常を送っていても、いたるところで聖人の名前を冠《かん》した通りや大通りに出合います。

また、フランス人の友人や知人と話をしていると、それぞれ、みんなひとりあるいは何人か守護聖人があるらしいことがわかってきました。また、歯医者に行くとサント・タポリーヌ（聖女アポロニア）のメダイヨン（大型メダル）が、眼科医にはサント・リュシー（聖女ルチア）のメダイヨンがというように、職業によっても守護聖人が決まっているようなのです。

こうしたことを見たり聞いたりしているうちに、聖人というものの存在に興味をひかれるようになりました。というのも、本来、ただひとりの神（キリスト）を崇《あが》め、それ以外の神を認めない一神教であるはずのキリスト教に、守護聖人という不思議な存在があって、病気を癒《いや》したり、ある種の職業に保護を与えたり、人々の現世利益的な願いをかなえる仕事をしているように見えたからです。日本の八百万《やおよろず》の神に似ているなと思いました。

そのうち、パリで家具付きのアパルトマンを借りて生活していたとき、台所にあった家庭用のカレンダーが聖人カレンダーを兼ねていることを発見しました。一年三六五日、それぞれの日の聖人というものが決まっているのです。たとえば、クレフランスの友人たちがみんな一人ひとり、守護聖人をもっているというのはこのことだったのです。たとえば、クレールという女性なら、自分と同名の聖女クレール（ラテン語ならクレア）という聖人のほか、誕生日の聖人も守護聖人となるようです。

私も好奇心に駆られて、まず自分の誕生日である一一月三〇日はどうかと見てみると、サン・タンドレ（聖アンドレ）と出ています。

しかし、カレンダーには聖人の名前しか記されていません。当然、自分の誕生日の守護聖人はどんな人物で、どんな守護分野をもっているのか知りたくなりました。

そこで、パリのサン＝シュルピスにある宗教関係専門の本屋に出かけて、聖人の伝記付きのカレンダーのようなものはないかと尋ねたところ、書店員は、十数種類の本を出してきてくれました。さすがカトリックの国のフランスです。聖人事典というものもずいぶんと種類がありました。もちろん、聖アンドレがどんな人物であるかもわかり、どのような守護分野をもっているのかについても知ることができました。パリの通りや大通りに名前を残している聖人のことも、やっと理解ができました。

では、いったい、守護聖人とは、そもそもどのような存在なのでしょうか？

守護聖人の第一の特徴はそれぞれに祝日が決まっていて、一年三六五日（閏《うるう》年なら三六六日）のいずれかの日に割り振られているということです。

いいかえると、一年三六五日の毎日がかならずなにかしらの聖人の祝日になっているのです。そのために、聖人暦というものがつくられています。

なぜ、このようなカレンダー形式になったのかは明らかではありませんが、民衆のほとんどが読み書きができず、数字の概念も有していなかった時代に、たとえば「今日は一月三日」という代わりに、「今日は聖女ジュヌヴィエーヴの日」というほうがはるかに親しみやすかったからだと思われます。その証拠に、農民が使った農事暦では、「聖ゲオルギウス（サン・ジョルジュ／四月二三日）の日に雨が降ると、一〇〇個のサクランボのうち、残るのは一四個だけ」とか、「聖マルコ（サン・マルク／四月二五日）の日に天気が悪いと、種のある果物は不作だ」というように、日付は聖人名で記憶されていたのです。

このように、日付イコール聖人名ですから、一九世紀までは、親は子どもが生まれて、洗礼名をどうしようかと考えるとき、まず最初に、その子どもの誕生日がどんな聖人の祝日に当たっているかを聖人カレンダーで調べていたようです。それはいまでも変わりません。アンナ・ガヴァルダの短編集『泣きたい気分』(飛幡祐規訳、新潮社)を読んでいたら、妊娠を告げられた女性がお腹の子どもの出産予定日(フランスでは初診でこれを教えます)を聖人暦を調べる場面が出てきましたから、誕生日の聖人の名前を子どもの洗礼名として用いるという習慣は近年でも失われてはいないようです。

梅田修氏の『ヨーロッパ人名語源事典』(大修館書店)にも、カトリックの総本山イタリアでは「洗礼名は誕生の日の聖人の名をつけることが多かった」と書かれています。

また石黒マリーローズ氏の『キリスト教文化の常識』(講談社現代新書)には「生まれた日にゆかりの聖人名を記念につけることもあります」とあります。

ですから、カトリックの国では、ついこのあいだまでは、誕生日の聖人がその人の洗礼名で、それが守護聖人という人が多かったわけです。たとえば、散文詩の傑作『マルドロールの歌』を書いたロートレアモン伯爵(本名はイジドール・デュカス)という夭折の詩人がいますが、そのイジドールというあまり一般的でない洗礼名は彼が一八四六年四月四日の聖イシドロ(フランス読みはイジドール)の祝日に生まれたために付けられたのです。

しかし、男の子なのに誕生日の聖人が聖女であったり、あるいはその逆だったりすることも当然ありますし、誕生日の聖人がマイナーであまり名の知られていない場合もありますので、誕生日の聖人にはこだわらず、聖人カレンダーの中から自分の好きな名を選んでつける親も少なくありません。また、とくにイタリアの田舎などでは長男、長女には祖父や祖母の洗礼名をつける習慣もありますから、かならずしも、誕生日の聖人がその人の洗礼名になっているとはかぎりません。

カトリックの盛んなアイルランドに生まれた作家フランク・マコートの『アンジェラの灰』(土屋政雄訳、新潮社)

には、こんな場面も出てきます。

「別の壁には、茶色の服を着て、体中に鳥をとまらせた男の人の絵がある。あれが誰だかわかるかい、フランシス？　フィンタンがきく。知らないの？　あれは君の守護聖人だよ。アッシジの聖フランシス。今日は何日だい？

一〇月四日だろ？

当たり！　聖フランシスの日さ。特別の日だよ。聖フランシスになんでも願い事ができる。きっとかなう。だから、今日は君にも来てもらったんだ」

これは貧乏な家庭の主人公フランシスが金持ちの友達のフィンタンの家に招かれたときの描写です。フランシスが生まれたのは八月とありますから、一〇月四日は誕生日ではありませんが、フランシスは、アッシジの聖フランシス（鳥と話をしたというアッシジの聖フランチェスコ）にちなんでこの名をつけられ、聖フランシスを守護聖人にしていますので、友達は聖フランシスの祝日である一〇月四日に彼を家に招いたのです。

このように、カトリックの国々では、誕生日の聖人のほかに、自分と同名の聖人が守護聖人とされているのです。たとえば、ピエールやピーターという名の男の人は聖ペトロ（フランス語ならサン・ピエール、英語ならセイント・ピーター）、クレールやクレアという名の女の人は聖女クララ（フランス語でサント・クレール、英語でセイント・クレア）が、それぞれ守護聖人になります。フランスのテレビを見ていると、天気予報の最後に、アナウンサーが「明日はサン・ジョセフ（聖ヨセフ）の日（三月一九日）です、全国のジョセフさんに祝福を」と言っていることがありますが、これは全国のジョセフさんに明日があなたの守護聖人の日ですよ、と教えているのです。

フランス人によくあるジャン＝リュックのような、ファースト・ネームのほかにミドル・ネームまである合名の人は、聖ヨハネ（サン・ジャン）と聖ルカ（サン・リュック）のふたりを同時に守護聖人にすることができます。どうせなら、守護聖人がたくさんいたほうがいいという親心でしょうか。

しかし、なかには、親に与えられた洗礼名よりも、自分の誕生日に強くこだわって、その誕生日の聖人を守護聖人と考える人もいます。

というのも、フランスでは、近年、法律が改正されるまで、ファースト・ネームは役所にあるリストの中から選ばなければならないという法律がありましたが、そのリストは聖人名のほか、『旧約聖書』の人名や、ゲルマン神話の英雄や王侯の名前からなっていました。そのため、『旧約聖書』やゲルマン神話系のファースト・ネームの人は自分の守護聖人がカレンダーにはない人も出てきます。そんなときには、自分の誕生日に当たる守護聖人を守護者と信じて崇めることになるのです。

たとえば、作家の自伝などを読んでいると「聖女ジュヌヴィエーヴの日に私は生まれたので、聖女ジュヌヴィエーヴが私の守護聖女である」というような記述にしばしば出合います。この人は、自分の洗礼名よりも、運命の糸でむすばれている誕生日の聖人のほうに親しみを感じ、その聖人を守護聖人として崇めているわけです。とくに、誕生日が、後述のような一二使徒や一四救難《きゅうなん》聖人のたぐいの大物の守護聖人の場合には、「私の守護聖人」として崇める人が多いようです。

香港の人たちは、中国名のほかに、キリスト教徒でなくても洗礼名をもっている人がいますが、聞いてみると、やはり聖人カレンダーから誕生日の聖人を選んでいるとのことです。イギリスの植民地の歴史が長かった国ならではの習慣です。

ところで、誕生日の聖人を守護聖人とするこのような習慣には、それなりの根拠があります。なぜなら、聖人の祝日というのは、原則的に聖人の命日が当てられているからです。つまり聖人が地上で死に（多くは殉教）、列聖されて天国で聖人に生まれかわった日ということですから、誕生日の聖人を守護聖人とするのは、その聖人の生まれかわりということになって、理にかなっているのです。

また、守護聖人は一日につきひとりとは限らず何人もいますから、誕生日に複数の守護聖人がいる場合には、両方を自分の守護聖人にしてしまうこともできます。

たとえば、七月二五日は、一二使徒のひとり聖（大）ヤコブと一四救難聖人のひとり聖クリストフォロスという大物聖人ふたりが守護聖人になっているというぜいたくな日です。

このように自分の誕生日や洗礼名にちなんだ聖人を守護聖人とするほか、職業や身分で守護聖人を選ぶ場合もあります。というのも、各々の守護聖人にはそれぞれ守護分野というものがあって、その守護分野に属する職業や身分の人々を守ってくれるのです。いくつか例をあげてみましょう。

著述家　聖フランソワ・ド・サール（フランシスコ・サレジオ）（一月二四日）

歯科医　聖女アポロニア（二月九日）

恋人たち　聖ヴァレンタイン（二月一四日）

独身女性（二五歳以上）　聖女カタリナ（一一月二五日）

子ども　聖ニコラウス（一二月六日）

これらはほんの一例で、社会のあらゆる職業・身分に守護聖人があります。ですから、それぞれの職業の組合は、自分たちの守護聖人をかたどったメダルや肖像を組合員に配って、玄関に飾らせたりしています。フランスのパン屋の入口をよく見ると、パン職人の守護聖人である聖オノリウス（サン・トノレ）や聖ミカエル（サン・ミッシェル）のメダルが掲げてあることがあります。天候に左右されやすいワイン栽培《さいばい》業者は聖ヴァンサン、聖マルタンをはじめとする複数の守護聖人をもっています。

また、それぞれの守護聖人は、職業・身分ばかりか、教区や町や地域や国を保護し、さらには病気や災害からも人々を守ってくれると信じられています。

フランスは聖女ジャンヌ・ダルクとリジューの聖女テレーズ、アイルランドは聖パトリック、スコットランドやロシアは聖アンドレ、パリは聖ジュヌヴィエーヴと聖ドニをそれぞれ守護聖人にしています。ちなみに日本の守護聖人は聖ミカエルです。

皮膚病だと聖アントニウス、出産のときには聖女アンナと聖女ドロテア、火事のときには聖女アガタ、絶望して、どうしようもないときには聖ユダなど、それぞれの守護聖人の名前を唱えて祈ります。同じく『アンジェラの灰』には、やたらにこうした救難聖人に祈る場面が出てきます。「聖ユダ様、どうしようもない場合の守護聖人様、お助けください。私はどうしようもありません」

聖ユダというのはキリストを裏切ったイスカリオテのユダではなく、「タダイのユダ」と呼ばれる一二使徒のひとりですが、混同されやすいため、使徒のなかでは冷遇されてきました。ところが、そのため、逆に不当に差別されたり、絶望したりした人の守護聖人になったのです。

こうした困ったときにその名を唱えるとよいといわれている聖人のなかで、とくに霊験あらたかなのが「一四救難聖人」と呼ばれる聖人たちです。

一四救難聖人とは、英語ではフォーティィーン・ホーリー・ヘルパー Fourteen Holy Helpers、フランス語ではキャトルズ・サン・オクシリアトゥール Quatorze Saints Auxiliateurs という、危機のときや病気のときに救助に来てくれるという信仰のある聖人で、一四世紀のドイツで盛んになりました。

聖アカキウス（三月三一日　救難分野：頭痛）／聖女バルバラ（一二月四日　救難分野：発熱と急死）／聖ブラシウス（二月三日　救難分野：喉痛と家畜）／（アレクサンドリアの）聖女カタリナ（一一月二五日　救難分野：急死）／聖クリストフォロス（七月二五日　救難分野：腺ペストと旅行中の事故）／聖キュリアクス（八月八日　救難分野：眼疾、悪魔憑き）／聖ドニ（一〇月九日　救難分野：頭痛、悪魔憑き）／聖エラスムス（六月二日　救難分野：内臓の病気）／聖エウスタキウス（九月二〇日　救難分野：火事、家庭不和）／聖ゲオルギウス（四月二三日　救難分野：家畜の病気、顔の皮膚病）／聖ジル（ギレス、アエギディウス）（九月一日　救難分野：ペスト、癌、不妊症）／アンティオキアの聖女マルガリタ（七月二〇日　救難分野：出産、腰痛）／聖パンタレオン（七月二七日　救難分野：結核、消耗性熱病）／聖ヴィトゥス（六月一五日　救難分野：てんかん、雷、コレラ、動物に噛まれたとき）。

しかし、なかには聖アカキウスや聖キュリアクスのように信仰が衰えたため、その代役として、次のような聖人を一四救難聖人に加えている場合もあります。

聖アントニウス（一月一七日）／聖女ドロテア（二月六日）／聖レオナルドゥス（一一月六日）／聖ニコラウス（一

二月六日）／聖セバスチャン（セバアスティアヌス）（一月二〇日）／聖ロック（ロクス）（八月一六日）。（救難分野は本文中の「守護する対象」参照）

さて、こうして見てくると、カトリックの国々では、ひとりの人に、誕生日の守護聖人、同名の守護聖人、職業・身分の守護聖人、さらには教区の守護聖人、町の守護聖人、国の守護聖人というように、何人もの守護聖人がいることがわかります。もちろん、病気にかかったり、災難に遭って困ったりしたときには、何人でも救難聖人を呼び出すこともできます。

ひとことでいえば、カトリックの国々では、毎日、人々は守護聖人に囲まれて生活しているわけです。

では、いったい、どのような人が守護聖人となり、その守護分野や、守護の日付はどのようにして決められてきたのでしょうか？

聖人あるいは聖女は、ローマ・カトリック教会では、「天の教会」で人々の願いを神に取り次いでくれる仲介者として正式な教義のうちに組み込まれています。それどころか、列聖という儀式（sanctification）によって、毎年、あらたに聖人や聖女が認定されて、三六六日のうちどれかの日を祝日として与えられています。原則は列聖された新しい聖人の命日を祝日としますが、かならずしもこの原則は守られてはいません。極端にいうと、その日に有名な聖人がいないという理由で祝日をあてがわれる場合もあるようです。

最近では、アウシュヴィッツの強制収容所で死んだマキシミリアン・コルベ神父が列聖されて、聖人の列に加えられましたが、与えられた祝日はコルベ神父が収容所で餓死刑の囚人の身代わりとなって死んだ八月一四日でした。

それでは、どのような人が聖人と認められるのでしょうか？

キリスト教会の初期においては、まっさきに聖人として崇められるようになったのは、キリスト教の教えを守りとおして、迫害や拷問《ごうもん》にも屈せずに殉教《じゅんきょう》した一二使徒たちです。こうした使徒殉教者が、まず、聖人として認められました。

ちなみに一二使徒というのは以下の通りです。

聖ペトロ（六月二九日）／聖アンドレ（一一月三〇日）／聖（大）ヤコブ（七月二五日）／福音書記者聖ヨハネ（一二月二七日）／聖フィリポ（五月一日あるいは五月三日）／聖バルトロマイ（八月二四日）／福音書記者聖マタイ（九月二一日）／聖（小）ヤコブ（五月三日）／タダイの聖ユダ（一〇月二八日）／聖シモン（一〇月二八日）／聖トマス（七月三日）／イスカリオテのユダ

最後のイスカリオテのユダはイエスを裏切ったあとに自殺したので、聖マッテヤ（五月一四日）が補充されました。これに、イエスの死後加わってキリスト教の礎《いしずえ》を築いた聖パウロ（回心記念日一月二五日）も加えることがあります。

やがて、マクシミアヌス皇帝やディオクレティアヌス皇帝の時代になると、これらの使徒たちの教えを忠実に守った殉教者が大量にあらわれて、彼らが使徒の次に聖人として崇敬されるようになります。

そのとき、とくに重視されたのが、殉教者が残した聖遺物、つまり遺骸《いがい》や衣服です。というのも、殉教者たちを慕う信者がこれらの聖遺物に触れたりさすったりすると、病気が治ったり、旱魃《かんばつ》や大雨が収まったりというように、次々と奇跡が起こったからです。ひとたび奇跡が起きると、同じ奇跡を求める信者が、聖人のまつられている墓に詣《もう》でて、たくさんのお布施《ふせ》をしたおかげで、そこに聖人の名を冠した教会が建てられるようになりました。

このように、聖人信仰というのは、最初はかならず地域的なものとして起こりました。そして、いつしか風聞《ふうぶん》や伝説を集めた聖人伝が書かれるようになりました。聖人伝を集大成したヤコブス・デ・ウォラギネの『黄金伝説』はその代表的なものです。

ところで、ここで注意しておきたいのは、こうした聖人信仰というのは、キリスト教の布教前からその土地にあった土着の民間宗教、たとえばゲルマン民族やケルト民族などの異教の民族の信仰を吸収しながら、それを覆い隠すようなかたちで生まれたということです。民衆というのは、いつの時代も、現世利益を追い求めるもので、無病息災と収穫の豊饒《ほうじょう》を祈ります。キリスト教は、あくまで天上での魂の救済が主で、地上の富は残してはならないことになっていますから、本来なら、こうした現世利益的な願いは異端とされるのが原則です。

しかし、疾病治癒《ちゆ》の奇跡や豊饒祈願を無視していたのでは民衆への布教はうまくいきませんので、キリスト教会はこうした民間信仰を、地上の願いを天に取り次ぐ聖人への信仰というかたちにして汲《く》みあげたのです。ですから、聖人というのは、原則的には、だれもみな、病気や災害を防いだり、人や職業や町を奇跡の力で守ってくれたりする「守護」聖人であるわけです。

そのため、科学の発達した現在においても、聖人として列聖されるには、奇跡を起こしたという証言が必要になります。その奇跡が科学の力では説明できないと証明されなくては、列聖されません。

わかりやすくいえば、カトリック教会においては、イエス信仰が精神的な信仰を扱うのに対し、聖人信仰はもっぱら物質的で現世利益的な信仰を引き受けていたのです。

そのため、一六世紀に宗教改革が起こったとき、聖人信仰はまっさきに非難の対象になりました。プロテスタント各派が聖人信仰というものを認めないのはこのためです。

これに対して、カトリックは、宗教改革の後も聖人信仰を認め、さらに聖人を増やして、信仰をより強固なものにしてゆきました。

しかし、その際、プロテスタントへの対抗上、あまりに荒唐無稽な伝説をもつ聖人は排除しようという動きが生まれました。その結果、一六三四年に聖人認定の基準が設けられました。福者《ふくしゃ》（福女）という聖人の前段階のレベルがつくられたのもその現れです。すなわち、ある殉教者なり隠者《いんじゃ》なりを聖人の列に加えてほしいという信者からの請願があると、ヴァチカンはその書類を審査して、まず第一段階として福者と認めてよろしいという許可を与えます。これが列福《れっぷく》です。次に、列福から何年かたって、さらに基準を満たせば、今度は列聖ということになって、晴れて聖人と認められます。

現代ではこの基準が厳しくなって、さきほど述べたような科学的審査もあるため、一九六九年に行われた第二回ヴァチカン公会議では、聖女ヴェロニカや聖クリストフォロス、聖女バルバラなど伝説上の聖人がローマ典礼暦から削除されたり、地域限定の聖人にされたりしてしまいました。そして、その代りに伝説的事実のはっきりした現代の聖人を加えていったのです。

しかし、聖人信仰というのは、もともと民間信仰から発しているものですから、ローマ典型暦で耳慣れない聖人を押し付けられても、民衆は、そうした聖人にはなじまず、依然として、聖女ヴェロニカや聖クリストフォロスを信仰しています。

それはさておき、聖人の守護分野や、聖人が治癒する病気、災害などは、どのようにして決められてきたのでしょうか。

説明しやすいのは殉教者の場合です。

先に挙げたマキシミリアン・コルベ神父でいうと、守護分野はジャーナリスト、政治犯、アマチュア無線家、薬物中毒者、家族、プロライフ運動ということですから、コルベ神父の生涯に照らせば非常にわかりやすいといえます。

殉教者の場合、ローマ時代でも守護分野は説明可能です。

具体的に見てみましょう。

聖女アポロニア（フランス語ではサン・タポリーヌ）（二月九日）は、歯痛のときに祈願する聖女で、歯医者の守護聖人になっています。同じように、聖女ルチア（イタリア語でサンタ・ルチア、フランス語ではサント・リュシー）（一二月一三日）は目が痛いときに祈願し、眼科医や目の悪い人の守護聖人です。

これはいずれも、彼女たちがキリスト教の迫害時代に、キリスト教を捨てることを拒んだために殉教したとき、拷問にかけられた体の部位が、そのまま守護分野になっているのです。すなわち、聖女アポロニアの場合には、拷問で歯を抜かれ、聖女ルチアは目をえぐられたのです。

その拷問の部位は、たんに守護分野になっているだけではありません。たいていの場合、その拷問された部位や拷問道具が、彼女たちのアトリビュートになります。アトリビュートというのは、いわば、それだけで聖人がだれであるかを示す象徴的な事物で、聖人画では聖人や聖女はかならずそのアトリビュートとともに描かれるようになっています。聖女アポロニアは歯をはさんだペンチ（鉗子《かんし》）を手に持ち、聖女ルチアは目玉を皿の上に乗せています。

日本人にはなんとも信じられない不思議な信仰の仕方ですが、じつは、これこそがキリスト教の信仰の様式なのです。なぜなら、キリスト教は、イエスその人が磔《はりつけ》にされた拷問道具にほかならない十字架をアトリビュートにし、槍やクギで貫かれた部位を聖痕《せいこん》として崇めているのですから。キリスト教というのは、拷問を受けて殉教した人が、その部位において、生きている者を救うと考える宗教なのです。

もちろん、そうでないアトリビュートもありますが、殉教者の場合はたいていがこのケースです。

しかし、聖ヴィチェンティウス、つまりフランス語の聖ヴァンサンがワイン製造者たちの守護聖人になったのは、彼が三〇四年にディオクレティアヌス皇帝の迫害にあって拷問の末に死んだというほかに、さまざまな理由があったようです。ジャン＝フランソワ・ゴーティエは『ワインの文化史』（八木尚子訳、白水社クセジュ文庫）でこう書いています。

「ヴァンサンというファースト・ネームを『ヴァン vin（ワイン）サン sang（血）』と分解すれば、聖なる結びつきを喚起《かんき》した」

つまり、イエスが最後の晩餐《ばんさん》で使徒たちに、「ワインを私の血と思い、パンを肉と思え」と言ったという聖書の言葉から、「ヴァン vin（ワイン）＝サン sang（血）」の聖ヴァンサンが、ワイン製造業者の守護聖人となったというわけです。このような聖なる語呂遊びで、職業組合の守護聖人が決まるケースはけっして少なくありません。

ただ、職業組合の守護聖人が選ばれるのは語呂遊びであっても、その祝日に関しては、けっして根拠のないものではありません。というのも、さきほど述べたように、聖人信仰の多くは、キリスト教布教以前の異教の祭りに取ってかわって、それを覆いかくすかたちで広まったものがほとんどですので、異教の祭りがもっていたさまざまな要素をそのまま受けついでいることが多いからです。

聖ヴァンサンの祝日にあたる一月二二日もこの典型で、これは古代ギリシャで行われていた酒の神ディオニソスを称えるアンテステリア祭に取ってかわったものです。

しかし、異教の祭りに代わった聖人の祝日のなかで、もっとも大規模なものは、六月二四日の洗礼者聖ヨハネの誕生を祝う聖ヨハネの日と一一月一日の万聖祭《ばんせいさい》（フランス語でトゥサン）でしょう。

まず聖ヨハネの日ですが、この日は、もともとフランスの先住民族ケルト族の暦では夏至を祝う重要な祭りが行われていました。この日の夜に「聖ヨハネの火」と呼ぶ大きなかがり火をたくのはこうした異教の祭りの名残りだといわれています。

この聖ヨハネの祝日に対応するのが、一一月一日の万聖祭です。というのも、すべての聖人を祝うこの万聖祭は、かつてはケルト族の収穫祭で、冬の準備の始まるこの日に、死者の世界の扉が開き、一年間に死んだ死者が全員戻ってきて転生すると信じられていたからです。この信仰は英語圏では「ハロウィーン」として今でも残っています。キリスト教は、こうした死者の蘇りという異教的な信仰を封じるために、一一月一日を一年間に祝えなかった聖人たち（なにしろ国限定、地域限定の聖人を入れれば二万人とも三万人ともいわれるほどいるのです）を全部まとめて祝う日にしました。しかし、それでも死者蘇生の信仰を抑えることができなかったので、一〇世紀に、聖オディロンがその翌日の一一月二日をすべての死者の日として、異教の祭りをキリスト教の祝祭暦に組み込んでしまったのです。

このように、聖人信仰と、その祝日は、異教の祭りと習慣に取ってかわったり、覆い隠すために生まれたものですが、じつは、こうした聖人信仰のもっとも極端なものが「聖母マリア信仰」だということは案外、知られていません。『新約聖書』をしっかりと読めばだれでもわかることですが、『ルカ伝』を除いて、イエスの母マリアについてはほとんどなにも書かれていませんし、信仰の対象にもなっていません。そのマリアが「神の母」として正式に認定され、崇拝の対象となったのは、四三一年に小アジア（いまのトルコ）のエフェソス宗教会議が開かれたときのことです。このエフェソスという都市は、大地の豊饒をつかさどり、月の女神でもあるアルテミス信仰の強い土地柄でした。そのため、マリアはアルテミスや、それ以前の女神であるイシスやアテナの要素も取り入れて、人々に愛を与え、勇気づける女神としての性格を獲得してゆきました。

やがて、こうしたマリア信仰は、エルサレムへの聖地巡礼や十字軍を通じて、西ヨーロッパへも伝わっていきましたが、そこではケルト民族やゲルマン民族の間にあった自然崇拝の大地母神の信仰と重なりあって、慈悲深く、人々の弱さと罪を許してくれる慈母マリアのイメージが出来上がっていきました。いわゆる「聖母マリア信仰」です。

聖母マリア信仰は、西ヨーロッパでは一二世紀ごろから一般化し、聖母マリアに捧げたゴチックの大聖堂がいたるところに建てられるようになりましたが、しかし、この時代にはまだ、「マリア」という名をそのまま用いることは畏《おそ》れ多いとされ、「ノートル・ダム（フランス語でNotre Dame。英語にすればOur lady）」とか「マドンナ（イタリア語でMadonna。英語にすればMy lady）」とか呼ばれていました。やがて、「マリア」という呼び名が解禁になると、人々は女の子にあらそってこの名をつけるようになりました。こんにち女性名として使用されている多くの名は、マリアから派生したものがたくさんあります。

聖母マリアが崇拝されるにしたがって、マリアの母とされたアンナへの信仰も強くなりました。アンナは英語ではアン、フランス語ではアンヌと発音されます。このアンナとマリアをひとつにした合名アンナ＝マリア（フランス語でアンヌ＝マリ）、マリア＝アンナ（マリ＝アンヌ）も人気の名前となりました。

ところが、宗教改革でプロテスタントが生まれると、プロテスタントの宗派はいずれも、聖母マリア信仰を異教的な信仰として退けました。プロテスタントの人々にカトリックを定義させると、「聖母マリアを信仰する連中」ということになります。

いっぽう、カトリックの方では、ますます聖母マリア信仰に傾斜がかかり、教会の典礼暦にも、聖母マリア関連の祝日がたくさん取り入れられるようになりました。この意味では、聖母マリアはカトリック世界で最高にして最大の聖人であるということができます。以下に聖母マリア関連の主だった祝日と、その祝日における聖母マリアの守護分野を掲げておきます。

一月一日　神の母聖母マリアの祝日。元来、俗なる日であった元旦を教皇ピウス一一世が一九三一年から「神の母・聖母マリアの日」と定めた。

三月二五日　聖母マリアお告げの祝日。大天使ガブリエルが現れてマリアにイエスの処女懐胎《かいたい》を告知した日。

五月三一日　聖母マリア、エリザベト御訪問の祝日。聖母マリアがいとこのエリザベトも懐胎したことを聖霊から教えられ、エリザベトを訪問した日。

八月一五日　聖母マリア被昇天の祝日。聖母マリアが天に召された日。聖母マリアの祝日を一日だけといったらこの日になる。

九月八日　聖母マリア誕生の祝日。聖母マリアがアンナとヨアキムの子どもとして無原罪で誕生した祝日。

一一月二一日　聖母マリア奉納の祝日。聖母マリアが三歳になるや、エルサレムの神殿に自分を奉納し、神殿内部で暮らしはじめた祝日。

一二月八日　聖母マリア無原罪の宿りの祝日。聖母マリアが肉の交わりなしでアンナの胎内に宿った祝日。

さて、以上で、聖人というものがどのようにして生まれ、どんな過程をへてカトリックの人々の日常生活に入っていったかがご理解できたかと思いますので、最後に本書を編んだ理由について触れておきたいと思います。

第一の理由は、私の他の著作と同じく、こういう本があればいいのにと思ったのに、そのような本がないので、自分でつくるしかないと思いたったことです。

というのも、冒頭で記したようにパリを散策したり、パリで生活したりしていると、守護聖人というものに日夜触れざるを得ません。また、私のようなフランス文学やフランス文化史を専門にしている者にとっては、守護聖人について、守護分野だとかアトリビュートについての知識がないと一歩も研究が先に進まないということさえあるのです。とくにその傾向が著しいのは絵画や彫刻の分野で、これがなければルネッサンス芸術の研究は不可能です。

ところが、不思議なことに、日本では『聖人事典』、『聖人カレンダー』の類いはいくつかあっても、三六六日のすべての日に聖人が割り振られたうえに、その聖人の伝記や守護分野やアトリビュート、それにゆかりのある芸術作品や文芸作品などのすべてが網羅された書物というものは存在してなかったのです。少なくとも本書のもとになる『バースデイ・セイント』（飛鳥新社）という本を二〇〇〇年に執筆したときには、こうした網羅的な三六六日の聖人事典というものは見いだすことができませんでした。

そこで、ないなら自分でつくってしまえというDo it yourselfの原理に基づいて執筆を開始したのですが、そのさいに、いくつか原則を立てました。

ひとつは、ローマ・カトリックの公式典礼暦はいちおう尊重するが、それに拘束されないというもの。というのも、われわれは、守護聖人というのはそれが起こした奇跡が有り得るものか否かというリアリズムではなく、そうした伝説そのものが重要であるという立場に立っているからです。民間信仰や伝説が荒唐無形でも、民間信仰や伝説に現れた民衆のメンタリティーは荒唐無形ではないのです。

そのために、カトリックの公式典令暦からは排除された聖クリストフォロスや聖女バルバラ、聖女ヴェロニカはそれぞれの祝日に戻してあります。

また、カトリックの公式典礼暦では聖母マリアの祝日が既述のようにかなりの数にのぼりますが、本書では、マリアの祝日については補注に止めることにしました。聖人カレンダーで聖母マリアを聖人として扱うとなると、一年のうちの多くの祝日が聖母マリアの日ということになってしまいますので、三六六日、別々の守護聖人を掲げるという本書の目的とは、そぐわなくなるからです。

さらに一日に多くの有名聖人がいる場合は、「この日の他の守護聖人」の項で取り上げるようにしています。

第二は、聖人に守護分野や救難分野がある場合には、できるかぎりこれを記述するようにつとめたことです。アトリビュートも然りです。文学・芸術の分野では、こうした知識が意外に必要であると判断したためです。

第三は、聖人を描いた芸術作品がどこの美術館や教会に行けば見られるのかを調べて挙げてあることです。ヨーロッパ芸術というのは少なくとも一九世紀まではキリスト教芸術だったわけですから、聖人が登場している芸術作品も無数にあるので、その一端しか取り上げることはできませんでしたが、それでも、この面に関してはこれまでの類書に比べればかなり有用な本になっていると思います。

第四は、聖人名の表記です。原則は、ローマ時代から中世初期の聖人はラテン語、英独仏などの国家的まとまりができてからは、それぞれの原語で表記することにしました。

聖人信仰というのは、これまでに何度も指摘したように、あくまで自然発生的に民衆の中から生まれた民間信仰をカトリック教会がひろいあげて、それを教義に取り込んでいったものです。

「苦しいときの神頼み」とよくいいますが、ヨーロッパの民衆たちも長いあいだ、貧困や病気にあえいだときに、それぞれの守護聖人に、天の神にたいする願いの取り次ぎを頼んだにちがいありません。

ですから、こうした聖人信仰というものは、苦しみや悲しみ、喜びや幸せ、怒りや嫉妬などに襲われて、一喜一憂している今日の私たちにも、たやすく理解できる面を含んでいるのではないでしょうか？

二〇一六年九月一日、一四救難聖人のひとり聖ジル（ギレス、アエギディウス）の祝日に。

鹿島茂

聖人366日事典*目次

まえがき　i
凡例　20
1月の聖人　Les Saints du mois de janvier　21
2月の聖人　Les Saints du mois de février　55
3月の聖人　Les Saints du mois de mars　87
4月の聖人　Les Saints du mois de avril　121
5月の聖人　Les Saints du mois de mai　153
6月の聖人　Les Saints du mois de juin　187
7月の聖人　Les Saints du mois de juillet　221

8月の聖人 Les Saints du mois de août 259
9月の聖人 Les Saints du mois de septembre 293
10月の聖人 Les Saints du mois de octobre 329
11月の聖人 Les Saints du mois de novembre 365
12月の聖人 Les Saints du mois de décembre 401

あとがき 439
参考文献一覧 441
付録
・アトリビュート別索引 481
・守護する対象別索引 478
・聖人名索引 470
・聖人名6ヵ国語表記対照表（12使徒、14救難聖人） 482

凡例

・本書は、ローマ・カトリック教会の公式典礼暦を基本としながら一月一日より三六六日（閏年を含め）の聖人を収録している。

・原則として一日一聖人を取り上げた。ただし、例外として主要聖人が重なっている場合は同じ日に複数名を掲げている（例：七月二五日、聖（大）ヤコブ、同二五日、聖クリストフォロス）。さらに「この日の他の守護聖人」の項を設け、その日にちなんだ聖人のデータを掲載した。

・見出しとして聖人名をラテン語表記で掲げた。ただし、八四三年のヴェルダン条約でフランク王国が三分割され、仏独伊の原形ができあがってからの守護聖人については、それぞれの言語で表記した。また、「アトリビュート（その聖人が誰であるかを示す象徴的な事物のこと）」「守護する対象（地域・職業・病気・災害）」「ゆかりの場所・絵画・彫刻」の三つのデータを見出しまわりに可能な限り併記した。さらに聖人名は、英語・フランス語表記も併せ掲げた。

・本書において、現代では差別的表現と受け取られかねない表現が使用されている場合もあるが、本書で扱うのは当時の時代背景や社会事情を反映した歴史上の事柄であり差別的意図はないことから、そのまま掲載している。

1月の聖人

Les Saints du mois de janvier

1/1 聖テレマキウス

1/2 聖（大）バジリウス（バジリオ）と
（ナジアンズの）聖グレゴリウス（グレゴリオ）

1/3 聖ジュヌヴィエーヴ

1/4 聖エリザベス・シートン

1/5 （柱の）聖シメオン

1/6 聖ラファエラ（・マリア・ポラス）

1/7 （ペニャフォルの）聖ライムンド

1/8 （ノリクムの）聖セヴェリヌス

1/9 （カンタベリーの）聖エイドリアン（ハドリアヌス）

1/10 聖ギヨーム

1/11 （共同修道士）聖テオドシウス

1/12 聖女マルグリット（・ブルジョワ）

1/13 （ポワティエの）聖ヒラリウス

1/14 （ノラの）聖フェリックス

1/15 （テーベの）聖パウロ

1/16 聖マルチェロ（マルケルス）一世

1/17 （砂漠の）アントニウス

1/18 （ハンガリーの）聖女マルガリータ

1/19 聖カヌート（四世）

1/20 聖セバスティアヌス

1/21 聖女アグネス

1/22 （サラゴサの）聖ヴィケンティウス

1/23 （慈善家の）聖ヨハネ

1/24 聖フランソワ・ド・サール（フランシスコ・サレジオ）

1/25 （使徒）聖パウロ（の回心記念日）

1/26 聖女パウラ

1/27 聖女アンジェラ・メリチ

1/28 聖トマス・アクィナス

1/29 （賢者）聖ギルダス

1/30 聖女バティルダ（バティルド）

1/31 聖ヨハネ・ボスコ（ジョヴァンニ・ボスコ）

Préface

1月の聖人

フランスで一月一日が一年の始まりの日となったのは一五八四年にシャルル九世が勅令を発してからで、それ以前には、復活祭を一年の始まりとする暦が使われていた。実際、人口の九〇パーセントが農民だった時代には、復活祭のほうが一年の始まりとして意識しやすかったのである。また、暦と言っても、今のように何月何日と数字で表記されるよりも、聖××の日というように聖人名で呼ばれることが多かったので、いきおい聖人は人々の無意識にまで深く定着していた。

一月の聖人暦で注目すべきはまず元旦。現在の聖人暦ではおおむね聖母マリアの祝日となっている。ところが一九世紀の聖人暦を見ると、聖テレマキウス（テレマーク）や聖フルゲンティウス（フュルジャン）などがあてられている。それもそのはず、元旦が聖母マリアの祝日になったのは一九三一年からで、時の教皇ピウス一一世の指示による。

一月の聖女としてフランス人が真っ先に思い浮かべるのは、聖母マリアよりもむしろ、パリの守護聖女であるジュヌヴィエーヴ（一月三日）だろう。聖女ジュヌヴィエーヴは四五一年にフン族のアッチラがパリを攻めたとき、パリ攻撃を断念させたことで有名。フランク王となったクロヴィスは改宗後、左岸の丘にサント・ジュヌヴィエーヴ教会を建てて、遺体をここに納めた。この丘はいまもサント・ジュヌヴィエーヴの丘と呼ばれる。

聖女ジュヌヴィエーヴは麦角病《ばっかくびょう》の患者を守護するが、聖アントニウス（一月一七日）も麦角病の守護聖人。麦角病は別名「聖アントニウスの火」とも言われる。聖アントニウスは砂漠に隠棲《いんせい》して祈りの生活を送ったが、魑魅魍魎《ちみもうりょう》の誘惑と闘ったというエピソードを、ボッシュやブリューゲル、カロが絵に描き、フロベールは戯曲『聖アントワーヌの誘惑』に仕立てた。一四救難聖人のひとり。

絵画の題材となった回数でいえば、一月二〇日が祝日の一四救難聖人のひとり聖セバアスティアヌス（セバスチャン）も負けてはいない。体中を矢で射ぬかれて殉教した姿が数多くの画家によって描かれたが、三島由紀夫はこれに究極のエロティシズムを感じたのか、『仮面の告白』で取りあげている。

過酷な拷問《ごうもん》に耐えたことでは一月二二日の聖ヴィンケンティウス（ヴァンサン）も有名である。さまざまな拷問にかけれられて大量の血を流して殉教したが、フランス語の綴《つづ》りのVincentが、vin saint（聖なるワイン）とも、vin sang（ワイン＝血）とも聞こえることから、フランスではワイン製造業者たちの守護聖人となっている。

男の聖人ばかり続いたので、名のある聖女をあげておこう。

聖女アグネス（タニェス、一月二一日）は名前がギリシャ語の子羊（agnus）と似ているところから子羊がアトリビュート。少女と貞潔な女性の守護聖女である。

一月の他の有力な聖人としては、まず使徒の聖パウロ（ポール、一月二五日）がいる。聖パウロ（本名をサウロ）はキリスト教徒を盛んに弾圧したが、突然天から響いたイエスの声を聞いて回心。ほとんどの聖人は命日が祝日だが、聖パウロは回心した日が記念日。

ジュネーヴで、カルヴァン派の新教徒と闘うため著作を通して布教に努めたところから著述家、ジャーナリスト、出版人の守護聖人となった教会博士の聖フランソワ・ド・サール（フランシスコ・サレジオ、一月二四日）も有名。中世最大のキリスト教神学者で『神学大全』を著した聖トマス・アクィナス（トマ・ダカン、一月二八日）も有名聖人。

1月1日

聖テレマキウス

英：セイント・テレマカス　Saint Telemachus
仏：サン・テレマーク　Saint Télémaque

◎守護する対象（地域・職業・病気・災害）　剣闘士

既述のように、一月一日が聖母マリアの祝日になったのは二〇世紀になってからのこと。当然ながら、それ以前の聖人暦には一月一日にも聖人が割り振られていたが、多くの聖人暦に記載されていたのは聖テレマキウスか聖フルゲンティウスである。

聖テレマキウスは剣闘士同士の殺し合いをやめさせようとして殺されたことから剣闘士の守護聖人となる。

四〇〇年頃。古代ローマでは剣闘士による死を賭けた競技がコロセウムで行われていた。東方（オリエント）出身の修道士のテレマキウスは一月一日の大競技会の折に、殺し合いをやめさせようと、剣闘士が戦っているコロセウムに降りていったが、格闘技が中断されたことに激怒した観衆の手により殺されてしまった。これを知ったオノリウス帝は、血を流す見世物を廃止させたという。

ラテン語テレマキウスはギリシャ語ではテレマコス。その意味は遠くから（tele）戦う人（マコス）。つまり頭を使って戦う頭脳的プレーヤーの意味である。

ギリシャ神話ではテレマコスはオデッセウスの息子。父がトロイア戦争に出陣している間、家庭教師のメントールに養育され、正しい判断力を持つ王子に育つ。この神話を参考に、一七世紀の文人フェヌロンはルイ一四世の孫のブルゴーニュ公のために「テレマックの冒険」という読み物的教育書を書いた。

この日の他の守護聖人

・聖フルゲンティウス　聖アウグスティヌスの弟子だった六世紀チュニジアのルスペの司教。異端のアリウス派と闘い、サルディニアに追放された。フランス語ではサン・フュルジャン。

・**聖オディロン**　ラテン語読みではオディロ。軍事的に敵対している者たちを休戦させる「神の休戦」の発案者であると同時に、一一月二日の死者の日を制定した一〇世紀フランスのクリューニー修道院長。クリューニー修道院を大きく発展させた功労者。黄疸《おうだん》のときに祈願する。

・**聖母マリア**　「まえがき」参照。

1月2日

聖（大）バジリウス（バジリオ）と（ナジアンズの）聖グレゴリウス（グレゴリオ）

英：セイント・ベイジルト・ザ・グレート&セイント・グレゴリー（・オブ・ナジアンザス）
Saint Basil The Great & Saint Gregory of Nazianzus

仏：サン・バジル（・ル・グラン）&サン・グレゴワール（・ド・ナジアンズ）
Saint Basile le Grand & Saint Grégoire de Nazianze

◎**アトリビュート**　書物

◎**守護する対象**　ロシア、東方の修道院【聖バジリウス】　詩人【聖グレゴリウス】

聖バジリウスと聖グレゴリウスは、「友情」という徳を称えるためにふたり一緒に祝われる。聖バジリウスはロシアと東方の修道院の守護聖人。修道院、病院、貧者救済院を建てさせた。アトリビュートは書物。その親友の聖グレゴリウスは詩人の守護聖人。

三二九頃〜三六四頃、〜三九〇頃。教会博士。ふたりともカッパドキアのカイサリアに三二九年頃生まれる。ふたりは、当時の学問の最高峰アテネ大学で出会い、ここで深い友情で結ばれた。バジリウスは大学教授となったが、まもなくこれに飽き、修道士となって貧しい人々のために東方に修道院や病院などを建てた。また正教会の迫害に抗して断固たる態度で闘った。グレゴリウスはバジリウスに司教になるように勧められるが、それに値しないとして任命を断り、説教活動に力を注いだ。グレゴリウスは雄弁家であり、詩人でもあった。彼は三位一体に関する優れた論文を書いて「神学者」という称号を与えられた。彼らはバジリウスの弟ニッサのグレゴリウスとともに「カッパドキア三大教父」と呼ばれている。

この日の他の守護聖人

・**（サロフの）聖セラフィム**　ロシアのサロフで、砂漠の隠棲《いんせい》修道士のように修行をした一八～一九世紀の修道士。数々の幻視体験と病気治癒《ちゆ》能力で知られる。

1月3日

聖女ジュヌヴィエーヴ

英：セイント・ジュヌヴィエーヴ Saint Genevieve
仏：サント・ジュヌヴィエーヴ Sainte Geneviève

◎**アトリビュート**　燃えるローソク
◎**守護する対象**　パリ、女性、羊飼い、ブドウ栽培業者、麦角病患者

五世紀にフン族のアッチラに包囲されたパリを守ったことからパリ市の守護聖女となる。一一二九年に麦角《ばっかく》中毒という熱病が流行したとき、彼女の聖遺物が治癒に役立ったことから、熱病のときに彼女の名前を唱えて祈願するようになる。女性、羊飼い、ブドウ栽培業者、及びパリの守護聖女。アトリビュートは燃えるローソク。

四二二～五〇〇。フランス・ナンテールに生まれる。一五歳のとき、パリの司教であるオセールの聖ジェルマン（サン・ジェルマン・ロクセロワ）に出会って改宗し、ヴェールを与えられて修道生活に入った。四五一年にフン族のアッチラがパリに攻めてきた際、その信仰に根ざした勇気と希望によって、恐れおののく市民たちを勇気づけ、アッチラと直接交渉してパリ包囲を解かせた。アッチラはオルレアンに向かったが途中でローマとゲルマン民族の連合軍に撃退された。彼女は燃えるローソクを持って祈ったが、このローソクは悪魔が吹き消そうとす

るたびに天使が現れてこれに点火したと言われる。そこから、燃えるローソクがアトリビュートとなった。

聖女ジュヌヴィエーヴが羊飼いの少女として描かれるのは一七世紀にフィリップ・ド・シャンパーニュなどによって描かれてからのこと。アッチラの包囲から数年後、パリは再びフランク族の王クロヴィスに包囲された。聖女ジュヌヴィエーヴは五年間抵抗を指揮した後、クロヴィスの改宗を条件に抵抗をやめた。クロヴィス王は約束を守り、妻のクロチルドに従って改宗し、彼女を聖女として尊敬し、パリの丘に建てた大聖堂（現在のパンテオンのある場所）に遺体を納めた。これがサント・ジュヌヴィエーヴ教会で、ルイ一五世統治下の一七五五年に老朽化を理由に建て替えが決まり、スフロー設計の壮大な教会堂の工事が開始されたが、完成前に大革命が起こったため、革命に貢献した偉人たちを祭る霊廟として用いられることとなった。これがパンテオンで、現在は、パンテオンが聳《そび》えるカルチエ・ラタンの丘が「サント・ジュヌヴィエーヴの丘」と呼ばれている。

一一二九年に麦角中毒という熱病が流行したとき、患者たちは聖女ジュヌヴィエーヴに祈願した。理由は、この病気にかかると体中が燃えるように熱くなることが聖女ジュヌヴィエーヴの持つ燃えるローソクとアナロジーされたからと言われる。別の説では以下のように説明される。すなわち、聖女ジュヌヴィエーヴはアッチラと会見したとき、パリは疫病に汚染されていると主張し、その証拠として麦角病患者を同行させたため、アッチラはそれを信じてパリの包囲を解き、オルレアンに向かったというのだ。なるほど、こう考えれば、聖女ジュヌヴィエーヴが麦角病患者の守護聖女となっていることも納得がいく。

この日の他の守護聖人

・**聖ゴルディウス**　キリスト教徒に対する拷問を見て、ローマの軍隊をやめた四世紀の百人隊長。キリスト教徒を迫害することは恥であると公言したため殉教した。

1月4日

聖女エリザベス・シートン

英：セイント・エリザベス・シートン Saint Elizabeth Seton
仏：サント・エリザベート・セトン Sainte Elisabethe Seton

◎**守護する対象**　米メリーランド州、米ルイジアナ州シュリーブポート、未亡人、カトリック系学校、幼くして死んだ子ども

「聖ヨセフ愛徳修道女会」の設立者。アメリカ生まれの最初の聖女。

一七七四～一八二一。アメリカ・ニューヨークに生まれる。アメリカ人初の聖女となる。名門の家庭で生まれ育ち、二〇歳のときに結婚して五人の子どもに恵まれたが、慈善事業に尽力し、一七九七年には幼児を抱えた貧しい未亡人たちを助ける会の創立者のひとりとなった。一八〇三年に夫に先立たれ、カトリックの家族の援助を受けたことから二年後、プロテスタントからカトリックに改宗。以後、社会的な困難にも屈せず、母子家庭の貧しい子どもたちのために学校を建てたり、「聖ヨセフ愛徳修道女会」を、アメリカ人としては初めて正式な修道会として設立するなどして、アメリカの福祉事業、教育活動の先駆者となった。

この日の他の守護聖人

・**聖ロベール**　八世紀フランス・ランスの司教。
・**（フォリーニョの）福女アンジェラ**　七人の子どもを亡くしたことからフランシスコ会第三会に入り、神秘体験をした一三世紀イタリアの幻視者。

1月5日

（柱の）聖シメオン

英：セイント・シメオン（・ザ・スタイリット）Saint Simeon The Stylite
仏：サン・シメオン（・ル・スティリスト）Saint Siméon le Stylite

◎**アトリビュート**　柱と塔
◎**守護する対象**　柱や塔などに関する職業、高所で働く人

徳を慕って押し寄せる群衆を避けて柱の頂《いただき》で説教したところから、柱や塔などに関する職業、および高所で働く人の守護聖人となる。アトリビュートは当然、柱と塔。

三九〇～四五九。シリアの羊飼いの家に生まれたが、ある日、福音書に記されているイエスの山頂の説教を読んで感銘を受け、人間の真の幸福とは何かについて悟った。それから約二〇年間修道者として厳しい生活を送ったが、さらに厳格な生活を望み、柱を立ててその頂に住み、彼を慕って集まってくる人々から逃れようとした。しかし、その思いとは逆に、有名になり、遠方からも彼を求めてやって来る人があとを絶たなかったため、毎日二回、彼らと面会し、教え、勧め、質問に答えた。親切と同情に満ちあふれ、その説教と教えは多くの人の救いとなった。その塔が建っていた北シリアのカラートセマーンには修道院が作られ、巡礼の地となった。

アルフレッド・テニソンの詩やルイス・ブニュエルの映画に描かれている。

この日の他の守護聖人

・**聖エドワード（証聖王）**　ノルマンディー公ギヨーム（ウィリアム）によるコンケスト・オブ・イングランドの前の最後のサクソン系のイングランド王。信心深く、貧者に同情を注いだ。セント・ピータース大修道院（ウェストミンスター寺院）の創建者。アトリビュートは王冠、王杖、王のマント。

・**聖ジョン・ネポムシン・ノイマン**　プラハで生まれ、アメリカのドイツ人移民のためにアメリカに派遣された一九世紀の司教。ネポムクの聖ヨハネにちなんでこの名前がついた。

1月6日

聖女ラファエラ（・マリア・ポラス）

英：セイント・ラファエル（・メアリー・ポラス）Saint Raphaelle Mary Porras
仏：サント・ラファエル（・マリー・ポラス）Sainte Raphaëlle Marie Porras

スペインの「聖心侍女修道会」を設立した修道院長。

一八五〇～一九二五。スペイン・コルドバの裕福な大地主の家に生まれた。慈愛深かった父の影響を受けて信仰心が強く、一五歳で生涯をイエス・キリストに捧げようと決心し、貧しい人々の世話と子どもたちの宗教教育のために尽くした。三七歳のときに「聖心侍女修道会」を創立。修道会は日本の清泉女子大学や鎌倉の清泉女子小中高校なども含め世界中に広がり、今日も人々の救済に貢献している。

この日の他の守護聖人

この日は、カトリックではエピファニー（公現祭）といって、東方の三博士、すなわち聖メルキオール（仏：サン・メルシオール Saint Melchior）、聖カスパール（仏：サン・ガスパール Saint Gaspard）、聖バルタザール（仏：サン・バルタザール Saint Balthazar）がベツレヘムを訪れ、まぐさ桶の中に幼子イエスを見いだしたことから、イエスが神の子として世に公現したことを祝う祝日になっている。聖メルキオール（青年の姿の賢者）が黄金（王権の象徴）を、聖バルタザール（壮年の姿の賢者）が乳香（神性の象徴）を、聖カスパール（老人の姿の賢者）が没薬（将来の受難の象徴）をそれぞれ持参したとされる。東方の三博士は旅行者、巡礼者、毛皮業者の守護聖人。フランスでは三博士を王（ロワ）と呼び、公現節に食べるガレットの名は「ガレット・デ・ロワ」。中にフェーヴ（かつてはソラマメ。いまは陶製の人形）が入ったポーションを食べた人が「当たり」で、紙の王冠を被って祝福される。

・**聖メレーヌ**（仏：サン・メレーヌ）六世紀フランス・レンヌの司教。フランク族の偶像崇拝を非難した。

1月7日

（ペニャフォルの）聖ライムンド

英：セイント・レイマンド（・オブ・ペニャフォート）Saint Raymund of Penyafort
仏：サン・レモン（・ド・ペニャフォル）Saint Raymond de Peñafort

◎**アトリビュート**　マント と杖
◎**守護する対象**　教会法学者、法律家、司法官

教会法学者および法律家、司法官の守護聖人。アラゴン王に同行してマジョルカ島に渡ったとき、王の不品行に怒ってバルセロナに帰ろうとしたが、船での帰還を禁じられたためマントを広げて帆とし、杖をマストにして海上を走ったところから、アトリビュートはマントと杖。

一一七五～一二七五年。スペイン・バルセロナに近いカタロニア州ペニャフォルに生まれた。幼時から秀才として知られ、バルセロナや、イタリア・ボローニャ大学で抜群の成績を修め、教会法の大学教授になった。四七歳のとき、ドミニコ会に入会、もっとも厳しい修練を成し遂げ、のちに総長となる。学者としての彼は、教会法の最初の完成本を編纂、また、ヘブライ語とアラビア語の研究を進め、異教徒の改宗に努力した。その仁徳と学識で、罪人《つみびと》と囚人に回心を勧め、果てしない愛を一生貫いて一〇〇歳で生涯を閉じた。

・**聖セドリック**　聖チャドの兄弟でイギリスのサクソン人の間で布教した七世紀の司教。

・**聖ルノー**　エモンの四人の息子のひとりで、シャルルマーニュに騎士として従った。

1月8日

（ノリクムの）聖セヴェリヌス

英：セイント・セヴェリナス（・オブ・ノリカム）Saint Severinus of Noricum
仏：サン・セヴラン（・ド・ノリック）Saint Séverin de Norique

◎**アトリビュート**　書物
◎**守護する対象**　オーストリア、独バイエルン、ブドウ栽培業者、織物業者、囚人

ドナウ川沿いのオーストリアで改宗を助けた使徒で、オーストリアとドイツのバイエルンの守護聖人。書物を持った姿で描かれる。ブドウ栽培業者、織物業者、囚人の守護聖人。

?～四八二。出生地不明。あるとき、神の導きを感じ、全財産を捨ててエジプトの砂漠へ行き独居生活を送った。その後、ノリクム（オーストリア）の宣教師となった。民衆から説教を無視されたが、あきらめずにドナウ川沿いに修道院を建て、活動を続けるうちに次第に信者を集めるようになった。また、フン族など異教徒の侵入を受けて荒廃したローマの市民を助け、祈りを捧げて奇跡を起こし、フン族の族長からさえも尊敬を得ていた。

　パリ五区にあるサン・セヴラン教会はこの守護聖人ではなく、（パリの）聖セヴラン（一一月二七日「この日の他の守護聖人」参照）に捧げられたパリ最古の教会。

この日の他の守護聖人

・**（ボーヴェの）聖ルキアヌス**　（仏：サン・リュシアン・ド・ボーヴェ　Saint Lucien de Beauvais）三世紀にガリアに宣教し、ボーヴェで殉教したローマの司教。

・**聖女ペギー**　兄が隠棲《いんせい》修道士として暮らすイギリスの

クロウランドの島に行ったが、兄とは会わずに帰った。後に、死期のせまった兄からの手紙で、永遠の中で再会するためだったことを知る。兄と会わずに兄の死を看取った七世紀の聖女。

1月9日

（カンタベリーの）聖エイドリアン（ハドリアヌス）

英：セイント・エイドリアン（・オブ・カンタベリー）Saint Adrian of Canterbury
仏：サン・タドリアン（・ド・カンテルビュリー）Saint Adrien de Canterbury

守護する対象　カンタベリー、教育者

イギリスの「カンタベリー修道院学校」を一大教育センターにした功労者。イギリスのラテン語、ギリシャ語、天文学、数学は彼のおかげで発展した。カンタベリーの守護聖人。教育者の守護聖人。

?～七一〇。北アフリカに生まれた。聖書に通じ、ギリシャ語とラテン語の優れた学者として知られていた。また管理者としても経験豊かで、その指導力を生かすためギリシャ人の聖テオドロス（のちのローマ教皇）とともにイギリスへ宣教に向かったが、その途中でメロヴィング王朝大臣だったエブロインに捕らえられ、投獄された。保釈されるや聖テオドロスのあとを追ってイギリスに渡り、カンタベリーの修道院で日々、学生たちに指導を施した。聖書学、天文学、暦の数学など、その学識の深さを惜しげもなく学生たちに教授し、学生たちは健全な知識を教わることこそに真に幸福を感じたという。

聖エイドリアンないしは聖アドリアンと呼ばれる聖人はほかにも何人かいるが、その中で有名なのはフランス・ピカルディ地方のルクールで崇敬されているニコメディアの聖アドリアンで、ディオクレチアヌス帝時代の近衛将校だったが、迫害されるキリスト教徒を守ったため、殉教した。ニコメディアの聖アドリアンのアトリビュートは兵士の甲冑と剣で、龍を足で踏みつけている姿で描かれる。兵士、精肉業、獄吏の守護聖人で、長く辛い病気や難産などの際に祈願される。同じアドリアンなので誤って一月九日の聖人とされることが多い。

この日の他の守護聖人

- **聖女マルシアーナ**　月の女神ダイアナの偶像の首を切り落としたため、猛獣のいる闘技場に投げ入れられて、ヒョウに食い殺された三世紀ローマの殉教処女。
- **福女アリス（・ル・クレール）**　ダンスの好きな少女だったが回心し、女子教育を目的とした修道会（コングレガシオン・ド・ノートルダム）を設立した一六世紀のフランス・ロレーヌ地方の修道女。

1月10日

聖ギヨーム

英：セイント・ウィリアム（・オブ・ブールジュ）Saint William of Bourges
仏：サン・ギヨーム（・ド・ブールジュ）Saint Guillaume de Bourges

◎**守護する対象**　ソルボンヌ大学

謙譲と寛大さの美徳を代表する聖人。ソルボンヌ大学、すなわちパリ大学の守護聖人。

？〜一二〇九年。フランスの由緒ある貴族ヌヴェールの家に生まれ、幼少のときから司祭の伯父に教育され、信仰深く育てられた。青年期に財産や名誉を捨てて司祭となると、完徳《かんとく》を目指し、常に謙遜を旨として人々を導いた。いつも自分には厳しく、皆には寛大であった。「自分の罪ばかりでなく、自分を治める信者たちの罪もすべて償わなければならない」という彼のもとに、多くの人々が集まった。当時、「善と悪の神がおり、善神の宿る霊魂を、悪神が宿る肉体から解放するために自殺すべきだ」とするアルビ（カタリ）派の異端説が流行していたのだが、信徒たちを正しい道へと導くため、この異端説と闘い、アルビに向かう途中で病に倒れた。

この日の他の守護聖人

・**聖ピエトロ・オルセオロ**　ヴェネチアの政治家だったが、妻子を捨て修道院で隠棲修道士となった一〇世紀の聖人。

・**聖ゴンザレス**　巡礼の留守中に甥に財産を取られたためにドミニコ会に入り、修道士として生きたポルトガルの聖人。

・**聖グレゴリウス**　聖バジリウスの兄弟。アリウス派と闘った聖人。

1月11日

（共同修道士）聖テオドシウス

英：セイント・テオドシアス（・ザ・シノビアーチ）Saint Theodosius The Cenobiarch

仏：サン・テオドーズ（・ル・セノビアルク）Saint Théodose le Cenobiarque

◎**守護する対象**　身寄りのない外国人、精神疾患の患者、独り身の老人、病院経営者

精神的な共同体運動の創始者で、外国人、精神疾患の患者のための病院を建てたことで知られる。身寄りのない外国人、精神疾患の患者、独り身の老人、病院経営者の守護聖人。

四二三～五二九年。カッパドキア（現在のトルコ中東部）マリソスに生まれ、信仰深い両親のもとで育った。

三〇歳の頃、パレスチナに移って定住し、エルサレム近くのベツレヘムで恩師ロンギヌスの勧めで教会司祭となった。だが虚しい名誉欲を嫌い、山中にこもったが、彼の徳を慕ってやって来る者が絶えなかったので、修道会の共同体をつくり、外国人や独身の老人、精神疾患の患者、ホームレスの人々のための宿舎、病院などを建てた。また、精神的な救いを求める人々の面倒も見たりして共同体で生活する多種多様な人々の監督も行った。

この日の他の守護聖人

・（ガザの）聖ヴィタリス 故郷のガザを去り、アレクサンドリアで娼婦の更生に努めた七世紀エジプトの聖人。ヒモに恨まれて殺された。悔い改めた娼婦の守護聖人。

・聖ポーラン シャルルマーニュの宮廷に招かれた、八世紀のアルザス出身の大司教。

1月12日

聖女マルグリット（・ブルジョワ）

英：セイント・マーガレット（・ブルジョワ）Saint Margaret Bourgeoys
仏：サント・マルグリット（・ブルジョワ）Sainte Marguerite Bourgeoys

◎アトリビュート ロザリオ
◎守護する対象 カナダ

カナダの「コングレガシオン・ド・ノートル・ダム女子修道会」の創立者。カナダの守護聖人。アトリビュートはロザリオ。

一六二〇～一七〇〇年。フランス・シャンパーニュのトロワで裕福なローソク商人の家に生まれたが、一七歳のときに母を失い、母に代わって家事と六人の幼い兄弟たちの面倒を見ていた。ロザリオの聖母を称えて行われた行列に参加した際、修道院の門の上に立っていた美しい聖母マリア像に会釈しようと目をあげると天上的な光に包まれた。その体験を機に、彼女はトロワで貧しい家庭の子どもたちを無知と堕落から救った。そののちカナダのケベックに渡り、そこでフランス移民の子女と現地の子どもたちのために女子修道会（コングレガシオン・ド・ノートル・ダム）を開いて、教育活動に力を注いだ。

この日の他の守護聖人

・聖ブノワ・ビショップ 七世紀イギリスからエルサレムへの巡礼の帰途、レランのサン・トノラ修道院で修道士となり、「ブノワ」と名乗る。多くの修道院を創設した。

・**聖女タチアナ**　ローマの殉教者、スラブ世界で人気がある。

・**聖アイルレッド**　宮廷で出世し、なにひとつ不自由なく暮らしていたが、あるとき回心してリエボーの修道院に入った一二世紀イギリス・ヨークシャーの聖人。

1月13日

（ポワティエの）聖ヒラリウス

英：セイント・ヒラリー（・オブ・ポワチエ）Saint Hilary of Poitiers
仏：サン・ティレール（・ド・ポワティエ）Saint Hilaire de Poitiers

◎**アトリビュート**　蛇、竜
◎**守護する対象**　仏ポワティエとラ・ロシェル、リューマチに苦しむ人、精神疾患の患者、蛇に遭遇した人
◎**ゆかりの場所・絵画・彫刻**　サン・ティレール教会（仏オード郡サン・ティレール村）

教会博士。最初の聖歌集の編者となった司教。彼の集めた聖歌のほとんどは失われたが、「荒野のイエスの誘惑」「復活」「三位一体《さんみいったい》」は残っている。アリウス派の象徴である蛇あるいは竜と戦う姿で描かれる。蛇と遭遇してしまった人々が祈りを捧げる。リューマチ、精神疾患などの患者が祈願する。ポワティエとラ・ロシェルの守護聖人。

三一五～三六七年。フランスのポワティエの貴族に生まれた。学生時代に聖書を読んで、キリスト教に入信することを決める。既婚で一女の父だったが、ポワティエの司教が亡くなると、その信仰と大いなる愛徳によって司教に選ばれた。司教となってからは、キリストの神性を認めないとするアリウス派と闘い、コンスタンティヌス帝による追放や迫害にもひるまなかった。聖アタナシウスとともに真理と正義を信じて自分の信念をあくまで変えず、この闘争の中から、優れた『三位一体論』をあらわした。この『三位一体論』は、のちにカトリックの理論的支柱となった。

フランスのオード郡にあるサン・ティレールの村にある同名の教会は、この守護聖人の聖遺物を祀ったロマネスク様式で有名。フランスの作家マルセル・プルーストは『失われた時を求めて』の作中、故郷のイリエの町にあったサン・ジャック教会をモデルにしてサン・ティレール教会をつくりあげた。

この日の他の守護聖人

・**福女イヴィット**　ベルギーのユイ族会の個室で三〇年暮らした一二世紀の聖女。

・**聖ケンティゲルン**　スコットランドの守護聖人。アトリビュートは鮭と指輪。

1月14日

(ノラの)聖フェリックス

英：セイント・フェリックス(・オブ・ノラ) Saint Felix of Nola
仏：サン・フェリックス(・ド・ノラ) Saint Félix de Nola

◎**守護する対象**　伊ノラ、レジスタンス、抵抗者

迫害や投獄にもめげず、友を助け、脱獄をした不《ふ》撓《とう》不《ふ》屈《くつ》の司祭。レジスタンスや抵抗者の守護聖人。

?〜二六〇頃。シリア出身で、兵士の息子として生まれる。ナポリ近郊のノラで隠棲生活を送り、同地の司祭となる。キリスト教徒を迫害せんとするデキウス帝に捕まり投獄されたが、同じように迫害されて瀕死の状態となっていたノラの司教マクシムスを背負って奇跡的に牢獄を脱出し、廃墟となっていた建物に逃げ込んで難を逃れた。マクシムスの死後、ノラの司教になるよう請われたが、一介の司祭として生きることを選んだ。生涯、迫害に苦しめられたが、苦難の中でも人々をよく牧《ぼく》しつづけた。

この日の他の守護聖人

・**聖セラファン**　一八世紀ロシア教会の隠棲修道僧。森の中で好んで苦難の生活を送った。

・**聖サヴァ**　一二～一三世紀のセルビアの守護聖人。セルビアのキリスト教を立て直し、セルビア人たちに窓の製造やスキの使い方を教えた。

1月15日

(テーベの)聖パウロ

英：セイント・ポール(・オブ・テーベス)Saint Paul of Thebes
仏：サン・ポール(・ド・テーブ)Saint Paul de Thèbes

◎**アトリビュート**　パンをくわえたカラス、二頭のライオン、シュロの実、シュロの葉
◎**守護する対象**　かご職人、マット職人

最初の隠棲修道士。一一三歳まで生きた。かご職人、マット職人の守護聖人。アトリビュートはパンをくわえたカラス。二頭のライオン。シュロの実、シュロの葉。

?～三四二頃。エジプトの最初のキリスト教徒隠棲修道士。デキウス帝のキリスト教迫害の時期、エジプト文化とギリシャ語に精通していた彼は、一六歳でテーベの砂漠に逃れ、それから約一〇〇年間、シュロの葉でつくった服をまとい、食物はシュロの実と、カラスが毎日運んでくれるパンだけで、洞窟に暮らした。その間、祈りと懺悔《ざんげ》を続け、人々に大きな感化を与えた。洞窟を訪れた聖アントニウス(修道生活の父、一月一七日)とともに祈った後、息をひきとった。墓穴を掘る道具がないので、聖アントニウスが困っていたところ、二頭のライオンが現れて埋葬を助けたとされている。

この日の他の守護聖人

・**聖レミ**　→二月二八日参照。

・**聖モール**　聖ベネディクトゥスの弟子で、後継者となった六世紀の聖人。

1月16日

聖マルチェロ(マルケルス)一世

英：セイント・マーセラス(・ザ・ファースト) Saint Marcellus I
仏：サン・マルセル(・プルミエ) Saint Marcel I

◎**アトリビュート** 馬
◎**守護する対象** 馬丁、騎手、海難事故に遭った人

キリスト教迫害時代の最後のローマ教皇。アトリビュートは馬。馬丁、騎手の守護聖人。海難事故のときに、この聖人の名前を唱える。

教皇在位三〇八～三〇九年。ローマ皇帝ディオクレティアヌスのキリスト教迫害によってローマ教皇の座が三年間空位になったことがあったが、その空位期間のあとに教皇に選ばれた。迫害による被害の回復に全力を尽くし、人々に祈りと懺悔の場を提供することを試みたが、皇帝マクセンティウスの迫害を受け、馬小屋を祈禱《きとう》所とされて馬丁として働かされた。重労働のために死んだが、その思いは三年後に通じ、マクセンティウス帝はコンスタンティヌス帝に敗れて祈禱所は正式に礼拝所とされた。

なおこの日はノートル・ダム・デ・ヴィクトワールの祝日。

この日の他の守護聖人

・**(アルルの) 聖オノラ** (仏：サン・トノラ Saint Honarat) ヨーロッパ最大の修道院となったレラン修道院を創設した五世紀フランスの聖人。アルルの司教。

1月17日

（砂漠の）聖アントニウス

英：セイント・アントニー（・オブ・エジプト）Saint Antony of Egypt
仏：サン・タントワーヌ（・ル・グラン）Saint Antoine le Grand

◎**アトリビュート**　子豚、T型十字架、鈴
◎**守護する対象**　イタリア、精肉業、ざる・かご職人、家畜、農民、伝染病・皮膚病・麦角病患者
◎**ゆかりの場所・絵画・彫刻**　『聖アントニウスの誘惑』（ボッシュ、ブリューゲル、カロほか）、イーゼンハイムの聖アントニウス修道会にある『聖アントニウスの誘惑』『テーベの聖パウロを訪れる聖アントニウス』（いずれもグリューネヴァルト画）

アフリカの砂漠に隠棲し、押し寄せる魑《ち》魅《み》魍魎《もうりょう》や孤独と闘った大聖人で修道院運動の父。フロベールの『聖アントワーヌの誘惑』などで名高い。精肉業、ざる・かご職人、家畜、農民の守護聖人。アトリビュートは子豚、T型十字架、鈴。イタリアの守護聖人。伝染病、皮膚病、麦角病にかかったときに祈願する。とりわけ、麦角病は聖アントニウスの火と呼ばれ、この病気にかかった者は聖アントニウスに祈願した。聖アントニウス修道会は麦角病患者のために組織された。

二五一～三五六年。エジプト・メンフィスの裕福な家に生まれた。二〇歳のとき、教会で「持ち物はすべて売って貧しい人々に施しなさい」というキリストの言葉を聞くと、ただちにこれを実行して、子豚一匹を連れて砂漠に赴き、その地で隠棲して、一生を祈りに捧げた。子豚に姿を変えた「悪魔」が放つさまざまな誘惑に打ち勝ったことで名高い。彼を慕って弟子たちが集まり、隠遁者の集落ができた。これはキリスト教修道生活の基盤となり、後の修道院組織に結びついていった。一〇五歳で生涯を閉じるまで、傲慢に対して、謙遜と無私の愛を体現して見せた。アレクサンドリアの主教聖アタナシウスの著した『聖アントニウス伝』は修道生活の理念を広めることに貢献した。

パリにはサン＝タントワーヌ通りとフォーブール＝サン・タントワーヌ通りというこの守護聖人を冠したふたつのセーヌに平行な通りがあるが、いずれも中世初期にパリの城壁の外にあったサン・タントワーヌ大修道院に通じる道であった。この大修道院は革命で破壊されたが、いまでは跡地にサン・タントワーヌ病院が建っている。

この日の他の守護聖人

・**聖アマルバール**　八世紀バイエルンの聖人。軍人にしようとする父の命令に従わなかったために牛飼いにされたが屈せず、聖職の道に入り、父の領地に教会を建てて司祭となって、多くの人々に慈悲を与えた。

・**聖女ロズマリーヌ**　一四世紀にシャルトルーズ会修道院で暮らしたフランスの修道女。読心の超能力で知られる。

1月18日

（ハンガリーの）聖女マルガリータ

英：セイント・マーガレット（・オブ・ハンガリー）Saint Margaret of Hungury
仏：サン・マルグリット（・ド・オングリ）Sainte Marguerite de Hongrie

◎**アトリビュート**　バラ、花かざりが先端についた十字架

ハンガリーの王女だったが修道女として一生を終えた聖女。アトリビュートは、バラと、花かざりが先端についた十字架。

一二四二／一二四三～一二七〇年。ハンガリー国王べラ四世の王女として生まれた。一二歳のとき、修道女となることを希望し、ブダペストのドミニコ会女子修道院に入った。ボヘミア王からの結婚の申し込みをはじめ、すべての申し入れを断って、一生を神に捧げることを誓い、何も食べずに二八歳の若さで亡くなった。強情とも見えるその強い意志の裏には、深い祈りと苦行、また、貧しい人々への限りない愛情があった。

この日の他の守護聖人

・**聖女プリスカ**　一世紀ローマの最初の女性殉教者。コロセウムでライオンをけしかけられたが、ライオンはおとなしくプリスカの足をなめた。アトリビュートは死体を守る鷹と足をなめるライオン。同名の聖女が設立したローマのサンタ・プリスカ教会に祀られている。

・**聖デリコール**　七世紀にアイルランドに宣教した聖人。

・**聖女ベアトリス**　一三世紀イタリアの修道院創設者。

1月19日

聖カヌート（四世）

英：セイント・カヌート（・ザ・フォース）Saint Canute IV
仏：サン・カニュ（・カトル）Saint Canut IV

◎守護する対象　デンマーク

信仰篤《あつ》かったデンマーク王。彼が即位したために、ヴァイキングが改宗し、フランスやイギリスは略奪を免れるようになった。デンマークの守護聖人。

一〇四三頃〜一〇八六年。ヴァイキング全盛期のデンマークで、国王スウェーノ二世の後継位を弟と争ったが、その信仰深さを嫌う諸侯たちが弟のハラルドを国王としたため、隣国スウェーデンの王ハルスタインのもとへ身を寄せた。本国を攻めるようたびたび勧められたが、「私ひとりの不義のために国民に迷惑をかけるわけにはいかぬ」といっさい耳を貸さなかった。この態度に感心した諸侯はハラルド王が死去したのち、彼をカヌート四世国王として迎え入れた。王となったのちは、修道院・聖堂建設などを行う一方、自らはいっさいの贅沢を好まず、非常に質素な生活を送ったが、イギリスのウィリアム征服王と戦った戦費を取り戻すため、諸侯に税金をかけたことがきっかけとなり、再び反乱が起こった。反徒たちは、王が祈りを捧げていた聖堂を包囲し、王は矢や投槍を無数に受けて戦死した。

この日の他の守護聖人

・**聖マリウスと聖女マルタ**　ローマで夫妻で殉教した三世紀の聖人。夫婦の守護聖人。

・**聖ウルフスタン**　一一世紀イギリスの聖人。ワーセスター司教。奴隷制を廃止し、多くの学校や教会を建立。

1月20日

聖セバスティアヌス

英：セイント・セバスティァン Saint Sebastian
仏：サン・セバスチャン Saint Sébastien

◎**アトリビュート**　矢、王冠
◎**守護する対象**　ローマ、射手、戦士、スポーツ選手、ペストに苦しむ人、死にゆく人
◎**ゆかりの場所・絵画・彫刻**　レ・ソドマ、グイド・レニ、マンテーニャなどによる画が多く残っている

一四救難聖人のひとり。三島由紀夫が『仮面の告白』で取り上げて以来、日本でも有名になったローマの殉教者。杭《くい》に縛られ、体中を矢で射られた姿が画家たちによって繰り返し描かれた。アトリビュートは当然、矢、および王冠。射手、戦士、スポーツ選手、死にゆく人の守護聖人。ローマの守護聖人。ペスト患者が祈願する。

三世紀末。伝承によれば、フランス・ナルボンに生まれたともイタリアのミラノで生まれたともいわれる。当時はディオクレティアヌス帝によるキリスト教迫害がもっとも激しさを増していた時代だった。セバスティアヌスは信徒であることを隠し、ローマの軍隊に入って皇帝の近衛にまでなった。やがて、牢獄へも都合よく出入りできるようになると、キリスト教徒を励ましにたびたび通うようになった。密告者によってセバスティアヌスがキリスト教徒であることを知った皇帝は、矢で射殺するよう命じた。セバスティアヌスは体を木に括《くく》りつけられ、無数の矢を浴びて瀕死《ひんし》の状態となったが、聖カストゥルスの妻イレネによって癒されると奇跡的に一命をとりとめた。しかし、またもや皇帝のもとにおもむき、昂然《こうぜん》と皇帝の行いを非難して、キリスト教徒に自由を与えるように訴えたため、棍棒《こんぼう》で撲殺された。

スペイン・バスク地方のサン・セバスチャンは温泉で知られた風光明媚な町。

この日の他の守護聖人

・**聖ファビアヌス**（仏：サン・ファビアン Saint Fabien）

聖霊の白鳩によってローマ教皇になった三世紀の聖人。鳩がアトリビュート。

1月21日

聖女アグネス

英：セイント・アグネス Saint Agnes
仏：サン・タニエス Sainte Agnès

美しさゆえに棄教を迫られたローマの処女殉教者。少女、婚約したカップル、庭師の守護聖人。純潔性のシンボル。子羊（agnus）との同音から、子羊がアトリビュート。

◎**アトリビュート**　子羊
◎**守護する対象**　少女、婚約したカップル、庭師

三〜四世紀初頭。ローマの名門の家に生まれたが、富や名声を嫌って一生を神に捧げることを誓った。あまりに美しかったため、求婚者が後を絶たなかったが、純潔を守り通そうと心に決めたアグネスは求婚をことごとく退けた。逆恨みした求婚者からキリスト教徒として告発され、鉄の爪をはじめとする数々の拷問具にかけられたが、屈することなく、火あぶりのすえにのどを貫かれて殉教し、天に運ばれた。言い伝えでは死後、両親が墓地

に祈りに来たときに、真っ白な羊に姿を変えたキリストとともに現れたという。ギリシャ語の子羊「agnus」との類推から、美術では子羊とともに描かれることが多い。

この日の他の守護聖人

・聖マインラッド　カルロス大帝の子孫。九世紀にスイス・チューリッヒで隠遁者として生活しているとき、客としてもてなした強盗に襲われて殺された。飼われていた二羽のカラスが犯人を教えたという言い伝えから、カラスがアトリビュート。殺された場所に彼に捧げられた修道院が建てられた。

1月22日

（サラゴサの）聖ヴィケンティウス

英：セイント・ビンセント（・オブ・ザラゴーサ）Saint Vincent of Zaragoza
仏：サン・ヴァンサン（・ド・サラゴス）Saint Vincent de Saragosse

◎アトリビュート　カラス、焼き網、たいまつ、鉄板、ガラスの破片、石臼

◎守護する対象　ブドウ栽培業者、ワイン商人、陶工、レンガ職人、水夫

もっとも過酷な拷問に耐えたスペインの殉教者。フランス名Vincent がフランス語でVin（ワイン）とsang（血）を連想させることからブドウ栽培業者、ワイン商人の守護聖人となった。火あぶりにされたり、海中に沈められたりしたことから、陶工、煉瓦職人、水夫の守護聖人でもある。拷問道具として、焼き網、たいまつ、鉄板、ガラスの破片、石臼《いしうす》、それにカラスもアトリビュートになっている。

？～三〇三／三〇四。ローマ皇帝ディオクレティアヌスのキリスト教大迫害の時代、スペインのサラゴサで、司教により助祭《じょさい》に任じられる。総督ダシアノの手によって師とともに捕らえられ、信仰を捨てるように強要されたが、これを退けたため拷問にかけられた。四肢《しし》を引っ張られ、鉄の爪で切り裂かれた後で、熱した鉄板にのせられて火あぶりにされたがまだ死ななかったので、最後はガラスの破片を敷き詰めた牢獄に投げ込まれ殉教した。天使の歌が聞こえて、天に召されたという遺体を野獣に食べさせようとしたがカラスが遺体を守ったことから、彼はカラスを足元に配した絵柄で描かれる。石臼をつけて海中に沈められても海辺に流れ着いた。

この日の他の守護聖人

・**福者ゴーティエ**　一三世紀ベルギー・ブリュージュ出身の司教。クレメンティウス五世と対立したが、死後、誤解が解ける。

1月23日

（慈善家の）聖ヨハネ

英：セイント・ジョン（・ジ・アームズギヴァー）Saint John The Almsgiver
仏：サン・ジャン（・ロモニエ）Saint Jean l'Aumonier

◎**アトリビュート**　オリーブの冠
◎**守護する対象**　病院関係者、貧者、慈善家

五〇歳過ぎて妻を失ってから、キリストの慈悲に目覚め、慈善に努めた大司教。病院関係者、貧者、慈善家の守護聖人。オリーブの葉の冠をいただいた少女の幻を見て慈善に目覚めたことから、アトリビュートはオリーブの冠。

五六〇～六一九年。キプロス島のアマトスに生まれ、若くして結婚、五〇歳までは家族とともに暮らした。家族を失ったあと、聖職者ではなかったにもかかわらず、その徳によりアレクサンドリアの総司教に選ばれた。ある夜、オリーブの葉で編んだ冠を頭にいただいた美しい少女の幻を見て、オリーブの枝が「慈悲」を意味することを思い出し、以後、神のものを神に返すために、全力を尽くした。彼自身の財産や、裕福な信徒からの寄付を使って病院、養老院、旅行者用施設や、教会、修道院を建て、多くの貧しいもの（彼は「私の主」と呼んだ）を救った。

この日の他の守護聖人

・**聖インデフォンソ**　七世紀スペイン・トレドの大司教。マリアの処女性を擁護するのに努めた。

・**聖バルナール**　八世紀フランス・リヨン出身の大司教。シャルルマーニュに仕えた後、妻と別れて、修道院に入る。

1月24日

聖フランソワ・ド・サール（フランシスコ・サレジオ）

英：セイント・フランシス・オブ・セイルズ Saint Francis of Sales
仏：サン・フランソワ・ド・サール Saint François de Sales

説教だけでは多くの人に語りかけられないと悟って、著作を通じて布教を試みたことから著述家、ジャーナリスト、出版人の守護聖人となる。類いまれな優しさをもった人。教会博士。

◎**守護する対象**　著述家、ジャーナリスト、出版人

一五六七～一六二二年。サヴォア公国の貴族の家に生まれた。パリとパドヴァの大学に学び、法学博士となったが出世を選ばず、司祭となって、当時、カルヴァン主義で混乱状態にあったジュネーヴ教区の再編にあたった。司教補佐を経て司教となり、聖女ジャンヌ・ド・シャルタルとともに「聖母訪問修女会」を創立。きわめて優れた説教者であり、心理学者であり、ヒューマニストであった。その行いと言葉は、人々に多大な影響を与え、勇気づけた。「宗教的信心は生活を破棄することなく、完成させる」と信じ、『信心生活入門』や『親愛論』など、フランス文学の傑作といわれる著作を残した。ジャーナリストや著述家の守護聖人として崇敬され続けている。

この日の他の守護聖人

・**聖女クセニア**　一八世紀ロシアの修道女。ツアーの楽士だった父の死後、修道院で祈りの生活を送った。

・**聖マケドニウス**　五世紀にアンティオキアで七〇年にわたる隠遁生活を送った聖人。

1月25日

（使徒）聖パウロ（の回心記念日）

英：セイント・ポール（の回心記念日）The Conversion of Saint Paul
仏：サン・ポール（の回心記念日）La Conversion de Saint Paul

◎**アトリビュート**　書物、剣
◎**守護する対象**　天幕職人、縄編み職人、織物業者、絨毯職人

使徒で殉教者。キリスト教世界の礎《いしずえ》を築いた最大の指導者である。この日は、キリスト教徒を迫害していたサウロが回心し、聖人パウロとなったことを祝う日。ローマの守護聖人。アトリビュートは書物と剣。書物は思想家と教師の地位を、剣は殉教をあらわす。天幕職人、縄編み職人、織物業者、絨毯職人などの守護聖人。

?～六七年頃。タルソ（トルコ南東）出身のイスラエル（ユダヤ）人であったパウロは、本名をサウロといい、天幕職人の父が残した遺産のお陰でローマ市民となった。若い頃にユダヤ教の最高指導者ガマリエルの弟子となって以来熱心なユダヤ教徒で、聖ステファノの死刑にも賛同した。

ところが、キリスト教徒を迫害するためダマスコに赴く途中、突然、天からの光に打たれ、落馬して地面へ倒された。「サウロ、サウロ、なぜ私を迫害するのか」という主キリストの声を聞き、盲目となり、自らの暗黒と出会って、回心した。サウロはその奇跡的体験を経て、キリストに従いその導きにそって生きていくことを悟った。「パウロ」という名に改め、壮大な宣教旅行の生涯をたどることとなる。

落馬してイエスの声を聞くパウロを描いたカラヴァッジオの『聖パウロの回心』が有名。六月二九日を参照。

この日の他の守護聖人

・**聖プリス**　七世紀フランス・クレルモンの司教。オーヴェルニュ地方のヴォネヴィクで殉教。不治の病の守護聖人。

1月26日

聖女パウラ

英：セイント・ポーラ Saint Paula
仏：サント・ポール　Sainte Paule

◎**アトリビュート**　ウルガタ聖書、ひょうたん、ペン
◎**守護する対象**　未亡人、秘書
◎**ゆかりの場所・絵画・彫刻**　パリ北部・サンスの大聖堂

寡婦《かふ》になった悲しみから信仰に目覚めたローマの婦人で、未亡人の守護聖人。語学に堪能で、聖ヒエロニムスをよく助けたことから秘書の守護聖人。アトリビュートは、ウルガタ聖書、ひょうたん、ペンなど。

三四七〜四〇四年。ローマの貴族の家に生まれた。後に彼女の伝記を書いた聖ヒエロニムスによれば、その美徳は生まれよりもはるかに高貴だったという。愛する夫と長女の死によってひどく悲しんでいたときに、悲しむよりは、むしろ、ふたりが地上より幸福な場所に入ったことを悟るべきだと言う聖ヒエロニムスと出会い、彼にしたがって残された娘の聖女エウストキウムを連れパレスチナの聖地に巡礼に旅立った。

その後はベツレヘムに住み、ギリシャ語とヘブライ語の語学力、その優れた気転・指導力とで聖ヒエロニムスを助け、また、全財産を使って、人々のために男女の修道院、巡礼者宿泊所、学校などを建てた。

この日の他の守護聖人

・**聖テモテ**　（仏：サン・ティモテ Saint Timothee）聖パウロの弟子。一世紀に今のトルコで生まれ、聖パウロが宣教に来た時弟子となって、ともに各地に旅をする。

・**聖ティト**（仏：サン・ティットSaint Tite）聖パウロの弟子。四八年頃にパウロと会ったときにはすでに回心していた。パウロとともにクレタ島の布教に努めた。聖テモテとともに祝われる。

1月27日

聖女アンジェラ・メリチ

英：セイント・アンジェラ・メリシ Saint Angela Merici
仏：サント・タンジェール・メリシ Sainte Angèle Merici

◎**アトリビュート**　十字架、ロザリオ、ユリ、修道会会則書
◎**守護する対象**　家庭教育、女子大教員、女子中高教員

「ウルスラ会」の創設者で、家庭教育、女子教育を守護分野とするところから、女子大教員、女子中高教員の守護聖人。**アトリビュート**は十字架、ロザリオ、ユリ、修道会会則書。

一四七四～一五四〇年。幼い頃に両親と姉に死別して孤児となる。家族が天国に行ったかどうかを純粋な祈りで神に尋ねていると、天使たちに囲まれ微笑む姉の姿が空に映し出された。「いつもあなたの志を守りなさい」。天の姉の澄み切った声を聞いた彼女は「そなたは天に上がっていく女性たちを導くようになるであろう」という声も聞き、生涯を少女たちの教育に注ぐこととなる。協力者たちとともに女子修道会「ウルスラ会」を創立。このウルスラ会では「社会の無秩序は、家族の無秩序から始まる」という考えのもとに、家庭教育を重視した。

この日の他の守護聖人

・**聖ジュリアン**（仏：サン・ジュリアン Saint Julien）キリストの七〇人の使徒のひとり。ル・マンの司教。

1月28日

聖トマス・アクィナス

英：セイント・トーマス・アクィナス Saint Thomas Aquinas
仏：サン・トマ・ダカン Saint Thomas d'Aquin

◎**アトリビュート**　書物、教会
◎**守護する対象**　学生、研究者、大学教員、哲学者、神学者、鉛筆製造業者、純潔さ・学業成就を祈願する人
◎**ゆかりの場所・絵画・彫刻**　カルロ・クリベリによる肖像画、サン・トマ・ダカン教会（パリ七区のサン・ジェルマン大通り近く）

中世最大のキリスト教神学者。『神学大全』でキリスト教学を完成した。学生、研究者、大学教員の守護聖人。そのほか、哲学者、神学者、鉛筆製造業者の守護聖人。純潔さや学業の成就の祈りの際に彼の名前が唱えられる。

一二二五～一二七四年。古代のアリストテレス、近代のデカルトとともに西洋思想を築いた偉大な学者として知られる。

イタリア・ナポリ近郊アクティノの城主の家に生まれた。類いまれな頭脳の持ち主として将来を嘱望されていた。そのため、ドミニコ会に入ろうとすると、家族の猛反対を受け、城に閉じ込められた。しかし、彼の決心は変わらず、家族もついにはあきらめた。

自由になると、当時最高峰であったパリとケルンの大学で聖アルベルトゥス・マグヌスに学んだ。大学教授となってからはアリストテレスや聖アウグスティヌスの理論を統合させた壮大な哲学・神学体系をうち立て、一方では『神学大全』をはじめ多くの書を残した。この歴史に残る不朽の名著『神学大全』の執筆中、ミサで神秘的な幻を見て、自分が見たことや啓示されたことに比べれば、書いたことなど、全く藁《わら》のようなものにすぎないと書き残し、未完のままに亡くなった。

この日の他の守護聖人

・**（パレスチナの）聖ヤコブ**　四世紀頃、カルメル山のふもとで隠棲修道士となり、信仰を集める。あるとき、悪魔憑きの少女を託されたが、これを犯して殺してしまう。自責の念にさいなまれて砂漠をさまよっているとき、老いた隠棲修道士と出会い、真のキリストの慈悲を教えられ、以後、熱心な祈りの生活に入った。

・**聖シャルルマーニュ**　カルロス大帝。ソルボンヌ大学の守護聖人。

1月29日

（賢者）聖ギルダス

英：セイント・ギルダス（・ザ・ワイズ）Saint Gildas the Wise
仏：サン・ジルダ（・ル・サージュ）Saint Gildas le Sage

◎守護する対象　ウェールズの歴史家、ベル職人

初の英国キリスト史を著したことから、「賢者」の称号を与えられた。

五〇〇頃～五七〇年頃。イギリスのクライド河下流に生まれ、ウェールズで隠棲修道士となった。のちにローマへ巡礼。また、アイルランドやブルターニュなどの修道院・教会の発展に貢献した。当時の聖職者と信者たちの不正に疑問を抱き、その道徳的不正を正そうと、ローマ人が渡来して支配下となったブリタニアから現在にいたるまでの英国キリスト教史を教訓的に著述し、警告を発した。『ブリタニアの滅亡と征服に関して』と呼ばれるこの書は、当時の状況を知るうえでの貴重な資料となった。

この日の他の守護聖人

・**（看護者）聖ユリアヌス**　（仏：サン・ジュリアン・ロスピタリエ Saint Julien l'Hospitalier）→二月一二日を参照。

・**聖シュルピス**　（仏：サン・ショルピス　Saint Sulpice）南仏アルジャンに四世紀に生まれた。聖マルタンの伝記作者。パリのサン・シュルピス聖堂は彼に捧げられている。

1月30日

聖女バティルダ（バティルド）

英：セイント・バシルド Saint Bathild
仏：サント・バチルド Sainte Bathilde

◎**守護する対象** 奴隷
◎**ゆかりの場所・絵画・彫刻** パリ・リュクサンブール公園にある石像

海賊に捕まって、クロヴィス王の王妃となるという数奇な運命をたどった女性。奴隷売買の制度を廃止したことから、奴隷の守護聖人。

?～六八〇頃。イギリスに生まれたが、非常に美しく、才知ある女性だったため、六四一年に海賊に捕まってフランク国王クロヴィス二世のもとに売られてしまった。やがて王妃となった彼女は三人の子どもに恵まれ、王が亡くなると王子の摂政となった。この地位にあってもおごらず、貧しい人々のために修道院や病院を建て、また、自身も犠牲者であった当時の奴隷売買の制度を廃止させるなどして民衆に尽くした。しかし、六六五年に心ない貴族たちによってパリ近郊の修道院に幽閉され、そこで神のため謙遜に努めて亡くなった。

フランスのパリ六区にあるリュクサンブール公園にはこの守護聖人となった王妃を描いた石像が建っている。

この日の他の守護聖人

・**聖女マルティナ**（仏：サント・マルティーヌ Sainte Martine）ローマの守護聖人。
・**聖チャールズ** 一七世紀イギリスのスチュアート王朝の王チャールズ一世。クロムウェルに処刑されたため聖人となった。

1月31日

聖ヨハネ・ボスコ（ジョヴァンニ・ボスコ）

英：セイント・ジョン・ボスコ Saint John Bosco
仏：サン・ジャン・ボスコ Saint Jean Bosco

◎**守護する対象**　青少年関係の教育者、編集者、少年少女

男子修道会「サレジオ会」・女子修道会「扶助マリア会」を設立して、少年少女の教育に力を注いだことから、青少年関係の教育者の守護聖人。編集者、少年少女の守護聖人でもある。

一八一五～一八八八年。無神論的な風潮が支配し、社会が混乱をきわめた一九世紀、北イタリア・トリノ市郊外の寒村で農家に生まれた。幼くして父親に先立たれたため、非常に貧しい暮らしのなか、敬虔《けいけん》な母親の手で育てられた。司祭ドン・カフォッソに学び、神から啓示を受けて司祭となる決心をしてからは、必死の思いで生活費を稼いで勉強し、二六歳のときに叙階《じょかい》されて司祭となった。その後も、資金の欠乏と反対者の中傷に常に悩まされたが、生涯を通じて貧しい子どもたちに愛を注ぎ続けた。

「愛なくして信頼なく、信頼なくして教育なし」。この精神を貫き通した彼の事業は不思議に着々と発展し、男子修道会「サレジオ会」、女子修道会「扶助マリア会」が創立された。また、出版活動でも大きく影響を残した。

この日の他の守護聖人

・**聖女マルセル**　（仏：サント・マルセル　Sainte Marcelle）四世紀ローマで、最初にキリスト教に帰依した貴婦人。女子修道生活の実践者。

2月の聖人

Les Saints du mois de février

2/1　聖女ブリジッド
2/2　聖女ジャンヌ(・ド・レストナック)
2/3　聖ブラシウス(ブレーズ)
2/4　聖女ヴェロニカ
2/5　聖女アガタ
2/6　聖女ドロテア
2/7　(若い)聖ルカ
2/8　聖ジロラモ(ヒエロニムス)・エミリアニ
2/9　聖女アポロニア
2/10　聖女スコラスティカ
2/11　(アニアンの)聖ベネディクトゥス(ブノワ)
2/12　(看護者)聖ユリアヌス(ジュリアン)
2/13　聖女カタリナ(・ディ・リッチ)
2/14　聖ヴァレンタイン(ヴァレンティヌス)
2/15　聖ジークフリード
2/16　聖女ユリアナ
2/17　聖アレクシス(聖母のしもべ会七聖人)
2/18　(ルルドの)聖女ベルナデッタ(ベルナデット)
2/19　聖コンラッド
2/20　聖ウルフリク／聖ユルリク
2/21　聖ペトロ(ピエトロ)・ダミアノ
2/22　(コルトナの)聖女マルガリータ
2/23　聖ポリカルポ(ポリュカルポス)
2/24　聖ヴァルタン
2/25　聖女ヴァルブルガ
2/26　聖ポルフィリオ
2/27　聖ガブリエル・ポセンティ
2/28　聖レミ(レミギウス)
2/29　(アンジューの)聖ルドヴィコ(ルイジ)

Préface

2月の聖人

二月は人気のある守護聖女が目白押しの月である。まず二月一日のアイルランドの守護聖女で、「ケルト人のマリア」とされている聖女ブリジッド。アイルランド人は聖パトリックを「父」、聖女ブリジッドを「母」、そして聖コルンバを聖霊の象徴のハトとし、三位一体《さんみいったい》の神と考えている。

二月四日の聖女ヴェロニカ（ヴェロニック）は、十字架を背負ってカルヴァリオの丘に向かうイエスが血と汗を浮かべているので顔を亜麻《あま》布でふき取ったところ、布にイエスの顔が浮かび上がったという伝説から、ラテン語で「真の画像」を意味するヴェルム・イコン（verum icon）の女性形が名称となった守護聖女。イエスの顔が布に写ったということから、写真家の守護聖女となっているのが面白い。二月五日の聖女アガタ（アガット）は、その残酷な拷問《ごうもん》により、ハサミで乳房を切り取られたことから、キリスト教絵画では、乳房とハサミを皿にのせた姿がしばしば描かれる。乳母の守護聖女だったが、乳母が消滅したいまでは看護婦の守護聖女となっている。次の二月六日は、美貌の殉教処女で一四救難聖人のひとりである聖女ドロテア（ドロテ）の祝日。処刑場に向かう途中、嘲笑した法律家の家に少年が現れ、バラとリンゴを入れたかごを届けたというエピソードから花屋や庭師の守護聖女。二月九日もまた有名な殉教処女聖女アポロニア（タポリーヌ）の祝日である。アポロニアは歯を抜き取られるという拷問を受けた。このとき、歯痛に悩む人々への救いを誓って殉教したので、以後、人々が歯痛のときに駆けつけてくれる救難聖人となり、歯科医の守護聖女となった。このほか、拷問にも悪魔の誘惑にも耐えた殉教処女の聖女ユリアナ（ジュリエンヌ、二月一六日）、ルルドの奇跡に立ち会った聖女ベルナデッタ（ベルナデット、二月一八日）などの有名な守護聖女がいる。

一方、男の守護聖人では、まず、一四救難聖人のひとりであるアルメニアの伝説的聖人ブラシウス（ブレーズ、二月三日）を挙げなくてはならない。迫害を避けて森の洞窟に住んでいたとき傷ついた動物たちを助けてやったことから野生動物の守護聖人となった。

伝説の聖人ということだったら、もうひとり、二月一二日の看護者聖ユリアヌス（ジュリアン・ロスピタリエ）も欠かすことができない。ユリアヌスは誤って両親を殺してしまったことを悔いて、川のほとりに病院を建て、貧しい人や病人のために働いた。ある夜、ハンセン氏病の患者を手当てしてやっていると、その患者は「神はあなたの償《つぐな》いを受け入れた」と言い残して消えた。「もてなしをする人」というのが名前の意味。この伝説にヒントを得て『聖ジュリアン伝』を書いたのがギュスターヴ・フロベール。

二月一四日は言わずと知れた愛と恋人たちの守護聖人聖ヴァレンタイン（ラテン語ならヴァランティヌス、フランス語ではヴァランタン）の祝日。女性が手紙を書いて男性に渡す古代ローマのルペルカリア祭の風習と、鳥たちが春情を覚え、相手を定める「つがいの日」であることが結び付いて伝説が生まれたようだ。イングランドのレディ・アンというゲームは、輪になって座った男女が、後ろ手にボールを回していって、輪の中にいるひとり（lover）がボールをもっている異性（loved）を当てるというもので、ぴたりと言い当てられたlovedは、「このボールはあなたのもの。私のものではありません。私はあなたを私のヴァレンタインに選びます」と答えることになっている。

聖ヴァレンタイン・デーにはさまざまな御馳走も用意されるが、なぜかチョコレートだけはない。どうやら日本におけるヴァレンタイン=チョコレートというのは、日本の洋菓子メーカーが戦後考え出した新しい「風習」のようだ。

2月1日

聖女ブリジッド

英：セイント・ブリジッド Saint Brigid
仏：サント・ブリジット Sainte Brigitte

聖パトリックとならぶアイルランドの守護聖人。「ケルト人のマリア」と呼ばれている。産婦と子ども、雌牛と家畜などの守護聖女。事故に遭ったときに祈願する。

◎**守護する対象（地域・職業・病気・災害）** アイルランド、産婦、乳児、子ども、私生児、雌牛、家畜、鍛冶家、養鶏業者、事故に遭った人

四五三頃～五二四頃。ブライド、ブレイド、ブリーゲ、ブリギッドとも呼ばれ、アイルランドで聖パトリックとともに守護聖人とされている。

聖パトリックに洗礼を受けたといわれる両親のもとに生まれた彼女は幼いころから信仰深く、喉の渇いた人に水を与えるとミルクに変わったといわれる。のちのアイルランド司教メルのもとで誓願をたて、ギルデアの地にアイルランド最初の女子修道院を建てた。修道院を学問と芸術の場として人々の精神的向上を助け、また、その祈りと愛とで数々の奇跡を起こした。あるとき、聖母マリアを夢に見たという司教が彼女を見て「私が夢で見た聖女が来た」と叫んだことから、「ケルト人のマリア」といわれるようになった。

この日の他の守護聖人

・**福女エラ**　一三世紀イギリスの王弟長剣ウィリアムが嵐に遭ったときに、エラがマストを支える幻影を見たことから、ウィリアムは信仰深くなった。夫の死後、彼女はランカシャーに修道院を建てた。

・**聖女ヴィリディアナ**　一二世紀イタリア・トスカーナ出身の幻視者。悪魔が二匹の蛇のかたちをかりて体内に入り込む幻影に苦しめられたが、イエスの受難を思って、これに耐え続けた。

2月2日

聖女ジャンヌ（・ド・レストナック）

英：セイント・ジョーン（・オブ・レストナック）Saint Joan of Lesonna
仏：サント・ジャンヌ（・ド・レストナック）Sainte Jeanne de Lestonnac

◎**守護する対象**　未亡人、中傷に苦しむ人、修道会に拒否された人
◎**ゆかりの場所・絵画・彫刻**　仏ボルドーのサン・ブリュノ教会の壁画

モンテーニュの姪で、「ノートル・ダム修道女会」設立者。女子教育の先駆者。

一五五六〜一六四〇。随筆家モンテーニュの姪である彼女は、夫の死後四七歳でシトー会の修道院に入った。しかし厳しい生活で健康を害して、これを断念せざるをえなくなり、ボルドーで流行していた伝染病の患者たちを看病する仕事に従事した。多くの司祭が彼女の献身的な仕事に感心し、支持したため、ボルドーに「ノートル・ダム修道女会」が創設されることとなった。少女たちの教育に打ち込んでいたある時期、心ない修道女たちの陰謀によって院長職から退けられたが、柔和な心をもってこれに耐え、やがて彼女をおとしめた修道女たちも自らの悪事を悟って告白すると、彼女の潔白は立証された。

この日の他の守護聖人

・**聖コルネリウス**　一世紀のローマの百人隊員。回心してペテロから洗礼を受けた。

・**福者テオヌァーヌ・ヴェナール**　一九世紀にベトナムのハノイで殉教した、神学校教授。

2月3日

聖ブラシウス（ブレーズ）

英：セイント・ブレイズ Saint Blaise
仏：サン・ブレーズ Saint Blaise

アルメニアの伝説的聖人で、一四救難聖人のひとりに数えられる。病気、とくに咳や百日咳、甲状腺腫や喉の痛み、魚の骨が喉につかえたとき、また、目の痛みのときに加護の祈りが唱えられる。また、猛獣に襲われたときも同様である。医師、農民、毛織物業者、石切り業者、建築業者、スリッパ作り職人、仕立て屋、左官屋、紡績業者、皮なめし業者、パン焼き職人、帽子職人、ミュージシャン、家畜、それに野生動物の守護聖人である。アトリビュートは十字架の形のローソク、羊用ブラシ。

?〜三一六。一四救難聖人のひとり。伝説では、アルメニアのセバステで医師・司教として働いていた。リキニウス帝の迫害のため、森の洞窟に住んで、そこを宣教の拠点にしていたと伝えられる。彼のもとには傷ついた森の動物たちが集まり、治療を受けるようになった。兵士に発見されたときには、動物たちが彼の身を守ったという。やがて捕らえられて牢獄に入れられたが、それでも、牢の格子《こうし》の隙間から、癒しを与え続けた。ひとりの婦人が現われて、息子が喉に魚の骨を詰まらせて窒息しかかっていることを訴えたので、その子どもの喉に手を当て十字をきって祈ると、子どもはたちまち治った。また、狼に豚をさらわれた寡婦《かふ》が豚をとり返して欲しいと彼に懇願すると、狼が現れて豚を返した。牢獄にこの豚とローソクとパンを届けた寡婦は、彼の勧めで毎年教会にローソクを献じるようになってから、幸せに暮らした。

彼と、七人の信心深い夫人とその子どもふたりは、信仰を捨てなかったために羊用のブラシで体を引き裂かれ

◎**アトリビュート**　十字架の形のローソク、羊用ブラシ

◎**守護する対象**　医師、農民、毛織物業者、石切り業者、建築業者、スリッパ作り職人、仕立て屋、左官業、紡績業者、皮なめし業者、パン焼き職人、帽子職人、ミュージシャン、家畜、野生動物、病人、とりわけ咳や百日咳・甲状腺腫・喉・目を患う人、魚の骨が喉につかえた人、猛獣に襲われた人

◎**ゆかりの場所・絵画・彫刻**　ガスパール・ド・クレユール（ブリュッセル美術館）、ミシェル・ド・コクシ（アンヴェール美術館）

たのち、斬首されて殉教した。別の伝説では、迫害者が川で溺死させようとしたが、平然と水の上を歩き、向こう岸にたどりついたともいう。

この日の他の守護聖人

・聖オスカール 九世紀フランスの聖人。フランスを荒らし回っていたノルマン人を改宗させた。

2月4日

聖女ヴェロニカ

英：セイント・ヴェロニカ Saint Veronica
仏：サント・ヴェロニック Sainte Véronique

◎**守護する対象** 写真家、下働きの女性、洗濯女、リネンの織物業者、刺繍女工
◎**ゆかりの場所・絵画・彫刻** サン・ピエトロ大聖堂（ローマ）、ブルゴーニュ公フィリップ・ル・ボンのための『時禱書』、エル・グレコの油彩（ミュンヘン美術館）

十字架を背負ってゴルゴダ（カルヴァリオ）の丘に向かうイエスの額の汗と血をぬぐってやった聖女。キリストの顔が亜麻布に写ったという言い伝えから、写真家の守護聖女とされる。下働きの女性、洗濯女、リネンの織物業者、刺繍《ししゅう》女工などの守護聖女。フランスでは「ベレニス」とも呼ばれる。

一世紀頃の、エルサレムの伝説上の聖女。伝説によれば、彼女はエルサレムの婦人で、早くからのイエス・キリストの信奉者であった。十字架を背負ってカルヴァリオの丘へ引かれていくイエスについていった「女たち」のひとり。イエスが十字架の重みに耐えて、顔に汗と血を浮かべていたので、亜麻布でそれを拭き取った。すると、布に主イエス・キリストの顔が浮かび上がった。布は見つめるだけで病気が治ったという。この布は「ヴェロニカのヴェール」と呼ばれ、八世紀頃からローマのサン・ピエトロ大聖堂に保存されている。

この日の他の守護聖人

・**聖ギルバート**（仏：ジルベール Saint Gilbert）一二世紀イギリス出身の聖人。男女混淆《こんこう》の修道院をつくったことで知られる。

・**聖テオフィル** リュトブフなどの聖人伝『テオフィルの奇跡』で知られるシチリア、アダナの聖人。

・**聖女ジャンヌ・ド・フランス** ルイ一一世の王女で、オルレアン公ルイと政略結婚させられたが、ルイがルイ一二世として即位すると、離婚され、ブールジュの修道院に引きこもって信仰の生活を送った。

2月5日

聖女アガタ

英：セイント・アガサ Saint Agatha
仏：サント・アガット Sainte Agathe

シチリアの美貌の殉教者。ハサミで乳房を切り取られたり、燃えたぎる炭の上に横たえられたりして拷問にかけられたところから、ハサミと皿にのせた乳房と炭がアトリビュート。乳房の病気（乳癌）と火事、地震のときに、その名が祈願される。乳母の守護聖人だったことから、看護婦の守護聖人となる。紡績女工、羊飼いの少女の守護聖女。皿にのせた乳房が誤って鐘や鈴と解釈されたことから鐘や鈴の鋳物職人や金銀細工師、鈴をつけていることから炭鉱労働者の守護聖女。

◎**アトリビュート** ハサミ、皿にのせた乳房、炭
◎**守護する対象** 看護婦、紡績女工、羊飼いの少女、鐘や鈴の鋳物職人、金銀細工師、炭鉱労働者、乳房の病気（乳癌）に苦しむ人、火事・地震に遭った人
◎**ゆかりの場所・絵画・彫刻** ピエロ・デ・ラ・フランチェスカ（ペルージャ、ウンブリア国立美術館）、フランシスコ・デ・ズルバラン（モンペリエ、ファーブル美術館）、ティエポロ、マリアーノ・ロッシ

三世紀（？）。シチリアのカタニアの貴族の家に生まれた、教養高く美しい少女だったが、総督の求婚を断固として拒否したため、逆恨みされてキリスト教徒として捕らえられ、数々の拷問にかけられた。売春宿に送られ、鞭で打たれたり、たいまつであぶられた末、ハサミで乳

房を切り取られたが、それでも信仰は変わることなく、首を縦には振らなかった。

牢獄の中で死にかけているとき、奇跡が起こった。イエスの一二使徒のひとりペトロがあらわれ、傷をきれいに治してくれたのである。再び拷問にかけられ、燃えたぎる炭とガラスの上に投げ入れられたが、大地震が起こり、奇跡的に救われたあと、帰天した。総督は落馬して川に落ち、溺れ死んだ。エトナ山が噴火したときには、彼女の聖遺物が溶岩の流れを止めて町を救ったといわれる。聖女ルチア（サンタ・ルチア）の母も病気を癒されている。

シチリアのカターニアでは二月三日から五日まで聖女アガタ祭りが行われる。

近年の研究では、聖女アガタ伝説はエジプトの女神イシスがシチリアに伝わったものとされている。

一九世紀、フランスのピエール・ラビュリーというパン職人が聖女アガタが乳房を皿にのせている図像にヒントを得てガトー・ラビュリーというブリオッシュを考案した。

この日の他の守護聖人

・**聖アビ**　五世紀ローマの貴族の家に生まれ、ヴィエンヌの司教となり、アリウス派の異端と闘い、ガリアをアリウス派から守った。

2月6日

聖女ドロテア

英：セイント・ドロシー Saint Dorothy
仏：サント・ドロテ Sainte Dorothé

◎**アトリビュート**　バラとリンゴとたいまつ、棒あるいは斧

◎**守護する対象**　花屋、庭師、野菜栽培業者、ビール製造業者、坑夫、司法関係者、新郎新婦、妊産婦、子ども、出産痛に苦しむ女性、貧困に苦しむ人、人生の危機に直面した人、誤って告発された人

カッパドキア（いまのトルコ）の美貌の殉教者。一四救難聖人のひとり。四大殉教処女のひとり。花屋、庭師、

野菜栽培業者、ビール製造業者、坑夫、司法関係者、それに新郎・新婦、妊産婦。子どもの守護聖女。出産痛、貧困、人生の危機、誤って告発されたときなどに祈願する。アトリビュートはバラとリンゴとたいまつ、棒あるいは斧。中世のイタリアとイギリスで崇められた。

?〜三一三。一四救難聖人のひとり。ディオクレティアヌスのキリスト教徒迫害時代、美しく、心やさしい少女だったドロテアはだれからも愛されていた。その地の総督は、ドロテアを改宗させようと、背教したふたりの女性をさしむけたが、逆にふたりはドロテアにより再び改宗させられてしまった。怒った総督はすかさず三人を捕らえて処刑することにした。

処刑場に向かうドロテアにテオフィロスという法律家が「よう、イエスの花嫁さん、あんたが向かうという天国から花と果物を贈ってくれないかね」と言葉をかけて嘲《あざけ》った。すると天使に似た少年があらわれ、見事に咲くバラとリンゴの入ったかごを法律家に届けた。季節は二月、凍《い》てつく寒さである。この奇跡を体験した法律家は回心し、のちに彼女と同じように殉教したという。

この日の他の守護聖人

- **聖パウロ・ミキほか日本（長崎）の二五聖人**　一五九七年に豊臣秀吉によって磔にされて殺された日本人とスペイン人フランシスコ会士。
- **聖ガストン**　六世紀フランス・アラスの司教。狼の連れてきた鵞鳥を蘇生させたエピソードから、鵞鳥がアトリビュートとなる。
- **聖アマン**　七世紀フランスの修道院長。ビール、ワインなどの酒類販売業者や飲食業者の守護聖人。

2月7日

（若い）聖ルカ

英：セイント・ルーク（・ザ・ヤンガー）Saint Luke the Younger
仏：サン・リュック（・ル・ジューヌ）Saint Luc le Jeune

ギリシャ正教で、癒しの奇跡を行う聖人として崇《あが》められている。使徒の聖ルカと区別するためにこう呼ばれる。

?〜九四六。ギリシャの修道者。農業を営む両親の三番目の子どもとして生まれた。幼い頃から、貧者に食べ物や衣服を与える少年だった。父が亡くなると、ルカは修道院に入るために故郷を離れたが、途中で兵士に捕まり、牢獄に入れられた。牢獄を抜け出し、故郷に戻るも、母親の反対で信仰生活に入れずにいたが、ローマへの巡礼から帰ったふたりの僧侶の説得で、ようやく修道院に入ることができた。コリント近くの山の上に隠遁《いんとん》所をつくり、数多くの癒しの奇跡を行った。

この日の他の守護聖人

- **福女ウージェニー・スメ**　一九世紀フランスの煉獄《れんごく》援助修道会設立者。
- **聖パルテニウス**　四世紀トルコの司教で、死んだ石工をよみがえらせるなど、数多くの奇跡を行った。
- **聖リチャード**　六〜七世紀のイングランド王。ウェセックスからローマに巡礼し、途中のルッカで倒れた。聖ヴァルブルガ、聖ヴィリバルト、聖人ヴニバルトの父。

2月8日

聖ジロラモ（ヒエロニムス）・エミリアニ

英：セイント・ジェローム・エミリアーニ Saint Jerome Emiliani
仏：サン・ジェローム・エミリアン Saint Jérôme Émilien

「ソマスキ会」創立者で、孤児の守護聖人。孤児や元娼婦のための孤児院や更生院を建てたことで知られる。

一四八一～一五三七。イタリア・ヴェネチアの貴族の家に生まれ、軍人となったが、あるとき敵に捕らえられ、地下の牢獄で死を待つのみとなった。そのとき、幼い頃に母から学んだ信仰の教えを思い出し、聖母マリアに祈りを捧げたところ、奇跡的に脱獄の機会が訪れたので、そのままトレヴィゾの教会に行き、祭壇に鎖を架けて天に感謝した。

一五一八年に司祭となってからは伝染病に苦しむ人々や孤児たちを引き取って世話をし、その後も同志の助けを得て孤児院や病院などを建て、一五三二年には修道会「ソマスキ会」を創立した。ベルガモにペストが流行したときも看護にあたり、自らも感染して天に召された。

◎守護する対象　孤児

この日の他の守護聖人

・**聖女ジャクリーヌ**　アッシジのフランチェスコに菓子をつくったことから、菓子職人の守護聖人となった一三世紀イタリアの聖女。毛織物がアトリビュート。

2月9日

聖女アポロニア

英：セイント・アポロニア Saint Apollonia
仏：サン・タポリーヌ Sainte Apolline

◎**アトリビュート**　歯を挟んだペンチ、歯からなる首飾り
◎**守護する対象**　歯科医、歯痛に苦しむ人
◎**ゆかりの場所・絵画・彫刻**　ジャン・フーケが挿絵を描いた『エティエンヌ・シュヴァリエの時禱書』（コンデ美術館）

アレクサンドリアの殉教処女。歯科医の守護聖人。歯が痛いときに祈願する。アトリビュートは歯を挟んだペンチか、歯からなる首飾り。

?～二四八（二四九）。エジプトのアレクサンドリアに生まれた。あるとき、キリスト教徒がローマの神々を侮辱したというデマが広まり、民衆がキリスト教徒を襲うという事件が起こったが、そのとき、アポロニアは捕らえられ、顔を殴られ、歯を抜き取られた。それにもかかわらず、彼女はひるまなかったので、今度は、火刑に処すと脅されたが、信仰を捨てようとはしなかった。受けた拷問の苦痛から、歯痛に悩む人々への救いを約束し、短い祈りの言葉を唱えたあと、聖霊に導かれて自ら烈火の中に入っていった。その言葉どおり、聖フランソワ・ド・サールは彼女に祈って歯痛が治ったという。

この日の他の守護聖人

・**福者ミゲル**　一九世紀にエクアドルに宣教した宣教師。

2月10日

聖女スコラスティカ

英：セイント・スコラスティカ Saint Scholastica
仏：サント・スコラスティック Saint Scholastique

◎**アトリビュート** 白い鳩と書物
◎**守護する対象** 日照りに苦しむ人、嵐に遭った人

聖ベネディクトゥスの妹で、兄とは別に修道院を建てた聖女。アトリビュートは白い鳩と書物。日照り続きや嵐のときに祈願される。

四八〇～五四三頃。西洋の修道院制を確立したヌルシアの聖ベネディクトゥス（七月一一日）の妹。イタリアのヌルシアの裕福な家庭に生まれた兄妹は、ともに信心深く、いつも仲良く祈っていた。兄が山中にこもり修道生活を始めると、妹も兄の修道院近くに小屋を建て、祈りと労働の生活に入った。やがて、彼女のもとに、「ともに祈りたい」と願う多くの女性たちが集まり、小屋は女子修道院へと発展した。

兄妹は年に一回、両修道院の中間にある農家で会って神や修道生活について語り合っていたが、ある年、内的な照らしを受けて自らの死期が近いことを悟った彼女は、兄に帰らぬように頼んだ。兄は「規則がある」とこれを聞かず帰ろうとしたが、彼女が天に祈ると嵐が起こって兄は帰れなくなった。その三日後に彼女は亡くなり、兄は妹の修道院から白い鳩が天に昇っていくのを見たという。兄妹は今も同じ墓に眠っている。

この日の他の守護聖人

・**聖アルノー** 一三世紀イタリア・パドヴァで、領主の迫害に屈せず、信仰を守った。

2月11日

(アニアンの)聖ベネディクトゥス(ブノワ)

英：セイント・ベネディクト(・オブ・アニアン)Saint Benedict of Aniane
仏：サン・ブノワ(・ダニアーヌ)Saint Benoit d'Aniane

西方修道院の改革者。とくに規則や規律を整えた。

七五〇～八二一。フランク王国の貴族の家に生まれ、若くしてピピン三世、カール大帝に仕えたが、まもなく、身分・仕事よりも厳格な修道生活を送りたいと望むようになり、七七三年に宮廷を去るとディジョン近郊の修道院に入って、厳しい修行を行った。七七九年、自分の財産を使ってラングトック地方のアニアンに修道院を建てたが、その結果に満足せず、ヌルシアの聖ベネディクトゥスの会則を採用し、皇帝に任された西方の修道院すべてを統括するようになった。あらゆる面で改革を行い、修道院規則を起草したり、また、数々の説教集や教義集、書欄を残した。

この日の他の守護聖人

・**聖アドルフ**　一三世紀ドイツ・ケルンの聖人。病人の守護聖人。

・**ルルドの聖母**　↓二月一八日の聖女ベルナデッタを参照。

・**聖セヴラン**　六世紀のブルゴーニュの聖人。熱病のクロヴィス王をマントの端で触れただけで治す。

2月12日

（看護者）聖ユリアヌス（ジュリアン）

英：セイント・ジュリアン（・ザ・ホスピタラー）Saint Julian the Hospitaller
仏：サン・ジュリアン（・ロスピタリエ）Saint Julien l'Hospitalier

◎**アトリビュート**　雄鹿、オール
◎**守護する対象**　ホテル・旅館経営者、旅行者、旅芸人、辻芸人、流しの歌手、羊飼い、巡礼者、看護人、看護婦、腫瘍や皮膚病患者、橋を渡る人
◎**ゆかりの場所・絵画・彫刻**　ルーアン大聖堂およびシャルトル大聖堂のステンド・グラス

ホテル・旅館経営者、旅行者、旅芸人、辻芸人、流しの歌手、羊飼い、巡礼者、看護人、看護婦の守護聖人。腫瘍や皮膚病の時、または橋を渡るときに祈願する。アトリビュートは雄鹿、オール。

生没不詳、伝説上の聖人。貴族であった彼は、狩りに出かけたとき一頭の雄鹿から、「お前は両親を殺すことになる」と予言された。その運命を避けるため両親のもとを離れ、遠い国で結婚し、親殺しの運命も忘れかけていたが、あるとき、外出中に、両親が息子の所在を探し当て、名乗りをあげる。妻は喜び、夫の両親をベッドに休ませる。それを知らずに帰ってきた彼は、寝室に眠るふたりを見ると、妻が不貞をはたらいたものと勘違いして両親を切りつけ殺してしまった。良心の呵責に苛《さいな》まれた彼は、妻に対して別れて暮らすことを告げたが、「ともに罪を償いたい」という妻の願いに打たれ、ふたりで城を出た。それからは川のほとりに病院を建て、貧しい人々や旅人、巡礼者のために働いた。ある夜、凍死しかけたハンセン氏病の患者を手当てしていると、「神はあなたの償いを受け入れた」と言い残して幻のように消えた。こうして、ようやく彼らは天に召されたという。一月二九日の聖人にしているカレンダーもある。

作家ギュスターヴ・フロベールは子どもの頃、ルーアン大聖堂の北側側廊で聖ユリアヌスの生涯を描いたステンド・グラスに親しんでいたが、青春時代に友人のマクシム・デュ・カンとノルマンディーを旅した際、コーベックという村の教会で聖ユリアヌスの彫像を見て記憶を蘇らせ、この感動を元に『聖人ジュリアン伝』（一八七五年）を執筆した。

この日の他の守護聖人

・聖フェリックス　三世紀イタリアの殉教者。ミサの最中に捕らえられたので「聖餐の殉教者」と呼ばれる。

・聖女テオドラ　東ローマ帝国の皇后。

2月13日

聖女カタリナ（・ディ・リッチ）

英：セイント・キャサリン（・ディ・リッチ）Saint Catherine de Ricci
仏：サント・カトリーヌ（・ド・リッシ）Sainte Catherine de Ricci

◎守護する対象　病人

イエスの幻を見て受難を追体験したイタリアの女子修道院長。聖歌の作曲者。

一五二二～一五九〇。幼い頃からトスカーナのドミニコ会で教育を受け、一四歳で誓願《せいがん》を立てたが、一五四二年の四旬節、イエスの十字架刑について黙想していたときに重病にかかり、以後、復活したイエスの幻を見るまで回復しなかった。幻視体験の後、一二年間、毎木曜日正午から金曜日一六時まで脱魂《だっこん》状態となり、イエスの受難を追体験することとなった。司教、枢機卿、教皇などから助言を求められればそれに応じた。

一五六〇年にドミニコ会女子修道院の院長となってからは、人々を大きな徳によって導いた。また、その優れた感性で聖歌を作曲し、教会の典礼にも大いに貢献した。

この日の他の守護聖人

・**聖マルティニヤン**　美女の度重なる誘惑に耐えたギリシャ正教の伝説上の聖人。

2月14日

聖ヴァレンタイン（ヴァレンティヌス）

英：セイント・ヴァレンタイン Saint Valentine
仏：サン・ヴァランタン Saint Valentin

◎**アトリビュート**　鳥、バラ
◎**守護する対象**　恋人たち、旅行者、養蜂家、てんかんに苦しむ人、気絶した人

ご存じのように恋人たちの守護聖人。失恋や恋の病に悩む若者たちを守る。そのほか、旅行者、養蜂家の守護聖人。てんかん、気絶などのときにも祈願される。アトリビュートは鳥、バラ。

?〜二六九頃。聖ヴァレンタイン（ヴァレンティヌス）と呼ばれる聖人はふたり存在する。ひとりはローマの司祭だった聖ヴァレンタインで、司祭として病人や貧しい人たちを助けていた。ところが、このことが皇帝クラディウスの憎しみの対象となり、信仰を捨てるよう強要されたが、これを拒んだため、アステリオという判事のもとへ送られた。しかし、不治の眼病を患っていた判事の娘の目を祈りで全快させて、判事と家族を改宗させた。この知らせを聞いた知事は棒打ちの刑に処してから斬首刑にした。

もうひとりは、ローマ近郊テルニの司教の聖ヴァレンタイン。彼も同じようにある雄弁家の息子のてんかんを奇跡によって治し、改宗させたが、知事によって斬首された。

どちらの聖ヴァレンタインも皇帝の怒りを買って殉教している点は同じである。現代日本のチョコレートにまつわる習慣は、女性が手紙を書いて男性に渡したという古代ローマのルペルカリア祭や、鳥たちがこの時期につがいを始めるという民間信仰などに起源を持つとされている。一八四〇年からはアメリカで恋人にカードを送る習慣が始まった。

この日の他の守護聖人

・**聖キュリロス（シリル）と聖メトディウス（メソッド）**　スラブ教会のために独自のアルファベット「キリル文字」をつくった九世紀の兄弟聖人。ロシアなどスラブ圏で使われている「キリル文字」は聖キュリロスが宣教にあたって考案したもの。ヨーロッパ、および旧ユーゴ、チェコのボヘミア、モラヴィア、およびブルガリアの守護聖人。

2月15日

聖ジークフリード

英：セイント・ジークフリード Saint Sigfrid
仏：サン・ジークフリード Saint Siegfried

◎**アトリビュート**　三人の男の子の入った樽
◎**守護する対象**　スウェーデン

北欧、とくにスウェーデンの守護聖人。ドイツでもこの日を聖ジークフリードの日として祝っている。アトリビュートは三人の男の子の入った樽。

?～一〇四五。イギリスのヨークに生まれ、グラストンヴェリーのベネディクト会修道士となった。当時ノルウェーの国王が宣教師の派遣を願っていたので、選ばれて数名の仲間とともにノルウェーに渡り、身を粉にして宣教した。その後スウェーデンに移り、南部のヴェクシェに木造の教会を建てて司教となった。この地を拠点として、三人の甥とともにスカンジナビア半島一帯に宣教し、スウェーデン王オーラフにも洗礼を授けるなどして人々を信仰に導いた。スウェーデンでは守護聖人とされ、北欧やドイツでも二月一五日に彼を祝うところが多い。

この日の他の守護聖人

・**聖女ジョルジェット**　五〇〇年頃のフランス・クレルモン・フェランの修道女。死んだとき、白い鳩の群れが遺骸に付き従ったといわれる。

・**聖クロード・ラ・コロンビエール**　一七世紀フランスのイエズス会士。聖女マリ・アラコックの指導者。

2月16日

聖女ユリアナ

英：セイント・ジュリアナ Saint Juliana
仏：サント・ジュリエンヌ Sainte Julienne

激しい拷問にも、悪魔の誘惑にも耐えたトルコ・ニコメディアの殉教処女で、妊産婦の守護聖人。アトリビュートは剣、鉢、鎖。

◎**アトリビュート**　剣、鉢、鎖
◎**守護する対象**　カナダ・ケベック州の町サント・ジュリエンヌ、妊産婦

?〜三〇五頃。ローマのディオクレティアヌス帝とマクシミアヌス帝の共同統治時代、キリスト教迫害が盛んだったとき、結婚を信仰によって拒絶したために婚約相手の裁判官のもとに送られた。しかし、どのような言葉にも耳を貸さぬため、裁判官は怒り、彼女を鞭打ちの拷問にかけ、牢に投げ入れた。牢には天使に変装した悪魔が、ベエルゼブブ（魔王サタンの別名）のもとからやって来て、彼女を誘惑したが、神の力を借りて悪魔と戦い、これを縛り上げて打ち勝った。

車輪にくくり付けられ、鉛を溶かした中に放り込まれたが、加護によって無事だったので、最後には斬首《ざんしゅ》されて殉教した。刑をかけた裁判官は、のちに大嵐に襲われ、海に飲まれて死んだ。

カナダとベルギーで崇敬されており、カナダ・ケベック州にはサント・ジュリエンヌという町がある。

この日の他の守護聖人

・**聖エリアスとその仲間たち（聖エレミア、聖イザヤ、聖サムエル、聖ダニエル）** 三〇九年頃に死んだエジプトの殉教者。

2月17日

聖アレクシス（聖母のしもべ会七聖人）

英：セイント・アレクシス Saint Alexis, The Seven Founders of the Servite Order
仏：サン・タレクシス Saint Alexis, Les sept Fondateurs des Servites

◎**守護する対象**　伊オルヴィエート

「聖母のしもべ会七聖人」の代表者。他の六人と一緒に啓示を受けたイタリアの聖人。

一三世紀。「七」はキリスト教では昔から聖なる数として尊ばれていたが、一二三三年イタリアのフィレンツェでは貴族七人の前に聖母マリアが現れ、ともに神に祈る修道生活を始めるように告げた。これを機に、七人は質素な生活を始めた。世が混乱していた時代に、彼らの生活は奇異な印象を与え、すぐに評判となったので、七人はモンテ・セナリオに移り、その地で修行を行った。

七年後、再び聖母マリアの啓示により、会はアウグスティヌス会の会則を取り入れ、黒い修道服を用いる托鉢《たくはつ》修道会「聖母のしもべ会」へと発展した。今でも会では子どもたちの教育や貧しい人々、病人の世話などが行われている。アレクシスはその中心となって仕え、七人の中で最も長命で一一〇歳まで生きたが、非常に謙虚で、終生会長の地位に就かず一修道士として会に尽くした。

この日の他の守護聖人

・**聖シルヴァン**　七世紀、フランス・トールーズ出身の巡回司教。石の詰まった籠を背負ってローマに巡礼し、ピエトロ大聖堂の前で籠を降ろした。

・**聖フィナン**　七世紀アイルランドの宣教師。

・**聖女マリアンヌ**　東方教会で崇められている聖女。

2月18日

（ルルドの）聖女ベルナデッタ（ベルナデット）

英：セイント・バーナデット（・スビルー）Saint Bernadette Soubirous
仏：サント・ベルナデット（・スビルー）Sainte Bernadette Soubirous

◎**守護する対象**　仏ルルド、羊飼い

◎**ゆかりの場所・絵画・彫刻**　映画『聖処女』（ヘンリー・キング監督、ジェニファー・ジョーンズ主演）。ゾラやユイスマンスによる作品

フランス・ルルドの奇跡（聖母の出現）**に立ち会った聖女。ルルドの守護聖人。羊飼いの守護聖人。**

一八四四～一八七九。貧しい粉挽きスビルーの長女に生まれ、病いに苦しむが、一四歳のときにルルドの土手で薪《たきぎ》を拾っている最中に、聖母の幻を見る。聖母は彼女に洞窟の中の泉の水を飲むように命じ、聖堂を建てることを指示した。それと同時に、祈りと懺悔《ざんげ》の大切さを説いた。教会の審問に対して、彼女は威厳と誠実さをもって答えたため、ついに教会も奇跡を認めざるをえなくなった。ヌベールの修道院に入った彼女は三五歳で死んだが、以後、ルルドの泉は聖地として崇められるに至った。

この日の他の守護聖人

・**聖レオ一世**　東方教会の聖人。弁護士の守護聖人。聖フラヴィアノス（五世紀コンスタンチノープル［現在のイスタンブール］）の総主教。一一月一〇日を参照。

2月19日

聖コンラッド

英：セイント・コンラッド Saint Conrad
仏：サン・コンラッド Saint Conrad

放火の罪を妻とともに贖《あがな》った聖人。狩猟者の守護聖人。ヘルニアを患った際に、祈願される。

一二九〇～一三五一。北イタリアのピアチェンツァに貴族として生まれた。狩猟を楽しんでいたとき、藪《やぶ》に逃げ込んだ獲物を追い出そうとして、あさはかにもその藪に火を放ったところ、火はまたたくまに広がって、民家も焼いた。恐ろしくなって家に逃げ帰ったが、火事の近くに居合わせた農夫が放火の罪を着せられて拷問《ごうもん》にかけられるのを見て、良心の呵責《かしゃく》に耐えきれず、自首。刑を受け、全財産を使って賠償したため無一文になったが、この事件によって心の目を開かれ、神に祈りを捧げる人生を歩む決意をした。すぐに妻とともに家を出るとフランシスコ会に入り、祈りと苦行の生活を送った。その後シチリア島のノトに移り、癒しを求めてやって来る人々の世話をし続け、最期には聖堂でひざまずいたまま天に召された。

◎守護する対象　狩猟者、ヘルニアを患った人

この日の他の守護聖人

・**聖女スザンナと聖ギャバン**　三世紀のローマで、結婚を拒否して殉教した娘と、その娘をかばってこれまた殉教した父親。

2月20日

聖ウルフリクあるいは聖ユルリク

英：セイント・ヴルフリクあるいはセイント・ユルリク Saint Wulfric or Saint Ulric
仏：サン・ヴュルフリックあるいはサン・ユルリク Saint Wulfric ou Saint Ulric

◎**アトリビュート**　鎖かたびら
◎**守護する対象**　狩猟者

狩猟者の守護聖人。断食、鎖かたびら、体を冷水へ浸すことなど、新しい懺悔形式をつくり出したイギリスの司祭。アトリビュートは鎖かたびら。

?～一一五四。ウルリク（Ulric）とも呼ばれる。イギリスのサマーセットで生まれ「狩り好きの教区司祭」であった。しかし、あるとき突然世のはかなさを悟って趣味の狩りを捨て、ハセルベリーの山に庵《いおり》を建ててこもり、懺悔と祈りの禁欲生活を始めた。彼の修行形式、すなわち断食・鎖かたびら・体を冷水へ浸すことなどは、後の懺悔形式に大きく影響を与えた。予知能力と奇跡によっても知られ、時の国王ヘンリー一世とスティーヴンの訪問時には二年後のヘンリー王の死を予言したという。

この日の他の守護聖人

- **聖ウシェール**　八世紀のフランスの聖人。
- **福女エメ**　社交界を断念して修道女となった一三世紀の聖女。

2月21日

聖ペトロ（ピエトロ）・ダミアノ

英：セイント・ピーター・ダミアン Saint Peter Damian
仏：サン・ピエール・ダミアン Saint Pierre Damien

◎**アトリビュート**　枢機卿帽、書物、鞭、頭蓋骨
◎**守護する対象**　パルクール・フリーランニングなどのスポーツをする人

修道院や教会の腐敗・堕落と闘い、批判したイタリアの司教・教会博士。枢機卿、ベネディクト会修道院長。アトリビュートは、枢機卿帽、書物、鞭、頭蓋骨。

一〇〇〇／一〇〇七～一〇七二。イタリアのラヴェンナの貧しい家庭の末っ子として生まれ、幼くして両親に先立たれたため長兄の家に預けられたが、そこでもひどい扱いを受けたので、見かねた次兄に引き取られ、大学まで進ませてもらった。卒業後、教師として故郷に戻ったが、やがて、神に仕えたいと強く願うようになり、一〇三五年にベネディクト会修道院に入って熱心に仕えるようになった。熱心さで人々の尊敬を集め、修道院長となり、改革に力を注いだ。教皇の信頼も厚かった彼はイタリアのみならずドイツやフランスを回って当時の聖職者の道徳的腐敗を、妥協を許さぬ厳格さで批判した。

一〇五七年に枢機卿に任命されてからも、教会改革者として第一線に立ち続けた。

この日の他の守護聖人

・**福者ノエル・ピノ**　フランス革命の際に宣誓を拒否してギロチンにかけられる。

2月22日

（コルトナの）聖女マルガリータ

英：セイント・マーガレット（・オブ・コートーナ）Saint Margaret of Cortona
仏：サント・マルグリット（・ド・コルトーン）Sainte Marguerite de Cortone

◎**アトリビュート**　マント、書物、贖罪を示す鞭、頭蓋骨、子犬
◎**守護する対象**　娼婦

絶望しながらも、おのれの罪を悔いて更生した娼婦たちの守護聖人。アトリビュートはマント、書物、贖罪を示す鞭、頭蓋骨、子犬。

一二四九頃〜一二九七。トスカーナ地方ラヴィアノの農家に生まれたが、幼い頃に実の母を亡くし、継母に虐げられて育った。美しく、活発で魅力的だった彼女は、一八歳のとき、モンテプルチャーノの若い貴族と知り合い、一子をもうけたにもかかわらず結婚せずにいたところ、ある日、その貴族は殺害されてしまった。

絶望して、実家に戻ろうとしたが受け入れられず、フランシスコ会の第三会に引き取られ、そこで真の愛と心の平和を取り戻して神への祈りの生活を決意した。過去を知る人々の一部は彼女を中傷したが、屈せず、貧しい人々や病人のために尽くし、一二八六年には病院も建てた。また、悔悟者（過去の過ちを悔いて二度とすまいと決意した者）の立場で人々のために祈り、多くの娼婦や罪びとたちを回心させた。復活したキリストを幻視したことで知られる。

この日の他の守護聖人

・**福女イザベル・ド・フランス**　一三世紀フランスの聖王ルイの妹。

2月23日

聖ポリカルポ（ポリュカルポス）

英：セイント・ポリカープ Saint Polycarp
仏：サン・ポリカルプ Saint Polycarpe

◎**アトリビュート**　船の形の炎、書物
◎**守護する対象**　耳痛で苦しむ人

耳の病気のときに祈願する守護聖人。アトリビュートは船の形の炎と書物。

七〇～一五五頃。聖ヨハネ（一二使徒のひとり、一二月二七日）の弟子で、長い間スミルナ（現在のトルコ）で司教を務め、異端のグノーシス派と闘い、正統信仰を守り通した。頑固で自分の信念をまったく曲げず、「異端派の教義など聞きたくもない。それなら耳が聞こえなくなったほうがいい」と言い放ったことから耳痛の守護聖人とされている。

復活節の日付に関しても、ローマに赴いてローマ司教と論争し、帰ったところで迫害者に逮捕された。信仰を捨てるように強いられたが拒絶したため、火刑に処せられた。炎は船の帆の形となって彼の体を覆ったという。

この日の他の守護聖人

・**聖ラザール**　九世紀に聖像破壊に抵抗したコンスタンチノープルの聖像画家。

2月24日

聖ヴァルタン

英：セイント・ヴァータン Saint Vartan
仏：サン・ヴァルタン Saint Vartan

ローマ皇帝の命を受け、アルメニア王のもとに外交交渉に出かけたとき、かの地で布教していた聖ユダの影響を受けて回心し、アルメニアの宣教に乗り出した殉教者。

一世紀頃の人。ローマ皇帝の従弟として、外交交渉のため、四人の高官とともにアルメニア王サナドルークのもとに派遣された。サナドルーク王の宮廷には聖ユダがいて、サナドルーク王を改宗させようと努めていた。サナドルーク王は改宗しなかったが、ヴァルタンたちはすぐに福音を信じて洗礼を受けた。それを知ると、サナドルーク王は聖ユダを死刑にした。

一方、ヴァルタンたちはユーフラテス川の源流で祈りと農耕の共同体をつくった。その後、再び、アルメニアに宣教の旅に出たが、その途中でアルメニアの女王のもとに行こうとしていた三人のグルジア人と出会い、彼らに洗礼を授けた。やがて、彼らの布教活動はサナドルーク王の知るところとなり、ヴァルタンとその同志たちは、ユーフラテス川のほとりで殉教した。

この日の他の守護聖人

- **聖マッテヤ**　一二使徒に欠員ができたために補充された使徒。五月一四日を参照。
- **聖モデスト**　六世紀フランスの聖人。

2月25日

聖女ヴァルブルガ

英：セイント・ワールバーガ Saint Walburga
仏：サント・ヴァルビュルジュ Sainte Walburge

◎**アトリビュート**　三本の穂麦あるいはトウモロコシ、油瓶を乗せた書物
◎**守護する対象**　大地の豊饒、妊婦、飢えに苦しむ人

イングランド出身の男女修道院長、女子修道院長だが、宣教したドイツのゲルマン的な異教の信仰、すなわち五月一日のヴァルプルギスの夜の信仰と結びついて、大地の豊饒と妊婦の守護聖人となった。飢饉《ききん》に対する守護聖人でもある。アトリビュートは三本の穂麦あるいはトウモロコシ。油瓶を乗せた書物。

七一〇頃～七七九。ゲーテの『ファウスト』に出てくる「ヴァルプルギスの夜」（五月一日）のヴァルプルギスの名でも知られる。イングランド王聖リチャードの娘で、幼い頃からイングランドのウィンボーンの修道院で教育を受け、ふたりの兄、聖ワイリバルト（七月七日）と聖ワインバルト（一二月一八日）と共に宣教師ボニファティウス（六月五日）に従ってドイツ宣教に参加した。フランクフルトで医術を学んだが、聖ワインバルトが亡くなると、兄たちが創立した男女のハイデンハイム修道院を率い、後に女子修道院長も兼務した。

豊かな教養と大いなる愛情を持った彼女のもとには、生前も死後も多くの人々が集まった。やがて、昔から伝わる大地に対する信仰（ヴァルボーグ信仰）と結びついて、彼女は飢饉に対する守護聖人にもされた。聖遺物はアイヒシュタットに移されたが、そこから、治癒力のある奇跡の油が滲み出たという伝承が生まれた、

この日の他の守護聖人

・**聖アヴェルタンと福者ロメオ**　一四世紀イタリア・トスカーナの聖人と福者。後者はシェイクスピアの『ロミオとジュリエット』のモデル。

2月26日

聖ポルフィリオ

英：セイント・ポーフィリー Saint Porphyry
仏：サン・ポルフィール Saint Porphyre

◎アトリビュート　十字架、雨
◎守護する対象　旱魃に見舞われた人

イエスが磔にされた十字架を聖遺物として守ったマケドニアの聖人。旱魃《かんばつ》の祭に、祈願される。アトリビュートは十字架、雨。

三四七頃～四二〇。二五歳のとき、マケドニアを出てエジプトの砂漠で修道士として修行した。その後パレスチナの洞窟に移るが、重病にかかったので、余生はイエスが過ごしたエルサレムで送ろうと思い立ち、巡礼に向かった。同地では持てる財産をすべて貧しい人々へ与え、自らは靴屋で生計を立てることにしたところ、奇跡が起こり病が治った。

この地は異教徒の力が強く宣教は困難をきわめたが、東ローマ皇帝アルカディウスの力を得、また雨乞いの奇跡などから徐々に成功していった。三九五年までイエス・キリストが磔《はりつけ》にされた十字架を守護したとされている。

この日の他の守護聖人

・**聖ネストール**　三世紀トルコの殉教者。

2月27日

聖ガブリエル・ポセンティ

英：セイント・ガブリエル・ポセンティ Saint Gabriel possenti
仏：サン・ガブリエル・ポセンティ Saint Gabriel possenti

◎**守護する対象**　伊アブルッツィ、聖職者、学生、青年、神学生

「ささいなことにおける忠実さ」を大切にして「聖母マリア」像を抱いたまま二五歳で昇天したイタリアの聖人。

一八三八〜一八六二。イタリアのアッシジ市長の子として生まれたが、幼い頃に母を亡くし、父親と姉の手で育てられた。学生時代はおしゃれとダンスと劇場通いに夢中で、上流階級の甘い生活を送っていた。しかし、一方で聖母への信心は篤《あつ》く、貧しい人には寛大で、成績はきわめて優秀で音楽の才能もあった。

ある時突然重病に倒れ、この世のはかなさを悟ったのをきっかけに、一八歳で学校を卒業すると、親の反対を押し切って修道院に入った。生まれ変わった彼は「悲しみの聖母のガブリエル」という修道名を与えられ、どんな小事においても神に忠実であることを通した。叙階《じょかい》間際、結核に倒れ、聖母の絵を抱いたまま祈り続け、天に召された。

この日の他の守護聖人

・**聖女オノリーヌ**　四世紀の殉教者で、セーヌの船乗りの守護聖人。フランスのルーアンやバイユーなど、都市の守護聖人。

・**聖レアンドル**　六世紀スペイン・セビリアの司教。

2月28日

聖レミ（レミギウス）

英：セイント・レミギウス Saint Remigius
仏：サン・レミ Saint Remi

フランク王クロヴィスを改宗させ、洗礼を授けたフランク王国の聖人。アトリビュートは洗礼の祭に用いる聖油瓶（アンプル）。書物、それに鳩型の聖体器。ランスの守護聖人。流行病や熱病のときに祈りをささげる。

四三七／四三八～五三五頃。「フランク人の使徒」と呼ばれる。フランスのランスの貴族に生まれた。母（Ciinia）、弟（Principius）も聖人として列せられている。幼い頃から人徳・学識ともに並外れて優れており、弱冠二一歳にして司教に選ばれた。自分には厳しかったが周りの人々にはきわめて慈悲深く、徳に優れていたという。そんな彼の祈りによって、多くの奇跡が起こり、火事が消し止められたり目の不自由な人が癒されたりした。彼はまた当時広まった異端派のアリウス派と闘い、人々を正統信仰に導き、フランク王クロヴィスをも改宗させ、洗礼を授けたことで知られる。ランスの大聖堂は聖レミに捧げられている。フランスの聖人暦では一月一五日のこともある。

◎**アトリビュート**　聖油瓶（アンプル）、書物、鳩型の聖体器
◎**守護する対象**　仏ランス、流行病を患う人、熱病に苦しむ人
◎**ゆかりの場所・絵画・彫刻**　ランス大聖堂

この日の他の守護聖人

・**聖ロマン**　兄・妹とともに修道院を建てた五世紀フランスの聖人。

2月29日

(アンジューの)聖ルドヴィコ(ルイジ)

英：セイント・ルイス(・オブ・アンジュー)Saint Louis (of Anjou)
仏：サン・ルイ(・ダンジュー)Saint Louis (d'Anjou)

◎守護する対象　伊ナポリ

王子の身分を捨てて、フランシスコ会に入り、二四歳で昇天したトゥールーズの大司教。短い生涯のうちに多くのことを成し遂げたイタリア・ナポリの聖人。

一二七四〜一二九七。イタリア・ナポリのアンジュー家の王シャルル二世の子として生まれ、幼い頃から豊かな教育を受けて宮廷など華やかな環境で育った。民衆の反乱で父が捕らえられると、彼も捕まりバルセロナに幽閉されたが、監禁中にフランシスコ会司祭から教育を受け、アッシジの聖フランシスコに憧れるようになった。

また、あるとき、重病にかかったので神に祈り続けたところ、奇跡的に回復したことから、地位や財産のはかなさを痛感した。全快後、父の反対を押し切り、王位継承権を捨てて修道生活を始めた。熱心に勉強したかいあって二二歳にして司祭となり、念願のフランシスコ会に入った。その後、教皇から直々にトゥールーズの大司教に任命された彼は二年後、熱病で倒れるまで病人や貧しい人々を助け、多くの罪人を回心させるために働いた。

この日の他の守護聖人

- **聖グレゴワール**　一〇世紀アルメニアの詩人。

3月の聖人

Les Saints du mois de mars

3/1 聖ダヴィッド（デイヴィッド）
3/2 聖チャド
3/3 聖女クニグンデ
3/4 聖カシミルス
3/5 聖ゲラシムス
3/6 聖女コレット
3/7 聖女ペルペトゥアと聖女フェリチタス
3/8 聖ヨハネ・ア・デオ
3/9 （ローマの）聖女フランチェスカ
3/10 聖ドメニコ・サヴィオ
3/11 聖エウロギウス（エウロゲ）
3/12 聖マクシミリアヌス
3/13 聖女オイフラシア
3/14 聖女マティルデ
3/15 聖女ルイーズ・ド・マリヤック
3/16 （ケルンの）聖女ヘリベルト
3/17 聖パトリック
3/18 （エルサレムの）聖キュリロス（チリロ）
3/19 聖ヨセフ
3/20 聖カスバート（クトベルト）
3/21 （フルーエの）聖ニコラス
3/22 聖ザカリウス
3/23 聖トゥリビオ
3/24 （スウェーデンの）聖カタリナ
3/25 （良き盗賊の）聖ディスマス
3/26 聖ルートガー（ルドゲルス）
3/27 （ザルツブルクの）聖ルペルト
3/28 聖ゴントラン
3/29 聖ヨナと聖バラキシウス兄弟
3/30 聖ヨハネ・クリマコス
3/31 聖女バルビナ

3月の聖人

Préface

厳しく長い冬が続く北ヨーロッパの人々にとって、その冬が終わる三月は一番うれしい月のひとつ。しかし、三月の聖人暦を見ていくと、不思議なことに、あまり有名聖人がいない。

その中で例外は、三月六日の聖女コレットだろう。フランシスコ会などで修道院生活を送っているとき聖フランシスコと主の幻を見て、フランシスコ会の姉妹会であるクララ会の改革を決意し、規則の改革クララ会を設立した。

また、一九世紀の小説によく出てくる女性名のひとつがフェリシテ（ローマ名はフェリチタス）。フロベールは短編『純な心』と『ボヴァリー夫人』で二度もフェリシテという名の女中（別人）を登場させているが、それはこの名前の元になった聖女フェリチタス（三月七日）が女主人ペルペトゥアと一緒に殉教した女中だったことにちなむ。

いっぽう、その守護する対象ゆえに有名なのは、三月三一日の聖女バルビナ（バルビーヌ）だろう。バルビナは、イエスに祈ったことで腫れ物が引き、めでたく美貌を取り戻したのをきっかけに熱心な信仰の道に入った守護聖女。にきびや腫れ物で悩む人が守護対象。

三月の男性の聖人にイギリスやアイルランドの聖人が多い。まず三月一日の聖ダヴィッド（英語の発音ならデイヴィッド、ヘブライ式ならダヴィデ）は、ウェールズの守護聖人。教会会議のとき、肩に白い鳩がとまり拡声器の働きをしたと伝えられる。

いっぽう、同じケルト系民族のアイルランドの守護聖人は、三月一七日の聖パトリック（フランスではパトリス）。ただし、聖パトリック自身はアイルランド人ではなく、ローマ系のブリテン人。海賊にさらわれてアイルランドにつれ去られ、そこで牧夫として働くうちに信仰に目覚めた。六年後、フランスに渡り、オセールの聖ジェルマン（ラテン語読みはゲルマヌス）に神学を学んだ後、アイルランドに渡り、この島のキリスト教化に貢献した。アイルランドに蛇がいないのは、聖パトリックが異教徒の象徴である蛇を駆除したからであるという。また、三葉のクローバーで三位一体《さんみいったい》を説いたことでも知られる。昔のアイルランドの国旗だった緑地に赤のX十字も聖パトリックのアトリビュート。ちなみに白のX十字は、スコットランドの守護聖人である聖アンドレのアトリビュートで、イギリスのユニオン・ジャックには連合王国の象徴としてこのふたつのX十字があしらわれている。

以上がイギリスやアイルランド、スコットランドの守護聖人だが、より一般的な、聖書にちなむ人物としては三月一九日の聖ヨセフ（ジョゼフ）をあげることができる。もちろん、イエスの義父で、マリアの夫であるヨセフである。ガリラヤの大工のヨセフは新妻のマリアが懐胎しているのを知って大いに困惑したが、天使が現れてマリアの無原罪を告げ、生まれてくる子どもがユダヤの民を救う救世主であることを教えたため、疑いを解いた。このことから、聖ヨセフは心に疑いが兆《きざ》したときに祈願する守護聖人となる。

もうひとりは三月二五日の良き盗賊のディスマスである。『ルカ伝』によれば、イエスと一緒に十字架にかけられた犯罪人がふたりいて、ひとりはイエスを罵《ののし》ったが、もうひとりのディスマスはそれをたしなめた。聖ディスマスは悔い改めた罪人の守護聖人。

なお、この三月二五日は、聖母マリア受胎告知の祝日（アノンシアシオン）であり、「受胎告知の祝日にはツバメが良き季節の訪れを知らせにやってくる」ということわざがあることからも明らかなように、春の決定的な到来を告げる日である。

もう、この頃になると、実際の復活祭はまだでも、人々は完全に復活祭の気分になってくる。ヨーロッパの春はアノンシアシオンから始まるといってよい。

3月1日

聖ダヴィッド（デイヴィッド）

英：セイント・デイヴィッド Saint David
仏：サン・ダヴィッド Saint David

◎**アトリビュート**　金色の後光につつまれた白い鳩

◎**守護する対象（地域・職業・病気・災害）**　ウェールズ、ケルト人

ウェールズの守護聖人であると同時にケルト人の守護聖人でもある。アトリビュートは金色の後光につつまれた白い鳩。

四九五／五〇〇～五八九／六〇一。ウェールズはカーディガンの族長の息子に生まれ、ヘン・ヴィンヨウ（Hen Vynyw）で教育を受けたのち、司祭となって、一〇年間聖書の研究に没頭した。一二の修道院を建て、エジプトの修道士にならってパンと野菜と水だけで生きた。アルコールはまったく口にせず、「水の男」と呼ばれた。

五六〇年頃ブレヴィの教会会議に招かれたとき、肩に聖霊が雪のような白い鳩に姿を変えてとまり、一種の拡声器の働きをしたため、人々は大いに驚いたという。ウェールズには、彼の名にちなんだ地名が非常に多くあり、今でも三月一日は盛大な祭りが祝われている。

この日の他の守護聖人

・**聖オーバン（アルバン）**　五世紀フランス・アンジェの司教。娘と近親結婚する王族に反対した。

3月2日

聖チャド

英：セイント・チャド Saint Chad
仏：サン・シャド Saint Chad

サクソン人に最初に布教したイギリスの司教。アトリビュートは正方形の四辺にそれぞれTの字を立てたようなマーク。

◎**アトリビュート**　正方形の四辺にそれぞれTの字を立てたようなマーク
◎**守護する対象**　英リッチフィールド、マーシア、天文学者

?～六七二。イギリスのリンデスファーン島の司教聖エーダンの弟子だった彼は、兄のケッドの死後、六六四年に、ヨーク司教不在の間、王によって司教に任ぜられた。ところがカンタベリーの大司教聖シオドア（テオドロス）から、叙任が非合法であると非難されたので、ただちにこれを認め、辞して戻ろうとしたところ、その人柄を見抜いた聖シオドアによってマーシアの司教に任ぜられた。それから三年後、ペストに倒れるまで司教管区のリッチフィールドで熱心に教えを説いた。馬を使わず、常に自らの足で旅行した。

この日の他の守護聖人

・**聖シャルル・ル・ボン**　デンマーク王の四男でフランドル伯となった一二世紀の聖人。
・**聖シンプリチオ**　ゲルマン侵入時の教皇。

3月3日

聖女クニグンデ

英：セイント・クニグンダ Saint Kunigunda
仏：サント・キュネゴンド Sainte Cunégonde

◎**アトリビュート**　王冠と王杖、財布と金貨、犂
◎**守護する対象**　ルクセンブルク、リトアニア
◎**ゆかりの場所・絵画・彫刻**　バンベルク司教区美術館の石像

神聖ローマ皇帝ハインリッヒ二世と結婚したのちにも、純潔を貫いた聖女。ルクセンブルクおよびリトアニアの守護聖女。アトリビュートは王冠と王杖《おうじょう》。貧しい人々に慈善を施したことから、財布と金貨もアトリビュートとして描かれる。貞潔を疑われたさい、神明裁判で一二本の犂《すき》の刃の上を歩いたが、傷つかなかったことから、犂もアトリビュート。

九七八～一〇三三。ルクセンブルクの貴族の家に生まれた。容姿も美しかったため、「尊い宝石」と呼ばれ愛されていた。皇帝聖ハインリッヒ二世（七月一三日）の妻となった際、夫とともに禁欲の誓いをたてた。夫のいない間、代わって国をよく治め、病人や貧しい人々を救うなどして民衆に慕われた。

夫の死後は、ベネディクト会の修道院に入って、一修道女として過ごした。器用な彼女は、料理、洗濯などをよくこなし、また、聖堂の装飾器などもつくった。死後は希望によって、自ら創設したバンベルク司教区の大聖堂で夫とともに眠っている。

この日の他の守護聖人

・**聖ゲノレ**　七世紀イギリスの聖人。ブルターニュに最初に修道院を建立。

3月4日

聖カシミルス

英：セイント・カシミール Saint Casimir
仏：サン・カジミール Saint Casimir

ポーランドの王子で、ポーランドとリトアニアで、平和をもたらす守護聖人と崇《あが》められている。聖歌の作曲者としても知られる。アトリビュートは脱いだ王冠。

◎**アトリビュート**　脱いだ王冠
◎**守護する対象**　ポーランド、リトアニア

一四五八～一四八四。ポーランドではカジミエッシュと呼ばれる。王カジミール四世の次男として生まれ、幼い頃から信心深く育った。兄がボヘミアの王になったことから、ハンガリーの王位につくことを強《し》いられたが、戦場で人々が血を流すことを嫌って王位を拒んだ。そのため、父は激怒し、彼を城に軟禁した。その後、父王が不在のときには代わって善政を行い、国民に愛された。

二六歳で肺炎に倒れたが死後も彼の墓地では数々の奇跡が起こり、一二〇年後、棺が開けられたときには亡くなったそのままの姿であったという。一五一八年にポーランドが侵略された際、どこからともなく白銀の甲冑《かっちゅう》に身を固め白馬にまたがった騎士が現れ、敵を撃退したことがあったが、それも彼の御加護であると考えられた。

この日の他の守護聖人

・**聖サドック**　ペルシャのカルデアの殉教者。

3月5日

聖ゲラシムス

英：セイント・ジェラシマス Saint Gerasimus
仏：サン・ジェラジム Saint Gérasime

◎**アトリビュート**　ライオン

砂漠で暮らし、ライオンを飼い馴らして、「ヨルダン」と名づけてかわいがった大修道院長。アトリビュートはライオン。

?～四七五。小アジアに生まれたが、砂漠の修道士たちのもとを訪れるために家を出た。死海のほとりに住んだとき、聖大エウティミウスと出会い、意気投合して終生の親友となった。四五五年頃、イェリコ近くに修道院を建て、弟子も集まりはじめた。そこでパンと水とシュロの実だけでの生活を送った。ヨハネス・モスコスの伝記によると、あるとき彼は傷ついたライオンの足からとげを抜いてやった。以来ライオンは彼とともに生き、彼が亡くなると、主人の墓に寄り添って死んだという。

この日の他の守護聖人

・**聖女オリーヴ**　ローマ近郊のアナグニの伝説の聖女。
・**聖テオフィル**　復活祭に関する著作のあるフランスの司教。
・**（十字架の）聖ジョヴァンニ・ジョセッペ**　一七～一八世紀のイタリアの修道院長。

3月6日

聖女コレット

英：セイント・コレット Saint Colette
仏：サント・コレット Sainte Colette

◎**アトリビュート**　杖、書物、羊
◎**守護する対象**　大工、家具職人、出産する女性、頭痛・発熱に苦しむ人

フランシスコ修道会の姉妹会である「クララ会」の改革者。大工、家具職人の守護聖女。出産の際に祈願する。頭痛、発熱の際にも祈願する。アトリビュートは杖と書物と羊。

一三八一～一四四七。フランスのコルビーで、長い間子どもに恵まれなかった両親の祈りによって、生を授かった。教会大工だった父親の影響もあって、幼いときから信心深く、容姿・精神の両面で、歳とともに美しさを増したが、二一歳までフランシスコ会などで修道生活を送った後、アッシジの聖フランシスコと主の幻を見た。教皇の認可を得た彼女は、フランシスコ会の姉妹会であるクララ会を改革し、厳格な規則を持つ一七の修道院を設立した。彼女は院長となってからも、人のために身を尽くし、病人をいたわった。彼女の改革クララ会は、フランスをはじめ、ベルギーやスペイン、ドイツにも広まり、多大な影響を与えた。

この日の他の守護聖人

・**聖クロデガング**　八世紀ベルギー出身のメッスの司教。

3月7日

聖女ペルペトゥアと聖女フェリチタス

英：セイント・パーペチュア&セイント・フェリシティ Saint Perpetua & Saint Felicity
仏：サント・ペルペチュ&サント・フェリシテ Sainte Perpétue & Sainte Félicité

◎**アトリビュート**　雄牛。**【聖女ペルペトゥア】**銀の梯子の周りを回っている金のドラゴン **【聖女フェリチタス】**銀の刃の金の剣
◎**守護する対象**　**【聖女フェリチタス】**お手伝いさん

ともに三世紀初めに北アフリカ（カルタゴ）で殉教した初期キリスト教徒。アトリビュートは雄牛。フェリチタスはお手伝いさんの守護聖人。ペルペトゥアは金のドラゴンが銀の梯子《はしご》の周りを回っているアトリビュートで描かれる。フェリチタスのアトリビュートは銀の刃の金の剣。

?〜二〇二／二〇三。ローマのキリスト教迫害時代、四人の男性とともにふたりの女性信者が捕らえられた。貴族出身のペルペトゥアは出産後間もなく、女奴隷のフェリチタスは妊娠中の少女であった。彼女たちは監禁されている間に洗礼を受け、殉教を願った。当時、妊婦は処刑されなかったが、フェリチタスは牢獄で出産し、その子どもを他の信者にあずけて殉教の列に加わった。ペルペトゥアは老いた父と幼い子どものことを考え、殉教の決意がつかなかったが、牢獄でシュロの夢や死んだ弟の夢を見たことで、永遠の幸福を確信。

こうして、ペルペトゥアとフェリチタスは「あなたは私たちを裁くが、神はあなたを裁くことでしょう！」と言い残し、闘技場で待つ獰猛《どうもう》な雄牛たちの前に出た。ふたりは雄牛に突き上げられたが、手を取り合って、なお立ち上がったので、最後は喉に剣を突かれて殉教した。

ギュスタヴ・フロベールの『純な心』の主人公であるお手伝いさんの名前はフェリシテ。同じフロベールの『ボヴァリー夫人』のお手伝いさんもフェリシテである。

この日の他の守護聖人

・**無学の聖パウロ**　四世紀にテーバイで死んだ聖人。妻の不貞の現場を見て、砂漠の聖アントワーヌに弟子入りした。

3月8日

聖ヨハネ・ア・デオ

英：セイント・ジョン・オブ・ゴッド Saint John of God
仏：サン・ジャン・ド・デュ Saint Jean de Dieu

◎**アトリビュート**　ザクロ
◎**守護する対象**　スペインのグラナダ、病院関係者（医師、看護師）、病人、書店、装丁家、印刷業者、製本業者、卒中に襲われた人

スペインの修道者で、「聖ヨハネ病院修道会」の創設者。グラナダ市、病院関係者（医師、看護師）、病人、書店、装丁家、印刷業者、製本業者の守護聖人。卒中の際に祈願する。グラナダがスペイン語でザクロの意味であることから、ザクロがアトリビュート。

一四九五〜一五五〇。ポルトガルの小さな町に生まれた。生来並外れた冒険心と好奇心を持ち合わせていたため、七歳で家を飛び出しスペインに向かった。羊飼い、兵士、本売りなどをしながら放浪の日々を送ったが、あるときグラナダでアヴィラの聖ヨハネの説教を聞いて大きな感銘を受けた。その回心は周囲には狂気と取られ精神病院に入れられたが、精神病院のすさんだ実情を見たことから天命を自覚。木材商として働きつつ、貧者や病人、売春婦や孤児などのために病院を建て、身を削って世話をした。五五歳のとき、溺れかかった子どもを助けようと川へ飛び込み、それが原因の重病となり、命を落とした。死後、遺志を継ぐ人々によって「聖ヨハネ病院修道会」が組織され、彼の博愛精神は世界中に広まった。

この日の他の守護聖人

・**聖フィレモン、聖アポロン、聖アリアン**　いずれもディオクレティアヌス皇帝のキリスト教迫害時代に殉教したエジプトの聖人。

3月9日

（ローマの）聖女フランチェスカ

英：セイント・フランセーズ（・オブ・ローム）Saint Frances of Rome
仏：サント・フランソワーズ（・ロメーヌ）Sainte Francoise Romaine

◎**守護する対象**　未亡人、ドライバー、ライダー

ローマの「トル・デ・スペキ女子修道会」の設立者。未亡人の守護聖女。守護天使の放つ光によって昼夜問わずにものを鮮明に見ることができるようになったというエピソードから、ドライバーやライダーの守護聖女に認定されている。

一三八四～一四四〇。ローマの貴族の家に生まれ、一三歳のときに、両親の言いつけに従ってロレンツォ・ポンツィアニと結婚。結婚前の願いは修道院に入ることであったが、結婚後は子宝にも恵まれて、妻としても母としても理想的な役割を果たした。ローマが内戦によって荒廃すると、義理の姉とともに貧しい人々や病人・怪我人たちの救済活動にあたったが、その熱心な働きと祈りによって癒しの力を得るに至った。また、守護天使の放つ光によって昼夜問わず鮮明にものを見る能力を身につけた。

やがて、志を同じくする婦人たちとともに「トル・デ・スペキ女子修道会」を設立、晩年の四年間は院長を務めた。

この日の他の守護聖人

・**（ニュッサの）聖グレゴリウス**　四世紀カッパドキアの神学者。もっとも偉大な教会博士のひとり。石工、歌手、学生、教員の守護聖人。

・**（ボローニャの）聖女カタリナ**　幻視体験をした一五世紀ボローニャの女子修道院長。画家の守護聖女。

3月10日

聖ドメニコ・サヴィオ

英：セイント・ドミニック・サヴィオ Saint Dominic Savio
仏：サン・ドミニック・サヴィオ Saint Dominique Savio

◎**守護する対象**　少年聖歌隊員、コーラス歌手、少年、少年の軽犯罪者

一五歳で死んだイタリアの少年聖人。少年聖歌隊員、コーラス歌手、少年、少年の軽犯罪者の守護聖人。

一八四二〜一八五七。トリノ近郊のリバ・ディ・キエリの鍛冶《かじ》屋の次男に生まれ、初聖体拝受のときに「罪を犯すくらいなら、死を選びます」と答えた。一〇歳のとき、ストーブに石と雪を詰め込んだと神父にとがめられ、無実の罪を着せられたが、イエスを思ってこれに耐えた。

一二歳でドン・ボスコのサレジオ会に入り、ドン・ボスコ師の教えを忠実に守って、聖母マリアのために祈り、熱心な信仰生活を送ったが、一五歳のとき、肺炎にかかって神のもとにみまかった。三月九日を彼の祝日に定めている聖人暦もある。

この日の他の守護聖人

・**聖女アナスタシア**　ユスチヌス帝の求婚を断った六世紀コンスタンチノープルの聖女。

・**聖マケール**　聖女ヘレナとともにエルサレム巡礼を広めた四世紀の司教。

・**アルメニアの四〇人の殉教者**　三二〇年にリキニウス帝の弾圧で殉教したセバステの四〇人の兵士。

3月11日

聖エウロギウス（エウロゲ）

英：セイント・ユーロジウス Saint Eulogius
仏：サン・ウロージュ Saint Euloge

◎**守護する対象**　大工、建築業者

イスラム教徒統治下、九世紀のスペインの殉教者。大工、建築業者の守護聖人。

八一〇～八五九。イスラム教徒の支配するコルドバに生まれ、熱心なキリスト教徒として、読書し、聖書を研究した。イスラム教徒統治下でも税金を払えば信仰は認められていたのである。しかし、税金の重荷に耐えかねて、改宗するものが現れたので、彼は、改宗を思い止まるよう説得して回った。その結果、迫害を受け、投獄されたが、獄中にあっても果敢にキリスト教徒たちを励まし、釈放後は殉教者たちの記録を残した。

トレドの大司教区に就任が決まっていたが、キリスト教に改宗を望んだイスラム信徒の少女聖レオクリティアをかくまったため、再度捕らえられ、斬首された。

この日の他の守護聖人

・**聖女ロジーヌ**　ドイツ・アウグスブルクの聖女。

3月12日

聖マクシミリアヌス

英：セイント・マキシミリアン Saint Maximilian
仏：サン・マクシミリアン Saint Maximilien

◎**守護する対象**　良心的兵役拒否者

キリスト教徒と兵士という矛盾にさいなまれ、キリスト教徒であることを選んだ三世紀ヌミディアの殉教者。

二七四〜二九五。ローマ帝政期、アフリカのヌミディア（アルジェリア）のテベステに生まれた。退役軍人の息子であった彼は、マクシミアヌス帝の兵士として徴兵されたが、これを拒否したため、法廷に連れていかれ、総督の尋問を受けた。

そのとき、「他のキリスト信者たちは兵士として服従していても、それは彼らの自由、私は主キリストの兵士である」として、決心を最後まで変えず、友人と父親に別れの挨拶をすると、刑場で斬首された。

この日の他の守護聖人

・**聖（大）グレゴリウス**　↓九月三日を参照。

・**聖女ユスティナ**　一四世紀イタリアの修道女。

・**聖女フィーナ**　一三世紀イタリア・トスカーナの聖女。病気のため一生を木のベッドに身を横たえて送った。

3月13日

聖女オイフラシア

英：セイント・ユーフラシア Saint Euphrasia
仏：サント・ウーフラジー Sainte Euphrasie

幼いときから信仰篤《あつ》く、修道女の生活に憧れて、ついに一二歳で修道院に入った四世紀のエジプトの聖女。

三八二～四一二頃。エウプラクシアともいう。東ローマ帝国の首都コンスタンチノープルに生まれた。父親は元老院議員で、皇帝テオドシウス一世の親戚であったが、彼女が一歳のときに世を去った。母は、皇帝の勧めで、娘がまだ幼いときに元老院議員の息子と娘を婚約させた。

ところが七歳のとき、母親に連れられてエジプトで修道院の近くに住んだことをきっかけとして、彼女は修道生活に憧れることとなった。母親の死後、一二歳のときに皇帝に手紙を書いて、婚約を果たすつもりのないことを訴え、自分の真の望みと、自分の遺産を貧しい人々のために使って欲しいとの旨を伝え、修道院に入った。彼女のあまりにも熱心な仕事ぶりに、何人かの修道女たちの嫉妬を受けたが、常に人一倍の優しさと忍耐力をもって接した。

この日の他の守護聖人

- **聖ロドリグと聖サモロン**　九世紀スペイン・コルドバの殉教者。
- **セビリャの聖レアンドル**　六世紀スペイン・セビリアで西ゴート族のアリス派と闘った大司教。セビリアの守護聖人。アトリビュートは書物と鷺ペン。

3月14日

聖女マティルデ

英：セイント・マティルダ Saint Mathilda
仏：サント・マティルド Sainte Mathilde

◎**アトリビュート**　教会の模型、鞭とほうき、財布（慈善家の象徴）
◎**ゆかりの場所・絵画・彫刻**　クヴェドリンブルク女子修道院、ノルトハウゼン修道院

ドイツの王妃として、息子たちの諍《いさか》いをいさめ、全財産を修道院に与えた聖女。アトリビュートは、教会の模型、鞭とほうき、財布（慈善家の象徴）。

八九〇頃〜九六八。ザクセンの貴族出身で、ザクセン朝初代ドイツ王ハインリッヒ一世と結婚し、六人の子どもに恵まれた。子どもたちは、長男が後の神聖ローマ帝国初代皇帝オットー、次男がバイエルンの公爵ハインリッヒ、娘のひとりはフランス王ユーグ・カペーの母となったエドヴィージュである。

二四年間の結婚生活の後、修道院に入ったが、息子たちの王（皇帝）位継承争いに心を痛めた。オットーとハインリッヒは、貧しい人々に寛大な母を非難したが、マティルデが援助の手を休めることがなかったので、ついにはオットーは母に謝罪した。息子たちの争いを平和に解決することに努め、一方で自らの財産をすべてつぎ込んで多くの修道院に奉仕し続け、皆に親しまれながら、九六八年に亡くなった。

この日の他の守護聖人

・**聖エウスタート**　八世紀メソポタミアの殉教者。

3月15日

聖女ルイーズ・ド・マリヤック

英：セイント・ルイーズ・ディ・マリラック Saint Louise de Marillac
仏：サント・ルイーズ・ド・マリヤック Sainte Louise de Marillac

◎**守護する対象**　看護婦、看護人、社会福祉ボランティア

一七世紀フランスの女子修道院長で、看護婦の原型となった修道女の「愛徳姉妹会」の創設者。看護婦、看護人、社会福祉ボランティアの守護聖女。

一五九一～一六六〇。フランスの貴族の家に生まれた。ラテン語や哲学に詳しく、また絵画や手芸にも長《た》けていた。結婚して一子に恵まれたが夫に先立たれ、未亡人となってからは聖ヴァンサン・ド・ポール（九月二七日の聖人）の指導を受けて貧困者の世話をするようになる。

一六三三年、当時内乱と疫病により混乱をきわめていたパリで、志をともにする少女たちを集めて訓練、教育し、聖ヴァンサン・ド・ポールとともに「愛徳の娘修道女会（愛徳姉妹会）」を創設した。彼女は今もパリ本部の祭壇の下で眠っている。彼女の遺志を継いだ会は、フランスだけでなく世界中に広まり、現在も各国で福祉・教育事業に当たっている。

この日の他の守護聖人

・**聖クレメンス・ホフバウアー**　一八世紀にモラヴィアで生まれたチェコの司祭で、ポーランドで宗教的団体をつくった。

3月16日

(ケルンの)聖ヘリベルト

英：セイント・ヘリバート(・オブ・コローニュ)Saint Heribert of Cologne
仏：サン・エリベール(・ド・コローニュ)Saint Heribert de Cologne

◎守護する対象　雨の被害に苦しむ人

皇帝と対立しながら、その穏やかさと誠実さで皇帝を従わせたドイツの大司教。

九七〇頃～一〇二一。ドイツのヴォルムス伯フーゴ(Hugo)の息子として生まれた。大聖堂付属学校で学び、司祭を経て、九九四年に皇帝オットー三世の高官となる。皇帝の友人であり、また、良き相談相手であった彼は九九九年に大司教に就任した後も政治面で皇帝を支えた。皇帝がイタリアで病に倒れたときにも、死に立ち会い、遺体をドイツに持ち帰った。

次の皇帝聖ハインリッヒ二世とは対立したが、この皇帝も、穏やかな彼の性格と豊富な知識、そして誠実さに打たれ、死の直前に和解した。当時、政治に関係する聖職者が霊的祈りをおろそかにしていたことを戒め、一方で、貧しい人々と教会に自らの財産を分け与え、存命中から、人々に聖人として崇められながら、一〇二一年、帰天した。

この日の他の守護聖人

- **聖女ベネディクト**　聖女クララのあとを継いで、クララ会修道院長となった一三世紀の聖女。
- **聖クリストデュール**　一一世紀トルコの聖人。

3月17日

聖パトリック

英：セイント・パトリック Saint Patrick
仏：サン・パトリス Saint Patrice

◎**アトリビュート**　三つ葉のクローバー、蛇、アイルランド国旗である銀地に赤のX十字
◎**守護する対象**　アイルランド、蛇に遭遇した人
◎**ゆかりの場所・絵画・彫刻**　アイルランド中部のダーク湖の小島にある洞窟、聖パトリック教会（ニューヨーク）

アイルランドの守護聖人。蛇に襲われたときに、その名前を唱える。アトリビュートは三つ葉のクローバー、蛇、およびアイルランドの国旗である銀地に赤のX十字。

三八五／三九〇～四六一頃。ローマ系ブリテン人としてブリタリアに生まれたが一六歳の頃、アイルランドの海賊に街を襲撃されて拉致され、アイルランドで奴隷となり牧夫として働かされた。この時期に祈りを覚えた。六年後、脱走の機会を得てフランスへ渡り、オセールの聖ジェルマン（ゲルマヌス）の下で神学を学び、レランスの修道院に入った後、司祭となった。使命感からか、自分を虐《しいた》げたアイルランドの地を再び踏むことを決意、司教に叙階《じょかい》されると、当時北アイルランドの首都であったアルマーを拠点に、異教徒たちに宣教活動を行った。宣教は困難をきわめたが、その並外れた行動力と忍耐力で組織的な教会・修道院制度を確立していった。伝説によれば、三つ葉のクローバーで三位一体を説き、また、アイルランドの蛇（異教徒の意もある）をすべて追い払ったという。

アイルランド中部のダーク湖の小島にある洞窟は聖パトリック巡礼の地。ニューヨークにある聖パトリック教会は、アイルランド移民が建てたアメリカ最大の教会である。その肖像はティエポロによって描かれている。

この日の他の守護聖人

・**聖女ゲルトルーディス**　カロリング王朝の創始者ピピン一世の娘。七世紀ベルギーのニヴェルの修道院設立者。庭師、旅行者、および瀕死の病人の守護聖女。アトリビュートは糸巻きとハツカネズミ（ハツカネズミの害から守ってくれる聖女として知られる）。フランス語の読みはジェルトリュード。英語はガートルード。

・**聖テオステリクトゥス**　八世紀東ローマ帝国の聖人。

3月18日

（エルサレムの）聖キュリロス（チリロ）

英：セイント・シリル（・オブ・ジェルサレム）Saint Cyril of Jerusalem
仏：サン・シリル（・ド・ジェリュザレム）Saint Cyrille de Jerusalem

◎**アトリビュート**　巾着型の財布

キリストの神性を否定するアリウス派と闘ったエルサレムの司教、教会博士。アトリビュートは巾着《きんちゃく》型の財布（貧者に与える食糧をあがなうため、装飾品を売ったという故事にちなむ）。

三一五頃～三八六。若い頃から聖書や教父の書物を研究していたが、一九歳のときに、エルサレムの司教マカリウスの下で助祭に選ばれ、一〇年後司祭となり、さらに五年後、マカリウスのあとを継いで司教となった。司教を務めたとき、多くの奇跡が起こった。空に巨大な十字の光が輝き、多くの人々が回心した。また、キリストの予言をくつがえそうとした皇帝ユリアノスがユダヤの神殿を建てようとしたところ、地中から火柱が立ち、工事を不可能にしたという。

当時、エルサレムは、キリストに神性は無いとするアリウス派の力が強まった時期で、正当信仰を唱えたため、司教座からたびたび追放された。追放期間は一六年間に及んだ。

この日の他の守護聖人

・**聖アレクサンドル**　三世紀カッパドキア（現在のトルコ）の殉教者。エルサレムに図書館を建てた。

3月19日

聖ヨセフ

英：セイント・ジョゼフ Saint Joseph
仏：サン・ジョゼフ Saint Joseph

◎**アトリビュート**　巡礼者の杖、大工の定規
◎**守護する対象**　労働者、父親、大工、家具職人、旅行者、疑いが心に兆した人、宿を求めている人、社会主義を求めている人
◎**ゆかりの場所・絵画・彫刻**　ラファエル「聖マリアの結婚」（ミラノ美術館）、ジョルジュ・ラ・トゥール「ヨセフの夢」（ナント美術館）、同じくジョルジュ・ラ・トゥール「大工のヨセフ」（ルーヴル美術館）

キリストの養父、聖母マリアの夫。労働者、父親、大工、家具職人、旅行者の守護聖人。疑いが心に兆《きざ》したとき、あるいは宿を求めているとき、また社会正義を欲するときなどに、彼の名前を呼ぶ。アトリビュートは巡礼者の杖、大工の定規。

?〜一世紀頃。ユダヤの国の王ダビデの末裔《まつえい》であるとされる。ナザレで大工をしていたとき、マリアと知り合って結婚するが、マリアが妊娠しているのを知って大いに困惑する。自分が父親でないことは知っていたからである。妻をさらし者にしたくなかったので、ひそかに離縁しようと思ったが、やがて、天使が夢に現れて、マリアが無原罪であり、生まれてくる男の子イエスがユダヤの民を罪から救うことを知らせる。そこで、ヨセフは妻を受け入れ、子どもを「イエス」と名付けた。

ベツレヘムで、東方から来た三博士とともにイエス誕生に立ち会うが、天使がまた現れて、エジプトに逃げるように勧めてくれたおかげで、ヘロデ王による幼児虐殺を免れる。ヘロデ王の死後、イスラエルに戻り、ガリラヤ地方に居を定めた。

一九五五年に労働者の守護聖人に選ばれたことから、五月一日のメーデーが「労働者・聖ヨセフ」の祝日として定められた。

この日の他の守護聖人

・**福女シビル**　一四世紀イタリア・ロンバルディアのドミニコ会修道女。

3月20日

聖カスバート（クトベルト）

英：セイント・カスバート Saint Cuthbert
仏：サン・キュトベール Saint Cuthbert

◎守護する対象　船員、羊飼い

隠遁《いんとん》生活を望んだイングランドの司教。船員たちと羊飼いの守護聖人。イングランドでもっとも人気のある聖人。カスバートの名前を冠した教会が多い。

六三五～六八七。幼い頃から素直な心を持ち、信心深く、ひとり山で静かに祈りをすることを好んだ。六五一年にイングランドのメルローズの修道院に入り、院長の指導を受けて司祭となり、院長を助けて教えを説いた。六六一年、ペストが流行し、患者たちを看護しているあいだに自分も感染したが、奇跡的に治癒した。

その後、六六四年にホーリー・アイランド島にある聖オズワルド建立のリンディスファーン修道院に入り、制度改革に努めた。その後ファーン島という小さな島に移り住み、祈りの生活に入ったが、彼を慕って訪ねてくる者が絶えず、また六八四年にはヘクザムの司教に選ばれてしまった。これを拒否したかわりにリンデスファーンの司教を引き受けファーン島を出たが、二年後、体調を崩して島に戻り、亡くなった。彼の墓では数々の奇跡が起こり、船員たちは彼を守護聖人として仰《あお》いでいる。

この日の他の守護聖人

- **聖ハーバート**　聖カスバートの友の七世紀イングランドの隠者。フランス語の読みはユベール。
- **聖女フォティーヌ**　『新約聖書』に出てくる、イエスに水を与えたサマリア女。

3月21日

（フルーエの）聖ニコラス

英：セイント・ニコラス（・オウ・フルー）Saint Nichoras of Flue
仏：サン・ニコラ（・ド・フリュ）Saint Nicoras de Flue

◎守護する対象　スイス

一五世紀に、スイス各州の分断を防いだことから、スイスの守護聖人となった隠遁《いんせい》修道士。

一四一七〜一四八七。裕福な農家の息子としてスイスのフルーエに生まれ、父の職を継いだ後、地域的な政治問題の解決にも力を尽くした。一四四四年頃、ドロテアと結婚して一〇人の子どもに恵まれたが、子どもたちが独立すると、隠棲を決意、妻に打ち明けて家を出て、ランフトの谷に小屋を建てた。「兄弟クラウス」と呼ばれた彼のもとには、助言を求めてやって来る者が、あとを絶たなかった。

スイス各州が分断の危機に見舞われた一四八一年には、彼の助言によって平和がもたらされた。以後、スイスの守護聖人として親しまれている。スイスでは九月二五日が祝日である。

この日の他の守護聖人

・**福女クレメンス**　一二世紀に修道院に入ったホーエンベルク公アドルフの娘。

・**聖ベネディクトゥス**　（仏：サン・ブノワ Saint Benoit）イタリア・ウンブリア地方のヌルシアで生まれ、モンテ・カッシーノに修道士の共同体を設けたが、これがベネディクト修道院のもととなった。七月一一日参照。

3月22日

聖ザカリウス

英：セイント・ザカリアス Saint Zacharias
仏：サン・ザカリ Saint Zacharie

調停能力に優れたローマ教皇で、聖画像（イコン）破壊を防いだ。

?～七五二。南イタリアのカラブリア生まれのギリシャ人だったが、その卓越した明晰な知恵によって、ローマの司教に選ばれた。国家の問題において、しばしば調停を成し遂げ、ピピン三世の王位を認め、フランク人からの信頼も得ていた。ドイツでの聖ボニファティウスの宣教を支援、東ローマ皇帝コンスタンティヌス五世に対しては聖画像破壊を取り止めるよう使者を派遣するなど、政治的実行力に優れていた。

また、貧しい人々の生活改善や、奴隷売買を批判するなど、階級間の差を縮めることにも尽力した。彼が試みた聖大グレゴリウス『対話集』のギリシャ語訳は東方教会にとって重要な役割を果たした。

この日の他の守護聖人

- **聖女レア**　財産をすべて寄付した四世紀ローマの敬虔な貴婦人。
- **聖ビヤンヴニュ**　教皇のウルバヌス四世によってオジモの司教に選ばれ、皇帝派と闘った一三世紀の聖人。

3月23日

聖トゥリビオ

英：セイント・トゥリビウス Saint Turibius
仏：サン・チュリーブ Saint Turibe

◎守護する対象　ペルー、ラテン・アメリカ先住民、司教

ペルーのインディオをスペイン人の暴虐から救ったペルーの大司教。ラテン・アメリカ先住民と司教の守護聖人。ペルーの守護聖人。

一五三八～一六〇六。スペイン・マジョルカの貴族に生まれ、バドリュード、サラマンカ大学で法学を学び、教授となった。その才能をスペイン国王フェリペ二世に認められ、一五七四年グラナダの宗教裁判の裁判官に任命された。聖職者ではなかったが、五年後に急遽、当時スペインの植民地であったペルーのリマの大司教に選ばれた。その広大な管轄区と内乱による混乱など、任務は過酷をきわめたが、七年かけて一歩一歩、徒歩で全国を回り、人々を教えていった。また、当時、スペイン本国から派遣されていた聖職者や役人は腐敗しきっており、先住民のインディオへの職権濫用は目に余るものであったが、彼は、インディオの権利を守るために現地語を学び、上からの権力とも闘って、インディオを救った。

この日の他の守護聖人

・**聖ヴィクトリアン**　アフリカのヴァンダル族の王の命令に背いてキリスト教徒を救った五世紀チュニジアの殉教者。

3月24日

（スウェーデンの）聖女カタリナ

英：セイント・キャサリン（・オブ・スウェーデン）Saint Catherine of Sweden
仏：サント・カトリーヌ（・ド・シュエッド）Sainte Catherine de Suède

◎**アトリビュート**　ユリ、書物、ローソク、牝鹿
◎**守護する対象**　スウェーデン、流産の危険性がある女性

スウェーデンのヴァドステナ修道院長。スウェーデンの守護聖人。流産や人工妊娠中絶の際に祈願する聖女。アトリビュートはユリ、書物、ローソク、牝鹿。

一三三一～一三八一。（正式には列聖《れっせい》されていないが、聖人として崇敬される）。スウェーデンがカトリック国であった頃、聖女ビルギッタ（七月二三日）の四女として生まれた。幼い頃から修道院で教育を受け、修道女になることを望んだが、両親の希望に従って、若くしてドイツのエッガードという青年と結婚した。青年は貞潔の誓いを立てていた彼女に、はじめは驚いたが、すぐに理解した。まもなく、彼女の父親が亡くなり、母親のローマ巡礼に随行。翌年に二〇歳で未亡人となり、悲しみにくれたが、ローマに残って、母の建てたヴァドステナの修道院の発展に力を尽くした。

牝鹿がアトリビュートなのは、巡礼の途中、ある貴族から結婚を迫られたとき、牝鹿が現れて貴族を追い払ってくれたという言い伝えにちなむ。

この日の他の守護聖人

・**聖女ヒルデリット**　七世紀イギリス・エセックスの王女。

3月25日

(良き盗賊の)聖ディスマス

英：セイント・ディスマス(・ザ・グッド・シーフ) Saint Dismas the Good Thief
仏：サン・ディスマス(・ル・ボン・ラロン) Saint Dismas le bon larron

◎**守護する対象**　悔い改めた罪人、死刑囚

イエスとともに十字架にかけられた盗賊のひとり。イエスから「一緒に楽園にいる」と声をかけられた「良き泥棒」のほう。悔い改めた罪人、死刑判決を受けた囚人の守護聖人。

一世紀。イエスとともに十字架に架けられたふたりの罪人のひとり。聖ルカの福音書によると、片方の罪人はイエスを「お前がメシアというのなら、おれたちを救ってみろ！」とののしったが、彼はイエスの潔白を知っていて、これをたしなめたという。イエスから直々《じきじき》に「あなたは私と一緒に楽園にいる」という言葉をかけられ、報いられた。

また、のちの物語では、イエスを連れた聖ヨセフと聖母マリアの家族を守り、エジプトへの脱出を助けたとされている。

この日の他の守護聖人

・**聖ウンベルト**　七世紀ベルギーのベネディクト会マルロ修道院の創設者。

3月26日

聖ルートガー（ルドゲルス）

英：セイント・リュージャー Saint Liudger
仏：サン・リュジェ Saint Ludger

◎**アトリビュート**　二羽の鵞鳥
◎**守護する対象**　独ウェストファーレン・ライン地方

キリスト教に帰依《きえ》しなかったゲルマン民族のフリソン人、ザクセン人を改宗させたドイツの司教。ドイツのウエストファーレンやライン地方の守護聖人。アトリビュートは修道院の農地から雁を駆逐したことから、二羽の鵞鳥。

七四二／七四四～八〇九。オランダに生まれ、ユトレヒトの聖グレゴリウスの教えを受けた（後に師の伝記を書いている）。青年時代にはイギリスへ渡ってヨークの聖アルクインのもとで学び、司祭となった。しかし、フリースラント、ザクセンでの宣教中にザクセン人の反乱による教会破壊が起こったために、やむなくローマとモンテカッシーノへ逃れた。

約三年後、カール大帝の保護を受けることができたので、フリースラントに戻り、修道院を建設、そこを拠点として宣教活動を強化した。これがミュンスター（修道院）の始まりとなり、彼自身は初代ミュンスター司教区の司教とされた。病で倒れてもなお、命を燃やして最後まで宣教活動を続けた。

この日の他の守護聖人

- **聖女ラリッサ**　四世紀クリミア半島の殉教者。
- **聖ブロリオン**　七世紀スペイン・アラゴンの司教。アラゴンの守護聖人。

3月27日

(ザルツブルクの)聖ルペルト

英：セイント・ルパート(・オブ・ザルツバーグ)Saint Rupert of Salzburg
仏：サン・リュベート(・ド・ザルツブール)Saint Rupert de Salzbourg

◎**守護する対象**　オーストリアのザルツブルク、鉱山、鉱山労働者

ザルツブルクの塩鉱をつくったザルツブルクの守護聖人。鉱山、および鉱山労働者の守護聖人。

?〜七一八頃。フランス人で、ウォルムスの司教だったが、フランク王によって宣教師としてバイエルンに派遣された。同地でバイエルン公爵テオド二世を改宗に導くと、任された古代ローマ人の都市ユヴァヴェムの廃墟に聖ペトロ修道院を建てた(この修道院は、ドイツ語圏最古の、今日まで存続しているベネディクト会修道院である)。この地で塩の採掘を奨励し、経済発展の礎《いしずえ》とした。これがザルツブルク(塩城)市の由来である。

ノンベルクにも女子修道院を建て、妹の聖女エントルドが院長を任された。教区の文化・経済の発展にも貢献し、多くの人々の崇敬を集めている。

この日の他の守護聖人

・**聖ハビブ**　四世紀イラクの殉教者。

3月28日

聖ゴントラン

英：セイント・ゴントラン Saint Gontran
仏：サン・ゴントラン Saint Gontran

◎**守護する対象**　仏ブルゴーニュ

現在ではフランスの一部となっているブルゴーニュ公国の初代の王で、キリスト的慈悲の実践者。ブルゴーニュの守護聖人。

五二五〜五九三。フランク王クロヴィスの孫で、他の三人の兄弟とともにフランク王国を分割。オルレアンからプロヴァンスに至る広大なブルゴーニュ公国を建設した。他の兄弟やその妻たちとは異なり、温和な性格であったことから、キリストの教えに従い、罪人を許し、寛大な政治を行った。とりわけ修道院や司教の権利を保護した。

五八〇年頃、「聖アントワーヌの病気」と呼ばれた熱病に国が襲われたとき、病にかかった臣下や民をよく看病し、自らは断食して祈りを捧げた。

この日の他の守護聖人

・**聖ヴァンチュラン**　十字軍に随行した一四世紀イタリアの聖人。

3月29日

聖ヨナと聖バラキシウス兄弟

英：セイント・ジョナ&セイント・ベリクジェス兄弟 Saint Jonah & Saint Berikjesu
仏：サン・ジョナス&サン・バラシーズ Saint Jonas & Saint Barachise

◎**アトリビュート**　ブドウ搾り機、葦
◎**守護する対象**　仲の良い兄弟

四世紀ペルシャ（イラン）の殉教者の兄弟。アトリビュートはブドウ搾り機と葦。仲の良い兄弟を守護する。

?～三二七頃。ペト・アサ市に住んでいたこの兄弟は、当時の統治者ササン朝ペルシャのシャプール二世の迫害によって捕らえられたキリスト教信者たちを励ますため、牢獄に足を運んでいたが、ついに捕まり、裁判にかけられた。太陽と月、火と水の自然神、およびペルシャ王を崇めるよう強制されたのだが、それを拒みつづけ、死刑となった。

ヨナは様々な責苦の末、ブドウ搾り機で体を押しつぶされ、また、バラキシウスは鋭い葦《あし》で体を貫通されて、殉教した。「命を助けてやる」との誘いにも耳を貸さず、「神は創られた私の体を取り戻し、あなた方を裁かれることでしょう」と言い残した。

この日の他の守護聖人

・**聖ウスターズ**　七世紀フランス。リュグズーユの修道院長。
・**聖女グラディス**　五世紀ガリアの王女。

3月30日

聖ヨハネ・クリマコス

英：セイント・ジョン・クリマカス Saint John Climacus
仏：サン・ジャン・クリマック Saint Jean Climaque

◎**アトリビュート**　梯子

シナイ山の修道院の院長。修道者のために『天国への梯子《はしご》』を著す。アトリビュートは梯子。

五七〇～六四九。体は弱かったが、シナイ山の修道院に入り、師聖マルチリウスに道徳を学んだ。恩師と死別すると、生前の勧めにしたがって、シナイ山の麓に小屋を建て、「モーゼの分身か」と言われるほどの修行を行い、訪ねてくる人々の病を治し、道徳を教えた。

晩年、シナイ山の修道院長に選ばれてからは、祈りによって雨を降らせ、大飢饉を救うなどした。三〇の段階（三〇はイエスがバプテスマを受けた年齢）によって完徳《かんとく》を目指すという『天国への梯子』（「梯子」はギリシャ語で「クリマコス」と言う）という優れた本を著し、後の修道者に大きな影響を与えた。

この日の他の守護聖人

- **聖アメデ**　一五世紀サヴォワ公国の名君。
- **ノイスの聖クウィリヌス**　娘の聖バルビナとともに殉教したローマの軍司令官。騎士と馬の守護聖人。アトリビュートは長槍と馬。

3月31日

聖女バルビナ

英：セイント・バルビナ Saint Balbina
仏：サント・バルビーヌ Sainte Balbine

◎**アトリビュート**　ユリの杖
◎**守護する対象**　にきびや腫れ物で悩む人

ローマ時代の美貌の殉教者。にきびや腫れ物ができたときに、名前を唱えて祈願する。アトリビュートは純潔を表すユリの杖。

二世紀。ローマに、軍人の父、聖クウィリヌスの娘として生まれた。美貌と明晰な頭脳を持ち合わせていたため、大いに若い男性にもてたが、あるとき不治《ふじ》の腫瘍《しゅよう》ができて、苦しむことに。当時、キリストとその弟子が起こした奇跡が広く伝わるようになり、父とともに「病気が治るなら信者になる」と誓った。

親子は、ローマ皇帝ハドリアヌスの迫害の中で、牢獄に捕らえられていた教皇アレクサンドル一世を訪ね、聖ペトロの鎖に触れて祈ると、みるみるうちに腫れが引き、腫瘍が治った。元の美貌に戻ったバルビナのもとには、またもや若い男性が集まってきたが、奇跡を体験し洗礼を受けていたため、一本の白いローソクを持った天使の勧めに従い、貧しい人々や病気を抱えた人々のために生涯をささげることを決意。迫害によって父とともに捕らえられるまで、福祉事業と宣教に力を尽くした。

この日の他の守護聖人

- **聖バンジャマン**　五世紀ペルシャの殉教者。
- **聖アカキウス**　一四救難聖人のひとり。アルメニアのアララト山で処刑された一万人のキリスト教徒の指導者であったと伝えられる。十字軍によって聖アカキウス崇拝はドイツとスイスにもたらされた。

4月の聖人

Les Saints du mois d' avril

4/1 (グルノーブルの)聖ユーグ
4/2 (パオラの)聖フランチェスコ
4/3 (ナチェスターの)聖リチャード
4/4 (セビリアの)聖イシドロ(イシドルス)
4/5 聖ヴィンセンテ・フェレル
4/6 聖マルケリヌス
4/7 聖ジャン＝バチスト・ド・ラ・サール
4/8 聖女ジュリー・ビリヤール
4/9 聖女ヴァルデトルーディス
4/10 (シャルトルの)聖フュルベール
4/11 (クラクフの)聖スタニスラス
4/12 (ヴェローナの)聖ゼーノ
4/13 聖マルティヌス(一世)
4/14 聖女リドヴィナ
4/15 聖女フーナ
4/16 聖ブノワ・ラーブル
4/17 聖アニケトス
4/18 聖アポロニウス
4/19 聖レオ(九世)
4/20 (モンテプルチアノの)聖女アグネス
4/21 (カンタベリーの)聖アンセルムス
4/22 (シケオンの)聖テオドロス
4/23 聖ゲオルギウス
4/24 (ジークマリンゲンの)聖フィデリス
4/25 (福音書記者)聖マルコ
4/26 (ペルミの)聖ステファン
4/27 聖女ジダ
4/28 聖ピエール・シャネル
4/29 (シエナの)聖女カタリナ(カテリーナ)
4/30 聖ピウス(五世)

4月の聖人

農事暦の四月のページを開くと天気と収穫のことわざがたくさん出ている。「聖ユーグの日から、聖女ソフィーの日まで雨が続くと、納屋と製パン室は一杯になる」

聖ユーグの日というのは四月一日。聖ユーグはグランド・シャルトルーズ会の創設者のひとりで、フランス・アルプスの町グルノーブルの守護聖人（英語発音ならヒュー）。救難分野は頭痛および熱病で、アトリビュートは七星（プレイヤード）である。

聖女ソフィーの日というのは四月三〇日（ローマ典礼暦では聖ピウス五世）。つまり「聖ユーグの日から、聖ソフィーの日まで」というのは四月の全期間を示し、このことわざは、四月に降雨量の多い年は、収穫が多くなるという言い伝えをあらわしている。

反対に、この日だけは雨が降るのはよくないという日が何日かある。聖ゲオルギウス（ジョルジュ）の日（四月二三日）は、まさにそうした例外日らしい。「聖ゲオルギウスの日に雨が降ると、一〇〇個のサクランボのうち、残るのは一四個だけ」。サクランボの収穫時期なので、雨が降っては困るということのようだ。聖マルコ（マルク）の日（四月二五日）もほぼ同様。「聖マルコの日に天気が悪いと、種のある果物は不作だ」

ようするに、四月は雨がちのほうが秋口の収穫は多くなるが、サクランボなどの果実にとっては、四月下旬の雨は禁物だということのようである。

ところで、この聖ゲオルギウスの日と聖マルコの日というのは祝祭日の中でもかなり重要な日と見なされている。それもそのはず、ふたりは相当に大物の守護聖人なのである。

まず、聖ゲオルギウスは、一二使徒に次いで崇敬されている一四救難聖人のひとり。パレスチナに向かう途中、シレナの町の湖の竜を退治し、その町の人たちを改宗させた。拷問《ごうもん》を受けて殉教したが、やがて最悪の災難を救ってくれる救難聖人として崇拝されるようになった。十字軍のエルサレム遠征のときも、白い甲冑で白馬にまたがり、赤十字を掲げた聖ゲオルギウスが出現し、「我に続け！」と突撃したといわれる。イングランド、ひいては大英帝国の守護聖人となり、セイント・ジョージの名で親しまれている。イギリス最高のガーター勲章は、セイント・ジョージ勲章と呼ばれる。竜退治の伝説から、聖ゲオルギウスというと、かならず人々は竜と槍《やり》を連想する。絵画にもよく描かれている。

いっぽう、聖マルコは、聖ペトロの弟子で通訳も務め、福音書『マルコ伝』を著した一二使徒のひとり。聖遺物（遺骨）がヴェネチアに運ばれたところから、ヴェネチアの守護聖人となった。聖マルコ大聖堂や広場は彼にちなむ。ペトロの通訳だったことから、通訳の守護聖人であり、ペンと本、それに翼のあるライオンがアトリビュートになっている。

このように、フランス、とくに農村部では、季節や農作業は守護聖人とともに歩むので、守護聖人の名前を知らずして、フランス歳時記をひもとくことはできない。

4月1日

(グルノーブルの)聖ユーグ

英：セイント・ヒュー(・オブ・グルノーブル)Saint Hugh of Grenoble
仏：サン・テューグ(・ド・グルノーブル)Saint Hugues de Grenoble

◎**アトリビュート**　七星（プレイヤード）、司教杖
◎**守護する対象（地域・職業・病気・災害）**　仏グルノーブル、頭痛に苦しむ人、熱病に苦しむ人

「グランド・シャルトルーズ会（カルトゥジオ会）」の創設に寄与したひとり。フランス・アルプスの町グルノーブルの守護聖人。頭痛持ちの人の守護聖人。頭痛および熱病のときに祈願する。アトリビュートは七星（プレイヤード）と司教杖。

一〇五二〜一一三二。フランスのヴィランスで敬虔《けいけん》な両親の間に生まれた。道徳心に富み、誰よりも熱心な信仰をもっていたため、二七歳という若さでグルノーブルの司教に任命され、当時乱れていた聖職者たちの風紀を改善することに力を注いだ。自らの無力を感じて、一時辞職して修道院に入った時期もあったが、教会の秩序改革を進める教皇グレゴリウス七世の願いで復職し、以来ますます祈りと苦行に励み、人々を導いた。また、聖ブルーノと六人の仲間（七星）を幻視したことから、修道院をグランド・シャルトルーズの山中に建設するよう示唆し、病院や橋の建設などの事業も行った。

この日の他の守護聖人

・**聖ヴァレリー**　六世紀フランス・オーヴェルニュ地方の聖人。絞首刑にされた囚人を生き返らせるという奇跡を行った。

4月2日

（パオラの）聖フランチェスコ

英：セイント・フランシス（・オブ・パオラ）Saint Francis of Paola
仏：サン・フランソワ（・ド・ポール）Saint Francois de Paule

◎**アトリビュート**　マント
◎**守護する対象**　伊ナポリ、隠遁者、船乗り、不妊症の女性
◎**ゆかりの場所・絵画・彫刻**　ムリリョ（マドリッド・プラド美術館）、フラ・アンジェリコ（フィレンツェ・ウッフィツィ美術館）

イタリアの隠棲《いんせい》修道士でミニミ会修道院の設立者。隠《いん》遁《とん》者の守護聖人。ナポリの守護聖人。そのマントを棒にかけ帆の代わりとして海を渡ってシチリアに仲間を運んだということから、船乗りの守護聖人。海上での安全を祈願する。アトリビュートはマント。不妊症の婦人が祈願する聖人でもある。

一四一六／一五〇七。イタリアのパオラで信仰心の篤《あつ》い両親から生まれ「アッシジの聖フランチェスコ」の名を取ってフランチェスコと名付けられた。両親の巡礼の旅に同行したことがきっかけとなり、海岸沿いの洞窟で隠棲修道士として厳しい祈りと苦行の生活をすることを決意する。彼の徳および彼の起こした数々の奇跡を聞きつけ、次第に同志が集まり、それはやがて「最も小さき者の会（Minimi fratres ＝最も小さな兄弟）」へと発展した。また評判を聞きつけたフランス王ルイ一一世に招かれてフランスに向かい、王の死後もフランスに留《とど》まってシャルル八世の相談役を務めた。彼の起こした奇跡は海に関するものが多かったので、船乗りの守護聖人となった。

この日の他の守護聖人

・**（エジプトの）聖女マリア**　四世紀エジプト・アレクサンドリアの娼婦だったが、悔い改め、三個のパンをもって贖罪《しょくざい》と祈りの生活を四七年間続けた。ゾシマス修道士に発見され、秘蹟を施された後、帰天。あとには罪の女を埋葬してくれという願いが砂上に残されていたが、そこに一匹のライオンが現れ、墓穴を掘ったのでゾシマス修道士はそこに遺骸を埋葬した。悔い改めた娼婦という点でマグダラのマリアと混同される。悔い改めた娼婦の守護聖女。アトリビュートは三つのパン。メムリンクが描いた「エジプトのマリア」（ブリュージュ、メムリンク美術館）が有名。

4月／3日

（チェスターの）聖リチャード

英：セイント・リチャード（・オブ・チチェスター）Saint Richard of Chichester
仏：サン・リシャール（・ド・シシェステール）Saint Richard de Chichester

聖職者の堕落を糾弾したイギリスの司教。

一一九七／一一九九～一二五三。ウィッチの貧しい家に生まれ、苦学して、オックスフォードとパリで学び、オックスフォード大学の総長となった。一二四四年、チチェスターの司教に選ばれたが、師聖エドムンドが聖職売買に対して強い反対の姿勢をとり、国王ヘンリー三世と対立していたため、エドムンドの弟子だった彼は、国王に司教職を拒否された。しかし、若い頃に苦しい経験を積んでいたこともあって、富への欲はまったく持たず、人々を正しい方向へと導いた。聖職者の堕落に関して非常に厳格で、さまざまな改革に取り組んだ。

◎守護する対象　英サセックス、チチェスター、馬の御者

この日の他の守護聖人

・**聖女ファール**　七世紀フランス・モーの聖女。

4月4日

（セビリアの）聖イシドロ（イシドルス）

英：英：セイント・イシドア（・オブ・セヴィル）Saint Isidore of Seville
仏：サン・ティジドール（・ド・セヴィル）Saint Isidor de Seville

◎**アトリビュート**　書物とペン
◎**守護する対象**　スペイン、農民
◎**ゆかりの場所・絵画・彫刻**　ムリリョ（セビリア美術館）

中世の大教育者で教会博士。スペインの国定守護聖人。農民の守護聖人。百科事典を編纂したことからアトリビュートは書物とペン。

五六〇頃〜六三六。スペインのカルタヘナに生まれ、スペインのカトリック教の基礎を築いた兄の聖レアンドルに学び、兄に次いでセビリアの大司教となった。中世最大の学者のひとりであり、また教育者として、学校教育の充実に力を注いだ。その知識は、神学のみならず、歴史学、言語学、自然科学にまで及び、当時の百科事典といえる『語源考』をはじめ、歴史書、修道院規則書、物語にいたるまで、膨大な著書を残した。ローマを訪問した帰途、南仏メルボンヌでは、祈りによって雨を降らせる奇跡をも起こしたという。

『マルドロールの歌』で知られるフランス一九世紀の異端詩人イジドール・デュカス（筆名ロートレアモン）は四月四日生まれなので、イジドールと名付けられた。

この日の他の守護聖人

・**聖ゾシマス**　エジプトの聖女マリアの伝記を残した五世紀エジプトの聖人。
・**聖プラトン**　八世紀コンスタンチノープルの聖職者。

4月5日

聖ヴィンセンテ・フェレル

英：セイント・ヴィンセント・フェラー Saint Vincent Ferrer
仏：サン・ヴァンサン・フェリエ Saint Vincent Ferrier

◎**アトリビュート**　書物、頭上あるいは手の上の炎、背中の翼
◎**守護する対象**　スペインのバルセロナ、建築家、大工、石工、説教者、頭が痛い人、卒中に襲われた人

スペインの偉大な説教者。建築家や大工、石工の守護聖人。説教者の守護聖人。バルセロナの守護聖人。頭痛や卒中の際に祈願する。アトリビュートは書物、頭上あるいは手の上の炎、（最後の審判者として）背中に翼。

一三五七～一四一九。スペイン・ヴァレンシアで、イギリス人の父とスペイン人の母の子として生まれ、同地でドミニコ会に入り、神学と聖書学を学んで司祭になった。

彼の説教は、聞く者を大きく感動させ、落涙して回心する者もいたほどで、改悛説教師の称号を得た。教皇の相談役も務め、また、ユダヤ教徒やイスラム教徒たちからも、雄弁な説教者として慕われた。

一三九九年から、以後二〇年間の長きにわたる説教の旅に出て、最後の審判についての説教などを各国で行い、非常に多くの人々を導き、また奇跡も行った。その一方で彼は、アラゴン王（ペドロ四世）やアヴィニョンの教皇（ベネディクト一三世）にアドヴァイスを与え、教皇分裂を終結の方向へと導き「建て直した」ことから、「建築家」の保護者ともされている。

この日の他の守護聖人

・**聖女イレーヌ**　三〇四年に殉教したギリシャ・テサロニキの聖女。
・**（レエージュの）聖女ユリアナ**　一二～一三世紀のリエージュの女子修道院長。「聖体の祝日」の導入に努める。

4月6日

聖マルケリヌス

英：セイント・マーセリナス Saint Marcellinus
仏：サン・マルスラン Saint Marcellin

聖アウグスティヌスの親友で、『神の国』を献じられたローマ時代のチュニジアの殉教者。護民官で、討議の司会を務めた。

?～四一三。カルタゴ出身で、ローマの護民官となり、四一一年カルタゴで開かれた異端ドナトゥス派（一度棄教した者による秘蹟を認めないヌミビアのドナトゥスの主張に与する宗派）との教会討議に皇帝によって派遣され司会を務めたが、カトリックを支持したことから、ドナトゥス派によって投獄され、処刑された。討議の際に知り合い、親友となって手紙をやりとりするようになった聖アウグスティヌスは、平和のために尽くした彼の功績を称え、著書『神の国』を彼に捧げた。

この日の他の守護聖人

・**（ヴェローナの）聖ピエトロ**　一三世紀イタリアのドミニコ会修道士。異端カタリ派の両親のもとに生まれながら、長ずるに及んで教皇庁の異端審問官となり、カタリ派を弾圧。そのためカタリ派によって惨殺された。頭部に刃を受けたところから、この姿で描かれる。アトリビュートは「我、神を信ず［Credo］」を銘に刻んだ剣。イタリア・コモ市およびクレモナ市の守護聖人。頭痛の際に祈願する。

4月7日

聖ジャン＝バチスト・ド・ラ・サール

英：セイント・ジョン＝バプティスト・ド・ラ・サール Saint John-Baptist de la Salle
仏：サン・ジャン＝バチスト・ド・ラ・サール Saint Jean-Baptiste de la Salle

◎守護する対象　学校、教員

フランスの司祭で「ラ・サール会」の創設者。近代教育の先駆者と見なされている。学校、教員の守護聖人。

一六五一～一七一九。フランスの貴族の家に生まれ、サン・シュルピスの神学校で学び、二七歳で司祭となるや、聖堂参事会員の安楽な生活を捨て、貧しい青少年の教育を目的としたキリスト教学校修道会「ラ・サール会」を創立。ラ・サール会は、教師たちが、司祭ではなく「信徒のブラザーであるべき」だとし、教師の養成に力を注いだ。また、ラテン語ではなく母国語で教授し、個人でなくクラスを編成するなど、近代教育に画期的な教育方法をもたらした。

貧しい人々にまず学問を授け、これによって悪から救い出すという彼の方法は完全に理解されず、多くの非難を受け苦しんだが、現在、世界中で一七〇〇〇以上の会員たちが教育に当たっていることを見れば、その功績は明らかである。

この日の他の守護聖人

・**福者ヘルマン**　一三世紀ドイツ・ケルンの司祭。

4月8日

聖女ジュリー・ビリヤール

英：セイント・ジュリー・ビリアート Saint Julie Billiart
仏：サント・ジュリー・ビヤール Sainte Julie Billiart

◎**アトリビュート**　ヒマワリ
◎**守護する対象**　病人、貧困に苦しむ人

全身麻痺やフランス革命による弾圧にも屈せず信仰を貫いたベルギーの聖女で、女子教育の「ナミュール・ノートルダム会」の設立者。アトリビュートはヒマワリ。

一七五一～一八一六。北フランスで、信仰深い農民の娘として生まれた。幼い頃から熱心に聖書を学び、「聖女」と呼ばれるほど徳に優れていたが、ある日、父親がピストルで狙われたのを見てショックを受け、全身麻痺《まひ》で歩けなくなった。それでも信仰を捨てず、慕ってやって来る人々を導いた。

フランス革命の影響で逃亡生活を余儀なくされたが、その間に、キリストの啓示を受けたことをきっかけとして、貴族のブールドン嬢とイエズス会のヴァラン神父の協力を受けて、貧しい子女の教育を目的とした無階級制の画期的な修道会をアミアンに創立。また長きにわたる祈りと、ヴァラン神父の励ましによって、二三年ぶりに奇跡的に歩けるようになった。会は、理解を求めてベルギー・ナミュールに本部を移し「ナミュール・ノートルダム会」となり、現在では日本各地にも学園がある。

この日の他の守護聖人

・**福女オンスタンス**　一三世紀アラゴンの女王。ダンテが『神曲』で描く。

4月9日

聖女ヴァルデトルーディス

英：セイント・ヴァルデトルーディス Saint Waldetrudis
仏：サント・ヴァルトリュード Sainte Valtrude

◎**守護する対象**　ベルギーのモンス

ベルギー・モンス市の守護聖女。家族全員が聖人。

六二八頃～六八八。Waudru（ヴォドリュ）とも呼ばれる。ベルギー・モンス市の聖なるファミリーとして有名な家庭の一員。すなわち父聖ヴァルヴェルト、母聖ベルティリア、姉妹の聖マウボイゲと聖アルデグンド、夫の聖マデルガリウス、さらには子どもたちの聖ランドリ、聖デンティリヌス、聖マデルベルタ、聖アルデトルーデが、全て聖人として崇敬されている。幸せな結婚生活の後、子どもたちが独立すると、夫婦は修道生活に入ることを決意した。夫が修道士となると、彼女も全財産を貧しい人々に施し、女子修道院を建てて福祉に専念した。彼女は病を癒す不思議な力を持っており、人々が集まって次第に町へと発展した。それが現在のモンス市である。

この日の他の守護聖人

・**聖ゴーティエ**　一一世紀フランス・ポントワーズの修道院長。囚人の守護聖人。

4月10日

（シャルトルの）聖フュルベール

英：セイント・フルバート　Saint Fulbert
仏：サン・フュルベール　Saint Fulbert

シャルトルのカテドラルの再建者として有名なフランスの司教。「ソクラテスやプラトンの生まれ変わり」と呼ばれたほどの大学者。

九六〇頃～一〇二八。イタリアに生まれたが、学才を見込まれてフランスへ移り、ランスで、数学者・哲学者のゲルベルト（後の教皇シルヴェステル二世）に学んだ。古典や教会書、神学に大いに才能を発揮し、シャルトルの司教に選ばれた。自らは「偉大な教会の小さな司教」と称したが、彼の学才のおかげで、シャルトルはフランスの学問の中心地となり、各国から学生が集まってシャルトル学派が形成された。その弁証法的哲学はプラトンやソクラテスとも比べられるほどであった。司教となってまもなくシャルトルのカテドラル（大聖堂）の塔片側が火事によって焼け落ちたが、彼はそれをロマネスク様式に改築した。それから何度も手が加えられてはいるが、現在でも見事な尖塔《せんとう》を見ることができる。

この日の他の守護聖人

・**（カノッサの）聖女マドレーヌ**　一八世紀末に生まれたイタリア・ヴェローナの伯爵夫人で愛育女子教育学院を設立。

4月11日

（クラクフの）聖スタニスラス

英：セイント・スタニスラス（・オブ・クラコウ）Sait Stanislaus of Krakow
仏：サン・スタニスラス（・ド・クラコヴィ）Saint Stanislas de Cracovie

ポーランドの守護聖人。暴虐な国王に対してポーランドの民衆を守った。アトリビュートはよみがえらせた死者。

一〇三〇～一〇七九。子宝に恵まれなかった両親の三〇年間の祈りによって、ポーランド・シュゼパノフに生まれた。ポーランドとパリの一流大学で優秀な成績を修め、四一歳でクラクフの司教に選ばれた。財産は貧しい人々に分け与え、自らは率先して熱心な祈りの生活をした。当時、ポーランドでは国王ボレスワフ二世がふしだらな生活を送り、家臣の妻や娘を誘惑していたので、スタニスラスは、これを正そうと再三戒めたが、王は逆恨みして、法廷を買収し、彼を訴えた。そこで、スタニスラスは、死んだ証人をよみがえらせ、王を窮地に追い込んだが、王は回心するどころか、ミサの途中に彼を襲って殺害した。しかし、この後、王は国民の反乱によって王座を追われることになる。

◎**アトリビュート**　よみがえらせた死者
◎**守護する対象**　ポーランド

この日の他の守護聖人

・**聖女ジェンマ・ガルガニ**　家族の死や病苦と闘い、聖《せい》痕《こん》を受けた一九世紀末のイタリアの聖女。

4月12日

（ヴェローナの）聖ゼーノ

英：セイント・ゼーノ（・オヴ・ヴェローナ）Saint Zeno of Verona
仏：サン・ゼノン（・ド・ヴローヌ）Saint Zenon de Vérone

◎**アトリビュート**　魚と釣竿
◎**守護する対象**　伊ヴェローナ、釣り人、赤ん坊、洪水に遭った人

ヴェローナの守護聖人。アトリビュートは魚と釣竿で、釣り人の守護聖人でもある。悪魔から赤ん坊を守る守護聖人。洪水のときにその名を唱える。

？〜三七一／三七二。伝説によれば、北アフリカで生まれた。生後まもなく、悪魔の仕業により、悪鬼とすりかえられて、ある修道士のもとで育ち、後にその悪鬼を退治したといわれる。三六二年からイタリア・ヴェローナの司教になった。雄弁で名高い優れた説教家であり、現在でも九三の説教の原稿が残されている。また、司教として教会の建設、異端アリウス派からの教会の擁護、貧者や奴隷の解散などを行った。釣りが好きだったらしく、シンボルは魚（魂の救済者を表す）と釣竿である。皇帝ガリアノスの娘の悪魔祓いもやってのけるなど、悪魔祓いの聖なる力を持ち、赤子を守護する。

エチュ川の氾濫の際に教会を救ったという逸話から、洪水のときに名を唱える。

この日の他の守護聖人

・**聖ユリウス一世**　三位一体論を支持した四世紀の教皇。
・**聖ジョゼッペ・モスカリ**　不治の病の病人を治癒したイタリアの医師。一九二七年没。

4月13日

聖マルティヌス（一世）

英：セイント・マーチン（・ザ・ファースト）Saint Martin I
仏：サン・マルタン（・プルミエ）Saint Martin I

異端と闘って殉教した最後のローマ教皇。

?〜六五五（在位六四九〜六五三）。イタリア・トスカーナ出身。当時、ローマ国内では、「キリストは、神としての意思はあっても人間としての意思はない」とする「単意説」を主張する異端が広まっていた。皇帝は国の混乱を恐れてこの討議を禁止したが、彼は教皇に選ばれたその翌年、ラテラノ公会議を召集して「キリストは真に人であり、神であり、両意思を持ち合わせる」と公然と宣言し、単意説を退けた。これに怒った東ローマ皇帝コンスタンティヌス二世によって捕らえられ、死刑を宣告されたが、減刑され、クリミア半島ケルソンに流刑にされて、その地で獄死した。勇気を持って真理を曲げず、殉教した最後の教皇として崇敬されている。

この日の他の守護聖人

・**福女イダ**　ふたりの息子が十字軍の英雄となりエルサレムのフランク王国を開いた一二世紀の聖女。

・**聖ヘルメネジルド**　六世紀西ゴート領時代のスペインの殉教者。

4月14日

聖女リドヴィナ

英：セイント・リドヴィナ　Saint Lidvina
仏：サント・リドヴィヌ　Sainte Lidwine

◎**アトリビュート**　バラ
◎**守護する対象**　病人、スケートをする人
◎**ゆかりの場所・絵画・彫刻**　J・K・ユイスマンスの『聖女リドヴィヌ』（邦題『腐爛の華　スヒーダムの聖女リドヴィナ』）

事故が原因で全身麻痺となり、ありとあらゆる病気に苦しみ、その激しい痛みの中に聖痕（キリストの五つの傷）を得たオランダ・シーダムの幻視者。あらゆる病人の守護聖人。アトリビュートは天使がバラを持って現れたことからバラ。スケートをする人の守護聖人でもある。

一三八〇～一四三三。幼い頃から信心深く、聖母マリアを崇敬していた。美しい娘に育ったが、一五歳のとき、スケートで転びそうになった友だちにしがみ付かれて一緒に転び、肋骨を折ったのが原因で全身を病み、以後三八年間、ベッドの上で祈りの生活を送った。全身の激しい痛みの中にキリストの受難を幻視し、主にならって多くの人々の相談に乗り、彼らのために祈った。治癒や予言、透視などの能力を認めない人々や、動けない彼女を邪魔に思う親戚などもいたが、これらに負けることなく清い心を持ち続け、復活祭の週に天に召された。その直前、天使がバラを持って現れたといわれる。彼女の医師は、この家の跡に病院を建て、また、現在でもシーダムの墓地には美しい聖堂が建っている。

この日の他の守護聖人

・**聖ティブルチオと聖女ヴァレリアノ**　ローマ時代の夫婦の殉教者。これに聖マッシモを加えた三人のローマにある共同墓地は、中世の巡礼地。

4月15日

聖女フーナ

英：セイント・ヒューナ　Saint Hunna
仏：サン・テュナ　Sainte Hunna

◎**守護する対象**　洗濯屋

アルザスの修道女。「聖なる洗濯女」と呼ばれたところから、洗濯屋の守護聖人となっている。

?～六七九。アルザスの公爵家に生まれ、ストラスブールの貴族フーナヴェイエルのフーノと結婚。近所の貧しい人々のために、汚れた衣服の洗濯を無料で引き受けたところから、「聖なる洗濯女」と呼ばれるようになった。一家で聖デオダチュースに深く感化され、修道院に入った。

この日の他の守護聖人

・**聖パテルヌ**　六世紀フランス・ヴァンヌの司教。
・**聖女アナスタシア**　聖ペトロと聖パウロの教えで信者となり、ふたりが殉教した際にその遺体を発見してキリスト教の儀式に従って埋葬した。そのことがローマの役人に知られて殉教した。行動をともにして殉教した聖女バジリッサとともに祝われる。

4月16日

聖ブノワ・ラーブル

英：セイント・ブノワ・ラーブル Saint Benoit Labre
仏：サン・ブノワ・ラーブル Saint Benoit Labre

◎**守護する対象** 旅行者、巡礼者、バックパッカー、ヒッチハイカー、ヒッピー、ホームレス

生きた聖人と崇められていたフランスの聖なる放浪者。旅行者や巡礼者、バックパッカー、ヒッチハイカー、ヒッピー、ホームレスの守護聖人。

一七四八～一七八三。北フランスのアメットで農業を営む貧しい家庭に一五人兄弟の長男として生まれる。村の司祭になるため、トラピスト会やシャルトルーズ会の修道院に入ろうとするが、そのたびに病気で挫折。鳥のように自由でいることを欲し、巡礼者となって神と会話しながら、ローマまで巡礼。ついで、ぼろを着て、食べ物を施してもらいながらスペイン、スイス、ドイツ、ポーランドとヨーロッパ中を旅してまわる。体を壊してからは、日中は教会で、夜は炉端でひざまずいて祈る。一七八三年、ノートル・ダム・デ・モン教会の前で昇天しているのが発見された。没後、その墓で次々と奇跡が起こり、信仰が広まった。いかなる聖職にもつかなかったが、彼ほど人々から尊敬されたキリスト者はなかった。生存中から聖人として崇められていた。

この日の他の守護聖人

・**聖ドリュオン** 一二世紀北フランスに生まれた羊飼いの聖人。腰痛、肝臓病、腎臓病などのときに祈願する。

・**聖ベルナデット・スビルー** ↓二月一八日を参照。

4月17日

聖アニケトス

英：セイント・アニセタス　Saint Anicetus
仏：サン・タニセ　Sainte Anicet

◎**アトリビュート**　教皇冠、シュロの枝

復活祭の時期について協議したシリア出身の初期のローマ教皇。キリスト教最大の祭典である復活祭は、今も、聖アニケトスの時代と同じく、三月下旬からこの時期にかけて行われている。

在位一五五～一六六。ローマ司教を務めていたとき、スミルナの司教だった聖ポリカルプと、復活祭の時期をめぐって討議を重ねたが、結局、物別れに終わった。ただし、会談は友好的に進められたという。その結果、東方と西方では、復活祭が別々に営まれることになった。ポリカルプはスミルナへの帰途に殉教。この時期に、彼はローマ教皇となり、グノーシス主義者たちと闘い、これを「異端」とした。

この日の他の守護聖人

・**聖エティエンヌ・ハーディング**　一二世紀イギリス生まれのシトー会士。ベネディクト会からシトー会を独立させた。

・**聖ランドリ**　四月九日の聖女ヴァルデトルーディスの息子。メスの司教から転じて、父が建てたソワニーとオーモンの大修道院長となる。同時に巡回司教として周辺地域を伝導して歩いた。

4月18日

聖アポロニウス

英：セイント・アポロニウス Saint Apollonius
仏：サン・タポロニユス Saint Apollonius

◎守護する対象　手足を骨折した人

ローマの元老院議員で殉教者。脚を折られて殉教したところから、手足の骨折などのときに祈願する。

二世紀。死を恐れず、信仰を守り抜いた勇気ある殉教者。ローマで元老院議長を務めた哲学者だったが、好奇心からキリスト教の書物を読んだことから、信者となる。当時、ローマの皇帝コモドはキリスト教に比較的寛容だったが、前代の皇帝の迫害の影響がまだ残っていたため、従僕によってキリスト教信者であると密告され、法廷に引き出された。棄教しなければ死刑にすると言われたが、最後まで信仰を捨てず、足を折られてから、斬首されて殉教した。

この日の他の守護聖人

・**聖パルフェ**　マホメットを冒瀆したとして処刑された九世紀コルドバの殉教者。

・**（受肉の）聖女マリー**　結婚して六人の子どもを生んでから、神秘体験を得た一六〜一七世紀フランスの幻視者。カルメル会のフランスへの導入者。

4月19日

聖レオ（九世）

英：セイント・レオ（・ザ・ナイン）Saint Leo IX
仏：サン・レオ（・ヌフ）Saint Léo IX

◎**守護する対象**　組織者、音楽家

戦うローマ教皇として、教会の堕落を正すために教会会議を組織した。組織者、音楽家の守護聖人。

一〇〇二～一〇五四。若い頃には、助祭でありながら軍人として戦い、後にトゥールの司教として二〇年間修道院の改革などに尽力した。一〇四八年、従兄弟の皇帝ハインリッヒ三世によって教皇に任命されると、各地を飛び回って聖職売買や聖職者の堕落を正した。ヒルデブラント（後の教皇聖グレゴリウス七世）をはじめクリュニーの聖ユーグ、ロートリンゲンのフリードリッヒ（後の教皇聖ステファヌス九世）などに力を貸し、教会会議を数多く開催して教会の改革に取り組んだ。南イタリアに侵入したノルマン人と戦い（この行動を、聖ペトロ・ダミアノスが批判した）、敗れて捕らえられ、健康を害してローマに戻った後、帰天した。

この日の他の守護聖人

- **聖女エマ**　聖ハインリッヒ皇帝の親戚に当たる一一世紀ドイツの聖女。
- **聖ゲロルト**　現在のスイス東部ラエティアの貴族で、大ヴァルザータールに修道院を建設。そのとき熊が手伝ったことから熊がアトリビュート。

4月20日

（モンテプルチアノの）聖女アグネス

英：セイント・アグネス（・オブ・モンテプルシアーノ）
Saint Agnes of Montepulciano
仏：サン・タニエス（・ド・モントピュルシアーノ）
Sainte Agnès de Montepulciano

◎アトリビュート ユリの花、子羊

神秘的な祈りの生涯を送ったイタリアの聖女。幼子イエスを抱く幻を見た幻視者。

一二六八〜一三一七。イタリア・トスカーナに生まれ、九歳のとき自らの意思でプルチアーノ女子修道院に入った。弱冠一五歳で新修道院長に選ばれたが、厳しい祈りの生活を続け、パンと水だけしか口にしなかった。石の枕の上で見た幻の中で、天使たちに聖体を授けられ、幼子イエスを抱くこともあったという。後に聖カタリナは彼女を崇敬して、多くの思い出を語った。アグネスは自らの死期を悟ると、悲しむ修道女たちに「私があなたたちを置き去りにしなかったということが、いずれわかるでしょう」と語ったが、事実、その遺骸は腐敗せずに、信仰の対象となった。

この日の他の守護聖人

- **聖女オデット** 結婚式から逃げ帰り、自分の鼻を切り落として修道女となった一二世紀ベルギーの聖女。

4月21日

（カンタベリーの）聖アンセルムス

英：セイント・アンセルムス（・オブ・カンタベリー）Saint Anselm of Canterbury
仏：サン・タンセルム（・ド・カンテルビュリー）Saint Anselme de Canterbury

◎**アトリビュート**　ペン
◎**守護する対象**　神学者、哲学者

「スコラ哲学の父」と称される偉大な中世スコラ哲学者。アトリビュートは著作活動を象徴するペン。片手に船をもって描かれることもある。神学者、哲学者の守護聖人。

一〇三三～一一〇九。聖アウグスティヌス、聖トマス・アクィナスと並ぶ中世思想家で、大神学者。北イタリアのアオスタに地主の子として生まれたが、修道院に入ることを望んで父親と争い、家を出て一〇五九年にノルマンディーのベック修道院でランフランクスのもと指導を受けた。ランフランクスの後を継いで修道院長、さらにカンタベリー大司教を務めた。イギリス国王が教会の権利に多く干渉したためにウィリアム征服王やヘンリー一世のもとで亡命が続いたが、困難にめげず、イギリス教会の基礎をつくりあげた。

また、哲学者として、理性と信仰との関連を論じた思想書などを多く残し、中世カトリック神学の基礎であるスコラ哲学の礎を築いた。聖母マリアの「無原罪の御宿り」に関する理論を構築した。

この日の他の守護聖人

・**（パルザムの）聖コンラッド**　一九世紀バイエルンのカプチン会修道士。

・**聖ベウノ**　七世紀のウェールズの聖人。病気の子どもの守護聖人。

4月22日

（シケオンの）聖テオドロス

英：セイント・シオドア（・オブ・シケオン）Saint Theodore of Sykeon
仏：サン・テオドール（・ド・シケオン）Saint Théodore de Sykeon

◎**守護する対象**　病人、精神を病む人、仲の良い夫婦、イナゴの害に苦しむ人

娼婦の館に生まれながら司祭となり、数々の奇跡を行ったレバノンの聖人。イナゴの害を防いだり、病人や狂人を癒したところから、これらに対する守護聖人となる。また仲の良い夫婦の守護聖人でもある。

?～六一三。小アジアで数々の奇跡を起こした聖人。ガラシア（現在のトルコ）で売春宿の女主人の私生児として生まれたが、少年時代から修道生活に憧れ、母親が結婚すると家を出てエルサレムに巡礼、修道士となった。一八歳で司祭となってからは、悪魔祓いや治癒の力を持ち、数々の奇跡を行った。その後、隠遁生活を送り、故郷に戻って修道院を建設した。また、アナスタシオポリス（現在のアンカラ近く）の司教を一〇年ほど務めたが、再び自らの希望でアクレナの地（現在のレバノン・バールベック）で修道生活へと戻った。彼の起こした奇跡は数多く、イナゴやネズミの害を食いとめたり、多くの夫婦の仲をとりなし、皇帝の息子の象皮病も癒した。

この日の他の守護聖人

・**聖女オポルチューヌ**　多くの奇跡を行った八世紀フランス・アルマンメッシュの修道女。

4月23日

聖ゲオルギウス

英：セイント・ジョージ　Saint George
仏：サン・ジョルジュ　Saint Georges

パレスチナの殉教者で、もっとも民衆に人気のある守護聖人のひとり。一四救難聖人のひとり。イングランド、ひいては大英帝国の守護聖人。騎士、兵士、精肉業の守護聖人。ペスト、ハンセン氏病、梅毒などの病気の際に祈願される。アトリビュートは翼のあるドラゴンと折れた槍、それに白馬と赤十字。

◎**アトリビュート**　翼のあるドラゴンと折れた槍、白馬と赤十字
◎**守護する対象**　イングランド、大英帝国、騎士、兵士、精肉業、ペスト・ハンセン氏病・梅毒・顔の皮膚病に苦しむ人、家畜の病気に悩む人
◎**ゆかりの場所・絵画・彫刻**　ドラゴンと戦う聖ゲオルギウスを描いた絵画（ラファエル作、ルーヴル美術館／ベルナルド・マルトレリ作、シカゴ美術館）、殉教を描いた絵画（ヴェロネーゼ作、ルーヴル美術館／ヴェローナ美術館）、十字軍を鼓舞する聖ゲオルギウスのフレスコ画（ポナセ作、ロワール・エ・シェール美術館）

?〜三〇三。広範に守護者として崇められている勇者。カッパドキア（現在のトルコ）に生まれた。騎士としてパレスチナへ向かう旅路の途中で、湖に棲むドラゴンに悩まされていたリビナのシレナという町を通りかかり、ドラゴンへのいけにえに選ばれた王女を救って、ドラゴンの喉を貫いたので、感謝した町の住人一五〇〇〇人が、洗礼を受けた。渡された褒美をすべて教会や貧しい人々に分け与えて旅を続けたが、のちにパレスチナのリダでディオクレティアヌス帝のキリスト教迫害に遭って殉教した。あらゆる壮絶な拷問に耐え、逆に、火の玉を天から降らせたという。時は経ち、中世の十字軍エルサレム遠征のときには、白い甲冑に身を包み、白馬にまたがったゲオルギウスが突如現れ、赤十字を掲《かか》げて「我に続け！」と突撃したといわれている。イングランドでは守護聖人として崇められ、最高勲章のガーター勲章は、「聖ジョージ（ゲオルギウス）勲章」と呼ばれる。

この日の他の守護聖人

・**聖アダルベルト**　一〇世紀プラハの司教、プロシアとポーランドの守護聖人。

4月24日

（ジークマリンゲンの）聖フィデリス

英：セイント・フィデリス（・オブ・ジークマリンゲン）Saint Fidelis of Sigmaringen
仏：サン・フィデール（・ド・シーグマランジャン）Saint Fidele de Sigmaringen

宗教戦争の最中に殉教した、弁護士出身のドイツのカプチン会司祭。

一五七七／一五七八〜一六二二。南ドイツ・ジークマリンゲン出身。弁護士から司祭に転身、殉教した聖人。いくつかの大学で哲学と法律学を学んだ後、アルザスで弁護士として人々のために闘ったが、やがて世のむなしさを感じて神の道に生きることに決めた。カプチン会に入り、今度は司祭として人々のために尽くし、善く導いた。ペストが流行した際には奇跡を起こして救ったといわれる。しかし、当時の宗教改革の波に飲まれ、スイスのゼーヴィスで説教を終えて帰宅途中に、新教カルヴァン派暴徒の刃に倒れた。

◎**アトリビュート**　剣、シュロの枝、星球武器

この日の他の守護聖人

・**聖エリー・ジョレストおよび聖サバ・ブラコヴィッチ**　ともに一七世紀ルーマニアの殉教者。

4月25日

（福音書記者）聖マルコ

英：セイント・マーク（・ジ・エヴァンジリスト）
Saint Mark the Evangelist
仏：サン・マルク（・レヴァンジリスト）
Saint Marc l'Évangéliste

四福音書のうち、もっとも成立年代の古い『マルコ伝』の作者。ヴェネチアの守護聖人。アトリビュートはペンと書物と翼のあるライオン。通訳、薬剤師、公証人、秘書、書記、ガラス屋の守護聖人でもある。監禁されたり逮捕されたときに祈願する。

一世紀。使徒聖パウロの宣教旅行の助手を務めた。聖ペトロの弟子で、秘書兼通訳でもある。聖霊が降臨した場所でもあった広間のあるエルサレムの家に生まれた。彼の母マリアは迫害の時代、使徒や弟子たちを善く助けた婦人。キプロス宣教旅行のあと、聖パウロと衝突し、従兄弟の聖バルナバと旅をともにしたが、のちにパウロと再会し、仲直りした。また、聖ペトロに勧められて、キリストに関するペトロの見聞をまとめて福音書としたとされる。聖ペトロと聖パウロの死後、エジプトのアレクサンドリアに渡り、一大教会を築いて人々を導いたのち、異教徒の手によって捕まり、殉教した。彼の聖遺物はアレクサンドリアからヴェネチアに移され、その上に聖マルコ大聖堂が建てられた。ヴェネチアの守護聖人とされたことから、市の紋章には翼のあるライオンが描かれている。

◎**アトリビュート**　ペンと書物、翼のあるライオン
◎**守護する対象**　伊ヴェネチア、通訳、薬剤師、公証人、秘書、書記、ガラス屋、監禁された人、逮捕された人
◎**ゆかりの場所・絵画・彫刻**　デューラー（ミュンヘン美術館）、カラヴァジオ（モンペリエ美術館）、マンテーニャ（ヴェネチア美術館）、ヴェロネーゼ（ヴェルサイユ美術館）、フラ・アンジェリコおよびティンティレット（フィレンツェ・ウッフィ美術館）

この日の他の守護聖人

・**聖アニアン**　聖マルコによって改宗させられた靴屋。靴屋の守護聖人。

4月26日

（ペルミの）聖ステファン

英：セイント・スティーブン（・オブ・パーム）Saint Stephen of Perm
仏：サン・ステファン（・ド・ペルム）Saint Stéphan de Perm

ロシア正教会の宣教師で、優秀な司教。

一三四五～一三九六。ウラル西部に生まれた。一三六五年、自らの故郷に布教することを目指してロストフの修道院に入り、宣教師になるための勉強を一三年続けた。

司祭となるや故郷に戻り、地域の人々に布教した。同地域の言語用に独自のアルファベットをつくり、典礼用の言葉を教えた。また、多くの聖書や古典を翻訳し、神学校を設立するなど、宣教師として大いに活躍した。のちにペルミの初代司教となった。

この日の他の守護聖人

・**聖パシャーズ・ラドベール**　孤児から神学者になった九世紀フランスの聖人。

4月27日

聖女ジタ

英：セイント・ジタ　Saint Zita
仏：サント・ジタ　Sainte Zita

◎**アトリビュート**　三つのパン、バッグ、ロザリオ、鍵
◎**守護する対象**　お手伝いさん、ホームヘルパー、鍵を失くして困っている人

信仰深いお手伝いさんで、数々の奇跡を起こした聖女。お手伝いさんやホームヘルパーの守護聖人。アトリビュートは三つのパン、バッグ、ロザリオ、鍵。鍵を失くしたときに祈願する。

一二一五／一二一八〜一二七二／一二七八。一二歳でイタリア・ルッカの裕福な家庭の屋敷で働き始めた。人一倍仕事熱心だったが、自分への贈り物や食べ物をしばしば貧しい人々へ分け与えていたため、主人や同僚の不審を買った。しかし、真の慈愛と謙虚さが彼らの心を打ち、次第に尊敬を集めるようになった。多くの奇跡が伝えられている。祈りを捧げている間に、天使たちが代わりにパンを焼いてくれた。また、貧しい人々へ施したはずの豆の入れ物を主人が開けると、中身は一杯になっていた。厳しい寒さに見舞われたクリスマスの夜には、老人に姿を変えた天使が外套《がいとう》を借りに来たという。

聖者の体は腐らないといわれるが、ジタもその例に漏れず、死後何百年経っても、聖なる空気に包まれて安らかに眠っている。

この日の他の守護聖人

・聖アンティム　三〇三年に殉教したトルコ・ニコメディアの司教。

4月28日

聖ピエール・シャネル

英：セイント・ピーター・チャネル Saint Peter Chanel
仏：サン・ピエール・シャネル Saint Pierre Chanel

◎守護する対象　オセアニア

オセアニアで殉教したフランス人の司祭。オセアニアの守護聖人。

一八〇三～一八四一。命をかけて宣教し、殉教した聖人。フランスのベレーに生まれ、早くから宣教師になることを望んでいた。熱心に哲学と神学を学び、二七歳という若さで司祭に叙階された後、「マリスト会」に入ったことをきっかけに、念願の宣教師として南太平洋のフトゥナ島に渡った。古くからの慣習と迷信が残る同地で、宣教は困難をきわめたが、あきらめず、人々にイエスの教えを説いた。しかし島の王子に洗礼を授けたことで王の怒りを買い、撲殺され殉教した。

この日の他の守護聖人

・**聖ヴィタルと聖女ヴァレリー**　三世紀ローマの政治家とその妻。ともに殉教者。

・**聖ルイ＝マリ・グリニャン・ド・モンフォール**　一七世紀フランスの偉大な説教家で詩人。

4月29日

（シエナの）聖女カタリナ（カテリーナ）

英：セイント・キャサリン（・オブ・シエナ）
Saint Catherine of Siena
仏：サント・カトリーヌ（・ド・シエナ）
Sainte Catherine de Siena

女性で教会博士であるところからもわかるように、強《きょう》靭《じん》な精神力と説得力、それに奇跡を起こす力を持ち、平和に貢献した女性のカリスマ。キリスト教世界最大の神秘家。イタリア、およびシエナとローマの守護聖女。ア

◎**アトリビュート**　心臓、白衣、ユリ、書物、十字架、聖痕、茨の冠
◎**守護する対象**　イタリア、シエナ、ローマ、火事に遭った人、火傷に苦しむ人
◎**ゆかりの場所・絵画・彫刻**　ティエポロの「（シエナの）カタリナ」（ウィーンの美術史美術館）、聖ドメニコ聖堂（シエナ）のアンドレア・ヴァンニによる肖像画、聖女カタリナ礼拝堂のネロッコ・デ・シエナ作の彫像があるほか、ジョヴァンニ・ディ・ステファノ作の大理石の聖櫃の中には聖カタリナの頭部が、また壁には聖カタリナの生涯を描いたソドマ作のフレスコ画がある

トリビュートは心臓、白衣、ユリ、書物、十字架、聖痕、茨《いばら》の冠。火事や火傷のときに祈願する。

一三四七～一三八〇。一四世紀中葉、イタリア・トスカーナのシエナで、染色職人の家の二五番目の末っ子として生まれた。幼い頃から神秘的体験をし、火事の烈火も彼女の体を避けたという。美人で、結婚話も多かったが、それをすべて断り、三年間部屋にこもって修行し、ドミニコ会第三会に入会した。「罪は人間の常である」として、数多くの罪人を改宗させたことから評判が広まった。また、聖痕《せいこん》（キリストの五つの傷）が現れた。聖痕は、生前は彼女にしか見えなかったが、死後は彼女以外にも見えたという。

当時のイタリアは、ペストの流行に加え、諸侯群雄割《ぐんゆうかっ》拠《きょ》の時代で、社会は混乱をきわめていたが、彼女はペスト患者の看病から各国の調停にいたるまで東奔西走し、また、アヴィニョンに移っていた教皇を説得、教皇位をローマへと戻した。精神力を使い果たしたためか、三三歳の若さで帰天した。シエナに彼女の名を冠した聖堂がある。一九七〇年、功績を称えて教会博士とされた。

この日の他の守護聖人

・**聖トロペ**　一世紀トスカーナの殉教者。サン＝トロペの守護聖人。

・**（クリュニーの）聖ユーグ**　一一世紀にクリュニー修道院を改革、発展させたブルゴーニュ生まれの修道院長。

4月30日

聖ピウス（五世）

英：セイント・ピウス（・ザ・フィフス）Saint Pius V
仏：サン・ピ（・サンク）Saint Pie V

◎**アトリビュート**　ロザリオ
◎**守護する対象**　マルタ共和国のヴァレッタ、伊ボスコ・マレンゴ

ルネッサンスの時期にカトリックの反宗教改革を行ったローマ教皇。ロザリオを掲げてオスマントルコと戦ったところから、アトリビュートはロザリオ。マルタ島のヴァレッタ、イタリアのボスコ・マレンゴの守護聖人。

一五〇四～一五七二（在位一五六六～七二）。正義感が強く、厳格な態度で教会改革を実行した教皇。本名はアントニオ・ミカエル・ギスリエリ。北イタリア・ボスコで生まれ一五歳でドミニコ会修道院に入り、二四歳で司祭に叙階されてからは神学生に哲学と神学を教えていた。

その非凡な才能が認められ、ローマの宗教裁判長官、枢機卿、モラドヴィの司教を務め、人々の信頼を集めた。

六一歳のとき、ピウス四世の後を継いで教皇となったが、戴冠式は行われず、その経費をすべて貧しい人々や修道院に寄付し、自らは修道士としての生活を守りつづけた。トリエント公会議の後をうけ、教会改革に積極的に取り組んだ。聖職者を含めた信者全体に信仰生活の改善を図り、ローマ・カトリック要理、ミサ典文を改訂、また、外交面ではイギリスのエリザベス一世を破門してプロテスタント派に対抗した。また戦士としてはロザリオを掲げ、オスマントルコ軍と戦って水軍を撃破した。

この日の他の守護聖人

・**（モレムの）聖ロベール**　シャンパーニュ地方トロワで生まれ、モレム会とシトー会を設立した一一世紀フランスの修道院長。

・**聖女ソフィー**　三世紀の殉教処女。フランスの一部で祝われている。

5月の聖人

Les Saints du mois de mai

5/1　聖フィリポ
5/2　聖アタナシウス
5/3　聖(小)ヤコブ
5/4　聖フロリアヌス
5/5　(アルルの)聖ヒラリウス(イレール)
5/6　聖エドベルト(エドバート)
5/7　(ベヴァリーの)聖ヨハネ(ジョン)
5/8　(タランテーズの)聖ピエール
5/9　聖パコミウス
5/10　(フィレンツェの)聖アントニノ
5/11　聖フランチェスコ・ディ・ジロラモ
5/12　聖パンクラティウス
5/13　聖アンドレ・ユベール・フルネ
5/14　聖マッテヤ
5/15　聖女ディンフナ
5/16　(冒険旅行家の)聖ブレンダヌス(ブレンダン)
5/17　聖パスクアル・バイロン
5/18　聖エリック
5/19　聖イヴ(イヴォ)
5/20　(シエナの)聖ベルナルディノ
5/21　聖ゴッドリック
5/22　(カッシアの)聖リタ
5/23　聖ディディエ(デシデリウス)
5/24　(スコットランドの)聖デイヴィッド一世
5/25　聖女マドレーヌ・ソフィ・バラ
5/26　聖フィッリッポ・ネリ
5/27　(カンタベリーの)聖アウグスティヌス(オーガスティン)
5/28　聖ジェルマン(ゲルマヌス)
5/29　聖女マリア=マグダレナ・ディ・パッツィ
5/30　聖女ジャンヌ・ダルク
5/31　聖女ペトロニラ

Préface

5月の聖人

最近の公式の典礼暦では五月一日は聖ヨセフ（ジョゼフ）の日となっている。聖ヨセフはキリストの養父で、マリアの夫。従来、聖ヨセフの祝日は三月一九日と決まっていたのだが、一九五五年、ときのローマ教皇ピウス一二世が、労働者の祭典であるメーデーにちなんで、この日を、模範的な家庭の父であり労働者の守護聖人である聖ヨセフに感謝する日と決めた。その結果、聖ヨセフの祝日は一年に二日あることになった。

しかし、それ以前には、五月一日は一二使徒のひとりである聖フィリポ（フィッリップ）に振り当てていた。聖フィリポは、一二使徒の中では常識的で、用心深い性格だったといわれる。五〇〇〇人にパンを配るという奇跡を起こしたことから、パンがアトリビュートとされる。もっとも、聖フィリポは聖小ヤコブ（ジャック）と一緒に五月三日の守護聖人としている聖人暦もある。聖小ヤコブも一二使徒のひとりでイエスの従兄。もうひとりのヤコブ（大ヤコブ）と区別するために、こう呼ばれている。聖小ヤコブは聖フィリポとともに洗礼者ヨハネ（ジャン＝バチスト）の弟子だったことからふたり同時に祝われるようだ。農事暦には「聖小ヤコブの日（五月三日）に雨が降ると、その影響が聖大ヤコブの日（七月二五日）まで続く」というのがある。

パリで、サン＝トノレ通りといえば、日本人になじみの深い高級ブランドの立ち並ぶ有名な通りだが、この聖オノレ（ラテン語読みはオノリウス）の祝日が五月一六日。農事暦には、「聖オノレの日に、霜が降りると、ワインの収穫は半減する」とある。聖オノレはパン屋と菓子職人の守護聖人であることから、パン屋にはときどきこの聖オノレをかたどったメダルが飾ってある。

なお、五月一六日には、もうひとり、聖ブレンダヌス（ブランダン）という有名な聖人が割り当てられている。中世アイルランドの司祭で、『聖ブレンダヌスの航海記』に描かれたことから一躍有名になった。聖ブレンダヌスはコロンブスよりも先にアメリカまで到達した。途中、島に上陸したと思ったら、それが鯨だった。この話から、鯨がアトリビュート。捕鯨者の守護聖人。

五月にはふたり、非常にユニークな守護聖女がいる。

ひとりは、五月二二日の聖女リタ。聖女リタは、暴力的な夫に苦しめられ、ふたりの息子を亡くすというなんとも絶望的な状況に陥《おちい》った聖女であるせいか、すべてに絶望した人の守護聖女となった。

もうひとりは五月三一日の聖女ペトロニラ（ペトロニル）。ローマ教会の設立者となる聖ペトロの家で召し使いをしていた。「ローマ教会の長女」と自ら称していたフランスは一七世紀まで彼女を守護聖女としていた。その影響か、ペトロニルの愛称であるペレット、ピエレット、ペリーヌなどは、一昔前にはフランスで人気のある女の子の名前だった。ペレットは『ラ・フォンテーヌの寓話《ぐうわ》』の「ペレットとミルク壺《つぼ》」の話、ピエレットはバルザックの『ピエレット』という少女虐待の小説、ペリーヌはエクトール・マロの『家なき娘』（日本のアニメでは「ペリーヌ物語」）で、それぞれヒロインの名前として使われている。農事暦は「聖女ペトロニラの日に雨が降ると、そのボロ着を乾かすのに四〇日かかる」とある。この日の雨は、六月の長雨をもたらすということなのだろう。

5月1日

聖フィリポ

英：セイント・フィリップ　Saint Philip
仏：サン・フィリップ　Saint Philippe

◎**アトリビュート**　アントニウス（T形）十字架、大きなパン
◎**守護する対象（地域・職業・病気・災害）**　ウルグアイ、帽子屋、手芸材料店
◎**ゆかりの場所・絵画・彫刻**　リベラ（マドリッド・プラド美術館）、フィリップ・ド・シャンパーニュ（ルーヴル美術館）、アンドレ・デル・サルト（フィレンツェ・ウフィッツィ美術館）

一二使徒のひとり。トルコ地方のフリージアで宣教し、殉教した。アトリビュートはアントニウス（T形）十字架。また五〇〇〇人にパンを配ったことから大きなパンもアトリビュート。帽子屋と手芸材料店の守護聖人。ウルグアイの守護聖人。小ヤコブとともに五月三日が祝日とされることもある。

一世紀、エルサレム出身で、最初期キリスト教時代の一二使徒のひとり。洗礼者ヨハネの弟子。聖フィリポは、聖ペトロや聖アンドレと同じガリラヤのベトサイダで生まれ、『旧約聖書』を研究していた。イエスが使徒聖ヨハネと聖アンドレに出会い、聖ペトロを呼び寄せた翌日に、イエスと出会い、イエス自身から使徒となるように誘われ、友人の聖ナタナエルとともに従った。弟子たちの中でも用心深く、常識的であった。また内気で素朴ではあったが、ギリシャ人をイエスに紹介する仕事をした。また、最後の晩餐でイエスが「あなたたちはすでに父（神）を見たのだ」と難しい説明をした際に、納得できなかった彼は「主よ、私たちに御父を示してください」と訊ねた。イエスは「私を見たものは父を見たのだ。フィリポよ、私をわかっていないのか」と答えた。イエス昇天後、フィリポは、トルコ地方のフリージアで宣教し、T形十字架刑によって殉教したと言われる。

この日の他の守護聖人

・**聖マルクー**　瘰癧《るいれき》を治す力を歴代のフランス王に与えた、六世紀バイユーの隠者。

・**聖ヨセフ**　三月一九日を参照。イエスの養父。一九五五年に教皇ピウス一二世は、労働者の祝祭メーデーにちなんで、この日を労働者の模範であるヨセフの保護におき、感謝の日と定めた。

5月2日

聖アタナシウス

英：セイント・アタナシアス　Saint Athanasius
仏：サン・タタナーズ　Saint Athanase

亡命にもめげず、異端のアリウス派と徹底的に闘ったアレクサンドリアの大神学者・教会博士。三位一体を唱えるアタナシウスの党派がニケア会議で勝利し、正統となる。アトリビュートは金の三角定規に黒の十字架を配したパリウム（帯状の肩掛け）。

◎**アトリビュート**　金の三角定規に黒の十字架を配したパリウム（帯状の肩掛け）
◎**ゆかりの場所・絵画・彫刻**　フラ・アンジェリコおよびフィリップ・ド・シャンパーニュによる作品（ともにルーヴル美術館）

二九四／二九六頃〜三七三。若い頃は修道士として過ごし、東方の修道生活の形式を西方にもたらした。三二五年のニケア会議において「キリストは真に神であり、真に人間であって、父である神を示された」として、当時広まっていたキリストの神性を否定する異端アリウス派の弾劾を行い、退けた。三二八年にアレクサンドリアの司教になって以来、歴代の親アリウス派の皇帝の政策によって追放され、その亡命期間は計一七年間にも及んだが、強靱な精神でアリウス派諸派と闘い続け、この真理を守り抜いた結果、最終的にアタナシウス派が勝利し、正統派となった。

この日の他の守護聖人

・**聖女ゾエと聖エグジュペール**　二世紀トルコの奴隷で、聖別した肉を食べることを拒んだために主人に殺された。

・**（フィレンツェの）聖アントニヌス**　ドミニコ会総長、

フィレンツェ大司教。フィレンツェのサン・マルコ修道院の建立者。アトリビュートは天秤。農夫から果物をもらったとき、「ありがとう　Deo gratis」としか言わなかったが、その言葉を記した紙を天秤にかけたところ、果実よりも重かったという言い伝えから。

5月3日

聖（小）ヤコブ

英：セイント・ジェイムズ（・ザ・レス）Saint James the Less
仏：サン・ジャック（・ル・ミヌール）Saint Jacques le Mineur

一二使徒のひとり。イエスの従兄で「義人」と呼ばれた。もう一人のヤコブ（大ヤコブ）と区別して、「小ヤコブ」と呼ばれる。アトリビュートは殉教のこん棒あるいはノコギリ。大工および薬剤師の守護聖人。聖フィリポと一緒に祝われることもある。瀕死《ひんし》の病人ないしは怪我人が祈願する。帽子屋、アクセサリー屋、ブドウを潰《つぶ》す職人、惣菜屋（デリカテッセン）、皮なめし業者、ケーキ職人の守護聖人。

◎**アトリビュート**　殉教のこん棒、ノコギリ
◎**守護する対象**　大工、薬剤師、帽子屋、アクセサリー屋、ブドウを潰す職人、惣菜屋（デリカテッセン）、皮なめし業者、ケーキ職人、瀕死の病人、怪我人
◎**ゆかりの場所・絵画・彫刻**　プッサン（ルーヴル美術館）、デューラー（フィレンツェ・ウフィッツィ美術館）、ボニファツィオ（ウィーン美術史美術館）、ムリリョとリベラ（マドリッド・プラド美術館）、パドーヴァのサン・タントニオ教会の一三の壁画

一世紀。最初期キリスト教時代の一二使徒で、聖フィリポとともに、洗礼者ヨハネの弟子。使徒聖ヨハネの兄である聖ヤコブと区別するため「聖小ヤコブ」と呼ばれる。聖アルパヨの子でイエスの従兄ゆえ、よく似ていたとされる。復活したイエスが現れた後は、聖ペトロ、聖ヨハネとともにエルサレムの教会の有力指導者（司教）となり、ユダヤ人市民の尊敬を集めたという。しかし、そのために、ファリザイ人の怒りを買い、尖塔から突き落とされたのち、石のこん棒で打たれ、ノコギリでひかれて殉教した。

この日の他の守護聖人

・聖テオドシウス　ロシアの布教に努めた一一世紀の聖人。「洞窟のテオドシウス」と呼ばれる。

5月4日

聖フロリアヌス

英：セイント・フロリアン　Saint Florian
仏：サン・フロリアン　Saint Florian

◎アトリビュート　水桶
◎守護する対象　北オーストリア、消防士、水難事故や洪水・火災に遭った人

正義感にあふれ、死を恐れぬ勇気の持ち主だったオーストリアの軍人の殉教者。消防士の守護聖人。水難事故や洪水、火災の際に祈願される。北オーストリアの守護聖人。アトリビュートは水桶いっぱいの水で火事を消したことから水桶。ローマ軍兵士ないしは中世騎士の姿で描かれる。

?〜三〇四。死を恐れぬ勇気の持ち主。迫害者ディオクレティアヌス皇帝の時代、オーストリアの北部地方のローマ軍士官であったが、キリスト教徒一斉検挙の命令が下ったときに自らキリスト教徒であると申し出て捕らえられた。棄教《ききょう》を迫られて鞭打ちにあったが、信仰を守り抜いたので、皮膚をはがされ、重石《おもし》をくくりつけられてエンス川に放り込まれた。彼の遺体はある女性信者によって発見され、その埋葬地には司教座大聖堂が建ち、聖フロリアヌス教会として知られるようになった。

この日の他の守護聖人

・聖シルヴァン　四世紀初めのパレスティナの殉教者。

5月5日

(アルルの)聖ヒラリウス(イレール)

英:セイント・ヒラリー(・オブ・アルレス) Saint Hilary of Arles
仏:サン・ティレール(・ダルル) Saint Hilaire d'Arles

◎**アトリビュート** 書物

自己の信念に忠実に生きた、熱烈な気性のフランス・アルルの司教。アトリビュートは書物。

四〇一?~四四九。修道院で修道士として過ごした後、親戚であり師でもあるアルルの聖ホノラテュスの後を継いで三〇歳の若さで司教となった。自らの財産をすべて貧しい人々に分け与え、自身は修道士としての生活を守った。あまりの熱心さに、司教職の権限を越えていると判断され、教皇聖レオ一世と二度ほど衝突し、罷免《ひめん》された。師であるアルルの聖ホノラテュスの伝記の著述者として知られている。

この日の他の守護聖人

- **聖女ユッタ** 一三世紀プロシアの修道女。プロシアの守護聖女。フランス語ではジュディット。
- **聖アンジェロ** 一三世紀シチリアのカルメル会員殉教者。熱心すぎる布教のため頭に刃を受けて殉教。その姿で描かれる。

5月6日

聖エドベルト（エドバート）

英：セイント・エドバート Saint Edbert
仏：サン・テドベール Saint Edbert

生涯を通して神のおきてに忠実に生きたアイルランドの司教。聖カスバートを師と仰《あお》ぎ、祈りの生活を続けた。

七世紀。聖書に詳しく、聖書に従って日々を送り、イングランドのリンデスファーンの聖カスバート（三月二〇日）の後を継いで司教となった。聖カスバートに倣って、祈りの生活を崩さず、また貧困者には自分の食物や衣類などを与え続けるなど善行に励んだ。聖カスバートの死から一一年後、棺を開けてみると、遺体は腐らずにいたので、衣服を新しく替えて再び埋葬した。聖カスバートと同じ場所に眠っている。

この日の他の守護聖人

・**聖女プルデンツィァ**　一五世紀イタリア・コモの修道院長。

5月7日

（ベヴァリーの）聖ヨハネ（ジョン）

英：セイント・ジョン（・オブ・ベヴァリー） Saint John of Beverley
仏：サン・ジャン（・ド・ベヴェルレー） Saint Jean de Béverley

数々の治癒の奇跡を起こしたイギリス・ヨークシャーの聖人。

?～七二一。ヨークシャーの小さな村で生まれ、カンタベリーで教育を受けたのち、ホウィットヴィの聖ヒルダに師事して修道士となり、七〇五年に聖ウィルフリードの後を継いで司教となった。彼によって叙階《じょかい》された聖ベーダによれば、治癒の能力を持ち、唖《おし》の少年を口がきけるようにしたり、瀕死《ひんし》の患者を祈りによって治したりした。イギリスでもっとも美しいカテドラルと言われるべヴァリーの教会を建て、その死後もここで多くの奇跡が起こった。

この日の他の守護聖人

・**聖女ギーゼラ（ジゼル）**　一一世紀バイエルンの王聖ハインリッヒ二世の娘で、ハンガリー王聖エティエンヌの妻。マジャール人の改宗に影響を与えた。

・**聖ノートカー・バルブルス**　九世紀スイスの聖人。吃《きつ》音《おん》の子どもの守護聖人。

5月8日

（タランテーズの）聖ピエール

英：セイント・ピーター（・オブ・タランテーズ） Saint Peter of Tarantaise
仏：サン・ピエール（・ド・タランテーズ） Saint Pierre de Tarantaise

権力に無関心で、病人や旅人などのために慈善事業を行うことに喜びを感じたフランスの司教。英仏の王の調停者としても有名。

?～一一七四。フランス・ビエンヌ近くのサン・モーリスで生まれ、シトー会の修道院に入って研鑽《けんさん》を積んだのち、一一三二年にタランテーズの丘に建てた新しい修道院の院長となった。この地に病院や宿泊所なども建て、また丘の農場で春に行われる自由な食物取引に寄付も行った。焼いたパンはおいしく、「五月のパン（pain de mai）」と呼ばれた。旅人や病人の世話をすることに喜びを感じていたが、一一四二年に同地の司教に選ばれたため、心ならずもこれを引き受けた。ひそかに司教を辞して、スイスの大修道院に隠れたが、すぐに見つかって連れ戻された。ルイ七世と離婚したエレオノール・ダキテーヌはアンジュー伯アンリと再婚し、持参財産であるアキテーヌ公国をアンリにもたらしたが、アンリがイングランド王に即位したことから、フランスの大半がイングランドの領地となり、帰属争が起こった。そのさい、戦争となりかけた英仏を和解させようと、一一七〇年にふたりの王（元夫と現夫）をショーモンで会わせたことで知られる。

この日の他の守護聖人

・聖デジレ　六世紀フランスの司教。ガリアの宣教に従事し、メロヴィング王朝最大の司教とされる。

5月9日

聖パコミウス

英：セイント・パコミアス　Saint Pachomius
仏：サン・パコム　Saint Pacome

キリスト教に感銘を受け、エジプトに修道士の原始共同生活をもたらした聖人。修道院の共同生活の創始者。修道士の守護聖人。

◎守護する対象　修道士

二九〇頃～三四六。エジプト名はプ・アホーム。若い頃、意思に反して入れられたテーベの軍隊で、反抗罪で監禁され、ナイル川を囚人船で下っていたとき、キリスト教徒に出会って、食べ物を分けてもらって大感激。軍隊から解放されると、洗礼を受けて信者となり、砂漠で師聖パレモンの指導を受けて修行に励んだ。修行後はナイル川ほとりのタベンニシ近くで、弟子たちとともに最初の共住修道生活を始め、そのいくつかの原始修道院には一〇〇〇人もの修道士が集まった。

この日の他の守護聖人

・**聖イザヤ** 東方教会でこの日に祝われている旧約聖書の聖人。
・**聖ベアト** 聖ペトロの命を受け、スイスに宣教した使徒。ドラゴンを退治したと伝えられるトゥーン湖の湖畔には彼にちなむベアーテルベルクという町がある。

5月10日

（フィレンツェの）聖アントニノ

英：セイント・アントニナス（・オブ・フローレンス） Saint Antoninus of Florence
仏：サン・タントナン（・ド・フロランス） Saint Antonin de Florence

◎**守護する対象** 伊フィレンツェ、高熱に苦しむ人
◎**ゆかりの場所・絵画・彫刻** ジョヴァンニ・エ・パオロ教会（ヴェネチア）のロレンツォ・ロッタの油彩

非凡な学識と芸術への理解、そして民衆への愛を持ち合わせたイタリアの聖人。フィレンツェのルネッサンス芸術は彼のもとで花開いた。フィレンツェの守護聖人のひとり。高熱が出た時に祈願する。

一三八九〜一四五九。フィレンツェで公証人ピエロッチの息子として生まれた。アントニオと名付けられたが、小柄でおとなしかったため、「小さなアントニオ」という意味で「アントニノ」と呼ばれた。一五歳でドミニコ会に入り、学問や美術に秀でていたことから、若くして司祭になり、後にはドミニコ会修道院院長および総長をも務め、約四〇年間ドミニコ会に奉仕した。この間、有名なサン・マルコ修道院と図書館を建て、ミケランジェロが設計したアーチや柱頭やフラ・アンジェリコの壁画でこれを飾った。教会法に対する学識の高さは有名で、フィレンツェ公会議に列席し、大司教に選ばれたほか、教会の改革運動や東西教会の融和にも力を注ぎ、青少年の教育を推進した。またいっさいの贅沢を廃し、その分を貧しい人々へ回し、自らも質素に努めた。疫病や地震災害のときにも、先頭に立って人々を助け、多くの人に愛された。

この日の他の守護聖人

・**聖女ソランジュ**　七歳のときに処女請願をしたため、伯爵の息子に見初められたが、これを拒否し殺された、九世紀フランスの処女殉教者。

5月11日

聖フランチェスコ・ディ・ジロラモ

英：セイント・フランシス・ディ・ジロラモ　Saint Francis di Girolamo
仏：サン・フランソワ・ド・ジロラモ　Saint Francois de Girolamo

◎守護する対象　伊ナポリ

ナポリのイエズス会士で、熱き説教家。監獄や売春宿にまで足を踏み入れて、虐げられた人々の更生と回心に努めた。

一六四二～一七一六。イタリアはタラント近郊グロッターリェに一一人兄弟の長男として生まれた。二六歳のときに司祭に叙階されたが、自ら申し出てイエズス会に入った。アジアへ宣教を望んだが認められず、一六七六年からナポリとその近郊の農村で説教活動を行った。彼の説教は簡素にして明解、その迫力は「人と話す時は子羊であっても、説教をするときには獅子《しし》であった」と評された。監獄、売春宿、ガレー船（犯罪人を乗せた船）にまで乗りこみ、烈火のごとき説教で人々を回心させた。

その一方で、身寄りのない子どもたちを危険な環境から救い出し、また、売春婦のための保護施設などもつくって、組織化した信徒に仕事を与えた。彼の葬儀のときには、ナポリ中の人々が彼の棺に寄り添って、死を惜しんだ。

この日の他の守護聖人

- **聖女エステル** 三世紀フランスの殉教処女。
- **聖ガングー** 寝取られ夫の守護聖人。出征中に妻に裏切られ、妻の愛人に殺された八世紀のフランス・ラングレの貴族。

5月12日

聖パンクラティウス

英：セイント・パンクラス Saint Pancras
仏：サン・パンクラス Saint Pancrace

◎**アトリビュート** 帯、マント、シュロの葉、剣、石、書物
◎**守護する対象** 子ども、けいれん・頭痛に苦しむ人、偽証を避けたい人

一四救難聖人のひとり。信仰を貫き、一四歳の若さで殉教したローマ聖人で、遺骨がイギリスに渡って霊験あらたかなことがわかってから、一躍人気が出た。けいれん、頭痛が起こったとき、また、偽証を避けるためにも祈願される。子どもの守護聖人。アトリビュートは帯、マント、シュロの葉、剣、石、書物。

二九〇頃～三〇四頃。伝説によれば、フリュギア（トルコ）生まれで、裕福だった父親がディオクレティアヌスのキリスト教大迫害で殺された後、叔父とともにローマに向かい、教皇コレネリウスに洗礼を受けたが、捕らえられて斬首され、殉教した。遺体はアウレーリア街道の脇に葬られ、墓が建てられたが、信者が墓に手を添えて誓いを立てようとすると、誓いが偽りの場合には手が凍りついてしまったという。遺骨は後にイギリスに移され、イギリスでも六つの教会が建てられた。ロンドンには、彼の名を冠したセント・パンクラス駅も建てられた。

この日の他の守護聖人

・聖ネレオと聖アキレス　聖ペトロによって洗礼を受けた一世紀パレスチナの兄弟殉教者。

5月13日

聖アンドレ・ユベール・フルネ

英：セイント・アンドリュー・ハバート・フルネット　Saint Andrew-Hubert Fournet
仏：サン・タンドレ・ユベール・フルネ　Saint André-Hubert Fournet

大革命下のキリスト教受難時代に命がけで民衆を指導したフランスの司祭。

一七五二～一八三四。アンシャン・レジーム末期、フランスの民衆は宗教に無関心で、彼もまた世俗的に暮らしていたが、あるとき、田舎の司祭をしていた叔父の影響でキリスト教に目覚め、自ら志願して司祭となったが、フランス革命の影響で活動は困難をきわめ、役人に弾圧された。見つかりそうになるとシーツにくるまって死体のふりをしたり、不器用な使用人に扮して逃れたが、ついに捕まり、投獄された。監獄までの道のりは、馬車を降りて「主が十字架を背負ったように、徒歩で行く」と歩いたが、死体にまぎれて脱獄に成功。聖女エリザベート・ビシエに協力し、一八〇一年以降「十字架の姉妹会」を設立、会を指導した。修道女たちの食料を増やすなどの奇跡を行ったという。

この日の他の守護聖人

・**聖女ローランド**　スコットランド国王に求婚されたが拒否した八世紀のロンバルド王ディディエの娘。

・**聖セルヴェ**　異端のアリウス派と闘った四世紀オランダの司教。アトリビュートのドラゴンはアリウス派の象徴。

5月14日

聖マッテヤ

英：セイント・マシアス　Saint Matthias
仏：サン・マティアス　Saint Matthias

イエス・キリストの復活を目撃した一二使徒のひとり。ユダの補欠要員としてペトロによりくじで選ばれた。精肉業、石工、パスタ屋、鍛冶屋、仕立て屋（デザイナー）の守護聖人。アトリビュートは殉教の道具から斧。あるいは矛槍《ほこやり》か剣。二月二四日を祝日とすることもある。

◎**アトリビュート**　斧、矛、槍、剣
◎**守護する対象**　精肉業、石工、パスタ屋、鍛冶屋、仕立て屋（デザイナー）

一世紀。一二使徒のひとり。ユダがイエスを裏切って売り、その自責の念から自ら命を絶ったが、ペトロは一二使徒に欠員の出たことを気にして、新たにマッテヤを選んだ。彼は世俗的な欲望を求めず、徳を磨くことに専念していた。聡明で慈悲深く、説教も上手で、多くの人を惹きつけた。また、その一方で、病人たちを奇跡によって救った。伝承では、これを妬んだ異教徒によって訴えられたが、「いったん見いだした真実を捨てる気はまったくない」と退け、異教徒たちに石で打たれた後に斧で首をはねられ、殉教したという。

この日の他の守護聖人

・**聖女アグラエと聖ボニファティウス**　殉教者の骨が欲しいといった恋人（アグラエ）のために自ら殉教した

ローマの聖人（ボニファティウス）。二月二五日を当てている聖人暦もある。

・**聖ミシェル・ガリコイト**　フランスとスペイン国境にあるバスクの出身で、一八三二年にベタラン聖心修道会をつくった。

・**聖女コロナ**　アントニウス帝治下に処刑された殉教処女。たわめた二本のシュロ（ヤシの木）に縛り付けられて身を裂かれたことから、シュロがアトリビュート。金銭問題のときに祈願するのは、コロナという名前がローマの貨幣単位を連想させたから。

5月15日

聖女ディンプナ

英：セイント・ディンプナ　Saint Dymphna
仏：サント・デンフナ　Sainte Dymphna

◎守護する対象　精神を病む人

父親の異常な愛情から逃れて殉教したベルギーの伝説的聖人で、一四救難聖人のひとり。墓に詣でた精神障害者が治癒したことから、精神障害者の守護聖女となっている。

七世紀頃。一三世紀初め、フランドル地方のヘールで男女の棺が発見され、そのひとつにディンプナの名が彫られていた。その墓に触れたものは、精神の混乱状態やてんかんが治ったという。伝説では、異教徒の王の娘であったが、キリスト教徒であった母の死後、父親が異常な愛情を持つようになったため、父の手を逃れ、ある司祭の助けを借りて海を渡ったが、捕らえられ殉教したという。彼女の墓のあるヘールにはてんかん患者や精神病治療のための病院が建ち、今日も現存している。

この日の他の守護聖人

・**聖女ドゥニーズ**　三世紀トルコの殉教処女。
・**聖イジドロ**　一一世紀スペインの作男の聖人。祈りのために農作業を中断しているのを主人がとがめようとすると、天使が二匹の雄牛をともなって現れ、作業を代行したという。

5月16日

(冒険旅行家の)聖ブレンダヌス(ブレンダン)

英：セイント・ブレンダン(・ザ・ヴォイジャー)　Saint Brendan the Voyager
仏：サン・ブランダン(・ル・ヴォワイヤジュール)　Saint Brendan le voyageur

◎**アトリビュート**　鯨
◎**守護する対象**　捕鯨家

アイルランドの司祭であり、修道士であり、更には冒険旅行家であったとされる聖人。捕鯨家の守護聖人。アトリビュートは鯨。

四八四／四八六頃～五七八／五八三頃。アイルランドのトラリーで生まれ、女子大修道院長だった聖女イタに育てられた。神は「清き心からの信仰、質素な修道生活、キリスト的博愛精神」を愛し、「渋面《じゅうめん》、頑固な悪意、金銭欲」を最も嫌う、と教えられた。司祭になると多くの修道院を創立し、教えを守って修道士たちを指導した。『聖ブレンダヌスの航海記』に描かれたことでも有名であり、本は各国語に翻訳されて広まった。この話では、ブレンダヌスは革でつくられた船に乗って船旅をし、北アメリカまで到達したという。旅の途中、ブレンダヌス一行が島に上陸し、ミサを行い火を焚いたところ、島は動いた。鯨だったのだ。この話から、アトリビュートは鯨とされている。

この日の他の守護聖人

・**聖オノレ**　六世紀フランス・アミアンの司教で、一〇六〇年、彼の遺骨をもって祈願したところ雨が降ってきたので人気聖人となる。人気はパリに及びその名前を冠した教会が建てられ、その名が今日のサン＝トノレ通りに残っている。パン屋と菓子職人の守護聖人。

・**聖アンドレ・ボボラ**　ギリシャ正教とローマ教会を和解させようとして殉教した一七世紀ポーランドのイエズス会士。

・**（ネポムクの）聖ヨハネ**　王妃の告解の秘密をもらすよう国王に命じられ拒否したため処刑された一四世紀ボヘミア・ネポムクの殉教者。

5月17日

聖パスクァル・バイロン

英：セイント・パスカル・バイロン　Saint Paschal Baylon
仏：サン・パスカル・ベロン　Saint Pascal Baylon

スペインのフランシスコ会の修道士で、聖体への篤《あつ》い信心と、数々の奇跡で知られる。羊飼いと料理人の守護聖人。聖餐式と聖餐兄弟団の守護聖人。イタリア女性の守護聖人でもある。

一五四〇～一五九二。アラゴンの貧しい農家に生まれたが、小さなころから信心深く、羊飼いをしながら独学で神学を学び、二四歳でヴァレンシアのフランシスコ会に入った。修道院の受付を務め、訪れる人々を温かく迎えた。自らは厳しい苦行に励み、よく祈り、毎日聖体の前で長く過ごした。この聖体への篤い信心は、後世への模範となった。病人を治癒させたり、旱魃《かんばつ》を防いだり、死者をよみがえらせたり、起こした奇跡は数知れない。後に、パリのフランシスコ会本部へ呼ばれた際には、武装した新教徒（ユグノー）たちに追われながらパリに着いた。帰国して、ヴァレンシア近郊のビリャルレアルで亡くなった。

◎**守護する対象**　羊飼い、料理人、聖餐式、聖餐兄弟団、イタリア女性

この日の他の守護聖人

・**聖女レスティテュア**　船に乗せられて焼かれて殉教するはずだったが、炎が逆行して助かったという伝説のある四世紀カルタゴの聖女。

5月18日

聖エリック

英：セイント・エリック　Saint Eric
仏：サン・エリック　Saint Eric

キリスト教を公認し、『エリック王法典』を残したスウェーデン国王で、スウェーデンの大守護聖人。

?～一一六〇。キリスト教徒の国王として、貧者や女性の保護と、地位の向上に努めた。また、フィンランドに布教を試みて十字軍を組織したといわれる。スウェーデンの反逆者によって勢いを得たデンマーク王子マグヌス・ヘリクソンがウプサラを侵略して来たとき、迎撃に出て殉教した。『エリック王法典』を残し、立法者としても知られる。息子は聖人カヌート。

◎**守護する対象**　スウェーデン

この日の他の守護聖人

・**聖ヨハネ一世**　異端のゴート族の王によって獄死させられた殉教教皇。

・**（カンタリーチェの）聖フェリーチェ**　一五八七年に死んだイタリアのカプチン会員。托鉢を続けると同時に貧しい人を元気づけたことで知られる。

5月19日

聖イヴ（イヴォ）

英：セイント・アイヴス　Saint Ives
仏：サン・ティヴ　Saint Yves

◎**アトリビュート**　弁護士の服、僧帽、皮カバン
◎**守護する対象**　仏ブルターニュ、弁護士・裁判官・検事・法学部教授などの法曹関係者、執達吏、捨て子

宗教裁判官として公平な態度を貫いたことから、フランス・ブルターニュ地方で一番の人気聖人となった。ブルターニュと弁護士、裁判官、検事、法学部教授などの法曹関係者、および執達吏と捨て子の守護聖人。アトリビュートは弁護士の服、僧帽、皮カバン。

一二五三〜一三〇三。ブルターニュはケルマルタン村の信仰深い貴族の家に生まれ、パリとオルレアンで法律と神学・教会法を学び、弁護士となった後、故郷に戻って宗教裁判官に転じた。貧乏人であろうと金持ちであろうと、皆を平等に扱い、その公平さで多くの人に慕われた。税金を払えず家畜を奪われた人々のために、領主のところまでその家畜を取り戻しに行ったこともあった。司祭に叙階されると裁判官を辞職し、家の近くに貧者専門の診療所を開いて、「隣人を自分のように愛せよ」という教えを生涯貫いた。

この日の他の守護聖人

・**聖ダンスタン**　カンタベリーの大司教で、修道院改革運動の中心人物。鐘づくりが得意だったことから金銀細工職人、宝石商、錠前屋、鍛冶屋、音楽家、盲人の守護聖人。アトリビュートはペンチと金のカップ。

5月20日

（シエナの）聖ベルナルディノ

英：セイント・バーナードディノ（・オブ・シエナ）Saint Bernardino of Siena
仏：サン・ベルナルダン（・ド・シエナ）Saint Bernardin de Sienne

◎**アトリビュート**　真ん中に「ＩＨＳ」の文字がある放射状に光を放つ円盤
◎**守護する対象**　説教者、演説家、広告業者
◎**ゆかりの場所・絵画・彫刻**　ジャン・フーケの「エティエンヌ・シュヴァリエの時禱書」（フランス・シャンティイ・コンデ美術館）、ボンヴィキーノとクリヴェリの油彩（ルーヴル美術館）

説教によって社会を立て直そうとしたイタリアの説教者。イエスの聖名を「ＩＨＳ」（我らの救世主イエス）にシンボル化したことで有名。説教者、演説家、広告業者の守護聖人。アトリビュートは真ん中に「ＩＨＳ」の文字がある放射状に光を放つ円盤。

一三八〇〜一四四四。イタリアのマッサ市長の息子として生まれるが、六歳で両親を亡くし、以後、信仰深い伯母に育てられた。ペストが流行し、病院で看病するスタッフが全滅したときも、命がけで最後まで病人の世話をし、伯母の最後を看取った。二二歳のときフランシスコ会に入り、司祭となったが、説教師となる使命を感じ、イタリア全国を徒歩で旅をして、数万にも及ぶ人々に説教を授けた。説教は力強くかつ明解で、その特徴は、「ＩＨＳ」（イエスのギリシャ語に由来する。ＹＨＳ、ＪＨＳとも）のマークを掲げたことにある。各所でイエスの名、聖母マリア、聖ヨセフに対する信心を広め、慈善事業を推進した。たびたび司教になるように頼まれたが、すべて断り、説教師を続け、一四四四年、生まれ故郷からナポリまでの説教旅行の途上で倒れて、帰天した。

この日の他の守護聖人

・**聖ウトリール**　六世紀に生まれたフランス・ブールジュの司祭で、悪い領主を追放した。

5月21日

聖ゴッドリック

英：セイント・ゴッドリック　Saint Godric
仏：サン・ゴッドリック　Saint Godric

◎**アトリビュート**　隠遁者の服装

無秩序な生き方を悔い改めて、隠者として森で動物と暮らしたイギリスの聖人。

一〇六五頃〜一一七〇。イギリスのヴォルポールに生まれ、行商で身を立てた後、船を買い、貿易業で巨万の富を築いた。碧眼《へきがん》で長髪で体も大きかったので「海賊」と表現された。しかし、その一方で、エルサレムやローマなどに巡礼し、また、老いた母が裸足《はだし》でローマに巡礼するのを助けるという一面もあった。一一〇二年にはエルサレムのボドゥワン一世を救出したと伝えられる。三五歳前後のとき、それまでの不正直な生活を悔い改めて、読み書きを習って叙情詩を詠《よ》むようになり、さらにダラム近郊の森にこもって自らに苦行を課す隠遁者となった。動物に対する愛情は深く、動物たちからも愛され、毒蛇までも彼とともに暮らしたという。

この日の他の守護聖人

・**聖コンスタンティヌス**　キリスト教を公認して、自らも改宗したローマ皇帝（在位三〇六〜三三七）。東方教会では一三番目の使徒として公認。アトリビュートは十字架のついた軍旗。

5月22日

（カッシアの）聖女リタ

英：セイント・リタ（・オブ・カッシア）　Saint Rita of Cascia
仏：サント・リタ（・ド・カッシア）　Sainte Rita de Cascia

◎**アトリビュート**　バラ、茨の冠、ミツバチ
◎**守護する対象**　すべてに絶望した者、まったく見込みのない者、不可能な夢をいだく人、何をやってもうまくいかない人、夫婦仲の悪い人、子育てに悩む人、不妊症の女性

イタリアの修道女で、すべてに絶望した者、まったく見込みのない者、不可能な夢をいだく人、何をやってもうまくいかない人の守護聖女。夫婦仲の悪い人、子育てに悩む人、不妊症の婦人の守護聖女。アトリビュートはバラと茨の冠とミツバチ。

一三七七～一四四七。イタリアのウンブリアの小さな村に生まれ、修道女になることを望んだが、聞き入れられず、強いられた結婚で夫の乱暴に苦しむ。敬虔《けいけん》な祈りによって家庭を支えていたが、夫が政敵に暗殺され、ふたりの息子は復讐を試みるが、まもなくふたりとも病気になり、犯人を赦《ゆる》してこの世を去った。

その後、導きにより、カスキアのアウグスティヌス会に入って厳しい修道生活を送った。彼女に相談することで、多くの罪人が回心し、また、不和を抱えた家庭は問題が解決されて幸福となった。十字架像の前で祈っているときに、キリストの茨の冠に聖痕《せいこん》を額に受け、それは結核で倒れるまで残っていた。彼女の旧家には、季節はずれのバラが花を咲かせたという。棺の前では奇跡が多く起こり、遺体は腐敗せずに残った。絶望的状況からの救済者として世界中で崇敬を集めている。

この日の他の守護聖人

・**聖エミール**　三世紀カルタゴの殉教者。拷問に遭い、いったんは棄教するが、再び信仰を取り戻して殉教。

5月23日

聖ディディエ（デシデリウス）

英：セイント・デシデリウス　Saint Desiderius
仏：サン・ディディエ　Saint Didier

権威に負けず節を折らずに、教会や宮廷内の不品行を追及し、殉教したフランスの聖人。同名の聖人の何人かがこの日に一緒に祝われる。いずれも説教の証人として祈願される。

?～六〇七。ゴール（ガリア）のオタンで生まれ、宗教学と文法学を学んだのち、五九五年にフランス・ヴィエンヌの司教に選ばれた。当時腐敗していた聖職者たちの規律や、宮廷内の不品行を厳しく批判したので、数年間、司教区から追放された。教皇に無実を認められて司教区に戻った後も、再びブルゴーニュ王ディエリの不品行を非難して捕らえられ、護送中に護衛団の兵士たちの手にかかって殉教した。この勇気ある司教の殉教は後世にも崇敬を集め、その墓の上には教会が建てられた。

同名のフランスの聖人、例えば首を切られて飛び散った血が聖書の上に残り、一〇〇〇年後も読み取れたといわれるラングルのディディエ（四世紀）など、幾人かが同じ日に祝われる。

この日の他の守護聖人

・聖ギベール　死の直前に自分の皮をはいでもかまわないと約束した一〇世紀ベルギーの修道士。

5月24日

（スコットランドの）聖デイヴィッド一世

英：セイント・デイヴィッド（・オブ・スコットランド）Saint David I of Scotland
仏：サン・ダヴィッド（・ド・レコッス）Saint David I de l'Ecosse

スコットランド女王・聖女マルガリタの息子。スコットランドをよく治めた一二世紀の王。シトー会を保護し、病院を多く建てた。

一〇八四頃～一一五三。幼年時代をイングランドで過ごし、イングランド王ヘンリー一世とは義理の兄弟の関係だった。しかし、イングランド教会に従属することを拒み、長きにわたりヘンリー一世と闘って、敗北を喫した。王として、正義を通し、公平を旨とする政治で内政をよく治め、優れた修道院や病院も多く建てた。とりわけ、以前、自分の執事だったリポーからシトー会の精神を教えられ、シトー会経営の病院を手厚く保護したことで知られる。

この日の他の守護聖人

・**聖ドナシアンと聖ロガシアン**　三世紀フランス・ナントの兄弟殉教者。

5月25日

聖女マドレーヌ・ソフィ・バラ

英：セイント・マグダレン・ソフィ・バラ　Saint Magdalen-Sophie Barat
仏：サント・マドレーヌ・ソフィ・バラ　Sainte Madeleine-Sophie Barat

イエスの愛に対して、愛をもって答える「聖心会」の創立者。

一七七九～一八六五。フランス・ブルゴーニュのブドウ農家に生まれ、司祭志願の兄から神学と哲学、霊性学を教えられ、同時に、ラテン語やギリシャ語、数学、科学、歴史なども身につけた。神学生だった兄は、フランス革命の最中に捕らわれの身となったが、釈放されると、妹の教育を完成するため、ともにパリに出た。

パリには、女子教育のための修道会設立を望むヴァラン神父らの司祭のグループがいたが、彼女はこれに影響を受け、一八〇〇年に聖心会の創立に加わった。以来六〇年間、院長として女子教育に邁進し、聖心会を巨大な組織に育てあげた。会の精神はイエスの聖心の愛を広め、愛に愛をもって答えることである。聖心会は彼女の生前から目覚ましく発展し、世界中に広まった。日本でも聖心女子学院、聖心女子大学などがある。

この日の他の守護聖人

・**聖グレゴリウス七世**　神聖ローマ皇帝ハインリッヒ四世を破門してカノッサの屈辱を味わわせた一一世紀のローマ教皇。

5月26日

聖フィッリッポ・ネリ

英：セイント・フィッリップ・ネリ　Saint Philip Neri
仏：サン・フィッリップ・ネリ　Saint Philippe Neri

◎**アトリビュート**　ユリの花
◎**守護する対象**　ローマ、ユーモア作家、喜劇役者、不妊症の女性、偏頭痛に苦しむ人、地震に遭った人

人々から愛され、人々に愛を与えた「オラトリオ会」設立者。ローマで慈善活動を展開したことからローマの守護聖人のひとりに数えられている。周囲で笑いが絶えなかったことから、ユーモア作家や喜劇役者の守護聖人となっている。不妊症、偏頭痛、地震のときに祈願する。アトリビュートはユリの花。

一五一五～一五九五。フィレンツェの信仰篤い家庭に生まれ、幼い頃にナポリの裕福な伯父の養子となったが、清貧の生活に憧れ、一八歳のときにすべてを捨ててローマに行った。そこで一六年間、貴族の家で家庭教師を務めながら哲学や神学を学び、祈りの生活を送った。その明るく寛大な人柄はすべての人々に喜びを与えた。とりわけ、子どもたちに大人気だった。三三歳のときに、礼拝や病人の世話を行う「聖三位一体信心会」をつくった。三六歳のときに司祭に叙階され、サン・ジェロラモで信徒とともに祈り、暮らしたが、やがて、その会は「オラトリオ（祈りの家）修道会」へと発展していった。会は、聖職者の養成や青少年教育、霊的指導、教会音楽に大きな貢献をした。周囲では「笑い」が絶えなかったという。ちなみに、大の猫好きであった。

この日の他の守護聖人

- **聖ベランジェ**　一一世紀フランスの聖パプール修道会の創立者。
- **聖女マリアンナ・パレデス・イ・フロレス**　一七世紀にエクアドルのキートで生まれ、インディオを世話した聖女。

5月27日

（カンタベリーの）聖アウグスティヌス（オーガスティン）

英：セイント・オーガスティン（・オブ・カンタベリー） Saint Augustine of Canterbury
仏：サン・オギュスタン（・ド・カンテルビュリー） Saint Augustin de Canterbury

◎**守護する対象**　英カンタベリー

アングロ・サクソン民族を教化するためにイギリスに渡り、カンタベリーに司教区を設けて宣教活動を行ったイギリス・カトリック教会創立者。カンタベリーの守護聖人。

?～六〇四。ローマのベネディクト会修道院長の職にあったとき、時の教皇聖大グレゴリウス一世から、アングロ・サクソン民族の移住で消滅しかけていたイギリス（イングランド）のキリスト教会を再興するため、宣教を依頼された。四〇名のベネディクト会士とともにイギリスに渡り、首都カンタベリーを拠点に宣教活動を行って、イングランド王聖エテルベルトに洗礼を授けた。彼の誠実な宣教活動によって数千人が洗礼を受け、イギリスの教会は大きく発展した。カンタベリーの初代大司教に任命された。

この日の他の守護聖人

・**聖ユリウス**　神の掟を軍の掟よりも上に置いて不服従を行ったために殉教した、四世紀ルーマニアのローマ軍兵士。

・**ヴュルツブルクの聖ブルーノ**　ヴュルツブルク司教。

5月28日

聖ジェルマン（ゲルマヌス）

英：セイント・ジャーマナス　Saint Germanus
仏：サン・ジェルマン　Saint Germain

◎**守護する対象**　囚人、捕虜、音楽、高熱に苦しむ人、火事に遭った人
◎**ゆかりの場所・絵画・彫刻**　サン＝ジェルマン＝デ・プレ修道院（パリ）

知に秀で、徳に優れ、情熱家であった中世パリの司教。パリでもっとも古いサン＝ジェルマン＝デ・プレ教会は彼に捧げられたもの。囚人、捕虜の守護聖人。音楽を守護分野とし、高熱、火事に見舞われたときに祈願する。

四九六～五七六。ガリアのオタンに生まれ、隠遁生活を送った後、三四歳のときに司祭、次いでサン・フォリアンの修道院長となった。五五六年にはパリの司教に任命され、同時に王室の司祭長も兼ねるようになった。それでも従来の厳しい生活を変えず、あらゆる人々に慕われた。十字を切って火事を止めるなど多くの奇跡を起こしたとも伝えられ、詩人のヴェナンチオ・フォルトゥナートは、その生涯をほめたたえる書物を著した。彼の遺体は、パリでもっとも古く、もっとも大きいサン＝ジェルマン＝デ・プレ修道院に葬られていたが、革命者たちによって破壊された。その後再建された。

聖ジェルマンに捧げられたサン＝ジェルマン＝デ・プレ修道院は最初、パリの市域の外にあったため、ノルマン人の侵入で破壊され、後に再建された。サン・ジェルマンの大市がその敷地内に作られ、地域発展の基礎となった。今日でも、その名はサン＝ジェルマン＝デ・プレ街区、サン＝ジェルマン大通り、フォーブール・サン＝ジェルマン、サン＝ジェルマン＝アン・レなどに残っている。

この日の他の守護聖人

・**（モンジューの）聖ベルナール**　アルプス地区の司教代理として働き、峠に宿泊所を建ててアルプス越えをする旅人を盗賊から守ったことから、登山者の守護聖人とされている。アルプスの遭難者を救うセント・バーナード犬は聖ベルナールを英語読みにしたもの。

・**（アキテーヌの）聖ギヨーム**　カール・マルテルの孫のアキテーヌ公。スペインでイスラム教徒と闘い、南仏に聖ジェローム修道院を建立した。武器鍛冶職人の守護聖人。

5月29日

聖女マリア＝マグダレナ・ディ・パッツィ

英：セイント・メアリー＝マグダレン・ディ・パッツィ　Saint Mary-Magdalene dei Pazzi
仏：サント・マリー＝マドレーヌ・ド・パッツィ　Saint Marie-Madeleine de Pazzi

◎**アトリビュート**　燃える心臓、茨の冠
◎**守護する対象**　伊フィレンツェ

内的、身体的困難に打ち勝ち、神を幻視したイタリアの「カルメル会」修道女。アトリビュートは燃える心臓と茨の冠。フィレンツェの守護聖女。

一五六六～一六〇七。フィレンツェの名門貴族パッツィ家に生まれたが、幼い頃から信仰深く、生涯を神に捧げたいと望んでカルメル会の修道女になった。内的な苦痛や絶望感など、多くの苦しみを抱えていたが、一五八四年に瀕死の病を体験して以来、しばしば脱魂《だっこん》や幻視体験をするようになり、以来、自らと人々のために祈り続け、苦痛に耐えた。彼女の深い愛によって、多くの修道女たちが心を高められた。彼女の超自然的体験の口述は筆記され、霊的な美しさにあふれた内容で残されている。遺体は腐敗せず、フィレンツェ近郊のカレッチ修道院に眠っている。五月二五日を当てている聖人暦もある。

この日の他の守護聖人

・**聖マクシマン**　ブルガリアなどでアリウス派の異端と闘った四世紀フランス出身の司教。お供の動物を食い殺した熊が悔い改めてお供になったという伝説から、　アトリビュートは熊。

5月30日

聖女ジャンヌ・ダルク

英：セイント・ジョーン・オブ・アーク　Saint Joann of Arc
仏：サント・ジャンヌ・ダルク　Sainte Jeanne d'Arc

◎**アトリビュート**　白い鎧、白ユリ
◎**守護する対象**　フランス、仏ルーアン、オルレアン、陸軍兵士、電報とラジオ
◎**ゆかりの場所・絵画・彫刻**　アングルの絵画（ルーヴル美術館）

「オルレアンの少女」と呼ばれるフランス救国の聖女。フランスの公式な守護聖女。ルーアンとオルレアンの守護聖女でもある。陸軍兵士の守護聖女。守護分野は電報とラジオ。アトリビュートは白い鎧と、フランス王家の象徴である白ユリ。

一四一二～一四三一。本名ジャンヌ・ラ・ピュセル（処女ジャンヌという意味）。北フランスはドンレミー村の農家の娘として生まれた。「家事なら誰にも負けない」というごく普通の少女であった。当時、フランスは英仏百年戦争に加え、国内では王族が分裂し、危機的状況にあった。その中で幼い頃から信心深く、祈ることを常に忘れず、祖国のために熱心に祈っていたが、一三歳のとき、突然、光に包まれて「フランスを救え！」という天使と聖人たち（聖ミカエル・聖女カタリナ・聖女マルガリタ）からの啓示を受けた。当初は奇跡を信じなかった神学者たちからも認められるようになる。

王太子シャルル（後のシャルル七世）から軍を率いる許可を得ると、白い鎧で馬にまたがり、イエスとマリアの旗を掲げて戦いに立ち上がった。一四二九年五月八日にイギリス軍に包囲されていたオルレアンを瞬く間に解放すると、ロッシュ、ボージャンシーなどの戦いで次々と勝利を得て、七月一七日にはランスで王太子をフランス王の位につかせることに成功した。

その後、パリ解放に失敗し、コンピエーニュを支援中に、味方のブルゴーニュ軍の裏切りでイギリス軍に引き渡された。そのとき、まだ一九歳であった。ルーアンで宗教裁判にかけられ、魔術と異端の判決を受けて火刑に処せられた。後に、教皇カリスト三世の手で再審が行われ、無罪の判決によって名誉が回復されて、フランスの守護聖女とされた。

この日の他の守護聖人

・**聖フェルディナンド三世**　スペインのムーア人と戦った一三世紀カイティリアの国王。軍事技術に優れていたことからエンジニアの守護聖人となった。アトリビュートはグレーハウンド犬。

5月31日

聖女ペトロニラ

英：セイント・ペトロニラ　Saint Petronilla
仏：サント・ペトロニル　Sainte Pétronille

◎**アトリビュート**　ほうき、鍵
◎**守護する対象**　フランスの王太子、登山者、発熱に苦しむ人

ローマで一世紀に殉教したとされる美貌の処女聖女。使徒聖ペトロの召し使いとして働き、家事を預かっていたことから、ほうきと鍵がアトリビュート。ピエレット、ペレット、ペリーヌなどという愛称でも呼ばれる。

ローマで一世紀に殉教したとされる聖女。聖マルケルスの伝記によれば、聖ペトロの召し使いをしていたペトロニラは美少女だったので、人が訪問してきたとき、ペトロは彼女を重病と偽り、床に寝かせたという。フラクスという貴族から結婚を申し込まれたが拒んで殉教したとされている。一部では、使徒聖ペトロの実の娘であったとする向きもある。聖ペトロの家事を預かっていたことから、ほうきや鍵とともに描かれる。一七世紀頃まで、フランスは自らを「ローマ教会の長女（最年長の娘）」と称したことから、彼女を自国の守護聖女としていた。

フランスの王太子を指すイルカの紋章および「Dauphin（イルカ）」という名称は、ルイ一四世の時代にフランスがドーフィネ地方をスペインから獲得し、王太子の所領としたことにちなむという説が一般的だが、もうひとつ、「教会の長女」を自認していたフランスがペトロニラを守護聖女にし、王太子のアトリビュートとして彼女の棺桶の装飾に使われていたイルカを使ったという説もある。三月三一日を当てている聖人暦もある。

この日の他の守護聖人

この日は「聖母の訪問」というカトリックの祝日。聖霊から受胎を知らされた聖母マリアが従姉エリザベトも受胎したことを教えられ、従姉を訪問した日。

6月の聖人

Les Saints du mois de juin

6/1 聖ユスティノス
6/2 聖エラスムス(エルモ)
6/3 聖ケヴィン
6/4 聖フランチェスコ・カラチオロ
6/5 聖ボニファティウス(ボニフェイス)
6/6 聖ノルベルト
6/7 聖メリアドク(メリアセク)
6/8 (ノワイヨンの)聖メダール(メダルドゥス)
6/9 (イオナの)聖コルンバヌス(コルンバ)
6/10 聖ランドリー
6/11 聖バルナバ
6/12 聖レオ(三世)
6/13 (パドヴァの)聖アントニオ(アントニウス)
6/14 (コンスタンチノープルの)聖メトディウス
6/15 聖ヴィトゥス
6/16 聖女ルトガルディス
6/17 (ピサの)聖ラニエリ
6/18 聖グレゴリオ・バルバリゴ
6/19 聖ロムアルド
6/20 (マクデブルクの)聖アダルベルト
6/21 聖アロイジオ(・ルイージ・ゴンザーガ)
6/22 聖ジョン(ヨハネ)・フィッシャー&
聖トマス・モア
6/23 聖女エテルドレダ(オードリー)
6/24 洗礼者聖ヨハネ
6/25 (アキテーヌの)聖プロスペール(プロスペルス)
6/26 聖アンセルム
6/27 (アレクサンドリアの)聖キュリロス
6/28 (リヨンの)聖イレネウス(イレネー)
6/29 使徒聖ペトロ
6/30 (リモージュの)聖マルシアル

Préface

6月の聖人

フランスの六月は降雨量も少なく、さわやかで過ごしやすい月だが、何年かに一度、長雨が続くことがある。とくにこの日に雨が降るとまずいという日が六月二四日、聖ヨハネ（ジャン）の日である。「聖ヨハネの日の雨は、ワインを奪い、パンを与えない」

聖ヨハネという場合、洗礼者ヨハネ（ジャン＝バチスト）と福音書記者ヨハネ（ジャン＝レヴァンジェリスト）のふたりがいるが、六月二四日は洗礼者ヨハネの祝日である。

この洗礼者ヨハネの祝日というのは、ヨーロッパでは非常に重要な日とされている。かつては、この聖ヨハネの日が夏の始まる日として祝われていたからだ。ちなみに福音書記者ヨハネの祝日（一二月二七日）はほぼ冬至に近いので「ヨハネとヨハネが一年を二分する」という言い回しがある。

ではなぜ、洗礼者ヨハネの祝日が一年のうちで重要なのかというと、ケルト・ゲルマンの原始宗教において、この日の前夜に日本のお盆のように、魔女、妖精、死霊などの超自然が異界からいっせいに地上に姿をあらわすと信じられていたからである。その影響で、人々は憑依《ひょうい》状態に陥《おちい》ると信じられた。英語でmid-summer madnessと呼ばれる狂乱がこれである。ただ、聖ヨハネ前夜祭は、ケルト＝ゲルマン起源といっても、正確にはむしろゲルマン系の祝祭らしく、ドイツ、イギリス、スカンディナヴィアなどで盛んである。シェイクスピアの『真夏の夜の夢』は、こうした聖ヨハネ前夜祭の習慣を下敷きにしているのだろう。おそらく、キリスト教はこのゲルマンの夏至祭りをキリスト教に取り込んで、異教的要素を覆い隠してしまうため、キリスト教の位階の中で、イエス、マリアに次いで重要な洗礼者ヨハネの祝日と定めたにちがいない。なお、一般に聖人の祝日は、その聖人の命日を当てるものだが、この洗礼者ヨハネに限っては、誕生日を振り当てている。これは、イエスとマリアと彼だけに認められた特例である。

六月の大物聖人としては、他に六月二九日の聖ペトロ（ピエール）あげることができる。一二使徒の中のリーダー格で、ローマ教会の設立者、初代の教皇である。ローマ市内にあるヴァチカンの聖ピエトロ大聖堂はペトロに捧げられ、彼が殉教した場所に建てられている。この日には、聖パウロも一緒に祝われることもある。

ところで、農事暦では六月二四日の洗礼者聖ヨハネと、その五日後の六月二九日の聖ペトロはふたりセットで言及されることが多い。「聖ヨハネの日に雨が降ると、聖ペトロの日は晴れる」あるいは「もし聖ヨハネの日に大雨が降らずに借りを作ると、聖ペトロがそれを払うことになる」など、いずれもこの二日は天候が逆になることを告げている。

これとよく似た組み合わせが、六月八日の聖メダール（ラテン語読みはメダルドゥス）と六月一一日の聖バルナバ（ラテン語でバルナバス）である。「聖メダールの日に雨が降るとその後、四〇年間、雨が降り続く。もし、聖バルナバがそれを止めにやってこないならば」「聖メダールが小便をしはじめると、聖バルナバがそれを止める」

いずれにしても、聖メダールに関しては、天気に関することわざが非常に多い。一五八二年にグレゴリウス暦が採用されるまで、ユリウス暦では、聖メダールは六月二〇日に振り当てられていたが、これが夏至の前日ということで、一年の収穫を左右する重要な日だったのである。いいかえれば、聖ヨハネが占めるような役割を、ユリウス暦では、聖メダールが、また聖ペトロのそれを聖バルナバがそれぞれ演じていたわけである。

いっぽう、聖バルナバはというと、こちらは、一二使徒ではないがそれに続く重要な使徒であり、聖パウロの回心が本物であることを理解した聖人とされている。

6月1日

聖ユスティノス

英：セイント・ジャスティン Saint Justin
仏：サン・ジュスタン Saint Justin

◎**アトリビュート**　斧、ペン、剣
◎**守護する対象（地域・職業・病気・災害）**　哲学、哲学者、護教論者、弁証法学者

キリスト教初期の偉大な哲学者・弁証家。守護分野は哲学で、哲学者、護教論者、弁証法学者の守護聖人。アトリビュートは斧、ペン、それに剣。

一〇〇頃～一六五頃。パレスチナのネアポリスで異教徒の家に生まれた。真実を求め、若い頃からあらゆる哲学を学び、ストア派、ピタゴラス派、プラトン派など多くの学派を研究した。あるとき、ひとりの老人と出会い、理性の限界を超えるには神の助けが必要で、そのためには聖書を読み、祈らなければならないと教えられ、洗礼を受けた。以来、キリストの教えを最高・唯一の真理として、小アジアやギリシャへ福音を宣教したが、ローマ皇帝アントニヌスのキリスト教迫害の犠牲となり殉教した。いくつかの偉大な弁証論の著作を残した。

この日の他の守護聖人

- **聖ルナン**　五世紀のブルターニュの隠者。
- **聖パンフィルス**　アレクサンドリアの図書館に本を集めた三世紀の殉教者。

6月2日

聖エラスムス（エルモ）

英：セイント・エラスマス（エルモ）Saint Erasmus (Elmo)
仏：サン・エラスム（エルム）Saint Érasme (Élme)

◎**アトリビュート**　巻き上げ機、巻きろくろ

◎**守護する対象**　旋盤工、ろくろ工、紡績工、家畜、お産に苦しむ妊婦、下痢・胃病・内臓の病気に苦しむ人、家畜の病気に悩む人、船酔いで苦しむ人、海難事故に遭った人

船乗りを守護する「セント・エルモの灯」で知られるイタリアの聖人で、一四救難聖人のひとり。お産の苦しみや下痢、胃痛、家畜の病気、あるいは船酔いや海難事故のときに祈願される。アトリビュートは巻き上げ機、巻きろくろ。ほかに、旋盤工、ろくろ工、紡績工、家畜の守護聖人。

?～三〇三。伝説によれば、シリアの人で、イタリア・カンパーニュ地方フォルミエの司教を務めていたが、ディオクレティアヌス帝のキリスト教大迫害の時期にレバノン山で捕らえられて処刑されたという。処刑の際、聖なる加護により息絶えなかったため、最後は巻き上げ機で内臓を引きちぎられて殉教した。その処刑機が船の巻き上げ機に似ていることから、（とりわけナポリの）船乗りたちに守護聖人として崇敬されるようになった。嵐が来る前や来た後に、船のマストに現れる放電の光は「セント・エルモの灯」と呼ばれ、彼の保護の印と考えられた。

この日の他の守護聖人

・**聖女ブランディーヌ**　二世紀フランス・リヨンの殉教処女。女奴隷の身だったが信仰は固く、司教の聖ポタンと網に入れられて雄牛に突かれ、空中に放り投げられたが死なず、最後は剣でとどめをさされた。別の伝説では焼き網であぶられたとされ、焼き網がアトリビュート。

6月3日

聖ケヴィン

英：セイント・ケヴィン Saint Kevin
仏：サン・ケヴァン Saint Kévin

◎**アトリビュート**　クロウタ鳥
◎**守護する対象**　アイルランドのダブリン、自然、森の動物たち

自然を愛し、一二〇歳まで生きたといわれる七世紀のアイルランドの聖人。アイルランドでは聖パトリックについで人気がある。アイルランドの首都ダブリンの守護聖人。自然と森の動物たちが守護分野で、クロウタ鳥がアトリビュート。

?～六一八。ギャヴィン（フランス語読みならギャヴァン）、あるいはラテン語のケムゲンという名でも知られる。死後約四〇〇年経って書かれた伝記によれば、レンカスターの王家の生まれで、コーンウォールの聖ペトルクなど修道士たちの教えを受け、グレンダラウ湖近くでしばらく隠棲《いんせい》修道士として過ごした後、集まった弟子とともに大修道院をつくった。自然を愛し、あるとき、差し伸べた手の中にクロウタ鳥が卵を産んでしまったので、卵がかえるまでそのままの格好をしていたといわれる。また森を横切ると、木々がおじぎして、ライオンと狼がひざまずいたという伝説がある。

この日の他の守護聖人

・**聖シャルル・ルワンガ**　一八八六年にウガンダで火あぶりにされたブラック・アフリカン初の殉教者。
・**聖リファール**　六世紀・フランス・オルレアン出身の大修道院長。ドラゴン退治で知られる。ドラゴンがアトリビュート。

6月4日

聖フランチェスコ・カラチオロ

英：セイント・フランシス・カラチオロ Saint Francis Caracciolo
仏：サン・フランソワ・カラシオロ Saint Francois Caracciolo

◎**守護する対象**　伊ナポリ

誤って届けられた手紙がきっかけとなり、「小さな聖職者の修道会」の創設に加わったイタリアの司祭。ナポリの守護聖人。

一五六三～一六〇八。ナポリ国王の貴族の家に生まれ、狩猟が好きな青年だったが、二二歳のとき、ハンセン病にかかってしまった。そのとき「もし病が治ったら、生涯を神に捧《ささ》げます」と祈ったところ、見事に病気が治癒したので、貧しい人々の救済を決意し、自分の財産をすべて施《ほどこ》し、神学を学んで司祭となった。

あるとき、G・A・アドルノという司祭から、一通の手紙が誤って届けられた。その内容は、苦行をしながら聖体の礼拝を重んじ、司牧活動を行う司祭たちの会をつくろうという勧誘状であった。この内容に感銘を受けた彼は、すぐさま返事を書き仲間に加わった。一五八八年、一二人の同志が集まるとローマで認可を受けて「小さな聖職者の修道会」が創立された。アドルノ司祭の死後、彼が総長に選ばれて会を支えた。その献身と奉仕が多くの人々に感謝されていたが、一六〇八年、アニオーネへの途上、急病で倒れ、「さあ、天国に行きましょう！」と言い残して帰天した。

この日の他の守護聖人

・**聖女クロチルド**　最初のキリスト教徒の王となったフランク王クロヴィスの妻（ラテン語クロティルディス）。息子たちの権力争いで世を捨て、自ら創建したトゥールにある聖マルタンの墓の近くにあるサン・マルタン修道院に隠棲し、五四五年に帰天した。アトリビュートは三つのユリだが、後にこれはクロヴィス王から王権を引き継いだと信じるブルボン家の紋章となる。

6月5日

聖ボニファティウス
（ボニフェイス）

英：セイント・ボニフェイス　Saint Boniface
仏：サン・ボニファス　Saint Boniface

◎**アトリビュート**　本に突き刺さった剣
◎**守護する対象**　ドイツ、ビール製造業者、仕立て屋

ドイツに多くの修道院を建て、フランク王国のキリスト教化に努めたイギリスの宣教師。ドイツの守護聖人。ビール製造業者と仕立て屋の守護聖人。アトリビュートは本に突き刺さった剣。

六七二／六七五頃～七五四。本名はウィンフリド。イギリス・クレディトンで貴族の家に生まれた。四〇歳過ぎまでは、エセクターやナースリングなどで修道士兼牧師をして、英語初のラテン語文法書や詩などを書いていた。七一六年、宣教師としてフリースランド（オランダ）に渡ったが、挫折して帰国。しかし七二二年に教皇聖グレゴリウス二世によってドイツの司教に任じられてからは巡回大司教、マインツ大司教として活動を続けた。当時ドイツの人々はガイスマーのグーデンベルク山の樫《かし》の巨木を「雷神トール」の宿る木として礼拝していたが、彼がその木を切り倒して見せたところ、人々はボニファティウスの聖なる力に驚いてキリスト教信者になったという。多くの修道院を建てたが、とりわけフルダ修道院は現在でも聖地とされている。七〇を過ぎてもフリースランドへ宣教に赴いたが、途上で異教徒に襲われて殉教した。

この日の他の守護聖人

・**聖イーゴリ二世**　一一四六年にモスクワ大公となったが、キリスト教に帰依したためすぐに退位させられ、修道院で暗殺された大公。

6月6日

聖ノルベルト

英：セイント・ノルバート Saint Norbert
仏：サン・ノルベール Saint Norbert

キリストの声を聞いて以来、神の道に入り、聖職者改革運動に貢献したドイツの司教。ボヘミア（現在のチェコ）の守護聖人。アトリビュートは聖体顕示台、鎖でつながれた足元の悪魔（異端者タンケルムの象徴）。

一〇八〇～一一三四。貴族の家庭に生まれ、皇帝ハインリッヒ五世下の宮廷に仕えて世俗の楽しみに浸っていたが、二五歳のとき、馬に乗っているうちに突然の激しい雷に打たれ、落馬して致命傷を負った。そのとき「悪事をやめ善いことをしなさい。そして平和を探し求めて、それに従いなさい！」というキリストの声を聞いた。以来、回心し、修道院に入って厳しい生活を送り、熱心に勉強した。

一一一五年、司祭となり、また説教師として宣教活動を始め、改革を唱えた。心ない司祭仲間から偽善者として告訴されたが、よくそれに耐え、雪の中を裸足で歩いて教皇のもとまで赴き、説教を自由に行える許可を得ると、北フランスで大説教家となり、プレモントレ修道会を創立。その後、マクデブルクの大司教となって悪習の改革に取り組んだ。アントワープでは聖体の秘蹟を否定する異端者タンケルムを論破した。また対立教皇制に反対、教皇インノケンティウス二世を支持した。

◎**アトリビュート**　聖体顕示台、鎖でつながれた足元の悪魔（異端者タンケルムの象徴）
◎**守護する対象**　ボヘミア（現在のチェコ）

・聖アゴバール　聖王ルイによって追放されたが後に和解した九世紀フランス・リヨンの司教。

6月7日

聖メリアドク（メリアセク）

英：セイント・メリアドク（メリアセク）Saint Meriadoc (Meriasek)
仏：サン・メリアデク Saint Mériadec

◎守護する対象　言葉の不自由な人、頭痛に苦しむ人

富を捨て、イギリスとフランスで徹底した厳しい生活を送り、ブルターニュで布教した六世紀頃の聖人。言葉の不自由な人と頭痛で悩む人の守護聖人。

六〜七世紀頃。ウェールズの裕福な家に生まれたが、世俗を離れることを望んで、財産や土地をすべて貧しい人々や司祭に寄付し、自らは隠棲修道士として暮らした。評判はすぐに高まり、ヴァンヌ司祭に選出されたが、前にも増して厳しい生活を送り、その生活を最後まで続けた。イギリスのコーンウォールと北フランスのブルターニュで崇敬され、現在も奇跡が伝えられる。ブルターニュのプルーガスヌーには、彼が使ったとされる鐘があり、言葉の不自由な人や頭痛で悩む人を治すといわれている。イギリスのコーンウォール地方のカンボーンには、彼が建て、彼に捧げられた教会が残っている。

この日の他の守護聖人

・聖ジルベール　第二次十字軍に加わった一二世紀フランス・オーヴェルニュの領主。帰国後、娘と妻のためにふたつの修道院を建てた。

・聖マリー＝テレーズ・ド・スビラン　一九歳のときに「援助マリア修道会」を設立した一九世紀フランスの修道女。

6月8日

（ノワイヨンの）聖メダール（メダルドゥス）

英：セイント・メダード Saint Medard
仏：サン・メダール Saint Médard

◎**アトリビュート**　雨をふせぐ鷲
◎**守護する対象**　天候と農業、農民、歯痛・偏頭痛に苦しむ人
◎**ゆかりの場所・絵画・彫刻**　サン・メダール教会（パリ）

多くの奇跡を行い、現在でも、好天を祈願するときに、名前が唱えられるフランスの聖人。守護範囲は天候と農業で、農民の守護聖人。口をあけて歯を見せている姿で描かれるが、これは歯痛の際に祈願される聖人だからである。アトリビュートは雨をふせぐ鷲《わし》。

四七〇頃～五五七頃。ピカルディ地方のサランシィでフランク族の貴族として生まれ、三〇代でノワイヨンの司教となり、晩年にヴェルマンの司教となった。クロヴィスの息子クロテール一世から逃れてきた王妃聖ラーデグンデ（ラドゴンド）を修道女として受け入れたことでも有名である。また、サランシで少女に賞としてバラの冠を与える「バラの祭典」の創始者である。彼が眠るソワッソンでは数々の奇跡が行われ、農業・園芸・歯痛や偏頭痛の守護者として祈られる。イコンでは、雨から守る鷲とともに描かれ、悪天候から守る聖人として有名である。

聖メダールに捧げられた教会はピカルディ地方に多いが、パリ五区ムフタール通りにあるサン・メダール教会は一五世紀ごろにパリ最貧街区の教区教会として建立され、大革命でもオスマンの改造でも破壊荒れずに残った珍しい教会である。

この日の他の守護聖人

・**聖ティリアダート**　四世紀にアルメニアをキリスト教化した王。

6月9日

(イオナの)聖コルンバヌス(コルンバ)

英：セイント・コルンバ(・オブ・イオナ)Saint Columba of Iona
仏：サン・コロンバ(・ディオナ)Saint Colomba d'Iona

◎**アトリビュート**　ケルト系修道院長の牧杖、剃髪
◎**守護する対象**　アイルランド、スコットランド、特にスコットランドにいるアイルランド人、製本業者、詩人

十字架の力でネス湖の怪獣を追い払ったことで知られる、ケルトのキリスト教の礎《いしずえ》を築いたアイルランドの大宣教師。アイルランドとスコットランドの守護聖人。とりわけ、スコットランドにいるアイルランド人の守護聖人。製本業者、詩人の守護聖人。

五二一頃～五九七。アイルランドのドネガル州ガートンに生まれた。聖フィニアンなどに学んで叙階後、主に説教・宣教活動を行い、デリーやデュロー、ケルスなどに修道院を建てた。それらの修道院は当時のアイルランドの主要な修道院となった。その後、一二人の同志とともにスコットランドに渡り、異教の地でピクト族に宣教活動を行うと同時に、多くの教会や修道院を建ててケルトのキリスト教の礎を築き「ピクトの使徒」と呼ばれた。聖ブレンダーヌスからも尊敬を受けている。

また、詩人としても知られ、ラテン語の聖詩篇や聖歌が残されている。奇跡としては、十字架の力でネス湖の怪獣を追い払ったことで知られる。彼は長身で非常にたくましく、その声は一マイル先まで届いたという。

この日の他の守護聖人

・**福女ディアナ**　一三世紀、イタリア・ボローニャ出身。回心して修道院に入ろうとして肋骨を折られたが、それにもめげずに、自分で修道院をつくった。

・**聖エフレム**　四世紀シリアでアリウス派と闘った助祭。

6月10日

聖ランドリー

英：セイント・ランドリー Saint Landry
仏：サン・ランドリ Saint Landry

「神の住まい」という意味の総合病院「オテル・デュ」を建てた七世紀のパリの司教。アトリビュートは、貧しい人にパンを配ったところからパンかご。

?〜六五六頃。「神の住まい」という意味の総合病院「オテル・デュ」を建てた七世紀のパリの司教。当時、パリは非常に衛生状態が悪く、貧しい人々や病人は治療を受けることすらままならなかった。また、まともな治療や看護を行う病院もろくになかった。六五〇年、パリの司教に任命された彼は、この状況を見て、司教座聖堂（カテドラル）のそばに大きな病院を建て、貧しい人々や病人たちの慈善事業に力を入れた。この病院は聖クリストフォロスに捧げられ、現在でも「オテル・デュ」という名で、ノートル・ダム大聖堂の北に近代的病院と姿を変えて建っている。

現在、パリはカトリックの教区分類では大司教区となっているが、一二世紀にルイ六世がノートル・ダム大聖堂の建立を決意するまでは、単なる一司教区でしかなかった。聖ランドリーはこの教区の司教となり総合病院「オテル・デュ」を建立したのである。シテ島には大革命以前には彼に捧げられたサン・ランドリ教会があったが、大革命の際に破壊された。

◎アトリビュート　パンかご
◎ゆかりの場所・絵画・彫刻　総合病院「オテル・デュ」（パリ）

この日の他の守護聖人

・聖女オリーヴ　チュニスでさらわれながら、その徳性でもってイスラム教徒を回心させた九世紀の殉教処女。

6月11日

聖バルナバ

英：セイント・バルナバス Saint Barnabas
仏：サン・バルナベ Saint Barnabé

◎**アトリビュート**　本（『マタイ伝』）、石、オリーブの枝
◎**守護する対象**　キプロス島、伊ミラノ、フィレンツェ、紡績工、樽職人、ワイン商人、冷害・戦争・訴訟に苦しむ人、落石事故に遭った人、ひどい悲しみに見舞われた人

一二使徒ではないが重要な使徒のひとり。ユダヤ人のなかでキリストの神性を初めて信じ、聖パウロの回心が本物であることを理解し、その布教に同行した。キプロス島およびミラノとフィレンツェの守護聖人。冷害と戦争、それに訴訟、落石事故、ひどい悲しみのときに祈願される。紡績工、樽職人、ワイン商人の守護聖人。アトリビュートは本（『マタイ伝』）、石、オリーブの枝。

一世紀。キリストと同時代に、キプロス島に生まれる。エルサレム遊学中、キリストの説教を聞き、ただちにその神性を信じて使徒となった。他の使徒から「慰めの息子」という意味のバルナバという名で呼ばれた。かつての迫害者パウロが回心したとき、バルナバは仲間たちを説得し、彼を受け入れさせた。後に、パウロと宣教旅行に出かけ、キプロス島で福音を説いて、多くの信者を得、さらに小アジアでも熱心に宣教した。パウロと別れた後、バルナバはキプロス島に戻り、病人の胸に『マタイ伝』を当てて病を治した。キプロス島でユダヤ人により石で打たれて殉教。キプロス教会の創立者。協調性に富むと同時に押し出しがよく、パウロの宣教をよく支えた。

この日の他の守護聖人

・**福女ヨランダ**　一三世紀のハンガリー王の娘でカリスツ公爵の妻。夫の死後、修道院に入る。

6月12日

聖レオ（三世）

英：セイント・レオ（・ザ・サード）Saint Leo III
仏：サン・レオ（・トロワ）Saint Léo III

◎**アトリビュート**　ローマ教皇の衣服、ティアラ
◎**守護する対象**　舌に障害のある人、盲人

神聖ローマ帝国皇帝として、シャルルマーニュの戴冠式を執り行ったローマ教皇。反対派から舌を切られ、盲目にされたことから、これらの部位に障害のある人たちから祈願される。

在位七九五～八一六。教皇ハドリアヌス一世のあとを襲って教皇となったが、教皇位を狙うハドリアヌス教皇のふたりの甥に妬まれ、彼らに雇われた男たちによって、舌を切られ、盲目にされ、修道院に逃げざるをえなくなった。シャルルマーニュ（カルロス大帝）は、この事件を調査したが、レオ三世の側に過失のないことを知ると、強く彼を支持した。シャルルマーニュは翌年、ローマのサン・ピエトロ大聖堂で、彼によって神聖ローマ帝国皇帝として戴冠され、以後、力をあわせて、反対派や異教徒と闘った。シャルルマーニュが八一四年に死去すると、二年後に帰天した。

この日の他の守護聖人

・**（サハグンの）聖ヨハネ**　一五世紀にスペイン・サラマンカの町民の抗争をキリストの愛を説くことで解決した司祭。

・**聖オヌフリウス**　エジプト出身の修道士。カッパドキアの洞窟で修行したところ全身が毛髪で覆われた。アトリビュートは全身を覆う毛髪。

6月13日

(パドヴァの)聖アントニオ
(アントニウス)

英：セイント・アントニアス(・オブ・パドーヴァ)Saint Antonius of Padova
仏：サン・アントワーヌ(・ド・パドーヴァ)Saint Antoine de Padova

◎**アトリビュート**　幼子イエス、本、ユリ
◎**守護する対象**　ブラジル、ポルトガル、リスボン、伊パドヴァ、不妊症の女性、貧困・熱病・疫病に苦しむ人、家畜の病気に悩む人、海難事故に遭った人、旅行者、物を失くした人

一三世紀のカリスマ的説教師のひとり。人望厚く、死後一年で列聖されるという名誉を得る。人気のある聖人で、ものを失くしたときに祈願する。イタリアのパドヴァ、リスボン、ポルトガル、ブラジルの守護聖人。そのほか、不妊症、家畜病、収穫、貧困、熱病、疫病、海難事故、旅行と守備範囲は広い。アトリビュートは幼子イエス、本、ユリ。

一一九五～一二三一。ポルトガルのリスボンに生まれ、一五歳でアウグスチノ会に入り司祭となったが、モロッコの殉教者に感激。自分も殉教の覚悟でフランシスコ会に入りモロッコに渡ったが、健康を害し、帰国。船は難破し、イタリアに流されたが、その後アッシジの総会に大いに貢献した。あるとき聖フランチェスコに新司祭祝賀の即席演説を命ぜられ、大成功を収めたのを機に、北イタリアとフランスを巡る大説教家となった。その演説が始まると、商店は閉まり、通りからは人がいなくなったと伝えられる。フランスにも、異端のアルビ派の強かったトゥールーズ、アルル、ル・ピュイ、リモージュ、モンペリエと、彼の足跡をたどることができる。三六歳の若さで亡くなったが、死後も絶大な人気があり、パドヴァの聖堂の棺では多くの奇跡が起こったため、死後一年後に列聖された。

この日の他の守護聖人

・**聖ランベール**　七世紀のフランス・ブルゴーニュの殉教者。

6月14日

(コンスタンチノープルの)聖メトディウス

英:セイント・メソディウス(・オブ・コンスタンチノープル)
Saint Methodius of Constantinople
仏:サン・メトッド(・ド・コンスタンチノープル)
Saint Méthode de Constantinople

◎守護する対象　イコン製造業者

東方教会でイコン(聖画像)破壊運動と闘って、イコンを復活させたコンスタンチノープルの総大司教。東方教会ではもっとも人気のある聖人のひとり。イコン製造業者の守護聖人。

七八八〜八四七。シラクサで生まれた。皇帝に仕えるためにコンスタンチノープルに赴いたが、そこで、ある修道士と出会って、回心し、修道院を建てて一生を捧げる決心をする。当時、東方教会では、イエスや諸聖人の壁画を破壊する聖画像破壊運動が起こっていたので、コンスタンチノープルの総大司教はメトディウスに、イコン破壊者と闘うように勧めたが、結局、総大司教は追放され、メトディウスも獄中生活を強いられた。

皇帝の死後、イコン支持派の皇后が統治するようになると、状況が好転し、メトディウスはコンスタンチノープルの総大司教に選ばれ、イコンの正当性を宣言した。東方教会では、毎年「正統信仰《オルトドクシー》勝利の祝日」が祝われて、この勝利を記念している。

この日の他の守護聖人

・**聖エリシャ(エリゼ)**　旧約聖書の大預言者エリヤが昇天したとき、被っていたマントが落ちてきて、それを受け取ったエリシャがその後継者となった。

6月15日

聖ヴィトゥス

英：セイント・ヴィタス（ガイ）Saint Vitus (Guy)
仏：サン・ヴィト（ギー）Saint Vite (Guy)

◎**アトリビュート**　ライオン、犬、オイルランプ、雄鶏（伊ルカニアの象徴）
◎**守護する対象**　ボヘミア、ダンサー、俳優、てんかん・舞踏病・狂犬病・コレラに苦しむ人、蛇（動物）に咬まれた人、眠気に襲われた人、狂気に陥った人、悪魔憑きに苦しむ人、雷に遭った人
◎**ゆかりの場所・絵画・彫刻**　聖ヴィート大聖堂（プラハ）

拷問を受けるたびに奇跡が起こり、飢えたライオンもなついたといわれるシチリアの殉教者。一四救難聖人のひとり。てんかんと舞踏病、それに蛇や狂犬の咬み傷などに苦しむ病人、眠気に襲われた人、狂気に陥った人、悪魔にとりつかれた人などが祈願する。ボヘミアの守護聖人。ダンサー、俳優などの守護聖人。フランス語ではギー、英語ではガイと呼ばれる。アトリビュートはライオンあるいは犬、オイルランプ、雄鶏（ルカニアの象徴）。

?〜三〇三頃。皇帝ディオクレティアヌスのキリスト教迫害時代に、シチリアで生まれた。乳母のクレサンスとその夫のモデストの影響で洗礼を受けて、キリスト信者になり、南イタリアのルカニアに逃れた。奇跡の数々がローマの役人の目に留まり、信仰を捨てるように強いられたが、それを拒否してローマに逃れた。しかし、そこでも皇帝に捕まり拷問を受けたが、そのたびに奇跡が起こり、救われたという。たとえば、コロセウムで飢えたライオンの前に投げられたときにも、ライオンがヴィトゥスをやさしくなめたといわれる。父親によって投獄されたとき七人の天使に囲まれてこの世のものとは思われない光を放ったり、沸騰した油の入った釜に投げ込まれたが火傷しなかった。

遺物には病気を治す力があると信じられ、とくにてんかんや舞踏病で苦しむ病人が祈ると治ったと伝えられる。

プラハの聖ヴィート大聖堂は、彼に捧げられたもの。

この日の他の守護聖人

・聖女ジェルメーヌ・クザン　フランスの小作農の娘で継母にいじめられ、貧者にパンをほどこそうとしたところを見つかるが、パンがバラの花に変わっていたなど、数々の奇跡をなした一六世紀の聖女。

6月16日

聖女ルトガルディス

英：セイント・ルートガード Saint Lutgard
仏：サント・リュトガルド Saint Lutgarde

◎**守護する対象**　フランドル、妊婦、盲人、体が不自由な人

婚約に破れて修道院に入り、胸にキリストの胸を貫いた槍の聖痕《せいこん》を受けて、祈りの生活に一生を捧げたベルギーの修道女。

一一八二〜一二四六。トングル市の裕福な貿易商の家に生まれたが、父の事業の失敗のため持参金が用意できず、婚約が破談となったのをきっかけに、神だけを求める生活をしようと決心する。一八歳でベネディクト会修道院に入り、院長にまでになったが、より厳格な規則を求めてシトー会修道院に転じた。

二九歳のとき、胸にキリストの胸を貫いた槍の聖痕を受けた。晩年の七年間は、目が不自由になったが、その苦しみをキリストに捧げて、歓喜をもって生きた。

この日の他の守護聖人

・聖シール（キュリコス）とその母聖女ジュリエット　五歳の子どもであるにもかかわらず、キリスト教徒を迫害する判事に抵抗した四世紀トルコの少年殉教者キュリコスとその母ジュリエット。フランスにその遺骨が伝わったため、多くの地方にサン＝シールという名称を持つ教会や町が生まれた。ナポレオンの創設したサン・シール陸軍士官学校は有名。

・**聖ジャン・フランソワ・レジス**　巨大な体に優しい心の一七世紀フランスのイエズス会士で、農村部で使徒のように親しまれている。

6月17日

(ピサの)聖ラニエリ

英：セイント・レイニア(・オブ・ピサ) Saint Rainier of Pisa
仏：サン・レニエ(・ド・ピサ) Saint Rainier de Pisa

◎**守護する対象**　伊ピサ、隠遁者、旅行者

イタリア・ピサの吟遊詩人。快楽の生活を捨て、物乞いをしながら聖地に詣でたあと、修道院で暮らした。ピサの守護聖人で、隠者と旅行者の守護聖人でもある。

一一一七〜一一六一。ヴィエル琴の伴奏で歌を歌う吟遊詩人として有名になり、快楽を追う生活を続けていたが、あるとき聖なる隠者に出会ったのがきっかけで回心し、あまりにも多くの涙を流したため盲目となった。以後、琴も金も捨て、物乞いで聖地への巡礼の旅に出た。船の中では徒刑囚とともにオールを漕ぎ、ともに祈った。

ピサに戻ってからは修道院にこもって、そこで帰天した。多くの奇跡を行い、病人を治した。

この日の他の守護聖人

・**聖エルヴェ**　六世紀フランス・ブルターニュの盲目の吟遊詩人。ロバを食べた狼をロバの代わりに轅《ながえ》に繋いで、家畜として使ったといわれる。吟遊詩人の守護聖人。

6月18日

聖グレゴリオ・バルバリゴ

英：セイント・グレゴリー・バルバリゴ Saint Gregory Barbarigo
仏：サン・グレゴワール・バルバリゴ Saint Gregoire Barbarigo

三〇年戦争のウェストファリア条約の調印の際、教皇代理から能力を認められ、大学と図書館を設けて、司祭教育に貢献したイタリアの司教。

一六二五〜一六九七。この時代は、ヨーロッパはカトリックとプロテスタントが相争う宗教戦争の嵐が吹きすさび、一六四八年のウェストファリア条約が調印されるまで、戦乱が三〇年も続いた。その会議に、まだ二〇代でヴェネチア代表として大使とともに出席した際、教皇代理のファビオ・キジから、その優れた能力を認められ、ファビオが教皇になったとき、ベルガモの司教に任命された。その後、枢機卿に選出され、一六六四年にはパドヴァの司教に任命された。司祭養成の方法を改善することに力を注ぎ、大学や図書館、それに印刷所を創設し、優秀な教師の育成に貢献した。

この日の他の守護聖人

・**福女オザナ**　六歳で父に神学書を買ってくれと頼んで拒否され、重い病気になった。マントーヴァ公の侍女となり、死後、その神性が証明された、一五世紀イタリアの聖女。

6月19日

聖ロムアルド

英：セイント・ロムアルド Saint Romuald
仏：サン・ロミュアルド Saint Romuald

父の犯した殺人で修道士となり、修道院の改革に情熱を注いだイタリアの修道士。

九五二～一〇二七。イタリアのラヴェンナの貴族の家庭に生まれる。何不自由なく暮らしていたが、二〇歳の頃、父親が反対派の市民を殺してしまったため、状況が一変した。

ロムアルドは、ベネディクト会の修道院へ逃げ、回心して、修道士となる。祈りと修行に身をささげ、徳の高さで有名になったが、名声には見向きもせず、情熱を修道院の改革に向けた。この改革で多くの弾圧を受けたが、イタリア各地を巡回し、古い修道院の改革を行い、また新しい修道院を創立した。なかでも有名なのが、一〇二三年にカマルドリに建てられた修道院で、改革派修道会「カマルドリ会」の中心となった。

◎守護する対象　親族の犯した罪に悩む人

この日の他の守護聖人

・**聖女ユリアナ**　フランス語読みならジュリエンヌ。胃がパンを受け付けなくなったとき、司祭が聖体のパンを差し出すと消えたが、死後、心臓の位置に聖体パンの形が写っていたとされる一三～一四世紀イタリアの聖女。

6月20日

（マクデブルクの）聖アダルベルト

英：セイント・アダルバート（・オブ・マグデバーグ）Saint Adalbert of Magdeburg
仏：サン・アダルベール（・ド・マグドブール）Saint Adalbert de Magdebourg

キエフの大公妃の要請で布教に派遣されたドイツの修道士。この試みには失敗したが、オットー大帝により大司教に任命された。教会史の編纂に力を注いだ。

？～九八一。七〇歳でキリスト教に改宗したキエフ公国のオルガ大公妃は、臣下の者たちも改宗させようと望みドイツのオットー大帝に宣教師の派遣を依頼した。オットー大帝は聖マクシミン修道院のアダルベルト修道士を宣教師団の長とする布教団を派遣したが、アダルベルトたちが宣教を始めようとしたとき異教徒の王子が大公妃を退位させて王位につき、キリスト信者たちを迫害し始めた。アダルベルトは迫害を逃れてドイツに帰り、オットー大帝からウェイセンベルグの修道院の院長に任命された。修道士の義務は教会の歴史を記録することであるという信念を持っていた彼は、教会史の編纂に力を注いだ。この年代記は今日まで残る。またオットー大帝の国教政策によって、九六八年に最初の大司教に任命された。

この日の他の守護聖人

・**聖シルヴェリウス**　ローマ教皇となるがライバルの陰謀にはまって座を追われ、殉教した六世紀の聖人。

6月21日

聖アロイジオ（・ルイージ・ゴンザーガ）

英：セイント・アロイシアス（・ルイス・ゴンザーガ）Saint Aloysius (Louis Gonzaga)
仏：サン・アロイジュス（・ルイ・ド・ゴンザーグ）Saint Aloysius (Louis de Gonzague)

◎**守護する対象**　若いカトリック信者、学生のイエズス会士、青少年一般、職業選択に悩む人、ペストなどの流行病に苦しむ人

ペストの看病により、若くして亡くなったイタリアのイエズス会修道士。ルイージ・ゴンザーガ・アロイジオ（Luigi Gonzaga Aloysio）ともいう。若いカトリック信者、および学生のイエズス会士の守護聖人。転じて、青少年一般の守護聖人ともなっている。守護範囲は職業選択の自由とペストなどの流行病。

一五六八～一五九一。イタリアはロンバルディアのカスティリョーネに、ゴンザーガ侯爵の長男として生まれた。父は息子を軍人にすることを望んでいたが、アロイジオは幼い頃から、暴力を嫌い、修道者になるべく宿命を感じていた。父は、そのことに激怒、彼をフィレンツェのメディチ家とスペイン・マドリードのフェリペ二世のもとに預けた。ここで重い腎臓病を患い、食事もままならなくなったが、それを機に、よりいっそう祈りの生活を送るようになった。

一五八五年、父もあきらめ、晴れてイエズス会に入会することができた。一五八七年には誓願を立てたが、一五九一年、ローマでペストが流行した際に、献身的看護による過労が原因となり、自らもペストに感染し、二三歳の若さで帰天した。若くして類いまれなる信仰心を持った人物として、青少年の守護聖人として崇敬されている。

この日の他の守護聖人

・**聖ロドルフ**　九世紀のフランス・ブールジュの司教で、外交術にたけ、「国家の父」と呼ばれた。

6月22日

聖ジョン（ヨハネ）・フィッシャー&聖トマス・モア

英：セイント・ジョン・フィッシャー&セイント・トマス・モア
Saint John Fisher&Saint Thomas More
仏：サン・ジョン・フィッシェール&サン・トマ・モール
Saint John Fisher&Saint Thomas More

◎**守護する対象**　【聖ジョン・フィッシャー】英ロチェスターの教区
【聖トマス・モア】弁護士

イギリス国王ヘンリー八世の離婚問題で、ローマ教皇側に立ち、国王が英国教会の長となることに反対したため殉教したケンブリッジ大学の総長と英国宰相。

【聖ジョン（ヨハネ）・フィッシャー】

一四六九～一五三五。ヨークシャーのベヴァリーに生まれた。ケンブリッジ大学で学び、一五〇四年に同大学の総長となった。高い理想を持ち、人文学者エラスムスをケンブリッジに招いたことで知られる。国王ヘンリー八世の皇后との離婚問題が起こると、教皇権の排除や国王が教会の長を兼《か》ねるという主張に反対したため、反逆罪で捕らえられ、処刑された。そのとき「私は誰の良心も非難しない。彼らの良心は彼らを救うであろう。そして私の良心は私を救わなければならない」と言ってから殉教したと伝えられる。

【聖トマス・モア】

一四七七～一五三五。イギリスの弁護士で偉大なる人文主義者。『ユートピア』の作者。ロンドンに生まれ、オックスフォード大学で法律学を学んで弁護士となった。ヘンリー八世によって宰相に任命されたが、離婚問題の際、国王が英国教会の首長の地位につくことに強く反対したため、ロンドン塔に監禁され、友人ジョン（ヨハネ）・フィッシャー司教の処刑の後に死刑の宣告を受けた。「私は、まず神の忠実なしもべとして、それから国王の忠実なしもべとして死んでいきます」という言葉を残して殉教した。弁護士の守護聖人として知られている。

この日の他の守護聖人

・聖ポーラン・ド・ノール　聖アウグスティヌスの友人だった四～五世紀のフランスの司教。

6月23日

聖女エテルドレダ（オードリー）

英：セイント・エテルドレダ（オードリー）Saint Etheldreda (Audrey)
仏：サン・テテルドレッド（オードレー）Sainte Ethéldréde (Audrey)

◎守護する対象　首・喉を患う人

終生純潔を守ったイギリスの王女。イギリスには彼女の名前を冠した教会が多数あり、かつての人気のほどをしのばせる。首や喉の病気のときに祈願する。英語では「オードリー」とも呼ばれる。

六三〇～六七九。ノーサンブリアのアンナ王の王女として生まれた。一五歳で結婚したが、三年で夫に先立たれる。五年後、政略のために再婚させられたが、修道女となることが望みだったので、一二年間純潔を守り通し、離縁されると修道女となった。六七二年にはエリー島に男女の修道院を創立し、院長を務めた。常に質素な生活をし、食事は一日一回だけだった。現在のエリーの聖堂は、この修道院の跡地にある。死後遺体は腐敗せず、生前に患っていた首の病気も治ったといわれている。そのため、首や喉の病気の守護聖人とされる。

この日の他の守護聖人

・聖マリー・ドニー　一二世紀のベルギーの幻視者。

6月24日

洗礼者聖ヨハネ

英：セイント・ジョン＝バプティスト Saint John-Baptist
仏：サン・ジャン＝バチスト Saint Jean-Baptiste

イエスにヨルダン川で洗礼をほどこした荒野の預言者。イエスの又従兄に当たる。誕生日を祝われる唯一の聖人。守護聖人となっている都市はフィレンツェ、トリノ、ジェノヴァ、地方はフランスのブルゴーニュ、プロヴァンス、マルタ島。修道会、紡績工、お針子、デザイナー、毛皮商、染色業者、ワイン商人、ホテル業者、樽職人、煙突掃除人、鍛冶屋（製鉄業者）、大工、建築家、石工、彫刻家、映画館経営者、羊飼い、農民、音楽家、バレリーナ、歌手、死刑囚、家畜の守護聖人。また守護分野は卒中、頭痛、声のかすれ、めまい、小児の病、精神不安、アルコール中毒、ひょうやあられ。また高速道路の守護聖人でもある。アトリビュートは子羊と外套、それに「神の子羊を見よ」という言葉の書かれた巻物。

◎**アトリビュート**　子羊、外套、「神の子羊を見よ」という言葉の書かれた巻物

◎**守護する対象**　伊フィレンツェ、トリノ、ジェノヴァ、仏ブルゴーニュ、プロヴァンス、マルタ島、修道会、紡績工、お針子、デザイナー、毛皮商、染色業者、ワイン商人、ホテル業者、樽職人、煙突掃除人、鍛冶屋（製鉄業者）、大工、建築家、石工、彫刻家、映画館経営者、羊飼い、農民、音楽家、バレリーナ、歌手、死刑囚、家畜、卒中に襲われた人、頭痛・声のかすれ・めまいに苦しむ人、病気の子ども、精神的な救いが必要な人、アルコール中毒者、ひょうやあられの被害に苦しむ人、高速道路

◎**ゆかりの場所・絵画・彫刻**　ボッティチェルリ（フランクフルト美術館、グラスゴー美術館、ロンドン・テートギャラリー）、レオナルド・ダ・ヴィンチとラファエル（ルーヴル美術館）、ヴァン・ダイク（サンクトペテルブルク・エルミタージュ美術館）、ドナテルロ（ルーヴル美術館、フィレンツェ国立美術館）、カラヴァジオ（ローマ美術館）、ビアズリーがワイルドの『サロメ』のために描いた挿絵

一世紀、エルサレムの神殿祭司ザカリアと結婚していたエリザベト（聖母マリアのいとこ）は、子どもに恵まれなかったが、あるとき、天使から、男の子を授かるだろうと告げられた。予言通り、エリザベトは妊《みごも》って男の子を産み、その子は「ヨハネ」と名づけられた。ヨハネは、らくだの毛衣《けごろも》に皮帯という姿で荒野を歩き、イナゴと蜂蜜で暮らしながら、イエスの到来を予言し、荒野に叫んだ。人々はヨハネに罪を告白し、ヨルダン川で洗礼を受けた。イエスもヨハネから洗礼を授けられた。イエスは「女から生まれた者のうち、洗礼者ヨハネより偉大な者は現れなかった」と述べている。ヨハネはヘロデ王が姪のヘロディアスを妻としていることを非難したため投獄され、ヘロディアスの娘サロメに首を所望されて処刑された。「イエスを栄えさせ、自分は姿を消すもの」としての生涯を送ったのであった。

この日の他の守護聖人

・聖（新）ヨハネ　ルーマニアで崇拝されている一四世紀トルコの殉教者。

6月25日

（アキテーヌの）聖プロスペール（プロスペルス）

英：セイント・プロスパー（・オブ・アキテイヌ）Saint Prosper of Aquitaine
仏：サン・プロスペール（・ダキテーヌ）Saint Prosper d'Aquitaine

◎守護する対象　詩人

ローマ教皇レオ一世の秘書で、妻にキリスト教徒としての心得を記した韻文の手紙を送ったことで知られるフランスの神学者。詩人の守護聖人。

?～四六六。フランスのアキテーヌ地方で修道士となり、四四〇年頃からローマ教皇レオ一世のもとで秘書を務めた。韻文と散文で聖アウグスティヌスの注釈を施し、ペラギウス的な異端の傾向と闘った。結婚していて、妻にキリスト教徒としての心得を記した韻文の手紙を送った。

このプロスペールのほか、イタリアのレッジョの司教として二二年間務めたプロスペロという聖人がいて、両者は混同されている。このレッジョのプロスペロは、詩人の守護聖人として尊敬されている。アキテーヌのプロスペールの祝日を七月七日としている本もある。

この日の他の守護聖人

・**聖女アリエノール・ダキテーヌ**　最初フランスのルイ七世と結婚し、のちに離婚してアンジュー公アンリと再婚したところ、アンリがイギリス王ヘンリー二世として即位したため、イングランド王妃になったことから、持参財産であるアキテーヌを巡って英仏一〇〇年戦争の原因をつくったアキテーヌ女公爵。

・**（モンタウの）ドロテア**　九人の子どもを育てあげた後、マリウンヴェルダー大聖堂の小房で隠修女となり、幻視をもとに人々に助言を行った。プロイセンとドイツ騎士団の守護聖女。

6月26日

聖アンセルム

英：セイント・アンセルム Saint Anthelm
仏：サン・タンテルム Saint Anthelme

悪行を断固として許さない厳しさを持ったフランスのグランド・シャルトルーズ会総長。グランド・シャルトルーズ会発展の立役者。

一一〇七～一一七八。フランスのシャンベリ近郊に生まれ、フランス南東のベレの司祭となったが、三〇歳のときに聖職を去り、グランド・シャルトルーズ会修道士となって厳しい生活を送った。わずか二年間で修道院長に選ばれ、以後二四年間、熱心な指導によってさまざまな厳しい改革を行い、女子修道院も設立した。雪崩によって壊滅していたシャルトルーズ会修道院も再建した。晩年、ベレの司教に選ばれたが、そこでもモーリエンスのフンベルト伯爵の悪行を許さず、破門に処すなど、妥協を許さない司教として知られた。リンカーンの聖フーゴは彼の弟子である。

この日の他の守護聖人

- **聖ダヴィッド**　ギリシャ・テサロニキ五世紀の隠者。
- **（トリエントの）聖ヴィギリウス**　トリエント（現・伊トレント）司教。異教のサトゥルヌス像を破壊したため異教徒に木靴で撲殺され殉教した四～五世紀の聖人。

6月27日

（アレクサンドリアの）聖キュリロス

英：セイント・シリル（・オブ・アレクサンドリア）Saint Cyril of Alexandria
仏：サン・シリル（・ダレクサンドリ）Saint Cyrille d'Alexandrie

◎**守護する対象**　エジプトのアレクサンドリア

聖母マリアは「神の母」ではないとする異端のネストリウス派と闘った四世紀のアレクサンドリア総大司教・教会博士。そのキリスト論、マリア論は三回の公会議で正統とされた。

三八〇頃～四四四。アレクサンドリア生まれ。アレクサンドリアの司教、ついで総大司教に選ばれた。当時流行した異説や異教に厳しく反論、多くの本を著し精神的にキリストの神性と人性の統一性を説いた。たいへん気性が激しく、聖母マリアは「神の母」ではないとする異端ネストリウス派を厳しく弾劾した。彼のキリスト論は四三一年のエフェソス公会議、四五一年のカルケドン公会議、五五三年のコンスタンティノポリス公会議で正統

とされた。東ローマ教会では四人の教父のひとりといわれている。

この日の他の守護聖人

・聖フェルナンド　一三世紀スペイン王家出身の司教。

6月28日

（リヨンの）聖イレネウス（イレネー）

英：セイント・イレネウス（・オブ・リオン）Saint Irenaeus of Lyon
仏：サン・イレネー（・ド・リオン）Saint Irénée de Lyon

◎守護する対象　仏リヨン

聖ポリカルポを師と仰ぐ二世紀のフランスの大神学者。使徒聖ヨハネの孫弟子に当たる。名文家で、神の愛を語った文章は今なお読み継がれている。リヨンの守護聖人。

一三五頃〜二〇〇頃。聖ポリカルポを仰ぐ二世紀の大神学者。現在のトルコのスミルナに生まれ、若い頃からスミルナの司教聖ポリカルポに強い感化を受けた。イエスの使徒聖ヨハネの信仰を受け継いだ聖ポリカルポの姿と声、聖ヨハネから学んだ言葉を完全に心におさめ、それを魂の一部とした。一七七年、ローマ皇帝マルクス・アウレリウスのキリスト教大迫害の際、リヨンの司教が殉教し、その後を継いで司教となった。美しい文で多くの神学書を残した。セプティミス・セヴェルスの迫害時代に、信者とともに捕らえられて殉教したといわれているが、その晩年については定かではない。

この日の他の守護聖人

・聖ハイムラット　一一世紀ドイツのライン地方の布教者。

6月29日

使徒聖ペトロ

英：セイント・ピーター Saint Peter
仏：サン・ピエール Saint Pierre

◎**アトリビュート** 投獄されたときに天使が解いた鎖、イエスから与えられた天国への扉の鍵（ふたつの場合は結ぶ鍵と解く鍵）、逆さの十字架（殉教具）、船（教会の象徴）、魚（漁師）

◎**守護する対象** ローマ、キリスト教、ローマ教皇職、処女性、難破、漁師、精肉業、石工、ガラス製造業、家具職人、時計職人、活字鋳造職人、壺作り、レンガ職人、橋の建築家、魚屋、船員、高熱・足の病気・骨折に苦しむ人、盗難に遭った人、蛇に咬まれた人、長命の人

◎**ゆかりの場所・絵画・彫刻** ジョルジュ・ラ・トゥール（ナント美術館）、ミケランジェロとレ・グイド（ヴァチカン・パウリーナ礼拝堂）、セバスチャン・ブールドン（ルーヴル美術館）、ヴァン・ダイク（ブリュッセル美術館）、ルーベンス（ケルン美術館）サン・ピエール・ド・モンマルトル教会（パリ）

一二使徒のリーダーで、兄弟の聖アンドレとともに最初にイエスに選ばれた。ローマ教会の創設者。アトリビュートは投獄されたときに天使が解《と》いた鎖と、イエスから与えられた天国への扉の鍵（ふたつの場合は結ぶ鍵と解く鍵）、逆さの十字架（殉教具）、船（教会の象徴）、魚（漁師）。守護範囲はキリスト教、ローマ教皇職、処女性、難破。守護都市はローマ。漁師、精肉業、石工、ガラス製造業、家具職人、時計職人、活字鋳造職人、壺作り、レンガ職人、橋の建築家、魚屋、船員の守護聖人。高熱、足痛、骨折などのとき、盗難にあったとき、蛇に咬まれたとき、さらに長命を願うときなどに祈願する。この日に、聖パウロとともに祝われることが多い。

？～六四頃。ゲネサレト湖畔のベトサイダの貧しい漁師ヨナとヨハンナの子として生まれる。弟アンドレとともに漁師として暮らしていたとき、イエスから「人をすなどる者としよう」と言われ、網を捨て、イエスの後に従った。初めシモンという名であったが、イエスが「岩」を意味する「ペトロ」という名前をつけ、教会を建てるように命じた。復活したイエスから「私の羊を飼いなさい」と言われ、ローマ教会を導いた。皇帝ネロのキリスト教迫害が始まったとき、ローマを脱出しようとしたが、十字架を背負ったイエスに出会い、「主よ、どこに行かれるのですか」と尋ねると、イエスが「再び十字架につけられるためにローマに行くところだ」と答えたので、使命を悟ってローマに引き返し、十字架に逆さまにつけられて殉教した。

処刑された場所に、サン・ピエトロ大聖堂が建てられている。後に、ローマの司教は「教皇」としてペトロの使命を受け継いでいく。教皇職が「ペトロの座」とも呼ばれているのはそのためである。

この日の他の守護聖人

・聖パウロ　↓一月二五日を参照。

6月30日

（リモージュの）聖マルシアル

英：セイント・マルティアル（・オブ・リモージュ）Saint Martial of Limoges
仏：サン・マルシアル（・ド・リモージュ）Saint Martial de Limoges

◎守護する対象　仏リモージュ

初期キリスト教の時代にガリア地方（フランス）を宣教したリモージュの初代司教。リモージュの守護聖人。さまざまな奇跡を起こしたとされる聖人。

二五〇頃。三世紀の中頃ローマからガリア地方（フランス）に七人の宣教師が送られたが、マルシアルはそのうちのひとり。リモージュに司教座を置き、アキテーヌ地方を中心に精力的に宣教活動を行った。現在のリモージュ市は、彼の墓を中心に発展し、今でもリモージュの大聖堂の北に、聖ステファノと並んで彼の肖像画が描かれた大きなゴシック様式の扉がある。また、首を切り落とされたヴァレリーという名の少女殉教者は彼のもとまで首を抱いて歩いた、という伝説の像も残されている。

さまざまな伝説があり、信憑性は薄いが、聖ペトロの杖でローマ地方総督の亡くなった息子をよみがえらせたという話もある。また、彼は福音書に出てくる五匹の魚とふたつのパンをイエスのもとに持ってきた若者であり、イエスの七二人の弟子のひとりとする説もある。

この日の他の守護聖人

・**ザルツブルクの聖女エレントルーデ**　八世紀ザルツブルクの守護聖人ルペルトの女弟子。

・**(プロヴァンの)聖ティボー**　一一世紀、仏プロヴァンの隠修士。左官として生計を立てていたことから左官守護聖人。

7月の聖人

Les Saints du mois de juillet

7/1 聖ティエリー
7/2 (バンベルクの)聖オットー
7/3 使徒聖トマス
7/4 (ポルトガルの)聖女エリザベート(イザベル)
7/5 聖アントニオ・マリア・ザカリア
7/6 聖マリア・ゴレッティ
7/7 聖パラディウス
7/8 聖キリアヌス
7/9 聖女ヴェロニカ・ジュリアーニ
7/10 (洞窟の)聖アントニウス
7/11 聖ベネディクトゥス(ベネディクト)
7/12 聖ジョヴァンニ(ヨハネ)・グアルベルト
7/13 聖ハインリッヒ(二世)
7/14 聖カミルロ・デ・レルリス
7/15 聖ボナヴェントゥラ
7/16 聖女マリー=マドレーヌ・ポステル
7/17 聖アレクシウス
7/18 聖アルヌール
7/19 聖アルセニウス
7/20 (アンティオキアの)聖マルガリタ(マリナ)
7/21 (ブリンディシの)聖ラウレンチオ(ラウレンティウス)
7/22 聖マグダラのマリア
7/23 (スウェーデンの)聖女ビルギッタ(ビルジッタ)
7/24 (伊ボルセナとベルギーの)聖女クリスチーナ
7/25 聖(大)ヤコブ
7/25 聖クリストフォロス(クリストフォロ)
7/26 聖女アンナ
7/27 聖パンタレオン(パンタレオヌス)
7/28 聖ナザリウスと聖ケルスス
7/29 (ベタニアの)聖女マルタ
7/30 聖ペトロ・クリソロゴ(ペトルス・クリソロゴス)
7/31 聖イグナチウス・デ・ロヨラ

Préface

7月の守護聖人

七月は有名聖人目白押しの月で、毎日のようにお馴染みの聖人が顔を出す。

なかでも豪華な日は七月二五日。一二使徒のひとりの聖大ヤコブ（ジャック）と、人気聖人の聖クリストフォロス（クリストフ）という超大物聖人の祝日だからである。

聖大ヤコブは福音書記者の聖ヨハネの兄弟。イエスの従兄の聖ヤコブ（小ヤコブ）と区別するために「大ヤコブ」と呼ばれる。イスラエル北部で殉職したが、八一三年、スペインの野原の上に星が出現し、スペインに運ばれたとする遺体のありかを示した。以後、一大聖地として崇《あが》められるようになる。これがサンティアゴ・デ・コンポステラ（スペイン語で「星の野原の聖ヤコブ」の意味）の起源。フランス語ではホタテ貝のことをサン＝ジャック貝というが、それはこの地に向かう巡礼者たちがホタテ貝の殻を喜捨を受けるための鉢《はち》として使ったからである。

七月二五日のもうひとりの守護聖人である聖クリストフォロスは「キリストを背負う者」の意味。巨人のクリストフォロスは川で渡し守をしていたが、あるとき一人の子どもを背中に乗せて川を渡ると、世界全体を背負っていると思うくらいに重くなった。岸につくと、子どもは「お前は世界を創造した者を背負っていたのだ」と語り、イエスであることを明かし、布教を命じた。クリストフォロスはイエスの言葉を守って殉教した。この伝説は芥川龍之介の『きりしとほろ上人伝《しょうにんでん》』の原型となった。夏目漱石の『夢十夜』のエピソードにもその影響が認められる。

聖クリストフォロスは旅行者や運送業者の守護聖人で、タクシー運転手やトラック運転手など運転を職業とする人たちは聖クリストフォロスをかたどったメダイヨン（大型メダル）を身につけたり、キー・ホルダーをもったりしている。

七月はまた、有名な守護聖女の多い月である。

たとえば七月二二日は聖女マグダラのマリア（マドレーヌ）の祝日。イエスの足に香油を塗った名もない娼婦と、聖ラザロ姉妹であるベタニアのマリアが混合されて、マグダラのマリアという贖罪《しょくざい》の大聖女が生まれた。ヨーロッパでは聖母マリアに次いで絵画の主題となっている。『失われた時を求めて』で有名になったマドレーヌというスポンジ・ケーキは、このケーキの発明者マドレーヌ・ポルミから来ている。

ベタニアのマリアにはマルタ（マルト）と呼ばれる姉がいた。妹がイエスの話に夢中になり、家事をしないのに腹をたてたところ、イエスが、マルタをいさめたという故事から、聖女マルタ（七月二九日）は主婦や家政婦の守護聖女となる。

七月の守護聖女で一番有名なのは七月二六日の聖女アンナ（アンヌ）だろう。聖女アンナは聖母マリアの母親で、イエスの祖母。外典の『ヤコブの福音書』にマリアはアンナと夫ヨアキムの子どもだったと書かれている。子宝に恵まれなかった夫妻に同時に天使が現れ、生まれてくる子どもマリアは神の母となるであろうと告げた。聖女アンナの信仰は、聖母マリア信仰と軌を一にして拡大していった。聖女アンナは子宝の授からない母親、妊婦、主婦などの守護聖女である。フランスでは、マリアと重ねられた合名のマリ＝アンヌ、アンヌ＝マリが女の子の名前としていまでも人気がある。

7月1日

聖ティエリー

英：セイント・ティエリー Saint Thierry
仏：サン・ティエリー Saint Thierry

◎**守護する対象（地域・職業・病気・災害）**　仏ランス、熱病・眼病・リューマチに苦しむ人

王子の眼病を治したモン・ドールの修道院長。大盗賊の息子だったが修道院長となる。父親も回心して、修道院に入った。ランスの守護聖人。熱病、眼病、リューマチのときに祈願する。

?〜五三三。フランス・マルヌで大盗賊マルカールの息子として生まれたが、結婚式の当日、突如、回心。妻を女子修道院に入れようとしたが、拒まれたため、ランスの司教聖レミのところに連れていった。すると、聖レミは、結婚を無効とし、ティエリーの妻を両親のもとに返し、ティエリーだけを助祭として雇い入れた。聖レミがモン・ドールに修道院を設立すると、ティエリーはその最初の修道院長となった。やがて、大盗賊だった父が修道院を訪れ、良き修道僧となって暮らした。

ティエリーは数々の奇跡を行ったが、一番、目覚ましいものは、クロヴィス王の息子の眼病を快癒させたことである。医者に見放され、眼球摘出寸前だった眼病をティエリーは手を触れるだけで治したのである。

この日の他の守護聖人

・**聖シメオン・サルス**　パレスチナで隠棲《いんせい》修道士として修行した後に、故郷の町に戻って、そこで売春婦、犯罪者、狂人など社会の最底辺の仲間に加わることを目的に、奇矯なふるまいをしたり、店の商品を盗んだりしたため、本当に精神に異常をきたしたのではないかと疑われた六世紀のシリアの聖人。

7月2日

（バンベルクの）聖オットー

英：セイント・オット（・オブ・バンバーグ）Saint Otto of Bamberg
仏：サン・トトン（・ド・バンベルク）Saint Othon de Bamberg

◎守護する対象　ポーランドのポメラニア地方

「カノッサの屈辱」の後、ローマ教皇と神聖ローマ皇帝の和解に努めたバンベルクの司教。ポーランドのポメラニア地方の守護聖人。

?～一一三九。シュヴァーベンの貴族の家に生まれる。神聖ローマ皇帝ハインリッヒ四世に見込まれて、閣僚となる。ハインリッヒ四世は、彼の能力を高く買っていたので、「カノッサの屈辱」の原因となった対立教皇擁立などについて彼が厳しく非難しても、これを許し、バンベルクの司教に任じた。父王に反旗をひるがえしたハインリッヒ五世も彼を手元に置きたかったが、そのため、彼は、対立する皇帝と教皇との間に妥協点を見いだそうと努力し、ついにヴェルツブルクの会議で、教会と国家の分離を双方に承認させることに成功する。

晩年には、ポーランド王に請われて、ポメラニアの宣教に従事し、「ポメラニアの使徒」と呼ばれた。六月三〇日を当てている聖人暦もある。

この日の他の守護聖人

・**聖スヴィージン**　九世紀イギリス・ウィンチェスターの司教で、旱魃《かんばつ》から人々を守る聖人。

7月3日

使徒聖トマス

英：セイント・トマス Saint Thomas
仏：サン・トマ Saint Thomas

一二使徒のひとり。イエスの復活を容易に信じず「疑り深いトマス」と呼ばれた。建築家、大工、測量技師、左官、石工、家具職人、盲人の守護聖人。アトリビュートは建築家が持つT型定規と槍（殉教具）、それに聖母マリアの投げた帯。インド、ポルトガルの守護聖人。

◎**アトリビュート**　建築家が持つT型定規と槍（殉教具）、聖母マリアの投げた帯
◎**守護する対象**　インド、ポルトガル、建築家、大工、測量技師、左官、石工、家具職人、盲人
◎**ゆかりの場所・絵画・彫刻**　ジョルジュ・ラ・トゥール（東京・国立西洋美術館）、ルーベンス（マドリッド・プラド美術館）

一世紀。一二使徒のひとりだが、イエスの復活についてもっとも懐疑的だったので、復活したイエスは、トマスに自分の手で脇腹の聖痕《せいこん》に触れよと命じ、「私を見たのだから、私を信じたのだろう。私を見ずに信じた者は幸せである」と言った。そのため「疑り深いトマス」という表現が生まれた。聖母マリアの昇天のときにも、トマスは遅れて駆けつけ、昇天の奇跡を疑ったので、天から聖母マリアが彼に帯を投げたといわれる。

その後インドへ行き、マドラス近郊のミラポアで異教徒によって槍で殺され、埋葬されたといわれる。インドのケララのキリスト教徒たちは、そのため「聖トマスのキリスト教徒」と自称している。外伝の『トマス行伝』によると、あるときインドの王が宮殿を建築するための大金をトマスに渡したところ、トマスは、王宮は天国で築けばいいと、貧しい人々にその金を分け与えてしまった。守護分野が建築家となったのはこのためである。また、若い頃には、霊的な存在については盲目同然だったことから、目の不自由な人の祈願対象にもなっている。

この日の他の守護聖人

・**聖アーロンと聖ジューリアス**　三世紀に殉教したふたりのブリトン人。

7月4日

（ポルトガルの）聖女エリザベート（イザベル）

英：セイント・エリザベスまたはセイント・イザベル（・オブ・ポートガル）
Saint Elizabeth (Isabel) of Portugal
仏：サン・テリザベットまたはサン・ティザベル（・ド・ポルチュガル）
Sainte Élisabeth (Isabelle) de Portugal

◎**アトリビュート**　バラ
◎**守護する対象**　ポルトガル、ポルトガルのコインブラ、戦争に反対する者
◎**ゆかりの場所・絵画・彫刻**　イポリット・フランドラン（パリのサン・ヴァンサン・ド・ポール教会）、版画家のジャック・カローの作品

ポルトガル王妃として親族の権力争いの調停役を務めたことから戦争に反対する者の守護聖女となる。大伯母にあたるハンガリーの聖女エリザベートにちなんで名付けられた。ポルトガルと同国コインブラ市の守護聖女。アトリビュートはバラ。

一二七一～一三三六。スペインのアラゴン王ペドロ三世の王女として生まれ、一二歳でポルトガル王ディオニシオと結婚した。この王は名君として知られたが、彼女は夫の不実と嫉妬に苦しんだ。二〇歳のときから信仰生活に入り、孤児院や施療《せりょう》院、暴力を受けた女性のための救済ホームなどを設立した。一三二〇年に王子のアルフォンソが父に対して軍を起こしたときには、両者の和解に努めた。当時は、親類間にも権力争いが絶えなかったが、エリザベートはいつも間に立って平和のために働いた。一三二五年に夫が病死すると、コインブラに隠棲し、フランシスコ会の第三会に属して社会の弱者のために働いた。一三三六年、息子のポルトガル王とカスティリア王との間に紛争が起こったときには、エリザベートは平和解決のために奔走し、その心身の疲れのために亡くなった。戦争に反対する者の守護聖女となっているのは、彼女が調停能力に優れていたためである。

・**聖フロラン**　四世紀フランス・カオールの司教。

・**聖女ベルト**　未亡人になってから娘たちとともに、自分が設立したブランギーの修道院に引きこもった八世紀フランスの貴族の婦人。

・**（アウグスブルクの）聖ウルリク**　一〇世紀のアウグスブルクの司教。ハンガリー軍との戦いで敵を撃退。アウグスブルクの守護聖人。アトリビュートは魚（金曜日に肉食していたと非難されたが、証拠品として提出された肉が魚に変わっていたことから）とネズミ（墓のまわりの土が、ネズミ撃退効果があるとされたことから）。

7月5日

聖アントニオ・マリア・ザカリア

英：セイント・アントニー＝マリー・ザカリア Saint Antony-Mary Zaccaria
仏：サン・タントワーヌ＝マリー・ザカリア Saint Antoine-Marie Zaccaria

◎**アトリビュート**　聖杯、聖体のパン、十字架
◎**守護する対象**　聖バルナバ修道会、聖パウロ天使修道女会

医師の仕事に限界を感じて、司祭となった聖人。ルターと同時代に、教会の退廃を正す「聖パウロの律修《りっしゅう》聖職者会」を創立した。

一五〇二～一五三九。イタリア・クレモナの貴族の家に生まれる。父親が早くに亡くなったため、若い母親の手で育てられた。パドヴァの大学で医学を学び、医師となるが、肉体だけの治療に限界を感じ、精神的に苦しむ人々を助けたいと思いたって、神学の勉強を始め、一五二八年に司祭となった。貧者、病人、囚人を見舞い、力づけ、機会あるごとに説教し、告白を聞いた。決して肉食をせず、祈り明かすこともたびたびあったという。

腐敗と混乱をきわめる教会の姿勢を正すため、一五三〇年に、志を同じくする数人の司祭とともに「聖パウロ律修聖職者会」を創立した。この会は活動の拠点となった聖バルナバ教会にちなんで「バルナバ修道会」と呼ばれ、人々の魂の救済に力を尽くした。熱心な宣教活動と厳しい節制の生活で体力を消耗したアントニオは、一五三九年、三六歳でこの世を去った。

この日の他の守護聖人

・**（アトス山の）聖アタナシウス**　隠棲修道士が多く住むギリシャのアトス山に初の修道院を建てた一〇世紀の聖人。

7月6日

聖女マリア・ゴレッティ

英：セイント・マリア・ゴレッティ Saint Maria Goretti
仏：サント・マリア・ゴレッティ Sainte Maria Goretti

◎守護する対象　少女

少女の守護聖女。一二歳のとき、辱めを受けるよりも死を選び、なおかつ、犯人を赦すように遺言を残した。

一八九〇～一九〇二。イタリア中部アンコーナの信仰深い農夫の娘として生まれた。一〇歳のときに父を失い、畑仕事に出る母に代わって家事や兄弟の世話をしていたが、隣家の息子アレッサンドロが母の留守を狙ってマリアを強姦しようとした。彼女は力をふりしぼって抵抗したのでナイフで何カ所も刺され、翌日、苦しんだ末、彼を赦すように言い残して息をひきとった。一二歳だった。

アレッサンドロは投獄されても後悔しなかったが、八年後に、突如、回心した。一九二九年の恩赦《おんしゃ》で出所すると、マリアの母に会いに行った。母はマリアの遺言通りに彼を赦し、ともにマリアのために教会でミサを捧げた。その後、彼はカプチン会の修道院に入り、その生涯を罪の償いのために捧げた。マリアが列聖されたとき、彼はまだ存命中だった。辱めを受けるよりも死を選んだことで、教会より列聖の栄誉を与えられたマリアは、少女の守護聖人となった。

この日の他の守護聖人

・**聖女ゴドレーヌ**　夫とその母によって殺された、一一世紀ベルギーの聖女。

・**聖ゴアール**　アキテーヌ出身の五世紀の隠修士。ライン川流域に宣教した。ライン川観光で知られるザンクト・ゴアールはこの聖人にちなむ。ローレライの誘惑から守ったということで船乗りの守護聖人。

7月7日

聖パラディウス

英：セイント・パラディアス Saint Palladius
仏：サン・パラディユス Saint Palladius

アイルランドの初代司教。イングランド、アイルランド、スコットランドと、五世紀のイギリスを宣教して歩いた聖人。

?〜四三二。アキテーヌの聖プロスペールの語るところによると、パラディウスは異端のペラギウス派が主流となったイングランドに、オクセールの聖ジェルマンを派遣するよう教皇に働きかけたという。その後、聖ジェルマンとともに、イングランドに渡り、次いで、アイルランドに初代の司教として派遣された。そこで、強い反対にあいながら三つの教会を建てた。アイルランドの守護聖人である聖パトリックは彼の後継者である。パラディウスは次に宣教の地をスコットランドに求めたが、フォーダンで死去。

この日の他の守護聖人

・**聖ワイリバルト（仏：ヴィリヴァルト）**　八世紀に聖地エルサレムに赴いた最初のイギリス人宣教者・司教。聖人一家のひとりで、父聖リチャードと弟妹とともにドイツで布教し、聖ボニファティウスによりアイヒシユタット司教に任じられた。ドイツで崇敬されている。

・**聖女エセルブルガ**　イースト・アングリアの王女だったが、イギリスでは適当な修道院が見つからないためフランスに帰化した八世紀の聖女。

7月8日

聖キリアヌス

英：セイント・シリアン Saint Cilien
仏：サン・キリアン Saint Kilien

◎**アトリビュート**　剣（殉教具）
◎**守護する対象**　独ヴュルツブルク、バイエルン、染色業者、樽職人、眼病・痛風・リューマチに苦しむ人
◎**ゆかりの場所・絵画・彫刻**　ドイツの木彫の巨匠リーメンシュナイダーによる作品（ヴュルツブルク司教区美術館）

ドイツ・バイエルンのヴュルツブルクに宣教を試みた最初の司教。ヴュルツブルク公爵の妻に殺害される。ヴュルツブルクとバイエルンの守護聖人。染色業者と樽職人の守護聖人。眼病、痛風、リューマチの病人が祈願する。アトリビュートは剣（殉教具）。

六四〇～六八九。アイルランドに生まれ、司教となった後、フランケン（現在のドイツ）のテューリンゲンに宣教。ついで、バイエルンのヴュルツブルクのグズベルト公に迎えられる。グズベルト公はすぐにキリスト教に改宗したが、ひとつ大きな問題があった。彼が弟の妻のガイラナと婚姻関係を結んでいたことである。キリアヌスは教皇に相談するため、ローマに赴《おもむ》いたところ、教皇は、公爵がガイラナと離婚しない限り、洗礼はまかりならんと答えた。キリアヌスが戻って、この回答を公爵に伝えると、妻に飽きていた公爵はふたつ返事で承諾したが、妻のガイラナは憤慨し、公爵のいない留守に、キリアヌスとその助祭たちを殺害させ、聖具とともに埋めたので、公爵はキリアヌスがローマに帰ったと思い込んだ。その結果、バイエルンがキリスト教化されるには、聖ボニファキウスの宣教まで待たなければならなくなった。

・**（カイサリアの）聖プロコピウス**　四世紀ディオクレティアヌスの迫害時代の殉教者。ホメロスの詩句を引用して「何人もの主人に仕えるのはよろしくない」と言ったために斬首された。

7月9日

聖女ヴェロニカ・ジュリアーニ

英：セイント・ヴェロニカ・ジュリアーニ Saint Veronica Giuliani
仏：サント・ヴェロニック・ジュリアーニ Sainte Véronique Giuliani

◎**アトリビュート**　茨の冠、十字架を抱いた姿

キリストの聖痕が両手、脇腹、両足に現れた神秘家の修道院長。貴重な神秘体験の日記を残した。

一六六〇～一七二七。イタリア・メルカテロの裕福な家に生まれる。幼いときから修道院の生活を望み、一七歳でクララ会に入ると、祈りと黙想の生活に励んだ。一六九七年の金曜日、キリストと同じ傷痕を両手、脇腹、両足に受けた。そのため人々の好奇心や疑惑の的となり、司教から人前に出ることを禁じられたが、持ち前の冷静さと明朗な生活で疑いを晴らし、真正さを認めさせることとなった。一七二七年に亡くなる前の一一年間は修道院長として、敬虔《けいけん》な言葉、行い、奇跡によって修道女たちを導いた。彼女が書き残した四四巻になる日記は、神秘思想の貴重な文献となっている。

この日の他の守護聖人

・**聖テオドリック**　オランダのゴルクムで一五七二年にカルヴァン教徒によって虐殺されたゴルクムの殉教者のひとり。

7月10日

（洞窟の）聖アントニウス

英：セイント・アントニー（・オブ・ザ・カーヴズ）Saint Antony of the Caves
仏：サン・タントワーヌ（・デ・カーヴ）Saint Antoine des Caves

「砂漠のアントニウス」に憧れ、キエフの洞窟の中にロシアで最初の修道院をつくった聖人。

九八三～一〇七三。アトス山で隠棲修道士として出発したのち、キエフの洞窟の中で生活を始めた。やがて、他の隠棲修道士たちも、この洞窟に集まってきて、ロシアで最初の修道院であるペチェールスキイ修道院が生まれた。「洞窟のアントニウス」がアントニウス・ペチェールスキイと呼ばれるのはこのためである。なお、ペチェールスキイとは彼の後を継いだ修道院長の名前である。洞窟のアントニウスは、「砂漠の聖アントニウス」にならって、妥協のない暮らしを望み、修道院を出て、独居生活に入った後、キエフに戻って死去した。

この日の他の守護聖人

・**聖ユルリック**　友人だった聖ユーグに請われてクリュニーのベネディクト会修道院に入り、改革を行ったほか、ふたつの修道院を創設した一一世紀の聖人。

・**（ゲントの）聖女アマルベルガ**　フランク王国の宮宰カール・マルテルの求婚を拒否して修道院に入った幻視者の修道女。旱魃や鳥害に苦しむ農民を救ったことから農民の守護聖女。

7月11日

聖ベネディクトゥス
（ベネディクト）

英：セイント・ベネディクト Saint Benedict
仏：サン・ブノワ Saint Benoit

◎アトリビュート　割れたグラス
◎守護する対象　ヨーロッパ、学童、教員、建築家、坑夫、銅器製造業者、洞窟探検家、死にゆく人、熱病・炎症に苦しむ人、毒を飲んだ人、結石に苦しむ人、妖術を使われた人

修道院生活の憲法ともいえる「ベネディクト会則」を書いた大修道院長。ベネディクト会は教育に力を入れたので、学童と教員の守護聖人となった。建築家、坑夫、銅器製造業者、洞窟探検家、死にゆく人、ヨーロッパの守護聖人。熱病、炎症、毒を飲んだとき、結石、妖術を使われたときなどに祈願する。アトリビュートは割れたグラス。

四八〇〜五五〇頃。イタリア北部ウンブリアのヌルシアに生まれる。双生児の姉（妹）は後にベネディクト会女子修道院を設立した聖女スコラスティカ。一四歳で勉学のためローマに向かうが、誘惑に満ちたローマに負けるのを恐れ、二〇歳の頃、山にこもって隠棲修道士となり、洞窟で厳しい禁欲生活を送った。ベネディクトゥスの名声を慕って多くの青年が集まってきたので、彼らのために一二の共同体を設立した。

五二九年、ナポリ近くのモンテ・カッシーノに移り、修道院を建てた。そこで修道生活のための規則をつくったが、この清貧、高潔、従順さの上に成る「ベネディクト会則」は、以後、ヨーロッパのあらゆる修道院の規範となり、キリスト教文明のバックボーンをなした。

この日の他の守護聖人

- **聖女オルガ**　聖ウラジーミルの祖母でキエフのロシア人の中ではもっともはやく改宗した一〇世紀の聖女。
- **（ディゼンティスの）聖プラキドゥスと聖シギスベルト**　ふたりでスイスのディゼンティス修道院を創設したが、地方の代官と対立して殉教。ディゼンティスの守護聖人。

7月12日

聖ジョヴァンニ（ヨハネ）・グアルベルト

英：セイント・ジョン・ガーバート Saint John Guarbert
仏：サン・ジャン・ガルベール Saint Jean Guarbert

◎**守護する対象** 森林労働者、悪魔憑きに苦しむ人
◎**ゆかりの場所・絵画・彫刻** フラ・アンジェリコ（フィレンツェのサン・マルコ美術館）

復讐の相手を赦したのを機会に回心し、教会の腐敗に対して、厳密な規律に基づいた修道院を創設したイタリアの聖人。森林労働者の守護聖人。悪魔憑《つ》きの際に祈願する。

九九五～一〇七三。フィレンツェの名家に生まれ、何不自由なく育ったが、ある日、貴族同士のいざこざで兄が殺されたため、復讐を誓った。機会をうかがっていたところ絶好のチャンスが訪れたので剣をもって飛びかかったが、十字を切って命乞いをする相手にイエスの幻影をみて、赦しを与えた。

これを機会に回心し、生涯を神に捧げる決心をして、ドミニコ会の修道院に入った。過去の放縦《ほうしょう》と快楽から逃れ、謙虚と従順、そして忍耐を学んだ。修道院の模範と仰がれるようになり、院長の亡き後、後継者に推されたが、前任者が金で地位を買ったことを知って辞退し、聖ロムアルドが創立したカマルドリ会にしばらく身を寄せた。それから、トスカーナのヴァロンブロサの山奥で修行に励んだが、彼を慕って集まってくる多くの人のために、一〇三八年に修道院を創立した。そこで会員たちは聖ベネディクトゥスの会則に基づいた生活を送り、貧者や病人の世話をした。ジョヴァンニは一〇七三年に亡くなるまで修道院長を務めた。

この日の他の守護聖人

・**聖女ヴェロニカ** →二月四日の項を参照。

7月13日

聖ハインリッヒ（二世）

英：セイント・ヘンリー（・ザ・セカンド）Saint Henry II
仏：サン・タンリ（・ドゥ）Saint Henri II

◎守護する対象　独バイエルン、バンベルク

理想的なキリスト教の君主として知られる神聖ローマ皇帝。バイエルン、バンベルクの守護聖人。

九七二〜一〇二四。九七二年にバイエルン侯ハインリッヒの子としてドイツのレーゲンスブルクに生まれる。幼いときから、王としての義務、神への畏敬など帝王教育を授けられた。

一〇〇二年、従兄弟の神聖ローマ帝国皇帝オットー三世の後を継いで皇帝となったとき、彼が力を注いだのは、神聖ローマ帝国の統一性を保持すること、それに腐敗した教会を改革し、これを政治権力に従わせることだった。聖堂や修道院をドイツ各地に建てたが、とくにバンベルクの司教座教会は、教育、文化、宣教の中心となった。一〇二四年に亡くなると、バンベルクの聖堂に埋葬された。リュクサンブルク王家から嫁いだ王妃の聖クニグンデは寡婦《かふ》となってから、自分で建てた修道院で修道女となった。一〇三三年に亡くなると、夫のかたわらに葬られた。

ハインリッヒは、理想的なキリスト教の君主として知られている。王妃の聖クニグンデの祝日とする聖人暦もある。

この日の他の守護聖人

・**（カルタゴの）聖エウゲニウス**　アリウス派が支配していた五世紀にカルタゴの司教を務めていた聖人。

7月14日

聖カミルロ・デ・レルリス

英：セイント・カミラス・デ・レリス Saint Camillus de Lellis
仏：サン・カミーユ・ド・レリス Saint Camille de Lellis

◎守護する対象　ローマ、看護婦、看護人、病院職員、病院、病人、赤十字

ギャンブラーから司祭となり、悲惨な病人の介抱をする「病める人のための修道会」を設立した聖人。看護婦、看護師、病院職員、病院、病人の守護聖人で、赤十字の守護聖人ともいわれる。守護地域はローマ。

一五五〇～一六一四。中部イタリアに生まれる。デ・レルリスという姓からみて貴族の出身とわかる。フィレンツェに残っている大きな靴から想像して、二メートルはあろうかという大男だったようだ。一七歳のとき、父とともにスペイン軍の傭兵となるが、ギャンブル好きだったため、無一文となって軍隊を追われる。職を転々とするうち、ある聖職者と知り合い、二五歳の誕生日の直後に回心する。フランシスコ会に入ろうとするが、軍隊時代の片足の傷がもとで、入会できなかった。

こうして、自分の苦痛から、他者の痛みを理解するようになり、ローマのサン・ジアコモ病院に勤務する。そこで病院の悲惨な状況に気付き、司祭となって、一五八五年に「病める人のための修道会」を設立、病院で、また自宅で病人を介護するようになる。その後、一五の宗教施設と八つの病院を建設し、六四歳で没する直前まで、痛む足をひきずりながら病人を看護し続けた。この修道会のメンバーは、ハンガリーとクロアチアで勃発した戦争に参加して、最古の従軍看護兵部隊としてその名を記録に残した。

この日の他の守護聖人

・聖ヴラジーミル　聖女オルガの孫のキエフ大公。粗暴で放埒な人間だったが、洗礼を受けてからは模範的な君主となり、ロシアの民衆をキリスト教に改宗させた一〇～一一世紀の聖人。

・聖フランシスコ・ソラーノ　一六～一七世紀に南米のインディオに宣教したフランシスコ会修道士。リマ、クスコ、パナマ、ペトシなどの守護聖人。

7月15日

聖ボナヴェントゥラ

英：セイント・ボナヴェンチャー Saint Bonaventure
仏：サン・ボナヴァンチュール Saint Bonaventure

◎**守護する対象**　労働者、ポーター、絹糸織工、子ども、神学者
◎**ゆかりの場所・絵画・彫刻**　ズルバラン（ルーヴル美術館、ベルリン・ピナコテク美術館）

中世最大の神学者、教会博士のひとり。労働者、ポーター、絹糸織工、子ども、神学者の守護聖人。

一二一八～一二七四。イタリア、トスカーナで生まれる。ヨハネと名付けられたが、あるとき大病をわずらい、母にアッシジの聖フランチェスコのもとに連れていかれた。母は、病気が治ったら息子を修道会に捧げますと誓った。聖フランチェスコが彼を抱き上げ祝福すると、子どもはたちまち全快し、フランチェスコも思わず「ボナ・ヴェントゥラ（運がよかった）！」と叫んだので、以後、ボナヴェントゥラと呼ばれるようになったと伝えられる。

二五歳のとき、フランシスコ会に入り、パリで神学を学んだ後、司祭となり、フランシスコ修道会総長に選ばれて、修道会の第二の創設者と見なされるまでになる。最高の知性を備えていたにもかかわらず、謙虚で、多くの人々から尊敬された。一二七三年にアルバノの枢機卿・司教とされ、ギリシャ正教とローマ教会の和解に努めたが、一二七四年の第二回リヨン公会議の会議中に死去した。聖トマス・アクィナスと並び称されるスコラ派の神学者で、「セラフィム的博士」と呼ばれる。

この日の他の守護聖人

・聖ドナルド　妻に先立たれるが、九人の娘は結婚を望まずキリストに生涯を捧げることを望んだので、自宅を修道院にして敬虔な生活を送った七世紀スコットランドの聖人。ちなみに、スコットランド人に多いマクドナルドという姓は、「ドナルドの息子」という意味。

・聖ゴドフロワ・ド・ブイヨン　ベルギー南部のブイヨンの領主でニーダーロートリンゲン公。第一次十字軍の指導者としてエルサレム攻略に成功したが、初代エルサレム国王となることを拒んで「聖墓の守護者」を自認した。

7月16日

聖女マリー＝マドレーヌ・ポステル

英：セイント・マリー＝マグダレン・ポステル Saint Mary-Magdalene Postel
仏：サント・マリー＝マドレーヌ・ポステル Sainte Marie-Madeleine Postel

大革命のときにも、非合法で女子教育を続けた聖女。「愛徳のキリスト教学校修道女会」の設立者。

一七五六～一八四六。フランスのノルマンディーに生まれた。本名ジュリー・ポルステル。ヴァローニュのベネディクト会修道院で学び、一七七四年に、教育を受けられない子どもたちのために学校を開いた。フランス革命のときには、司祭たちを助け、秘密のミサを組織し、教育も続けた。聖体拝領のパンの管理も任されていたので、それを病人の食事にも役立たせた。

フランス革命の試練が終わると、五一歳になってはじめて修道会に入り、「愛徳のキリスト教学校修道女会」の創設に着手した。多くの困難に直面しても、決してあきらめることなく、女子教育に身を捧げた。マリー＝マドレーヌと名を改め、一八三〇年にサン・ソヴール・レ・ヴィコムに本拠地となる修道院を得た後、九〇歳で亡くなるまで会の指導にあたった。

この日の他の守護聖人

この日は「カルメル山の聖母マリアの日」となっている。カルメル山とはイスラエル北西にある山で、一三世紀頃から、この山で暮らす隠棲修道士たちが、「カルメル山の聖母マリア修道会」を組織した。一六世紀にアビラの聖女テレジアが「跣足《せんそく》カルメル修道会」を創設して以来、この「カルメル山の聖母マリアの日」を祝う習慣が広まった。この「カルメル山の聖母マリア」は漁師と船員の守護聖人となっている。

7月17日

聖アレクシウス

英：セイント・アレクシス Saint Alexis
仏：サン・タレクシス Saint Alexis

◎**アトリビュート** 金の指輪、ベルトの留め金、巡礼服、巡礼者の杖、階段
◎**守護する対象** 孤児、貧者、巡礼者

結婚式の当日に逃げ出し、物乞いとなって祈りを捧げ、身元を明かすことなく父の家の階段の下で死んだ聖人。孤児や貧者、巡礼者の守護聖人。アトリビュートは金の指輪、ベルトの留め金、巡礼服、巡礼者の杖、それに階段。

五世紀。ローマの裕福な元老院議員の子として生まれる。神に生涯を捧げたいという強い願いをもっていたので、親が決めた結婚式の最中に、両親と新妻を残して密かに家を出て、シリアに向かう。小アジアのエデッサまで行って、聖母マリアの聖堂の前庭で物乞いする貧者の群れに加わる。言い伝えによると、その後ローマに戻り、父親に出会ったが、父は息子に気がつかなかった。アレクシウスも身元を明かすことなく、貧しい巡礼として父の屋敷の片隅に住まわせてもらうことにした。そのとき、両親は「あなたが、神に私の息子を連れ戻すように祈ってくれるなら、住まわせてあげましょう」と言ったので、彼も祈る約束をした。行方不明となった息子を嘆く両親の声を聞くのはつらかったが、一七年間、苦行を重ね、

祈りと黙想の日々を過ごした。

あるとき、教皇インノケンティウス一世がミサをあげていると、「神の人を探せ！」という神の声が聞こえ、居場所を教えられたので、駆けつけたところ、階段の下でぼろにくるまって死んでいる彼の姿が見いだされた。手に握られていた手紙によってすべてが明らかとなった。

フランス語最古の文学作品のひとつ『聖アレクシス伝』は、このシリアの聖アレクシウスの伝記をもとにフランス風のアレンジを加え、一〇四〇年頃に中世フランス語で書かれた傑作。

この日の他の守護聖人

・**聖女マルチェリーヌ**　四世紀のミラノの聖女。聖アンブロシウスの姉。フランス語ではマルスリーヌ。
・**聖女シャルロット**　一八世紀末に起こったフランス大革命のときにギロチンにかけられ殉教したコンピエーニュのカルメル会修道女のひとり。

7月18日

聖アルヌール

英：セイント・アーヌルフ Saint Arnulf
仏：サン・タルヌール Saint Arnoul

陰謀渦巻くメロヴィング王朝の宮廷を離れ、森に隠棲して、祈りの生活を送った司教。ビール製造業者、製粉業者の守護聖人。遺失物が見つかるように祈願する。アトリビュートは指輪を口にくわえた魚。

◎**アトリビュート**　指輪を口にくわえた魚
◎**守護する対象**　ビール製造業者、製粉業者、物を失くした人

五八二～六四一。北フランスのメッスでテオドベール二世とクロテール一世の臣下として働き、メッスの司教となったが、クロテールの王子のダゴベールが王位につくと、それを機会に宮廷を離れ、友人の聖ロマリクスとともにルミールモンの森に隠棲して、たがいに隣り合っ

た丘の上に棲んで、鳥たちを友として祈りを捧げた。彼が、生涯、自分を責めていたのは、かくも長いあいだ俗世にとどまり、クロヴィスの後継者たちの殺人や放蕩《ほうとう》に立ち会っていたことだった。

この日の他の守護聖人

・**聖パンボ**　四世紀の修道士で、砂漠の教父たちの中でも偉大な教師のひとり。エジプトやシリアの砂漠に暮らし、神との対話を求めて苦行に励んだ隠棲修道士たちの生活実践は修道院制度へとつながった。

・**聖フレデリック**　九世紀ユトレヒトの司教。王妃の放蕩を非難したために暗殺された。

・**聖アルノルト**　カール大帝（シャルルマーニュ）の宮廷に仕えたギリシャ人の音楽家。竪琴あるいはヴィオラがアトリビュート。ケルン近郊の村アルノルツヴァイラーはこの聖人にちなむ。音楽家の守護聖人。

7月19日

聖アルセニウス

英：セイント・アーセニアス Saint Arsenius
仏：サン・タルセーヌ Saint Arsène

◎守護する対象　教師

「話したことを後悔したことはしばしばあるが、黙っていたのを後悔したのは一度もない」という有名な言葉を残した、女嫌いの砂漠の隠棲修道士。教師の守護聖人。

三五五～四五〇。テオドシウス帝の息子の家庭教師を務めたあと、エジプトの砂漠に隠棲した。インテリで社会経験も豊富だったが、原罪を信じ、悪魔を恐れていた。悪魔とは彼にとって、女性を意味していた。あるとき、ローマの貴婦人が砂漠で暮らす彼のもとに面会に来た。ところが、彼は「放っておいてほしい」と言い、婦人を追い返してしまった。婦人が「それでは、神の前に出たときには、私のことを思い出してほしい」というと、彼は反対に「忘れることを約束します」と答えたので、婦人は泣いて帰った。彼が忘れるといったのは、彼女の肉体のことで、魂のことではないのを知らなかったのである。

ぶっきらぼうを装ってはいたが、その実、優しい男で、あまりに涙を流して、それを拭ったので、まつげがなくなってしまっていたという。

この日の他の守護聖人

・**聖女ユスタと聖女ルフィーナ**　陶器を売って生活していたがローマの異教徒が陶器を使うのを拒否したため殉教した、三世紀セビリアの姉妹。陶器職人の守護聖女となった。守護地域はセビリアでアトリビュートは壺と塔（大聖堂に落雷があったときにふたりがこれを支えたという伝説から）。ふたりを描いた作品にムリリョ（セビリア美術館）がある。

・**聖女アウレア**　マホメット一世の迫害で殉教した九世紀コルドバの乙女。

7月20日

聖女マルガリタ（マリナ）
（アンティオキアの）

英：セイント・マーガレット（・オブ・アンティオク）
Saint Margaret of Antioch
仏：サント・マルグリット（・ダンティオッシュ）
Sainte Marguerite d'Antioche

一四救難聖人、三大聖処女のひとり。拷問を加えられ、あげくに悪魔の化身である竜に飲み込まれたが、無傷で出られたことから、安産、妊婦、出産、婦人病の守護聖女となった。アトリビュートは竜、鉄櫛、十字架、シュ

◎**アトリビュート**　竜、鉄櫛、十字架、シュロ、書物
◎**守護する対象**　安産を願う妊婦、腰痛・婦人病に苦しむ人
◎**ゆかりの場所・絵画・彫刻**　ラファエロ（ルーヴル美術館）、ティティアン（マドリッド・プラド美術館）、クラナッハ（ドレスデン美術館）

ロ、書物。東方教会での呼び名はマリナ。

二〜三世紀。小アジア（現在のトルコ）のアンティオキアに生まれたとされる。キリスト教徒となったため、異教徒の司祭だった父の家から追い出されて、羊飼いになる。ローマの長官オリブリウスがその美しさにひと目ぼれし、結婚を迫ったが、キリスト教徒であることを盾にこれを拒んだ。そのため、羊の毛を梳《す》く鉄の櫛《くし》で、骨が見えるほど全身を掻きむしられるというひどい拷問を受けたが、見事、耐えぬいた。次に、牢の中にいた悪魔の化身である巨大な竜（ドラゴン）に飲み込まれたが、竜の体内で十字架を握り締めたところ、竜の体がはじけて割れ、傷ひとつ負わずに体内から抜け出すことができた。悪魔がその正体をあらわすと、その頭をつかみ、右足で踏みつけ、退散させた。長官によって手を替え品を替え、拷問を加えられたが、最後まで信仰を守ったため、斬首されて殉教した。十字軍によって、その信仰が西欧にもたらされた。一九六九年のローマ典礼暦では削除。

この日の他の守護聖人

・**聖女ヴィジフォルティス**　伝説上の人物。シチリア王との結婚を逃れるために祈ったところ、口とあごにひげがはえてきたポルトガルの王女。手におえない夫をもった女性から祈りを捧げられる。

・**聖エリヤ**　『旧約聖書』の大預言者でカルメル会を守護する。

・**聖アウレリウス**　聖アウグスティヌスの友人で、四〜五世紀のカルタゴの司教。

7月21日

（ブリンディシの）聖ラウレンチオ（ラウレンティウス）

英：セイント・ローレンス（・オブ・ブリンディシ）Saint Lawrence of Brindisi
仏：サン・ローラン（・ド・ブランド）Saint Laurent de Brindes

◎**アトリビュート**　振りかざされた十字架
◎**守護する対象**　カプチン会

プロテスタンティズムの最大の敵で、プロテスタントの強い地域をその国の言葉で宣教して歩き、プロテスタンティズムの拡大を食いとめた教会博士。カプチン会の守護聖人。アトリビュートは振りかざされた十字架。

一五五九～一六一九。イタリアのブリンディシで生まれる。本名ジュリオ・チェザレ・ルッソ（またはロッシ）。一六歳でヴェローナのカプチン会修道院に入り、さらにパドヴァで哲学、神学を修め司教となった。語学に堪能で、母国語イタリア語のほか、フランス語、ドイツ語、ギリシャ語、シリア語、ヘブライ語を自由にあやつり、ヨーロッパ中を説教して回って、宗教改革の時代のカトリック教会の立て直しに全力を尽くした。一五九九年にはカプチン会をオーストリアやボヘミアに紹介し、バイエルン公やマキシミリアン一世と力を合わせ、プロテスタントに対抗するカトリック政策を推進した。聖書解釈者としても有名で、たくさんの著書を残した。

この日の他の守護聖人

・**聖ヴィクトール**　四〇人いる聖ヴィクトールの中でもっとも有名。マクシミアヌス帝時代にマルセイユの副官となったが、キリスト教に帰依。投獄されたがそこで三人の看守を改宗させた三～四世紀の聖人。

・**聖女プラクセディス**　看護婦を守護する二世紀ローマの殉教処女。殉教者の血をぬぐうスポンジがアトリビュート。

・**聖ダニエル**　旧約聖書「ダニエル書」に描かれたバビロンの捕囚のひとり。アトリビュートは洞窟の中のライオン。鉱夫の守護聖人。

7月22日

聖女マグダラのマリア

英：セイント・メアリー・マグダレン
Saint Mary Magdalene
仏：サント・マリー・マドレーヌ
Sainte Marie Madeleine

イエスの足に長い髪で香油を塗った名もない娼婦と混同され、贖罪《しょくざい》の大聖女となった。過去の忌まわしい経験を洗い流し、社会的に卑しまれている者にも救いの手をのべるイエスの教えをもっとも具体的に表している聖女。悔い改めた娼婦、改悛《かいしゅん》した罪人、瞑想的生活を送る人の守護聖女。修道女、ブドウ酒づくり、美容院、香づくり、膏薬《こうやく》づくり、眼病、害虫、荒天などの守護聖女。守護地域はプロヴァンス、シチリア島、ナポリなど。アトリビュートは、長い髪と香壺《こうご》。

一世紀。マグダラ（パレスチナのガリラヤ湖西岸）の女を意味する「マグダレーヌ」からフランスでは「マドレーヌ」とも呼ばれる。ラザロ、マルタの姉妹のベタニアのマリアや、『ルカ伝』に出てくるイエスの足に香油を塗った無名の罪深い女とも混同され、そこから渾然一体《こんぜんいったい》となったマグダラのマリア伝説が生まれてきた。『新約聖書』では、キリストによって「七つの悪霊」を祓ってもらった敬虔な信奉者とされている。

キリストの磔刑《たっけい》と埋葬に立ち合ったが、後日、キリストの墓に聖油を塗りに行ったとき、墓が空になっているのを発見し、復活したキリストを最初に目撃するという栄誉を与えられた。使徒ヨハネと婚約していたとする伝説もある。聖母マリアと並んで、もっとも頻繁にヨーロッパ絵画の主題となった聖女である。

◎**アトリビュート**　長い髪、香壺

◎**守護する対象**　仏プロヴァンス、伊シチリア島、ナポリ、悔い改めた娼婦、改悛した罪人、瞑想的生活を送る人、修道女、ブドウ酒づくりをする人、美容院、香づくりをする人、膏薬づくりをする人、眼病に苦しむ人、害虫に悩む人、荒天に苦しむ人

◎**ゆかりの場所・絵画・彫刻**　シャルトル大聖堂のステンド・グラス、ジオットのフレスコ画（アッシジおよびフィレンツェのポデスタ宮殿）、ボッティチェルリ（フィレンツェ・ウフィッツィ美術館）

この日の他の守護聖人

・聖ヴァンドリル　七世紀にクロテール二世に仕えたフランスの修道院長。

7月23日

（スウェーデンの）聖女ビルギッタ（ビルジッタ）

英：セイント・ブリジット（・オブ・スウェーデン）Saint Bridget of Sweden
仏：サント・ブリジット（・ド・シュエド）Sainte Brigitte de Suéde

◎**アトリビュート**　ローソク、書物、巡礼者の杖、心臓、十字架
◎**守護する対象**　スウェーデン、病人、癒しを行う人

スウェーデンの守護聖女。「ビルギッタ修道会」の創設者。病人や癒しを行う人の守護聖人。アトリビュートは、煮え立つローソクを腕にかけて、キリストの聖痕を忘れないようにしたという言い伝えから、ローソク。書物、巡礼者の杖、心臓と十字架もアトリビュート。

一三〇三～一三七三。スウェーデンの名門貴族の家に生まれる。一四歳で、ウルフ・ギュドマーションと結婚し、スウェーデンの聖女カタリナを含む八人の子の母となる。一三三五年にスウェーデン国王マグナス二世の宮廷に入るが、その幻視能力と厳格な清貧主義ゆえに、宮廷の誤解にさらされる。

一三四四年、夫に先立たれたのを機にシトー会の修道院に入り、二年後にマグナス国王の援助を受け、バドステナにビルギッタ修道院を設立する。一三四九年にローマへ移り、その予知能力を使って、教皇や国王、皇帝たちの相談役となる。教皇にも直言を辞さず、教皇がアヴィニョンからローマに戻るようにシエナの聖女カタリナとともに尽力した。エルサレムへの巡礼から戻った直後に死去した。幼い頃から幻視を経験し、宗教的霊感を持っていたといわれ、キリストの苦難と未来の出来事に関する『啓示』の書を口述したが、これは激しい論争を引き起こした。

この日の他の守護聖人

・**（ラヴェンナの）聖アポリナリス**　二世紀にラヴェンナに宣教した初代司教で多くの奇跡を行った。ラヴェンナとデュッセルドルフの守護聖人。結石、痛風のときに祈願する。フランス名はアポリネール。

・**聖ヨハネス・カッシアヌス**　四世紀ルーマニア生まれの大修道院長。

・**聖フォカス**　野菜栽培者、水夫の守護者。七月八日も祝日。一～二世紀の黒海の殉教者。

7月24日

（伊ボルセナとベルギーの）聖女クリスチーナ

英：セイント・クリスチーナ Saint Christina
仏：サント・クリスチーヌ Sainte Christine

イタリアのパレルモとボルセナの守護聖女。製粉業者、船乗り、弓術家の守護聖人。アトリビュートは石臼と矢。もうひとりのベルギーの聖女クリスチーナのほうは、罪人、絶望的な状況にある人の守護聖人。平静な死を迎えるために、祈願される。

?～三〇四。トスカーナ地方に生まれる。キリスト教に帰依し、家にあった金銀の偶像を破壊して、その破片を貧しい人に分け与えたため、父に鞭打たれ、ボルセナの湖に首に石臼をつけて投げ込まれたが、天使によって救われた。次に、裁判にかけられ、残忍な拷問にかけられたが、屈しなかったので、五日間、熱湯の中に投じられた。だが、それでも火傷ひとつ負わなかった。その間、たえずイエスを称えつづけたので、舌を切られ、全身に矢を射られて、殉教した。東方教会でこの日に祝われているディールのクリスチーナの伝説が混入しているといわれる。

◎**アトリビュート**　【伊の聖女クリスチーナ】石臼と矢

◎**守護する対象**　【伊の聖女クリスチーナ】伊パレルモ、ボルセナ、製粉業者、船乗り、弓術家【ベルギーの聖女クリスチーナ】罪人、絶望した人、平静な死を迎えたい人

もうひとり、この日が祝日とされているベルギーの聖女クリスチーナ（一一五〇～一二二四）がいるが、こちらは、何回も仮死状態になり、そのたびに蘇生したという伝説がある。最初に死んだときには、レクイエムの最中に棺《かん》から起き上がり、教会の天井に舞い上がった。地獄、煉獄《れんごく》、天国を経巡《へめぐ》った様を語った。火の中を転がったり、凍った水の中に長くとどまったりする超常現象でも知られる。

この日の他の守護聖人

・**聖ボリスと聖グレブ**　ともにキエフ大公ウラジーミルの息子で長兄に殺されたが、神に兄を許すように祈って息絶えた一一～一二世紀の聖人。

7月25日

聖（大）ヤコブ

英：セイント・ジェイムズ（・ザ・グレーター）Saint James the Greater
仏：サン・ジャック（・ル・マジョール）Saint Jacques le Majeur

一二使徒のひとりで、福音書記者ヨハネの兄弟。八世紀にスペインで墓が発見され、その聖遺物によって多くの病気が癒されたことから、その聖地サンティアゴ・デ・コンポステラはヨーロッパ最大の巡礼地となる。アトリビュートは巡礼者の杖、ホタテ貝。巡礼、農民、牧人の守護聖人。守護地域はスペイン。リューマチになったときに祈願する。

◎**アトリビュート**　巡礼者の杖、ホタテ貝
◎**守護する対象**　スペイン、巡礼、農民、牧人、リューマチに苦しむ人
◎**ゆかりの場所・絵画・彫刻**　サン＝ジャック（聖ヤコブ）通り（パリ）、ジョルジュ・ド・ラ・トゥール（仏アルビのトゥールーズ＝ロートレック美術館）

?～四四頃。一二使徒のひとりで、ガリラヤ漁師ゼベダイの家に生まれた。福音書記者ヨハネの兄弟で、ガリラヤ湖畔の船の中で網をつくろっているとき、イエスに呼ばれて、すぐに父を捨て、イエスに従ったとされている。使徒の中で最初の殉教者で、イエスの従兄弟のヤコ

ブと区別するために「大ヤコブ」と呼ばれる。

イエスの処刑後、ヤコブはイスラエル北部で伝道活動をしていたが、パレスチナ王ヘロデ・アグリッパ一世のキリスト教徒弾圧によって斬首された。遺体はスペインに運ばれたという。八一三年に野原の上に星が出現し、ヤコブの墓が発見され、その聖地サンティアゴ・デ・コンポステラ（「星の野原の聖ヤコブ」の意）はヨーロッパ最大の巡礼地となった。八世紀にスペインがイスラム教徒に征服されて以来一五世紀まで、人々は聖ヤコブの旗印のもとに団結し、レコンキスタ（国土回復運動）を粘り強く続けた。実際に白馬に乗り、戦いの先頭に立った騎士姿のヤコブが目撃されたともいう。

パリでもっとも古い通りのひとつサン＝ジャック（聖ヤコブ）通りは、サンティアゴ・デ・コンポステラに向かう巡礼者たちがパリで通る最後の通りであったことから、こう命名された。

7月25日

聖クリストフォロス（クリストフォロ）

英：セイント・クリストファー Saint Christopher
仏：サン・クリストフ Saint Christophe

ヨーロッパでもっとも人気のある一四救難聖人のひとり。子どもに化身したイエスを背負って川を渡ったところから、ドライバーや自動車関係者、旅行者、巡礼者、子どもの守護聖人となった。旅に出るとき、無病息災を祈願する。アトリビュートは葉の生えた棒。

◎**アトリビュート**　葉の生えた棒
◎**守護する対象**　ドライバー、自動車関係者、旅行者、巡礼者、子ども、腺ペストに苦しむ人
◎**ゆかりの場所・絵画・彫刻**　フーベルト&ヤン・ファン・エイク兄弟（ヘント［ゲント］の聖バーフ大聖堂の祭壇画）、ヤン・ファン・エイク（フィラデルフィア美術館）、メムリンク（ブリュージュ・グローニンノグ美術館）、ルーベンス（ミュンヘン・ピナコテック美術館）、フランドラン（パリ、サン・ヴァンサン・ド・ポール教会）など。文学作品では芥川龍之介『きりしとほろ上人』

?〜二五〇。カナン（パレスチナ）で生まれたと伝えられる。身長五メートルを超す巨人で、外出するときには立ち木を引き抜いて杖とした。皇帝の用心棒を務めて

いたが、皇帝が辻芸人の歌う悪魔におびえる姿を見て、悪魔に仕えることにした。ところが、悪魔も白い十字架を見ると震えるので、次に十字架にかけられているイエスに仕えることを決意し、隠棲修道士に教えを請うた。隠棲修道士はまず人の役に立つことをするように勧め、彼を流れの激しい川の渡し守にした。

あるとき、ひとりの子どもを背中に乗せて運んでいると、その子どもが次第に重くなり、ついには、世界全体をかついでいるのではないかと思うほど重くなったが、ようやく向こう岸にたどり着いた。すると、その子どもは、お前はたんに世界全体を背負っていただけではなく、それを創造した者を背負っていたのだと語り、自分がイエスであることを明かし、やりかけた仕事をやりとげるよう命じた。そして、その言葉のしるしとして杖を岸辺に植えるようにいったので、彼がその言葉に従ったところ、次の日には杖から花が咲き、ナツメヤシが実った。以後、彼はクリストフォロス（キリストを背負う者）と名乗り、イエスの教えに従って小アジアのリキアで殉教した。

中世では、教会の北壁に掲げられた聖クリストフォロスの似姿を見るだけで、その日は事故に遭わず、病死もしないと信じられた。旅に出るものは聖クリストフォロスに祈願した。この信仰は二〇世紀に入ると、自動車ドライバーの間で復活し、クリストフォロスのメダイヨン（大型メダル）が交通安全のお守りとして、自動車の中に置かれている。

この日の他の守護聖人

・**聖（大）ヤコブ**　↓七月二五日の項を参照。

7月26日

聖女アンナ

英：セイント・アン Saint Ann
仏：サン・タンヌ Sainte Anne

聖母マリアの母。子どもの授からない母親、妊婦、主婦、寡婦、女工、指物《さしもの》師、鉱山関係者の守護聖女。とりわけ、銀山の守護聖女として、鉱山事故のないよう祈願される。金運や出産時にも祈願の対象となる。守護地域はフィレンツェ、インスブルック、ナポリ、ブルターニュ、カナダ。アトリビュートは開いた本とユリ。

紀元前一世紀から一世紀。聖母マリアの母親。外典『ヤコブの福音書』によると、アンナとその夫ヨアキムはイスラエルに暮らす敬虔で裕福な夫婦で、ともに有名なユダヤの王ダヴィデの血を引いていたが、結婚後、子宝に恵まれず、人々から白い目で見られていた。ヨアキムは子どもが授かるように、砂漠で四〇日間の断食をおこない神に祈った。一方、アンナは夫の二倍苦しみ、月桂樹の陰で祈っていたところ、ある日、天使が訪れ、子どもが生まれることを告げた。アンナは、生まれる子どもが男だろうと女だろうと、その子を神に捧げ、毎日、その子に神のことを教えると誓った。同様に、天使はヨアキムのもとにも現れ、これから生まれてくるマリアは神の母となるだろうと告げた。こうしてマリアが生まれた。アンナはイエスが生まれるまで生きたといわれる。聖書学的には、旧約の『サミュエル記』のハンナとの類似が指摘される。六世紀のユスチニアヌス帝の頃から信仰が始まり、中世の「マリア信仰」の拡大とともに、「アンナ信仰」も広まった。イエスが太陽＝黄金と同一視されるのに対して、アンナは月＝銀ということで、銀山の守護聖女となった。

中世後期から広まった伝説に「アンナの三度結婚説」というのがある。アンナは初婚でヨアキムと結婚して聖母マリアを産み、ヨアキムの死後、クロパと再婚してもうひとりのマリア（小ヤコブとヨセフの母）を産み、ク

◎**アトリビュート**　開いた本とユリ

◎**守護する対象**　伊フィレンツェ、ナポリ、オーストリアのインスブルック、仏ブルターニュ、カナダ、子どもの授からない母親、妊婦、主婦、寡婦、女工、指物師、鉱山関係者、鉱山労働者

◎**ゆかりの場所・絵画・彫刻**　デューラー（版画作品ゆえ多数の美術館所蔵）、ジオット（パドゥーア礼拝堂）

ロパの死後、サロメと再々婚して三人目のマリア（大ヤコブと福音書作者ヨハネの母）を産んだというもので、この系統樹をもとにした聖家族の絵が描かれた。

この日の他の守護聖人

・聖ヨアキム　聖母マリアの父。聖女アンナの夫。夫婦、指物師の守護聖人。

・聖女バルトロメア・カピタニオ　慈悲の友修道女会の創設者。一八～一九世紀イタリアの聖女。

7月27日

聖パンタレオン（パンタレオヌス）

英：セイント・パンタリオン Saint Pantaleon
仏：サン・パンタレオン Saint Pantaléon

◎アトリビュート　芳香の入った薬瓶
◎守護する対象　独ケルン、医師・助産婦など医療関係者、乳母、頭痛・疲労・結核・消耗性熱病に苦しむ人、家畜の病気に悩む人、イナゴの害に苦しむ人
◎ゆかりの場所・絵画・彫刻　バッハー（ウィーン・ピナコテック美術館）

一四救難聖人のひとり。皇帝の宮廷医師だったときに改宗し、殉教したことから、医師、助産婦、乳母など医療関係者の守護聖人となる。頭痛、疲労、家畜の病気、イナゴの害虫被害に遭ったときなどに祈願する。アトリビュートは芳香の入った薬瓶。ケルンの守護聖人。

?～三〇四。ニコメディアのローマ貴族の家に生まれ、医術を通して多くの人を信仰の道へ導いた。ローマ皇帝ガレリウスの宮廷医師だったとき、キリスト教徒の友人によって改宗した。キリストの名を唱えて治療を行うと、奇跡が起きて多くの患者の病が治ったが、そのことが、他の医者のねたみを買って密告され、ディオクレティアヌス帝に逮捕された。捕らえられたパンタレオンは、熊手で皮をはがれたり、傷口をたいまつで焼かれたり、鉛《なまり》を溶かした大鍋に投げ込まれたり、さまざまな拷問を受けたが、傷ひとつ残らず、首に大きな石をくくりつけられて海に投げ込まれても沈まず、猛獣の前に投げ出され

ても、飢えた猛獣が猫のようになついたといわれる。最後に斬首され、殉教したが、その首からはミルクが流れ、処刑場のオリーブの木に実がなったといわれる。南イタリアのラヴェロに保管されたパンタレオンの血と伝えられる聖遺物は、聖ヤヌアリウスのものと同じように液化の現象を呈する。この日は英国国教会の祝日にあたる。

この日の他の守護聖人

・**眠れる七聖人**　デキウス帝（在位二四八～二五一）のキリスト教迫害を逃れ、洞窟に隠れたまま二〇〇年近く眠っていたアキリデス、ディオメデス、エウゲニオス、ステパノス、プロバトス、サバティオス、キュリアコスの七聖人。古いコインをもってパンを買いにいったことから、アトリビュートは古いコイン。不眠症と熱病の守護聖人。

・**聖女ナタリア**　九世紀スペイン・コルドバの殉教者。

7月28日

聖ナザリウスと聖ケルスス

英：セイント・ナザリアス&セイント・セルサス Saint Nazarius & Saint Celsus

仏：サン・ナゼール&サン・セルス Saint Nazaire & Saint Celse

聖アンブロシウスがミラノの庭で聖遺物を発見した一～二世紀の殉教者。ナザリウスのアトリビュートはあごひげと剣。薬剤師の守護聖人。

◎**アトリビュート**　【聖ナザリウス】あごひげ、剣

◎**守護する対象**　薬剤師

二世紀頃。皇帝ネロがキリスト教への迫害を強めていた時代、ローマに役人の息子でナザリウスというキリスト教徒がいた。彼は妻とともにローマで布教し、それができなくなると今度はミラノに行き、牢獄に捕らわれているキリスト教徒を慰めに出かけたが、そこで獄吏《ごくり》に捕

まり、城壁の外へ放りだされた。ナザリウスはそんな弾圧にもめげず、次はガリア（今のフランス）に布教を試み、そこでケルススという少年に出会い、彼に洗礼を施して、助手として使えるようにした。しかし、彼らがドイツに布教したとき、ネロの配下に捕まり、海に投げ込まれたが、そのとき急に嵐が起こったため、おびえた漁師たちはふたりを海底から引き上げた。最後はミラノで福音を説いたが逮捕され、首をはねられて、城壁の外に埋められた。この遺骨を聖アンブロシウスが発見したのである。

この日の他の守護聖人

・**聖サムソン**　五世紀ケルト人の聖人で、イギリス・コーンウォールとフランス・ブルターニュの守護聖人。アトリビュートは鳩と本と旅人の杖。

7月29日

（ベタニアの）聖女マルタ

英：セイント・マルタ Saint Martha
仏：サント・マルト Sainte Marthe

イエスを心から接待したことから主婦の鑑《かがみ》とされ、主婦の守護聖女となった。家政婦、ホテルの管理人、料理人、栄養士なども守護する。アトリビュートは中世の主婦を象徴するシンボルである水差し、鍵束、ほうき。竜退治の伝説から、帯がアトリビュートとなることもある。南仏タラスコンとアルルの守護聖女。

◎**アトリビュート**　水差し、鍵束、ほうき、帯
◎**守護する対象**　仏タラスコン、アルル、主婦、家政婦、ホテルの管理人、料理人、栄養士
◎**ゆかりの場所・絵画・彫刻**　フェルメール（スコットランド・エジンバラのナショナル・ギャラリー）

一世紀。イエスが死からよみがえらせたラザロとベタニアのマリア（イエスに香油を塗ったマリア。「マグダラのマリア」と混同されている）の姉。一家の主婦として料理や掃除などの家事を切り盛りしていた。イエスが訪れ、

妹のマリアが手伝いもせず、訪れたイエスの言葉に聞き入っているときに、なぜマリアは接待を自分に押しつけておくのか、どうして手伝ってくれないのかと尋ねた。するとイエスはマルタに向かい、「マルタよ、あなたは多くのことに思い悩み、苛立っている、必要なことはただひとつである、マリアは良いほうを選んだのだから、それを取り上げてはならない」と諭した。

ラザロが病気になったとき、マルタはイエスに使いを送り、その死後、イエスがやって来たときにイエスこそ救世主、神の子であると確信した。伝承によると、イエス亡き後の迫害で一家は南フランスに流され、マルタはローヌ川の河口の町タラスコンで、タラスクスという森に住む半獣半魚のドラゴンを聖水と十字架と帯で退治し、アルルまで連れてきたと言われる。

この日の他の守護聖人

・**聖オラフ**　一一世紀ノルウェー国王。ノルウェーの守護聖人。

・**聖ルー**　五世紀フランス・トロワの司教。フン族のアッチラと会見し、ローマ帝国の崩壊に立ち会った。

7月30日

聖ペトロ・クリソロゴ

（ペトルス・クリソロゴス）

英：セイント・ピーター・クリソロガス Saint Peter Chrysologus
仏：サント・ピエール・クリゾログ Saint Pierre Chrysologue

教皇が神の啓示を受けて、助祭からえらんだラヴェンナの司教。熱病と狂犬病の際に祈願する。説教集を多く残したので**クリソロゴ**（黄金の言葉）と呼ばれる。

◎**守護する対象**　熱病・狂犬病に苦しむ人

四〇〇頃～四五〇頃。イタリア・イモラで生まれる。イモラの司教コルネリオから幼児洗礼を受け、青年時代に聖職者となった。四三五年頃に当時の西ローマ帝国の首都ラヴェンナの司教の後継者選挙があったとき、教皇シスト三世が神の啓示を受けて選んだのは、選挙の当選者ではなく、助祭のペトロであった。こうして、ペトロは司教としてラヴェンナに着くと、市民は神に選ばれた新司教を郊外まで出迎えて歓迎した。

ペトロの言行一致の生活は多くの人を回心に導き、王族のガラ・プラシジアに援助を頼み、福祉活動にも力を入れた。また、異端のアリオウス派を断固として退けた。ペトロの説教は後にラヴェンナの司教フェリクスによって編集され、一七六編が残っている。クリソロゴとは「黄金の言葉（雄弁）を持った」という意味。

この日の他の守護聖人

・**聖アブドンと聖セネン**　四世紀ディオクレティアヌス帝時代の殉教者で、フランス・ペルピニャンの守護聖人。

7月31日

聖イグナチウス・デ・ロヨラ

英：セイント・イグナティアス・オブ・ロヨラ Saint Ignatius of Loyola

仏：サン・イニャス・ド・ロヨラ Saint Ignace de Loyola

◎**アトリビュート**　黒衣とローマの三角帽、イエズス会の会憲を定めた本、炎

◎**守護する対象**　イエズス会士、カトリック系の学校や寄宿学校、兵士、子ども、妊婦、精神修養者、隠遁者、熱病に苦しむ人、良心の呵責を感じている人、家畜の病気に悩む人

イエズス会の創設者。イエズス会士、カトリック系の学校や寄宿学校の守護聖人。精神修養、隠棲を守護し、熱病、良心の呵責《かしゃく》、家畜の病気のときに祈願する。兵士、子ども、妊婦の守護聖人でもある。アトリビュートは黒衣とローマの三角帽、イエズス会の会憲を定めた本。「行きて、炎とせよ」という『ルカ伝』の標語から炎。

一四九一～一五五六。スペインのロヨラに、バスク名門貴族の息子として生まれた。兵士としてパンプロナで

フランス軍と戦っていたときに負傷し、入院中に聖書と聖人伝を読んで、回心。自らも聖人となることを決意した。

カタロニアのマンレサで隠棲したあと、エルサレム巡礼を行い、聖地がイスラム教徒に占領されている現実を見て戻る。聖職の勉強を一から始めて、パリで学位を取り、七人の学生（そのうちのひとりがフランシスコ・ザビエル）とともにモンマルトルでグループを結成、パレスチナのイスラム教徒を改宗させることを誓った。パレスチナには行けなかったが、かわりにローマでパウロ三世から、イエスの協会という名の修道会、すなわちイエズス会を創設する許可を得た。一〇人だったイエズス会は、彼が帰天したときには三〇〇〇人となり、全世界に宣教師を派遣する最強の宣教修道会にまで成長していた。

この日の他の守護聖人

・**聖ネオト**　英コーンウォールで隠棲修道士となってボドミンの近くに小規模な修道院を建てた九世紀の修道院長。天使が一日に一匹食べている限り、決して魚はいなくならないと告げたという伝説から魚の守護聖人となった。アトリビュートは魚。

・**（オセールの）聖ジェルマン**　元弁護士で、西ローマ帝国末期にフランス・オセールの司教となった四世紀の聖人。ブリタニアに二度渡って宣教したり、フランク族と西ローマ帝国との調停に努めたりした。聖ジュヌヴィエーヴに洗礼を施したり、聖パトリックを叙階したりしたことで知られる。ちなみに彼の出身地であるAuxerre はパリとディジョンの中間のヨンヌ川沿いにある町で「オセール」と発音する。その町の住民はAuxerrois で発音は「オセロワ」である。したがって「オセロワの人サン・ジェルマン」という意味のSaint Germain l'Auxerrois は「サンジェルマン・ロセロワ」と発音されるはずであるが、パリのルーヴル美術館の前にある、彼に捧げられた教会 Eglise Saint Germain l'Auxerrois はなぜか慣習的に「サンジェルマン・ロクセロワ」と発音されている。

8月の聖人

Les Saints du mois d' août

8/1　聖アルフォンソ・マリア・デ・リグオリ
8/2　聖エウセビウス（エウセビオ）
8/3　聖女リディア（ルデヤ）
8/4　聖ジャン＝マリー・ヴィアネー
8/5　聖女アフラ
8/6　聖シクストゥス（二世）
8/7　聖ガエタノ
8/8　聖ドミニコ（ドミニクス）
8/9　聖エディット・シュタイン
8/10　聖ロレンゾ（ラウレンティウス）
8/11　聖女クララ
8/12　聖女クラリス
8/13　聖ヒッポリトゥス（イッポリト）
8/14　聖マキシミリアン・コルベ
8/15　聖タルシキウス
8/16　聖ロック（ロクス）
8/17　（クラクフの）聖ヒアキントゥス
8/18　聖女ヘレナ
8/19　聖ジャン・ウード
8/20　（クレルヴォーの）聖ベルナール（ベルナルドゥス）
8/21　聖ピウス一〇世
8/22　聖シンフォリアヌス
8/23　（リマの）聖女ローザ
8/24　聖バルトロマイ（バルトロメオ）
8/25　聖ルイ（九世）
8/26　聖ゼフィリヌス（ゼフィリノ）
8/27　聖女モニカ
8/28　聖アウグスティヌス
8/29　聖女サビナ
8/30　聖フィアクル
8/31　聖ライムンドゥス・ノンナートゥス（ライムンド・ノンナート）

Préface

8月の聖人

八月一五日は、日本では終戦記念日だが、カトリック国では聖母マリアが天に召された「聖母被昇天の祝日」。ライック（非宗教性）が原則のフランスでも国定の祝日となっている。本書では聖母マリアは聖人扱いしない立場を取っているので、八月一五日の守護聖人は聖タルシキウスとしているが、聖母マリアこそ最も偉大なる聖人だとする考えもある。ローマ典礼暦はこの立場に立ち、一月一日（神の母・聖母マリアの祝日）、三月二五日（聖母マリアお告げの祝日）、五月三一日（聖母マリア、エリザベト御訪問の祝日）、九月八日（聖母マリアの誕生日）、一一月二一日（聖母マリア奉納の祝日）、一二月八日（聖母マリア無原罪の宿りの祝日）などを聖母マリアの祝日としている。

しかし、一日だけというなら、この八月一五日。八月一五日は農事暦でも重要な日のようだ。「八月一五日の聖母マリアはすべてをうまく運ぶか、あるいは台なしにする」

聖母マリア以外に八月にはどのような有名聖人がいるのだろうか？

とりあえずは八月一〇日の聖ロレンゾ（ロラン）。聖ロレンゾは鉄網の上で焼かれて殉教したことから、鉄鋼がエンブレム。守護分野も火傷、火災、熱病など。

八月一六日は聖ロクス（ロック）の祝日。サン・ロッシュではなく、サン・ロックと発音することは次のことわざの脚韻の踏み方から明らかである。「聖ロクスの日のあとは鋤《すき》の刃を研いでおけ（Après Saint Roch, aiguise ton soc.）」。聖ロクスはローマに巡礼に行ったとき多くのペスト患者たちを奇跡によって救ったことから伝染病の救難聖人とされる。しかし、帰路にはペストに感染してしまい、森に隠れて死を待っていると、昔の飼犬が現れ、毎日、食事を運んでくれたので奇跡的に回復することができたが、人相風体が変わっていたため、偽者のロクスと思われて捕らえられ、獄死した。パリのサン＝トノレ通りにあるサン・ロック教会の外側にはこの聖ロクスの生涯が描かれている。

どの部位をどのように拷問《ごうもん》されたかで、聖人の救難分野やアトリビュートが決まるという原則があるが、八月二四日の聖バルトロマイ（バルテルミー）はかなりユニーク。生きたまま皮をはがれたという言い伝えがあり、腕に自分の皮をレインコートのようにさげた姿で描かれていることが多いからだ。シャルル九世がマルゴ姫とアンリ・ド・ナヴァール（のちのアンリ四世）の結婚式のさいにプロテスタントを虐殺した事件は、この八月二四日に起こったので聖バルテルミーの虐殺と呼ばれる。

次に、有名な聖女をあげておくと、まず八月一一日の聖女クララ（クレール）。アッシジの聖フランチェスコとともに、完全な無所有と貞潔を原則とするクララ修道女会を設立したことで知られる。サラセン人を聖体顕示台から放たれた光で撃退したことから、今日ではテレビ関係者の守護聖人となっている。

八月二七日は聖女モニカの祝日。聖女モニカは、翌日が祝日となっているキリスト教最大の神学者、聖アウグスティヌスの母。放蕩者の息子アウグスティヌスを愛情と忍耐で回心させたことで知られる。

八月三〇日の聖フィアクルは痔疾を救難分野とすることで有名な聖人である（痔疾は「聖フィアクルの病気」と呼ばれる）。パリにこの聖人の姿を壁に描いた聖フィアクル館と呼ばれる建物があった。ソヴァージュと呼ばれる男が辻馬車（タクシー馬車）を発明し、この発着場を聖フィアクル館の前の通りに置いたので、そこから辻馬車そのものがフィアクルと呼ばれるようになった。今日ではタクシー運転手の守護聖人。

8月1日

聖アルフォンソ・マリア・デ・リグオリ

英：セイント・アルフォンサス（・リゴリ）Saint Alphonsus Liguori
仏：サン・タルフォンス（・ド・リゴリ）Saint Alphonse de Liguori

◎守護する対象（地域・職業・病気・災害）　贖罪僧、道徳教育家

「贖罪会」を設立した教会博士。贖罪《しょくざい》僧の守護聖人。教会のジャンセニスト、厳格主義者と闘った。道徳神学の確立者。道徳教育家の守護聖人でもある。

一六九六～一七八七。ナポリ近くの村で生まれる。ナポリで一番の売れっ子弁護士になったが、二七歳のとき聖職を志し、地方の貧しい人々に布教しようと決意した。村のもっとも無知な老婆にも理解できるようにやさしく説教した。一七三二年に貧しい農村部の贖罪僧のために贖罪会を設立。一七四八年には大部な『道徳的神学』を出版し物議をかもしたが、やがて教会内部でも広く認められるようになった。七〇歳になってサン・タガタの司教を引き受けたが、努力の甲斐もむなしくその司教区から追放された。晩年は自分の設立した贖罪会からも見捨てられて暮らしたが、精神的には喜びのうちに死んだ。

この日の他の守護聖人

・**聖ジュリアン・エマール**　聖体礼拝会を創設した一九世紀フランスの聖人。聖体拝礼を中心とする信心会を広げたことでも知られる。聖体の守護聖人。

8月2日

聖エウセビウス（エウセビオ）

英：セイント・ユーセビアス Saint Eusebius
仏：サン・トゥーゼーブ Saint Eusèbe

◎守護する対象　伊ヴェルチェリ

信者と聖職者が一緒に暮らす最初の共同体を組織した司教。聖アタナシウスとともに異端のアリウス派と闘い、皇帝コンスタンティヌスによって追放された。

二八三～三七一。サルディニア島で生まれ、ピエモンテのヴェルチェリの司教に任命された。エウセビウスは、仲間の司祭や信者たちと一緒に暮らす共同体を組織した。

この生き方は、多くの共感者を集めるようになったが、三五〇年頃から、試練の時代が始まる。コンスタンティヌス帝がアリウス派を認めたからである。ミラノの公会議で、アリウス派を批判した聖アタナシウスに対して、コンスタンティヌス帝が参加者に非難の署名を強要したが、エウセビウスはこれに反対したため、追放され、エジプトの砂漠をさまよった。コンスタンティヌス帝の死後、ようやく信者のもとに戻って、平穏に暮らした。

この日の他の守護聖人

・**聖女アルフレッダ**　中世イギリス・マーシアの国王オーファの王女。

8月3日

聖女リディア（ルデヤ）

英：セイント・リディア Saint Lydia
仏：サント・リディー Sainte Lydie

◎守護する対象 染色業者、生地業者

聖パウロの洗礼を受け、ヨーロッパ人で最初のキリスト教徒になった紫布の女商人。染色業者、生地業者の守護聖人。

一世紀。ギリシャに生まれ、ユダヤ教に改宗した異教徒だった。五五年頃、エーゲ海の港テアテラで、紫の布の商いをしていたとき、この地に宣教してきた聖パウロによって洗礼を受け、ヨーロッパ最初のキリスト教徒になった。聖パウロに従っていた聖ルカは使徒行伝で、「主は彼女の心を開いて、パウロの語ることに耳を傾けさせた。そして、この婦人も、ともにバプテスマを受けたが、そのとき、彼女は『もし、私を主の信じる者とお思いでしたら、どうぞ、私の家にきて泊まってください』と懇望《こんもう》し、しいて私たちを連れていった」と語っている。

この日の他の守護聖人

・聖ニコデモ　イエスの時代に生きたユダヤ人議会の議員。ファリサイ派の指導者であった。エルサレムでイエスを訪ね、語り合ったという。ニコデモは、すべてを捨ててイエスに従うことはなかったが、イエスが逮捕されたときに、その不当性を議会で訴えた。また、イエスを埋葬するときに香料（遺体の防腐処理のために必要）を持参した。

8月4日

聖ジャン＝マリー・ヴィアネー

英：セイント・ジョン＝マリー・ヴァアニー Saint John-Mary Vianney
仏：サン・ジャン＝マリー・ヴィアネー Saint Jean-Marie Vianney

◎**守護する対象**　司祭

司祭の守護聖人。大革命のキリスト教弾圧時代にあえて司祭を志した農夫。記憶力が悪く、ラテン語が覚えられずになかなか司祭になれなかったという。

一七八六〜一八五九。フランス・リヨンの近くの農家に生まれる。フランス革命の混乱の影響で司祭が足りず、人々の心が荒廃していたため、自分が司祭となって人々の霊魂を救おうと思いたったものの、教育を受けていなかったので、バレー司祭についてすべてを一から学び始めることにした。記憶力が弱く、ことにラテン語がなかなか覚えられなかったため苦労したが、ついに二九歳のとき、信心深さと善意が認められて叙階《じょかい》された。一八一八年にアルス村の主任司祭として派遣されたときには、数々の奇跡を起こし、内外から多くの人が詰めかけるようになった。固いベッドの上で二時間しか眠らず、ジャガイモを食べ、悪魔の誘惑と闘った。最後の一年には、巡礼者が一〇万人も訪れたといわれる。超人的な司牧活動に疲れ、何度も隠退を試みたが、結局一八五九年、一七時間の告白を聞いて告解《こっかい》場を出たところで倒れた。

この日の他の守護聖人

・**聖アリスタルコス**　聖パウロによって回心し、宣教に加わった一世紀ギリシャ・テサロニキの聖人。

8月5日

聖女アフラ

英：セイント・アフラ Saint Afra
仏：サン・タフラ Sainte Afra

悔い改めた娼婦の守護聖人。汚れた身体なので苦しむのはかまわないが、偶像を拝むことはできないと言って火刑に処せられた。

?〜三〇四頃。現ドイツのアウクスブルクで生まれた。高級娼婦であったといわれる。ディオクレティアヌス帝によるキリスト教迫害の時代、母の家で会った司教によって回心。やがて、彼女も逮捕された。裁判の席で異教の神々に犠牲を捧げるよう命じられると「私は数多くの罪を犯し、汚れた体ですから、苦しんでもかまいませんが、偶像を拝んで私の魂を堕落させることはできません」と言って、レビ川の小島で火刑に処せられたという。アフラの母も彼女の遺体を埋葬したために捕らえられ、処刑された。三〇四年頃のことと思われる。八月七日を当てている聖人暦もある。

◎守護する対象　悔い改めた娼婦

この日の他の守護聖人

・**聖アベル**　聖ボニファティウスによって、フランス・ランスの大司教として派遣されたが、トレーヴの司教ミロンに妨害されて任地につけなかった八世紀アイルランドの司教。

・**聖オズワルド**　七世紀のイギリス・ノーサンブリアの王で聖エダンを招き、国内で宣教させた。南ドイツでも信仰され、凶作や家畜病の際に祈願される。

8月6日

聖シクストゥス（二世）

英：セイント・シクスタス（・ザ・セカンド）Saint Sixtus II
仏：サン・シクトュス（・ドゥ）Saint Sixtus II

◎**アトリビュート**　ワイン
◎**守護する対象**　醸造業者、ワイン商人

説教中に捕らえられて殉教した初期のローマ教皇。醸造業者、とくにワイン商人の守護聖人。アトリビュートはワイン。

在位二五七～二五八。ローマ教皇に選ばれたが、一年後に殉死した。アッピア街道のプラエテクスタトゥスの共同基地（カタコンベ）で秘密の説教を行っている最中にローマの警察に捕らえられ、四人の副司教とともに殉教した。十字架にかけられたのではなく、剣で殺害されたという。遺体はカリストゥスの共同基地に運ばれ、埋葬された。初期ローマ教会のもっとも崇拝された殉教者のひとりである。

一九六九年からは八月七日が祝日となる。

この日の他の守護聖人

・**聖オクタヴィアン**　一一～一二世紀ブルゴーニュのギヨーム二世の息子で、ボローニャ大学の教授となったが、臨終の父に呼び戻されて故郷に戻る途中、父の死を知り、途中のサン・ピエール修道院の僧となる。兄弟にローマ教皇や大司教がいたにもかかわらず、出世を望まず、キリストの謙譲の美徳にならった。

8月7日

聖ガエタノ

英：セイント・カジェタン Saint Cajetan
仏：サン・ガエタン Saint Gaëtan

トレント宗教会議以前に宗教改革を行い、カトリック内部の腐敗を正した聖人。テアティノ修道士の守護聖人。

一四八〇〜一五四七。イタリアのヴィチェンツァで伯爵の子として生まれ、ヴァチカンで聖職者となったが、そこで目にしたものが福音書とあまりに違っていたので、教会の腐敗を正すために、厳しい規律に基づいて暮らす律修《りっしゅう》聖職者の会を、後の教皇パウロとともに設立。この会の修道士たちは「テアティノ修道士」と呼ばれた。ガエタノはカトリックの宗教改革が問題となったトレント宗教会議以前にカトリック内部で改革を試みた傑出した修道士で、おかげでイタリアはプロテスタントの国とならずにすんだ。晩年は、ローマが神聖ローマ帝国の軍隊に占領されたためナポリに移住し、その地で帰天した。

◎守護する対象　テアティノの修道士

この日の他の守護聖人

・**聖ドナ**　七世紀のブザンソンの司教。母フラヴィがブザンソンに設立した女子修道院のために非常に厳しい規則をつくったことで知られる。

8月8日

聖ドミニコ（ドミニクス）

英：セイント・ドミニク Saint Dominic
仏：サン・ドミニク Saint Dominique

雄大なビジョンを持ち、人柄に魅力があった「ドミニコ会」創立者。天文学者や仕立て屋の守護聖人。アトリビュートは星と、口にたいまつをくわえた犬。

一一七〇～一二二一。スペイン北部カスティリアの貴族の家に生まれる。二五歳で司祭となり、一二〇六年に異端のアルビジョワ派が広まっていた南フランスへ派遣された。アルビジョワ十字軍はアルビジョワ派を徹底弾圧したが、ドミニコは貧しく謙虚だったキリストに倣って、粗服を身にまとい、施しを受けながら各地を回って説教し、それによってアルビジョワ派を改宗させるように努めた。一二一五年にトゥールーズに、説教者たちの修道会を創設することを試み、翌年「説教者兄弟修道会（ドミニコ托鉢会《たくはつ》）」として公認された。ドミニコ会修道士は清貧を旨とし、説教と教育の活動を中心的に行うところに特徴がある。同時にドミニコは弟子をパリ大学やスペインに派遣した。そのため会員の学問的水準は非常に高くなり、聖アルベルトゥスや聖トマス・アクィナスのような大学者を輩出した。その後も、ドミニコはボローニャなどに托鉢修道会をいくつも創設し、それらの修道会を指導監督するために、苦行と説教をしながら旅を続け、一二二一年に死んだ。一九六三年に流行したフォークソング「ドミニク」は彼のことを歌っている。

パリの七区を横断するサン＝ドミニック通りは、通り沿いにあったドミニコ会修道院にちなむ。

◎**アトリビュート**　星、口にたいまつをくわえた犬
◎**守護する対象**　天文学者、仕立て屋
◎**ゆかりの場所・絵画・彫刻**　パリの七区を横断するサン＝ドミニック通り

この日の他の守護聖人

・**聖キュリアクス**　ドイツでは一四救難聖人のひとりに数えられている。四世紀、迫害者ディオクレティアヌ

ス帝の娘の悪霊をはらってやったところから、悪魔憑《つ》きや狐憑きを治療するエクソシストの守護聖人となる。

眼病の守護聖人。ブドウ、ブドウ酒の守護聖人でもある。

8月9日

聖女エディット・シュタイン

英：セイント・エディット・スタイン Saint Edith Stein
仏：サン・テディット・スタン Sainte Édith Stein

◎守護する対象　ヨーロッパ、ユダヤ人、孤児、殉教者、ワールドユースデイ

一九九七年に列聖されたばかりの最新の聖女。フッサールの弟子の哲学者だったが、ナチスのユダヤ人狩りに遭い、アウシュヴィッツで死んだ。

一八九一～一九四二。ユダヤ人としてブレスラウ（現在のポーランド、ブロツワフ）で生まれる。大学で現象学の創始者エドムント・フッサールに師事し、優れた博士論文を発表して、ドイツ哲学界の新進気鋭の哲学者として注目を集めたが、三〇歳の頃、十字架のキリストに出会い、カルメル会の聖女テレジアの『自伝』を読んで真理を悟り、カトリックの洗礼を受けた。四二歳でケルンのカルメル会に入会し、修道生活を送りながら、宗教哲学、霊性について多くの著述を行っていた。一九三九年の第二次大戦開始で、ナチス・ドイツのユダヤ人狩りが始まったため、一九四二年にオランダの修道院に逃げたが、捕まり、強制収容所へ連行されて、アウシュヴィッツでその生涯を終えた。

この日の他の守護聖人

・**聖ロマン**　三世紀のローマの兵士。車でひかれたあと手足をもがれ、殉教した。

・**聖アムール**　フランス・フランシュ＝コンテ地方で昔から崇拝されている聖人。

8月10日

聖ロレンゾ（ラウレンティウス）

英：セイント・ローレンス Saint Lawrence（Laurence）
仏：サン・ロラン Saint Laurent

◎**アトリビュート**　財布、鉄網
◎**守護する対象**　ローマ、料理人、菓子職人、ビール製造業者、管理人、洗濯屋、刃物製造業者、武器製造業者、図書館員、古文書館員、火傷・熱病に苦しむ人、火災に遭った人
◎**ゆかりの作品・場所など**　フラ・アンジェリコ（ヴァチカン）、カルロ・クリヴェッリ（ドイツ・サン・シルヴストロ美術館）、パリ一〇区のサン＝ロラン通り、聖ラウレンティオ大聖堂（ローマ）

生きたまま鉄網の上で焼かれて殉教したところから火傷、火災、熱病から人々を守る守護聖人となった。料理人、菓子職人、ビール製造業者、管理人、洗濯屋、刃物製造業者、武器製造業者、図書館員、古文書館員の守護聖人。守護地域はローマ。アトリビュートは財布、鉄網。

?〜二五八。スペインに生まれ、サラゴサの学校を卒業した後、ローマの七助祭の首席となって、教皇聖シクトゥス二世や司祭たちのミサに奉仕した。教会財産を管理し、貧者、病者に物資を配るのが彼の仕事だった。二五八年、ローマ皇帝ワレリアヌスの発したキリスト教迫害の第二法令によって聖職者は殺され、公職にある信者はすべて追放され、その財産は没収されることになった。やがて聖シクトゥス二世がミサ中に捕らえられ、斬首されたが、その際、ローマ当局はロレンゾに四日間の猶予を与え、教会の全財産を提出するよう命じた。するとロレンゾは、大勢の貧しい人々を連れて出頭し、「彼らこそ、教会の財産です」と答えたが、その真意を理解できなかった総督はからかわれたと激怒し、ロレンゾを拷問にかけた。彼は生きながら鉄網の上で焼かれた。刑吏に向かって「焼き肉は焼けたぞ。裏返して食べろ」という言葉を発した後、息を引き取ったという。その墓の上には現在、聖ラウレンティオ大聖堂が建てられている。

この日の他の守護聖人

・聖女フィロメーヌ　一八〇二年にローマのカタコンベで、二世紀に殉教した若い娘の遺骸が発掘され、信仰が広まった。

8月11日

聖女クララ

英：セイント・クレア Saint Clare
仏：サント・クレール Sainte Claire

アッシジの聖フランチェスコとともに、「クララ修道女会」を設立した聖女。テレビ関係者、テレビ脚本家、刺繍職人の守護聖女。クララとは「光り輝くもの」の意。アトリビュートは光を放つ聖体顕示台。

◎アトリビュート　光を放つ聖体顕示台
◎守護する対象　テレビ関係者、テレビ脚本家、刺繍職人

一一九四〜一二五三。イタリアはアッシジの名家に生まれたが、結婚話を断り、一八歳のとき、従姉のパシフィカとともに家を出て、アッシジの聖フランチェスコの弟子となった。聖フランチェスコは彼女たちの髪を切って、僧衣を着せてから告白を聞いた。彼らのあいだに精神の共同体が生まれ、それはクララ修道女会としてヨーロッパ中に広がっていった。クララ会は完全な無所有と貞潔を原則とする。当時のどの修道女たちよりも厳しい生活を送る修道会だった。クララは粗末なシャツに裸足のまま断食や瞑想にふけり、キリストの受難を思って、目に涙を浮かべて、神秘的な苦痛に耐えた。四〇年間、聖フランチェスコの精神のもとに修道女たちを思慮深く導き続けた。一二四〇年、サラセン人がアッシジに攻め入り、修道院にも侵入しようとしたとき、クララが聖体顕示台を手に祈りを唱えると、聖体顕示台からまばゆい光が出て、敵軍はあわてふためいて逃げ出したという。

ある年のクリスマスの日、具合が悪くてベッドに横になっていると、朝の祈りの声が聞こえ、まぐさ桶の中にいるイエス・キリストの姿がはっきり見えたという言い伝えから、クララはテレビの守護者となった。

この日の他の守護聖人

・聖ジュザンヌ　四世紀ディオクレティアヌス帝時代の殉教処女。皇帝が後継者のマクシミアヌスと結婚させようとしたところ、拒否したので殺された。

8月12日

聖女クラリス

英：セイント・クラリス Saint Clarisse
仏：サント・クラリス Sainte Clarisse

この日は同じ名前のふたりの聖女の祝日となっている。クラリスというのは「クレールの」という意味の形容詞で、クララ会修道女に用いられることが多い。

七世紀。ひとりの聖女クラリスは七世紀のフランスに生きた聖女で、聖ロマリックと隠棲《いんせい》修道士の聖エメがヴォージュ地方のサン・モンに設立した最初の女子修道院の初代院長となった修道女。

?～一六七〇。祝日を同じくするもうひとりの聖女クラリスは、一七世紀の修道女。わがままで手に負えない娘だったため、家族によってクラリス会修道院に入れられたが、外面だけ回心したそぶりを見せたため、長い間、告解を聞いてもらうことさえできなかった。ところが、あるとき、劇的な回心を経て、その後は贖罪生活を送り、一六七〇年に亡くなった。

この日の他の守護聖人

・聖女ヒラリア　娼婦聖女アフラの母で、娘と同時に回心した。柱に縛り付けられ三〇四年に火刑に処された。

8月13日

聖ヒッポリトゥス（イッポリト）

英：セイント・ヒポリタス Saint Hippolytus
仏：サン・イポリット Saint Hippolyte

ローマ教皇に対抗して対立教皇となった最初の聖人。教皇とともに殉教した。馬の守護聖人。牢獄の看守の守護聖人。

?〜二三五。ローマ帝国東部で生まれ、三世紀のローマ教会のもっとも重要な著述家となった。『哲学的思想』などを著し、キリスト教神学の第一人者であったが、教皇カリトゥスの弱腰を非難し、批判派の人々とともに分派を起こし、二一七年、最初の対立教皇となった。マクシミヌス＝トラクス帝のキリスト教迫害のときに、時の教皇ポンティアヌスとともにサルディニア島に流され、鉱山で強制労働につかされ、二三五年に亡くなった。死の前に、自分の過失を後悔し、ポンティアヌスに赦《ゆる》しを請うたといわれるが、一方では、両者互いに譲らず分裂状態は続いたままだったという説もある。

迫害が終わってから、教皇ファビアヌスによって両殉教者の遺骨がローマに移された記念日が、八月一三日である。ギリシャ神話の英雄テセウスの息子であるヒッポリトゥスと同じように荒馬によって殺された同名の他の聖人と混同され、この聖ヒッポリトゥスが馬を守護する聖人とされた。

◎守護する対象　馬、牢獄の看守

この日の他の守護聖人

・**聖女ラドゴンド**　フランク王の妻となるが、宮廷を去り、ポワティエでサント・クロワ修道会を設立した。六世紀ポワティエの守護聖女。

8月14日

聖マキシミリアン・コルベ

英：セイント・マキシミリアン・コルベ Saint Maximilian Kolbe
仏：サン・マクシミリアン・コルブ Saint Maximilien Kolbe

◎守護する対象　政治犯

アウシュヴィッツ強制収容所で、妻子ある四人の身代わりになって殺されたフランシスコ会修道士。政治犯の守護聖人。二〇世紀の聖人。

一八九四〜一九四一。ポーランドの小さな村に生まれ、フランシスコ会の神学校を経て、ローマで一九一八年に司祭となり、「無原罪の聖母の騎士会」を創立した。その後、ポーランドへ帰国し、「聖母の騎士」という月刊の評論雑誌の刊行を始め、大成功を収めた。一九三〇年（昭和五年）に来日して長崎に「無原罪の園」を設立し、日本語の「聖母の騎士」を発行した。一九三六年（昭和一一年）に健康上の理由もあって、ポーランドへ呼び戻されたが、一九三九年に第二次世界大戦が勃発すると、ナチスに反対する新聞を発行し続けたので、一九四一年五月にナチス・ドイツのゲシュタポに捕らえられた。アウシュヴィッツ強制収容所へ送られてからも、司祭として奉仕し、絶望した人たちを勇気づけた。

その年の夏のある日、逃亡者が出たことの報復として一〇人が殺されることになった。マキシミリアンは、若くて妻子ある男の身代わりを自ら申し出て、餓死牢で二週間苦しんだ末に注射で毒殺された。

この日の他の守護聖人

・**聖女アナスタシア**　二度、幸せな結婚をしたが、最後に、二度目の夫と別々の修道院に入って、そこで死んだ九世紀ギリシャの聖女。

8月15日

聖タルシキウス

英：セイント・タルシシアス Saint Tarsicius
仏：サン・タルシジュス Saint Tarcisius

聖体のパンを運ぶ途中、異教徒に見とがめられて殺された少年殉教者。少年労働者、宣教師の守護聖人。

◎守護する対象　少年労働者、宣教師

三世紀または四世紀。聖別《せいべつ》された聖体のパンを運んで街を歩いているとき、異教徒に出会って、調べられ、聖体を出すように言われたが、これを拒否したために殺された少年殉教者。

この日の他の守護聖人

・聖母マリア　この日は、聖母マリアの被昇天の祝日。イエス・キリストが死んで復活した後、聖母マリアは使徒ヨハネのもとで暮らし、聖トマス以外の使徒全員に見守られながら亡くなった。その遺体が墓に葬られると、三日の間、天使の奏でる音楽が聞こえ、かぐわしい香りが漂ったという。三日目に音楽がやんだので、聖トマスが皆に頼んで墓を開けてみると、遺骸が包んであった布しか残っていなかった。そこで、使徒たちは聖母がイエスと同じように、三日目によみがえって天に召されたと信じた。一生を罪の汚れなく過ごした聖母マリアの被昇天を、教会は伝承として守ってきたが、一九五〇年にローマ教皇ピウス一二世が「神の無原罪の御母、終生処女であるマリアは地上の生活を終えて、霊魂と同時に身体をも天の栄光に上げられた」と宣言した。

8月16日

聖ロック（ロクス）

英：セイント・ロック Saint Rock
仏：サン・ロック Saint Roch

中世でもっとも有名な伝染病よけの守護聖人。ペスト、コレラなどの伝染病にかかった人、それに医師、外科医、家畜、囚人の守護聖人。守護地域はフランス・モンペリエとイスタンブール。アトリビュートは巡礼者の杖、ひょうたん（水筒）、バスケット、ホタテ貝、それに犬。新規補充の一四救難聖人のひとり。

一三五〇〜一三八〇頃。フランス南部のモンペリエに生まれる。二〇歳の頃両親が亡くなったので、財産を処分してローマへの巡礼の旅に出たが、その途中で恐ろしい伝染病ペストに遭遇し、懸命に患者の世話をした。患者の上で十字をきると多くの人が治ったといわれる。ところが、巡礼からの帰途、イタリア北部のピアチェンツァという町まで来たとき自分もペストにかかってしまった。死を覚悟したロックは、病気をうつさないように森に入り、死の時を待った。すると、一匹の犬が現れ（彼の飼い犬ともいわれる）、毎日ひと切れのパンを運び、傷をなめてくれた。おかげで、ロックは奇跡的に回復し、故郷のモンペリエへ帰ったが、長旅とペストによってすっかり容貌が変わっていたので、彼の名をかたるスパイとして叔父に捕らえられ、五年後、牢獄の中で静かに息を引き取った。一三八〇年頃のことといわれる。絵の中でロックは、巡礼者の姿で杖とひょうたんとバスケットを持ち、足の太ももの黒い斑点《はんてん》（最初に現れるペストの症状）を見せている。傍らに犬がいることも多い。

◎**アトリビュート**　巡礼者の杖、ひょうたん（水筒）、バスケット、ホタテ貝、犬

◎**守護する対象**　仏モンペリエ、イスタンブール、ペスト・コレラなどの伝染病に苦しむ人、医師、外科医、家畜、囚人

◎**ゆかりの場所・絵画・彫刻**　パリ一区のサン＝トノレ通り沿いにあるサン・ロック教会、モンペリエのサン・ロック教会

この日の他の守護聖人

・**（ハンガリーの）聖ステファヌス**　東洋系民族ハンガリーの守護聖人。教皇シルヴェステル二世に戴冠されて一〇〇一年にハンガリーの初代国王の座に就いた。息子は聖エメリッヒ。ステファヌスは、エティエンヌあるいはイシュトヴァーンとも呼ばれる。

・**聖アルメル**　フランス・ブルターニュで崇敬されている聖人。六世紀にブルターニュに宣教したガリア人。

8月17日

（クラクフの）聖ヒアキントゥス

英：セイント・ハイアシンス（・オブ・クラコウ）Saint Hyacinth of Cracow
仏：サン・ヤサント（・ド・クラコヴィ）Saint Hyacinthe de Cracovie

◎**守護する対象**　ポーランド

ポーランドの守護聖人。東欧、北欧にも宣教し、数多くの修道院を建てた。

一一八五〜一二五七。ポーランドに生まれ、クラクフ、プラハで学問を修めた。ローマで聖ドミニコに出会い、一二一八年にドミニコ会に入り、一二二一年にクラクフに派遣された。修道院を建て、この地の人々を回心させた。リトアニア、ボヘミア、ノルウェー、デンマーク、スウェーデン、イギリスの各地に修道院を設立し、たくさんの奇跡を起こしたといわれる。実際には、彼の名はヤコブのポーランド語の縮小形であるヤッコ、またはヤチェクだったのだが、中世の伝記作家たちによって、ヤキントゥス、さらにヒアキントゥスと変えられていった。初期の殉教者の中に幾人かのヒアキントゥスが実在していた。

この日の他の守護聖人

・**聖リベラ**　五世紀チュニジアの殉教者。アリウス派と闘って火刑に処せられた。

8月18日

聖女ヘレナ

英：セイント・ヘレン Saint Helen
仏：サン・トレーヌ Sainte Hélène

息子のコンスタンティヌス皇帝に十字架で勝利をもたらし、ローマ帝国でキリスト教を公認させた聖女。戦争勝利の守護聖女。染色業者、鉱山関係者、黄金探索者の守護聖人。アトリビュートは十字架。

二五五～三二八。小アジア（現在のトルコ）に生まれ、ローマ将校コンスタンティヌス・クロルスに見初《みそ》められて結婚し、二七四年に後のコンスタンティヌス帝を生んだが、クロルスがローマ皇帝マクシミアヌスの娘との結婚を望んだため、妻子は犠牲にされた。ヘレナがいつ回心したかは不明だが、その後、コンスタンティヌスが父の後を継いで皇帝になると、母のヘレナは敬意をもって遇された。三一二年のマクセンティウス帝との決戦のときに、コンスタンティヌス帝が母ヘレナが信仰する十字架の旗印を掲げたところ、大勝。これがキリスト教徒に信仰の自由が保証されるきっかけとなった。

エルサレムに巡礼したとき、彼女は三本の十字架と「ＩＮＲＩ（ラテン語 Iesus Nazarenus Rex Iudaeorum ユダヤ人の王、ナザレのイエス）」と記された札を発見したが、どれがキリスト受難の十字架かはわからなかった。そこで、死体をそれぞれの十字架に乗せてみたところ、一本の十字架の上で死者がよみがえったので、それが本物とされたという。彼女がイングランド北部で人気があり、出生地がイングランドとされたのは、息子のコンスタンティヌス帝が皇帝に選出されたのがヨークだったからである。

ちなみにナポレオンがイギリスによって島流しにされて没した大西洋の絶海の孤島セント・ヘレナ島はこの聖女にちなむ。戦争勝利の守護聖女だったのは皮肉である。

◎**アトリビュート**　十字架
◎**守護する対象**　戦争の渦中にいる人、染色業者、鉱山関係者、黄金探索者

この日の他の守護聖人

・**聖アガピトゥス**　ライオンのいるコロセウムに投じられたがライオンが襲わないため、剣で殺された二世紀のローマの殉教者。

8月19日

聖ジャン・ウード

英：セイント・ジョン・ユーデス Saint John Eudes
仏：サン・ジャン・ウード Saint Jean Eudes

一七世紀フランスの大説教師。改悛した娼婦たちを世話する「愛徳と保護の聖母修道会」、司祭たちのレベル向上を目指す修道会「ウード会」などを組織したほか、「イエス信仰」と並んで「マリア信仰」をカトリックの公式礼拝に取り入れたことで知られる。

一六〇一～一六八〇。フランスはノルマンディーの農民の子どもとして生まれる。オラトリオ会員となり、迷信に満ちたフランスの地方に一生の間に一五〇回も宣教旅行を行った。身を持ち崩した女性たち、とりわけ娼婦たちの更生を助ける修道女たちの組織「愛徳と保護の聖母修道会」をつくりあげたのち、オラトリオ会を離れ、聖職者のレベルを高めるための修道会である「ウード会」を組織した。フランスにおいて、「マリア信仰」を正式なカトリックの礼拝に導入したことが大きな業績である。没地のカーンでは広く信仰されている。

この日の他の守護聖人

・**聖セバルドゥス**　寒い天候から守ってくれる聖人。家畜の守護聖人。守護地域はニュルンベルクとバイエルン。石をパンに変えたとか、空のグラスにひとりでにワインを満たしたとか、冬の夜、薪のない農家で、つららを薪の代わりにくべさせ、燃料にしたとかの奇跡を行ったと伝えられる。

8月20日

聖ベルナール

（クレルヴォーの）

（ベルナルドゥス）

英：セイント・バーナード（・オブ・クレアヴォー）
Saint Bernard of Clairvaux
仏：サン・ベルナール（・ド・クレルヴォー）
Saint Bernard de Clairvaux

「最後の教父」と呼ばれるシトー会の再興者。雄弁な教会博士で、「蜜の流れるごとき博士」と言われたところから、養蜂家、ローソク職人の守護聖人となっている。アトリビュートは白い僧服に白い犬。蜂の巣。地に投げ捨てられた司教冠（司教になることを拒否した）。

◎**アトリビュート**　白い僧服に白い犬、蜂の巣、地に投げ捨てられた司教冠（司教になることを拒否した）
◎**守護する対象**　養蜂家、ローソク職人
◎**ゆかりの場所・絵画・彫刻**　フィリッピノ・リッピ（フランス・コンデ美術館）、リベラ（ジェノヴァ美術館）、ムリリョ（マドリッド・プラド美術館）。ウンベルト・エーコの『薔薇《ばら》の名前』

一〇九〇〜一一五三。フランスのディジョンの近くにあるフォンテーヌ城に貴族の子として生まれる。一一一二年に四人の兄弟と二七人の友人を誘って、シトー修道院へ入り、事実上のシトー会の創設者となる。というのも、シトー会は、労働と禁欲の戒律をあまりにも厳しく守るため、存続が危うくなっていたからである。一一一四年には、シャンパーニュ地方のクレルヴォーの新しいシトー会分院のために派遣され、一一五三年に亡くなるまで院長を務めた。「クレルヴォーのベルナール」とも呼ばれるのはそこに由来している。司教、教皇、王侯に絶大な影響力を持ち、六八の修道院を創立し、病弱だったにもかかわらずヨーロッパ中を駆けずり回って、第二回十字軍と北方十字軍を鼓舞した。キリスト教の歴史上屈指の宗教的人格者で、なおかつ「蜜の流れるごとき博士」と呼ばれるほど雄弁なアジテーターだった。『アベ

ラールとエロイーズ』のアベラールとの論争でも名高い。ウンベルト・エーコの『薔薇《ばら》の名前』では、僧院の事件を解決する探偵として登場している。ベルナールを身ごもったさいに母親が教会を敵から守る白い犬を宿す夢を見たことから、白い犬がアトリビュートのひとつになっているが、アルプスのセント・バーナード犬は、彼ではなく、「モンジューの聖ベルナール」に由来する（五月二八日参照）。

この日の他の守護聖人

・聖フィリベール　七世紀フランスで、数多くの修道院を設立した聖人。

8月21日

聖ピウス一〇世

英：セイント・ピアス（・ザ・テンス）Saint Pius X
仏：サン・ピ（・ディス）Saint Pie X

◎守護する対象　病気の巡礼者、エスペラント語学習者

聖体拝領《せいたいはいりょう》復活で知られる教皇。病気の巡礼者、エスペラント語学習者の守護聖人。二〇世紀初頭の混乱した社会を、キリストの精神によって建てなおそう努力した。

一八三五〜一九一四。ヴェネチアで貧しい家庭の子どもとして生まれた。本名ジョゼッペ・サルト。一八五〇年にパドヴァの神学校に入り、一八五八年に司祭となる。マントーヴァの司教、枢機卿、ヴェネチアの大司教を経て、一九〇三年に教皇に選ばれた。在位期間は、波乱に富み、困難な時期だったが、社会をキリストの精神によって建てなおそうと努力し、教皇庁の改革、教会法の法典化、司祭養成の改革、民衆の宗教教育、聖歌ならびに聖務日課の改革などを次々に行った。また、毎日の聖体拝領、七歳以上の子どもの聖体拝領など、廃《すた》れかけていた聖体の儀式を復活させて奨励した。ルルドなどの聖地

に赴く病人を助ける会「UNITALSI」の保護者となった。その業績と徳の高さから人々に敬われたが、一九一四年に第一次大戦が勃発すると、心労から病死した。遺言の中に「私は、貧しく生まれ、貧しく生きた。そして私は、貧しく死ぬことを望む」と書いた。

この日の他の守護聖人

・**聖クリストフと聖レオヴィジルド**　九世紀にマホメットを罵って殉教したスペイン・コルドバの修道者。

8月22日

聖シンフォリアヌス

英：セイント・シンフォリアン Saint Symphorian
仏：サン・サンフォリアン Saint Symphorian

◎**守護する対象**　就学年齢の子ども、鷹匠、旱魃に見舞われた人

フランスがガリアと呼ばれるローマの属領だったころの有名な殉教者で、就学年齢の子どもの守護聖人。鷹《たか》匠《しょう》の守護聖人でもある。旱魃《かんばつ》の際に祈願する。

二世紀ないし三世紀。ガリア（フランス）地方オータンの貴族の家に生まれた。当時、ローマでは、ベレシンシア（キュベレ）という名の女神がとくに崇められていたので、ローマ総督ヘラクリウスはベレシンシアをすべての神々の母として拝むよう強要した。シンフォリアヌスは、その女神と出会った際、笑い出して、なぜ礼拝しなくてはならないのかと大声で言ったため、捕らえられ、鞭打ちの刑に処せられたが、信仰を守り、斬首された。処刑のために連れ出されたとき、母親が町の城壁に立ち、大きな声で彼を励ましたという。その様子がオータンの聖堂に描かれている。シンフォリアヌスはローマ時代のガリア人でもっとも有名な殉教者のひとりで、五世紀の終わり頃、墓の上に記念聖堂が建てられた。

この日の他の守護聖人

・**聖ジークフリード**　七世紀イギリスのベネディクト会修道士。

8月23日

（リマの）聖女ローザ

英：セイント・ローズ（・オブ・リマ）Saint Rose of Lima
仏：サント・ローズ（・ド・リマ）Sainte Rose de Lima

◎**アトリビュート**　バラ
◎**守護する対象**　ペルー、南アメリカ、フィリピン、西インド諸島、花屋、園芸家、フラワーアーティスト、家庭不和に悩む人、怪我をした人、火山の噴火に遭った人

花屋、園芸家、フラワーアーティストの守護聖女。家庭内の問題や障害に関して彼女に祈願する人も多い。守護地域はペルー、南アメリカ、フィリピン、西インド諸島。新大陸最初の聖女で「ロサ・デ・サンタ・マリア」といわれた。怪我をしたとき、火山の噴火に遭ったときに祈願される。アトリビュートはバラの花。

一五八六〜一六一七。ペルーのリマで生まれる。スペイン植民者の娘で、イザベル・デ・フロレス・イ・デル・オリヴィアといったが、その美貌のためにローザ（バラ）と呼ばれた。実家が鉱山業者に失敗したため、極度の貧困に陥ったが、ローザは、花を市場で売ったり、刺繍《ししゅう》などの針仕事をして家計を助け、貧しいインディオたちに施しをした。二〇歳になると純潔の誓いをたて、ドミニコ会の第三会に入り、とげのついた茨の冠を頭につけ、庭のあずま屋で隠者のように暮らした。美しさが人目を引かぬようわざと醜くなるような化粧をして、厳しい苦行に打ち込んだ。その幻視体験が異端扱いされ審問にかけられたこともあったが、ローザはすべてを耐え忍び、貧者や奴隷、インディオたちの世話をしながら苦しい病気と闘ったが、一六一七年に三一歳で亡くなった。

この日の他の守護聖人

・聖フィリポ・ベニツィ　一三世紀イタリア聖母マリア下僕托鉢会の修道院長。教皇派と皇帝派の紛争を調停。

8月24日

聖バルトロマイ（バルトロメオ）

英：セイント・バーソロミュー Saint Bartholomew
仏：サン・バルテルミー Saint Barthélemy

一二使徒のひとりでナタナエルと同一人物。生きたまま皮をはがれたという伝説から、皮革業、左官業、精肉業、装丁業の守護聖人。塩商人、チーズ商人の守護聖人でもある。神経の病のときに祈願される。アトリビュートはナイフと皮膚。

一世紀。一二使徒のひとりで、『ヨハネによる福音書』に出てくるナタナエルと同一人物とされている。同じ使徒のフィリポによって、キリストに引き合わされた。伝説によると、小アジア、インド北部、アルメニアへ赴き、布教に努めた。そして、生きたまま皮をはがれ、斬首されたという。そのため、絵の中の彼はたいてい、そのとき使われたナイフを手にしている。自分の皮をレインコートのように手にかけている図もある。

日本の最初のキリシタン大名、大村純忠《すみただ》は使徒バルトロマイを自分の守護聖人に選び、「ドン・バルトロマイ」と呼ばれた。一五七二年八月二四日「聖バルトロマイ」の祝日にサン・ジェルマン・ロクセロワ教会の鐘の音を合図に始められた新教徒虐殺は「サン・バルテルミーの虐殺」と呼ばれている。

◎**アトリビュート**　ナイフ、皮膚
◎**守護する対象**　皮革業、左官業、精肉業、装丁業、塩商人、チーズ商人、神経の病を抱えた人
◎**ゆかりの場所・絵画・彫刻**　ミケランジェロ（ヴァチカン・システィナ礼拝堂）、ダ・ヴィンチ（「最後の晩餐」ミラノ・サンタ・マリア・デッレ・グラツィエ修道院）、リベラ（マドリッド・プラド美術館）、チマブエ（フィレンツェ・ウフィッツィ美術館）

この日の他の守護聖人

・聖ウーアン　ダゴベール王の尚璽《しょうじ》を務めた七世紀のルーアンの司教。聴覚障害の人が祈願する。クリニャンクールの蚤の市は正式にはサン・トゥーアンの蚤の市で、この聖人に由来するサン・トゥーアンに通じる市門付近にあったぼろ布市が起源。

・聖女ジャンヌ＝アンティッド・トゥーレ　大革命で誓約を拒否するが、貧者に対する保護ゆえに許されブザンソンの愛徳修道女会を創設した一八〜一九世紀の聖女。

8月25日

聖ルイ（九世）

英：セイント・ルイス（・オブ・フランス）Saint Louis of France
仏：サン・ルイ（・ヌフ）Saint Louis IX

◎**守護する対象**　仏ヴェルサイユ、仏ブロワ、医師、かつら屋、理髪師、風呂屋、刺繍職人、手織り業者、小間物商、アカデミー・フランセーズ

◎**ゆかりの場所・絵画・彫刻**　サント・シャペルのステンドグラス、エティエンヌ・シュヴァリエの『時禱書』（フランス・コンデ美術館）

信仰心篤く、多くの病院と施療院を設けたところから「聖王ルイ」と呼ばれる。医師、かつら屋、理髪師、風呂屋、刺繍職人、手織り業者、小間物商、アカデミー・フランセーズの守護聖人。守護地域はヴェルサイユとブロワ。天使のような金髪の美丈夫だった。

一二一四〜一二七〇。フランスのポワシーでルイ八世の王子として生まれ、一二歳で王位につき、一九歳でプロヴァンス公の長女マルグリット（イングランドのヘンリー三世の妻エレノアの姉にあたる）と結婚した。一二三五年には母ブランカの摂政政治を引き継ぎ、理想的な君主となった。公平で慈悲深く、農民に至るまでそれぞれ人間の権利を擁護した。また、キリストの聖遺物である「茨の冠」を納めるためにパリのシテ島にサント・シャペルを建立する。一二四八年には十字軍を先導し、エジプトのダミエッタは奪ったものの、マンスラで大敗し、自身も捕虜となった。六年後にフランスに戻るが、一二七〇年に再び十字軍を率いて出帆し、北アフリカのチュニスに上陸したところで伝染病にかかり、亡くなった。

アメリカのセント・ルイスはフランス人植民者によって建設された町で、聖王ルイを祭ったサン・ルイ教会からその名がついた。セーヌに浮かぶサン・ルイ島も「聖王ルイ」にちなむ。

この日の他の守護聖人

・**聖ヨセフ・カラサンス**　キリスト教学校の守護聖人。一六～一七世紀スペインの司祭。「敬虔な学校の律修聖職者修道会（ピアリスト会）」を組織して青少年の教育に当たる。

・**聖ゲネシウス**　俳優・コメディアンの守護聖人。四世紀ディオクレティアヌス帝の迫害時代に殉教。フランス語では聖ジュネ。

8月26日

聖ゼフィリヌス（ゼフィリノ）

英：セイント・ゼフィリナス Saint Zephyrinus
仏：サン・ゼフィリラン Saint Zéphirin

◎守護する対象　剣闘士

聖ヒッポリトゥスによって、その寛大さを批判された初期教会のローマ教皇。

在位一九八～二一七。ヴィクトール一世のあとを襲ってローマ教皇となる。聖ヒッポリトゥスによって、単性説などの異端を容認していると批判され、対立教皇を立てられたが、異端に対して寛大さをもって望み、過ちを認めた者に対しては、愛徳の精神から、これをただちに迎え入れた点は評価されている。当時、迫害はあったが、殉教したわけではない。にもかかわらず殉教者伝に加えられているのは、教義論争によって心臓に負担をきたし、寿命を縮めたからだといわれている。

この日の他の守護聖人

・**（アルルの）聖カエサリウス** フランス語では聖セザール。信仰と慈愛で知られた五～六世紀のアルルの司教。火事や雷、雹、霰のときに祈願する。ガリアに初めて女子修道院を設立し、妹のカエサリアがその院長になったことでも知られる。

・**聖女ジャンヌ＝エリザベート・ビシェ・デ・サージュ** 大革命後、「十字架の娘修道会」を設立した一八～一九世紀フランスの聖女。

8月27日

聖女モニカ

英：セイント・モニカ Saint Monica
仏：サント・モニック Sainte Monique

◎**アトリビュート** 未亡人の喪服
◎**守護する対象** 母親、既婚女性、子どもの教育に携わっている人
◎**ゆかりの場所・絵画・彫刻** アリ・シェフール（パリ・ロマン主義美術館）、パリ八区のサン・トギュスタン教会にある石膏像、米カリフォルニアの保養地サンタ・モニカ

聖アウグスティヌスを回心させた母。母親、既婚女性、子どもの教育の守護聖女。**アトリビュートは未亡人の喪服。**

三三二～三八七。北アフリカのタガステ（現在のアルジェリア）で生まれる。放蕩《ほうとう》無頼《ぶらい》の夫と、嫉妬深いその母親に苦労し、アルコール依存症になってしまったが、それを克服し、愛情と忍耐で夫に洗礼を受けさせることに成功。

夫の死後は、息子で、後に偉大な神学者となったアウグスティヌスを自堕落な生活から救おうと試みた。唯一の武器は涙で、息子のために、ただ祈り、泣いたので、タガステの司教から「それほどの涙の子が滅びることは決してありません」と言われた。

母親から逃れてローマへ渡った息子を追って、自らもイタリアに赴き、ついにミラノで聖アンブロシウスの協力を得て、アウグスティヌスの回心に立ち会った。

三八七年にローマ郊外、オスティアの港で、北アフリカ行きの船を待つ間に病を得て亡くなった。

この日の他の守護聖人

・**聖ゲラン**　一一世紀のスイスの司教。

8月28日

聖アウグスティヌス

英：セイント・オーガスティン Saint Augustines
仏：サン・オーキュスタン Saint Augustin

◎**アトリビュート**　貝を持つ天使
◎**守護する対象**　醸造業者、印刷業者、神学者
◎**ゆかりの場所・絵画・彫刻**　サン・トギュスタン教会（パリ八区）

『告白録』『神の国』で知られる中世最大の神学者にして教会博士。醸造業者、印刷業者、それに神学者の守護聖人。その回心は聖パウロの回心以来、カトリック教会最大の事件と言われる。アトリビュートは貝を持つ天使。


三五四～四三〇。当時、ローマの属領だったカルタゴのタガステで生まれる。母は聖モニカ。最初法律家を志し、カルタゴの大学で修辞学を学んだが、一六歳から一四年間、恋人と同棲して、ふたりのあいだに聖アデオダトゥスをもうけている。しかも、アウグスティヌスはマニ教に傾倒していた。その後、息子の行く末を心配していた母モニカにはなにも知らせず、ローマに渡り、ついでミラノで「雄弁の商人」となった。この頃には真理が聖書の中にあることはわかっていたが、まだ信仰はもてなかった。

ところが、ある日、庭で少女たちの歌う歌を聞いているとき、突如、回心がやってきた。三八六年のことである。翌年、ミラノの司教聖アンブロシウスによって洗礼を授けられた。三九一年に司祭となり、故郷アフリカへ旅立った。三九四年にヒッポの司教となり、異端と闘いながら、キリスト教内外の思想界に大きな影響を与えた。ラテン教会最大の教会博士のひとりで、今なお『告白録』『神の国』などの名著を含む一一三の書物と論文、二〇〇通以上の手紙、五〇〇以上の説教が残されている。

一九世紀半ばのオスマン改造で作られたパリ八区の交通の要衝にあるサン・トギュスタン教会は彼に捧げられたもの。レ・アール（中央市場）の建築家バルタールによる鉄骨の骨組を用いた教会として知られる。

この日の他の守護聖人

・**聖ヘルメス**　もっとも古いローマの殉教者。

・**聖モーセス**　四～五世紀エチオピアの殉教者。ヘラクレスのような巨魁《きょかい》の黒人で、野盗として旅行者を殺し、身ぐるみをはいでいたが、あるとき信仰を求めて聖マカリウスのところに現れ、回心。以後、彼の忠実な弟子となる。押し寄せた略奪兵士と戦って殉教。

8月29日

聖女サビナ

英：セイント・サビーナ Saint Sabina
仏：サント・サビーヌ Sainte Savine

ローマの寡婦殉教者。ローマの守護聖人。家庭の主婦と子どもの守護聖人。出血したり、大雨のときに祈願。

◎**守護する対象**　ローマ、家庭の主婦、子ども、出血した人、大雨に遭った人

?～一二六。ギリシャに生まれた。ウンブリアに住む寡婦だったが、使っていたキリスト教徒の召使女セラーピアの立派な生活態度に感動し、自らもキリスト教に帰依した。ハドリアヌス帝の迫害時代に、殉教した召し使

いのセラーピアを墓に埋めたために捕らえられて、彼女もまた殉教したと伝えられる。

この日の他の守護聖人

・**洗礼者聖ヨハネ**　この日は洗礼者ヨハネの受難の日。ヨハネは、ヨルダン川でイエスに洗礼を授けた後、ユダヤ分国の王ヘロデ・アンティパスが、兄フィリポの妻であったヘロディアと結婚したことを公然と非難したため、捕らえられた。ヘロディアは、すぐにヨハネを殺すよう求めたが、ヨハネを殺して、人心を動揺させたくなかったヘロデは承知しなかった。ヘロデの誕生日に、ヘロディアの連れ子の王女サロメが踊りを披露した。喜んだ王は何でも望むものを褒美に与えると彼女に約束した。すると、ヘロディアはサロメにヨハネの首を要求させたのである。ヨハネの首は盆にのせられてサロメに与えられた。六月二四日を参照。

8月30日

聖フィアクル

英：セイント・フィアクル Saint Fiacre
仏：サン・フィアクル Saint Fiacre

庭師、紳士用品店、銅細工師、鉄格子職人、大工、梱包業者、タクシー運転手（以前は辻馬車の御者）の守護聖人。痔、性病にかかった人、不妊症の女性からも祈りを捧げられる。

◎**アトリビュート**　庭師のスコップ、バスケット
◎**守護する対象**　庭師、紳士用品店、銅細工師、鉄格子職人、大工、梱包業者、タクシー運転手（以前は辻馬車の御者）、痔・性病にかかった人、不妊症の女性

？～六七〇。アイルランドの隠棲修道士だったフィアクルは、フランスに移り、モーの司教聖ファロンから提供されたブルイユの土地に庭園をつくって隠者のように暮らした。鍬《すき》の代わりに枝で土地を耕し、ひとりで庭をつくりあげたという。また、庵《いおり》の周りに栽培した立派な野菜を貧しい人々に分け与えたことから、園芸家、庭師

の守護聖人となった。彼のもとには弟子が集まり、多くの病人が奇跡的に癒された。とくに、痔疾《じしつ》に悩む病人に対しては、霊験あらたかで、そのために痔疾は「聖フィアクルの病気」と呼ばれた。

一六三七年、子宝に恵まれなかったルイ一三世の妻アンヌ・ドートリッシュが男子を授けてくれるよう聖フィアクルに祈願したところ、翌年、見事、男子を出産した。のちのルイ一四世である。聖フィアクルは女嫌いでも有名で、自分の住む構内から厳格に女性を締め出したという。ソヴァージュという男が発案したパリの最初の辻馬車は聖アントワーヌ通りの聖フィアクル館の前に停まったので、以後、辻馬車のことをフランス語で「フィアクル」と呼ぶようになったという。

この日の他の守護聖人

・**聖アレクサンドル・ネフスキー**　ドイツ人の侵入から国土を守った一三世紀ロシアの英雄。エイゼンシュテインの映画で有名。

8月31日

聖ライムンドゥス・ノンナートゥス（ライムンド・ノンナート）

英：セイント・レイモンド・ノナタス Saint Raymund Nonnatus
仏：サン・レイモン・ノナ Saint Raymond Nonnat

◎**アトリビュート**　枢機卿のマント
◎**守護する対象**　助産婦、妊婦、子ども、無実の罪で投獄されている囚人

難産の末生まれ、「non natus（生まれない）」とあだ名されたところから、助産婦、出産、妊婦、子どもの守護聖人となった。ムーア人の捕虜になったキリスト教徒の解放に尽くしたことから、無実の罪で投獄されている囚人の守護聖人ともなっている。アトリビュートは枢機卿のマント。

一二〇四〜一二四〇。スペインのカタロニアに生まれたが、母親は難産のため亡くなり、ライムンドゥスは帝王切開で取り出された。そのため「ノンナートゥス(non natus 生まれない)」と呼ばれ、後に、出産を守護する聖人となった。ペトルス・ノラスコの設立したメルセス会の会員であったという。

北アフリカやスペインでイスラム教徒のムーア人の捕虜となったキリスト教徒の解放のために活動した。できるだけ多くの捕虜を助け出そうと、身代わりになり、ムーア人の捕虜となったこともある。やがて釈放され、一二三九年にスペインへ戻り、枢機卿に任命された。教皇は彼をローマに呼んだが、その旅の途中、バルセロナ近郊で亡くなった。

この日の他の守護聖人

・**聖アリスチッド**　『アポロギア(キリスト擁護論)』を書いた二世紀のアテネの聖人。

9月の聖人

Les Saints du mois de septembre

9/1 聖ジル（ギレス、アエギディウス）

9/2 （アヴィニョンの）聖アグリコラ

9/3 聖（大）グレゴリウス（グレゴリオ）／グレゴリウス一世

9/4 聖女ロザリア

9/5 聖ラウレンチオ・ユスチニアノ（ラウレンティウス・ユスティニアニ）

9/6 聖マグヌス（マング）

9/7 聖クルー／聖クロードヴァルド

9/8 聖ハドリアヌス（アドリアノ）と聖女ナタリア

9/9 聖ペドロ（ペトルス）・クラヴェル

9/10 （トレンティーノの）聖ニコラ

9/11 聖パフヌティウス

9/12 （アンデルレヒトの）聖ギー（グイド）

9/13 聖ヨハネ・クリソストモス

9/14 聖マテルヌス

9/15 （ジェノヴァの）聖女カタリナ

9/16 聖コルネリウス（コルネリオ）

9/17 （マーストリヒトの）聖ランベルトゥス

9/18 （コペルティーノの）聖ジュゼッペ（ヨセフ）

9/19 聖ヤヌアリウス

9/20 聖エウスタキウス（ウスターシュ）

9/21 （福音書記者）聖マタイ

9/22 聖マウリキウス（モーリス）

9/23 （イコニウムの）聖女テクラ

9/24 聖ゲラルドス（ジェラルド）

9/25 （ラドネシの）聖セルゲイ（セルギウス）

9/26 聖コスマスと聖ダミアノス（コスマとダミアノ）

9/27 聖ヴァンサン・ド・ポール

9/28 聖バーツラフ（ヴェンセスラウス）

9/29 大天使・聖ミカエル＆聖ガブリエル＆聖ラファエル

9/30 聖ヒエロニムス

Préface

9月の聖人

九月は鹿などの森の動物とかかわりのある聖人が多い。その筆頭は、九月一日の聖ジル（アエギディウス）である。アエギディウスはギリシャからフランスにやってきて、森の洞窟で隠遁修道士となり、聖ジルと呼ばれた。胃弱で苦しんでいると、一頭の雌鹿が洞窟に現れ、乳を与えて彼を養った。その鹿を射貫いてしまった西ゴートの王は悔恨から聖ジルのために修道院を建てた。以後、その村サン・ジルはサンティアゴ・デ・コンポステーラに向かう巡礼たちの立ち寄る人気の巡礼地となった。聖ジルは癒《いや》しと授乳を担当する一四救難聖人のひとりとして親しまれた。

鹿といえば、九月にはもうひとり、鹿（ただし雄鹿）をエンブレムとする聖エウスタキウス（ウスターシュ）がいる（九月二〇日）。聖エウスタキウスはプラキダスという名前のローマの最高司令官だったが、狩りの最中、額《ひたい》の間に十字架を戴いた雄鹿に出会い、キリスト教に改宗した。プラキダスは以後、エウスタキウス（よい実を結ぶ木）と改名し、ハドリアヌス帝の命令に背いたため殉教。一四救難聖人として人気が高く、パリのレ・アールの近くに聖ウスターシュ教会がある。

翌日の二一日は秋分の日。聖人は『マタイによる福音書』の作者で、一二使徒のひとりでもある聖マタイ（マチュー）。イエスから「私についてきなさい」といわれ、そのまま職を放棄して使徒となった元徴税人。元の職業のせいか、銀行員、税吏、会計士、税関職員など、金銭にかかわる職業を守護分野にしている。

九月二九日は春の復活祭に対応する秋の一大イベント「聖ミカエル」の祝日で、農民はこの日に限って牛肉を食べた。冬にかけて牛に与える餌がなくなるので、その前に食べてしまおうと考えたのである。現在、この日は聖ミカエル（ミッシェル）に加えて、聖ガブリエル、聖ラファエルの三人の大天使をまとめて祝う日になっている。

一九六二〜六五年の第二回ヴァチカン公会議では、科学的実証性にもとづいて聖人の資格審査を見直す作業が行われ、聖女ヴェロニカや聖クリストフォロスなどの人気聖人が典礼暦から削除されたが、三人の大天使は断固として残された。『ヨハネの黙示録』にしるされた大天使の存在を信ずるか否かが、カトリックとプロテスタントの大きな差異となっているためである。聖ミカエルはカトリック教会の反宗教改革の聖戦隊長だったのだから、これを外すわけにはいかなかったのだ。カトリック国のアイルランドではミカエルの英語読みであるマイケルという名前の男性が多い。マイケル・コリンズという独立運動の英雄が出てからは、どの家庭でも男の子にはマイケルという名をつけることが多くなった。

アメリカにアイルランド移民が大量に流入するようになると、マイケルの愛称であるミッキーはアイルランド人の蔑称に変わった。これを逆手にとったのが貧しいアイルランド移民であったウォルト・ディズニー。ディズニーはアニメ映画の主人公のネズミにミッキーという名前をつけて、蔑称を世界的なアイドルの名前に変えてしまった。ちなみに、ミッキーの相棒であるアヒルのドナルドは、同じくカトリックのケルト系民族であるスコットランド人に多い名前。ちなみにスコットランド人は昔、苗字というものがなく「ドナルドの息子」「キントッシュの息子」という意味で、マクドナルド、マッキントッシュと名乗っていた。こう考えると、ミッキーとドナルドのコンビは新天地アメリカで、アングロサクソン系のプロテスタントに蔑《さげす》まれた、アイルランド人とスコットランド人のケルト＝カトリックの連合軍ということになる。なお聖ミカエルは聖フランシスコ・ザビエルによって日本の守護聖人と定められている。

9月1日

聖ジル（ギレス、アエギディウス）

英：セイント・ジャイルズ Saint Giles
仏：サン・ジル Saint Gilles

アエギディウスとも呼ばれる中世でもっとも人気のあった一四救難聖人のひとり。乳をくれる鹿を守って、矢に射られ、傷ついた。そこから治癒と授乳の守護聖人となった。授乳する母、身体障害者、羊飼い、鍛冶屋、貧者の守護聖人で、ペスト、癌、狂気、不妊、てんかん、旱魃《かんばつ》、悪天候、火事、災害から人々を守護する。守護地域は英エジンバラ、仏トゥールーズ、独ニュルンベルクなど。アトリビュートは雌鹿、矢。

◎**アトリビュート**　雌鹿、矢
◎**守護する対象（地域・職業・病気・災害）**　英エジンバラ、仏トゥールーズ、独ニュルンベルク、授乳する母、身体障害者、羊飼い、鍛冶屋、貧者、狂気に陥った人、不妊症の女性、ペスト・癌・てんかんに苦しむ人、治癒を望む人、旱魃・悪天候・火事・災害に見舞われた人

?～六二三。ギリシャのアテネの裕福な家に生まれた。二六歳のとき、相続した財産をすべて貧しい人に分け与えて南フランスへ赴き、ローヌ川近くの洞窟で隠棲《いんせい》修道士となった。水を飲み、草の根や木の皮を食する生活だったが、一頭の雌鹿が毎日その乳を与えて彼を養った。というのも、ジルは胃弱で、乳のようなものしか受け付けないのを鹿が知っていたからである。ある日、狩りに出た西ゴート王ヴァンバがその雌鹿を狙って矢を放ったところ、その矢が、鹿を守ろうとしたジルに当たり、以後、ジルは不自由な体となった。王は償いに、ニームの近くに修道院を建て、多くの青年がそこに集まった。「サン・ジル修道院」である。このサン・ジル修道院のあった村は「サン・ジル」と呼ばれるようになり、ローマからスペインのサンディアゴ・デ・コンポステラに至る巡礼街道の途中にあたるため、巡礼者のだれもが立ち寄る人気の巡礼地になった。

この日の他の守護聖人

・**聖ルー**　中傷によってブルゴーニュに左遷されたがそれにもめげずに布教に専念した七世紀フランス・サン

スの司教。サンスに戻ったときに鐘がひとりでに鳴って彼を迎えたという言い伝えから、鐘と音楽の守護聖人。恐怖、てんかん、内臓の病気のときに祈願する。

・**聖女ベアトリス**　美貌ゆえに女王の嫉妬を招いたことから修道院の設立を企てた一五世紀スペインの修道女。

9月2日

（アヴィニョンの）聖アグリコラ

英：セイント・アグリコーラ（・オブ・アヴィニョン）Saint Agricola of Avignon
仏：サン・タグリコーラ（・ダヴィニョン）Saint Agricola d'Avignon

◎**アトリビュート**　コウノトリ、書物、杖
◎**守護する対象**　仏アヴィニョン、疫病に苦しむ人、不運に見舞われた人、天候不順に悩まされた農民たち

フランス・アヴィニョンの司教で、疫病や不運に見舞われた人の守護聖人。その名前（農業）の通り、天候不順に悩まされた農民たちが、晴天あるいは雨を望むときにも祈願される。守護地域はアヴィニョン。アトリビュートはコウノトリと書物と杖。

六三〇頃～七〇〇。アヴィニョンの司教聖マーニュの庶子として生まれたといわれる。独身を義務づけられている司教に息子がいるというのも変だが、当時は、それほど珍しいことではなかったらしい。六歳でレランで修道士となってから一四年後、父に呼び戻され、アヴィニョンの司教となったとされている。アヴィニョンに教会や修道院を建てた。当時、コウノトリが異常繁殖して農民を苦しめていたが、祈りの言葉によって、その繁殖はピタリと止まったという言い伝えがあり、コウノトリとともに描かれることが多い。

この日の他の守護聖人

・**聖ジュスト**　エジプトの砂漠に隠棲した四世紀リヨンの司教。

・聖女イングリッド　スウェーデンに女子ドミニコ会修道院を設立したクヌート王の孫。一三世紀の聖女。

9月3日

聖（大）グレゴリウス（グレゴリオ）あるいはグレゴリウス一世

英：セイント・グレゴリー（・ザ・グレイト）Saint Gregory the Great
仏：サン・グレゴワール（・ル・グラン）Saint Grégoire le grand

◎アトリビュート　教皇冠、鳩
◎守護する対象　歌手、教師、市長、レンガ職人、痛風・ペストなどに苦しむ病人

グレゴリウスという名の教皇は一六人いるが、そのうちで最初の、かつもっとも偉大な人物。歌手、教師、市長、レンガ職人の守護聖人。痛風やペストなどの病人が祈願する。偉大な政治家、卓越した神学者で教会博士、中世の教皇制度の父。アトリビュートは教皇冠と鳩。

五四〇頃〜六〇四年。ローマの政治家の息子として生まれ、三〇歳でローマ長官となるが、その後、キリストとともに生きることを決意し、財産を処分した金でいくつもの修道院を建て、修道士として厳しい毎日を送った。五八五年には教皇ペラギウス二世の助祭となってコンスタンチノープルで教皇の代理人を務めたのち、五九〇年に教皇職につく。彼が自称した「神のしもべの中のしもべ」という言葉は、その後、歴代教皇すべてによって用いられる称号となった。

飢饉やペストに苦しむ民衆たちのために病院を建設したり、救護所を設けたり、さまざまな対抗策を講じ、北イタリアを荒らしまわったロンバルト人とも五九二年に和平協定を結んだ。また、ローマの奴隷市で見たイングランドの若者の美しさに打たれ、「彼らはアングル族（イングランド人）ではなくエンジェル（天使）だ」と賛嘆し、イングランドをはじめとして、スペイン、ガリア（フランス）各国へ伝導団を送った。とくにイングランド全土をキリスト教化したことは彼の最大の功績のひとつに数えられている。

彼はまた、典礼と教会音楽の刷新にも取り組んだ。「グレゴリオ聖歌」はこうした努力の結晶である。歌手や音楽家の守護聖人であるのはこのためである。また、レンガ職人の守護聖人なのは病院、救護所の建設に尽力したため。アトリビュートが鳩なのは、執筆中のグレゴリウスの肩に聖霊の象徴である鳩がとまったという言い伝えから。『司教規則書』などを著し、キリスト教に最大の影響力を持つ文筆家でもあった。

この日の他の守護聖人

・**聖ルマークル**　七世紀にベルギーのアルデンヌ地方に布教した聖人。不妊症の女性が祈願する。

9月4日

聖女ロザリア

英：セイント・ロザリー Saint Rosalie
仏：サント・ロザリー Sainte Rosalie

◎**アトリビュート**　十字架、書物、頭蓋骨、バラの冠、のみと金槌
◎**守護する対象**　伊パレルモ、米カリフォルニア

求愛者を避け、伊シチリア島パレルモのペレグリノ山に隠棲した聖女。パレルモの守護聖人で、ペレグリノ山は以後、聖地となった。アトリビュートは十字架、書物、頭蓋骨、バラの冠、のみと金槌。

一一四九～一一七〇。シャルルマーニュの後裔《こうえい》であるシチリアの名家の娘として生まれたが、一四歳のときに、求愛者を避けるため、パレルモ近くのペレグリノ山に隠棲し、祈りと贖罪《しょくざい》の生活を送った。家を出るとき、二頭の羊が一頭は騎士に、もう一頭は巡礼者に変身し、山に導いたといわれる。一六三四年の七月一五日、この山の洞窟で彼女の遺骸が発掘され、パレルモの聖堂に運ばれたが、遺骸の発見された洞窟は、そこに詣でたペスト患者が奇跡的に治ったため、以後、聖地として巡礼者を集めるようになった。今日でもパレルモでは遺骸発見の七月一五日に、彼女に捧げる祭りが行われ、音楽家を乗せた山車《だし》が通りをねり歩いている。

この日の他の守護聖人

・**（ヴィテルボの）聖女ローザ**　一二三五年にイタリアのヴィテルボに生まれた少女聖女。名前の通りバラの花のように美しく信心深い少女だったが、重病にかかったときに聖母マリアに祈ったところ、奇跡的に回復したので、在俗のフランシスコ第三会に入会。一七歳で亡くなった。遺体は現在も腐敗せず残っている。

・**聖女イリス**　聖フィリポの娘といわれた一世紀の少女殉教者。

・**聖女イルマ**　聖香を残して死んだ一一世紀ドイツ・ケルンの聖女。

9月／5日

聖ラウレンチオ・ユスチニアノ
（ラウレンティウス・ユスティニアニ）

英：セイント・ローレンス・ジュスティアーニ Saint Lawrence Giustiniai
仏：サン・ローラン・ジュスチニアン Saint Laurent Justinien

自己放棄の修練によって、自分に厳しく他人には寛大だったヴェネチアの初代総大司教。「すべての複雑な事柄の中には悪魔が潜んでいる」という名言を残した。予言と病気治癒の能力を認められた聖人。

◎**守護する対象**　ヴェネチアの家父長制

一三八一～一四五五。ヴェネチアの貴族の家に生まれ、信心深い母の手で育てられた。名誉や快楽に心が強く惹かれたが、一九歳で回心、母の勧める結婚話を断って、伯父の司祭がいる聖ジョルジョ修道院に入った。勉学、祈り、苦行の生活に励み、物乞いや掃除なども喜んで行った。司祭になった後、一四三三年、カステロの司祭に任ぜられ、一四五一年七〇歳でヴェネチアの初代総大司教に任命された。長年の自己放棄の修練によって、自分に厳しく他人には寛大だったが、必要な改革には敢然と着手し、長年の苦行に力尽きたかのように七四歳で没した。「すべての複雑な事柄の中には悪魔が潜んでいる」と言ったことで有名。

この日の他の守護聖人

・**聖女ライッサ**　四世紀ディオクレティアヌス帝の迫害時代に殉教したエジプトの殉教処女。殉教しようとするキリスト教徒の行列を見ているうちに、これに加わる。

9月6日

聖マグヌス（マング）

英：セイント・マグナス Saint Magnus
仏：サン・マーニュ Saint Magne

◎**アトリビュート**　棒
◎**守護する対象**　害虫駆除業者、家畜、目を患う人、蛇に咬まれた人

魔法の棒を持って野原を歩くと、コガネムシ、アブラムシなど害虫や野ネズミなどの害獣が退治されるといわれたドイツの聖人。害虫駆除業者や家畜の守護聖人。目の病気、蛇にかまれたときにも祈願する。アトリビュートは棒。

六九九～七七二。バイエルンのアルゴイやレッヒで布教活動を行い、フュッセンに小さな修道院を建て、ローマへの巡礼者の宿に供した。この修道院はのちにザンクト・マング修道院へと発展した。

聖コロンバン（コロンバヌス）あるいは聖ガル（ガルス）から伝えられた聖なる棒を持っていたといわれ、この棒で、野原の害虫や害獣（リンゴを食い荒らすクマ）を駆除した。この「聖マグヌス（マーニュ）の棒」への農民たちの信仰は篤く、そのコピーがつくられた。そのほか、竜を退治したとか、一五〇歳まで生きたとかさまざまな言い伝えが残っている。

この日の他の守護聖人

・**（大天使）聖ミカエル**　東方教会ではこの日が祝日。九月二九日を参照。

・**聖女エーヴ**　フランス・ドルーの守護聖女とされている伝説の殉教処女。

9月7日

聖クルーあるいは聖クロードヴァルド

英：セイント・クロード Saint Cloud
仏：サン・クルー Saint Cloud

フランク王クロヴィスの孫で、領土を狙う叔父たちに迫害されて、ノジャンの修道院に逃げ込み、司祭となって祈りの一生を終えた。後に、その町は、サン・クルーという呼び名になった。サン・クルーの守護聖人。リベットや釘の製造業者の守護聖人。おできや瘰癧《るいれき》のできたときに祈願する。

五二〇〜五六〇。フランク王クロヴィスには三人の息子がいたが、長男のクロドミールが戦死したため、その三人の遺児たちは祖母のクロチルドに預けられた。ところが、ふたりの叔父たちは、長兄の遺児たちがいるのは自分たちの領土保全にとって危険と判断し、上のふたりの兄弟の命を奪った。クロチルドは三番目の子どもの命だけは助けようとノジャンの修道院にこの子を預けた。これが聖クルーである。彼は、兄たちの忌まわしい記憶から逃れるため、地上の生活とは縁を切って、祈りの生活に身を捧げ、司祭として帰天した。

のちに、ノジャンの修道院があった一帯は、サン・クルーと呼ばれるようになった。パリにあるサン・クルーの庭園は、パリからサン・クルー方面に向かう城門が「サン・クルー門」と呼ばれたことに由来する。

◎**守護する対象**　仏サン・クルー、リベットや釘の製造業者、おできや瘰《るい》癧《れき》に苦しむ人

9月8日

聖ハドリアヌス（アドリアノ）と聖女ナタリア

英：セイント・エイドリアン＆セイント・ナタリア Saint Adrian & Saint Natalia
仏：サン・タドリアン＆サント・ナタリ Saint Adrian & Sainte Natalie

夫婦愛を貫いたカップル聖人。妻は八つ裂きの刑で殺された夫の手を形見に持ち帰って、その手とともに生きた。鍛冶屋、刑吏、獄吏の守護聖人で、アトリビュートは騎士の姿と鉄床と斧あるいは剣（手足切断の殉教具）。

?〜三〇四頃。ハドリアヌスはローマ皇帝マクシミアヌスの役人。キリスト教徒たちが迫害にもかかわらず忍耐強いのを見て感銘を受け、洗礼を受けてはいなかったが自分はキリスト教徒であると公言した。そのため直ちに投獄され、処刑された。三〇四年頃のことと思われる。

キリスト教徒だった若い妻ナタリアは、少年に変装して処刑場へ忍び込んだが、ハドリアヌスの刑は体の骨を次々に折られていく刑か、あるいは体を切り刻まれていく刑かのいずれかであったと伝えられている。いずれにしろナタリアはその残酷な刑の執行を見守り、かろうじて夫の手だけを取り戻し、その片手とともに生き、死後は殉教者たちの中に埋葬されたという。

◎アトリビュート　騎士の姿、鉄床と斧あるいは剣（手足切断の殉教具）

◎守護する対象　鍛冶屋、刑吏、獄吏

この日の他の守護聖人

・**聖グラティウス**　人々を害虫から守る五世紀イタリアの聖人。イタリア北部のアオスタを守護する。

・**聖女レーヌ（レギナ）**　三世紀フランス・ブルゴーニュのアレジアの処女殉教者。キリスト教徒の乳母に育てられたため異教徒の父親に拷問され、斬首されたが、その前に幻視した磔刑像にとまった鳩から救済を約束された少女。アトリビュートは鳩。

この日の他の守護聖人

・聖母マリア　この日は聖母マリアが誕生した日。聖母マリアについては「まえがき」参照。

・聖セルジュ　七世紀のローマ教皇。

9月/9日

聖ペドロ（ペトルス）・クラヴェル

英：セイント・ピーター・クレイヴァー Saint Peter Claver
仏：サン・ピエール・クラヴェル Saint Pierre Claver

◎守護する対象　黒人奴隷

黒人奴隷の守護聖人。コロンビアへ家畜同様に運ばれてくる黒人奴隷を助け、彼らにキリスト教の信仰を説いて、人間としての尊厳を取り戻すよう呼びかけた。

一五八〇～一六五四。スペインのカタロニアで生まれ、二〇歳でイエズス会士となり、派遣されたマジョルカのパルマで宣教師となる決心をした。というのも、新大陸での宣教の可能性を熱く語る聖アルフォンソ・ロドリゲスの大きな影響を受けたからである。

一六一〇年、南米のカタルヘーナ（現在のコロンビア）へ赴き、アロンソ・デ・サンドバルとともに黒人奴隷たちに宣教した。奴隷たちは、アフリカから家畜のように船に積み込まれて、ひどい状態で連れてこられていた。ペドロは、彼らに薬や食べ物、水を与え、キリスト教の信仰を説き、人間としての尊厳を取り戻すよう働きかけた。三三年間に三〇万人の黒人奴隷の世話をし、労働条件を改善するよう当局者に働きかけたといわれる。そのため、奴隷たちの主人からは嫌われたが黒人奴隷たちに対する影響力は圧倒的だった。何百人という黒人奴隷に洗礼を施し、崇拝の対象となった。

晩年は、信徒からも忘れられ、半身の麻痺《まひ》と執拗な痛みに苦しんだが、不平をもらすことはなかった。一八八八年、黒人奴隷の守護聖人として正式に認められた。

この日の他の守護聖人

・**聖オメール**　ダゴベール王に派遣され、今日サン・トメールとなっている町に修道院を建てて宣教に努めた七世紀フランスの宣教師。

・**福女セラフィナ**　夫のペサラ公爵を欺き、殺そうとしたためペサラのクラリサ修道院に閉じ込められたが、そこで改悛して修道院長になった一五世紀イタリアの修道女。ペサラの守護聖人。

9月10日

(トレンティーノの)聖ニコラ

英：セイント・ニコラス(・オブ・トレンティーノ)
Saint Nicholas of Tolentino
仏：サン・ニコラ(・ド・トレンティーノ)
Saint Nicolas de Tolentino

◎**アトリビュート**　ロールパンが入ったかご
◎**守護する対象**　幼児、死にゆく人、煉獄にある魂

貧者、とくに生まれたばかりの幼児とその母親に献身したことから、幼児の守護聖人となったイタリアの修道院長。死にゆく人、煉獄にある魂の守護聖人でもある。ロールパンが入ったかごが彼のアトリビュート。

一二四五〜一三〇五。イタリア北部のアンコーナ地方のサン・タンジェロで生まれた。両親がミュラの聖ニコラウスの墓前で祈願した結果授かった子どもだったため、この聖人と同じ名前がつけられた。

一八歳のとき、アウグスティヌス隠棲修道士会の説教師の説教を聞いてこの隠棲修道士会に入った。キリストの受難にならって、厳しい生活を送ると同時に、貧しい民衆のあいだで宣教し、癒しの力を持つ、不可能を可能にする人として有名になった。一二七五年からは三〇年間トレンティーノ修道院に落ち着き、戦乱のため荒廃していたトレンティーノの貧困者や病人を助け、説教を行い、とくに生まれたばかりの子どもたちとその母親に献身した。

一三〇五年、死の数ヵ月前、病苦をやわらげるために天使の楽隊がニコラを訪れ、救済を確約したという。

この日の他の守護聖人

・聖オベール　七〇六年に起こった大天使ミカエルの出現に励まされて、モン・サン＝ミッシェルへの巡礼をはじめ、この島に初の教会を築いたことで知られる七〜八世紀フランス・アヴランシュの司教。

・聖女イネス・タケヤ　一六二二年に長崎で殉教した、日本人の寡婦。

9月11日

聖パフヌティウス

英：セイント・パフヌティウス Saint Paphnutius
仏：サン・パフニュース Saint Paphnuce

砂漠の隠者聖アントニウスの弟子。娼婦のタイスを回心させたことで知られる。

?〜三五〇年頃。エジプトに生まれる。砂漠に隠遁《いんとん》し、「聖なる巨人」と呼ばれた聖アントニウスの弟子として砂漠で七年を過ごし、上テーベの司教となる。ローマ皇帝マクシミヌス迫害によって片目を失明し、片足が不自由になったが、それゆえに、三二五年のニケーアでの最初の公会議で特別な尊敬をもって遇された。三三五年のティルスの教会会議にも出席して劇的なアピールを行ったという。

伝説では、非常に美しく裕福だった悪名高い売春婦タイスを回心させたとされている。タイスは公衆の面前で衣装と宝石をすべて焼き払い、修道女に連れられて小部屋へ入ったまま三年間悔悟の時を過ごし、教会の聖体拝領を許された二週間後に没したといわれている。

アナトール・フランスの長編小説『タイス』はこのふ

◎ゆかりの場所・絵画・彫刻　アナトール・フランスの長編小説『タイス』

たりの肉と心の葛藤を描いた名作。

この日の他の守護聖人

・**聖アデルフ**　七世紀フランス・ヴォージュ地方のルミールモンの修道院長。

・**聖女テオドラ**　派手な生活から改心し、贖罪の生活を送った七世紀アレクサンドリアの修道女。

9月12日

(アンデルレヒトの)聖ギー(グイド)

英：セイント・ガイ(・オブ・アンダーレクト)Saint Guy of Anderlecht
仏：サン・ギー(・ダンデルレクト)Saint Guy d'Anderlecht

◎**守護する対象**　辻馬車の御者

農民の息子でエルサレムに巡礼した後、故郷で没すると墓から奇跡が起こった聖人。辻馬車の御者の守護聖人。

九五〇〜一〇一二。ベルギーのブラバントで貧しい農民の子として生まれ、一〇一二年頃アンデルレヒトに埋葬された。

ブリュッセル近郊のラエケンで教会の聖具室係となった農民だったが、あるとき、商業投機に誘われて、失敗。破産して七年間、聖堂から聖堂へ放浪し、エルサレムへも足を伸ばした後、故郷へ帰り亡くなった。ただそれだけの人間がなぜ聖人になったか不明だが、その後、いつからか彼への崇拝が始まった。おそらく、なんらかの奇跡があったのだろう。最初は崇拝は地方的なものだったが、数世紀の間拡大し続けた。とくに、馬とのかかわりを持つ多くの民話がつくられていった。ブリュッセルの辻馬車の御者は毎年アンデルレヒトへ巡礼したもので、その習慣は一九一四年まで続いていた。

この日の他の守護聖人

・**福者アポリネール**　長崎で一六一七年に殉教したスペイン出身のフランシスコ会修道士。

・**聖女ヴィトリア**　お告げの修道会を創設した一六～一七世紀イタリア・ジェノヴァの修道女。

9月13日

聖ヨハネ・クリソストモス

英：セイント・ジョン・クリソストム Saint John Chrysostom
仏：サン・ジャン・クリゾストム Saint Jean Chrysostome

クリソストモス（「黄金の口」）と称えられたほどの名説教者で教会博士。演説者、弁士の守護聖人。てんかんの際に祈願される。アトリビュートは司教のマント、ミツバチの巣箱、白いハト。

三四七～四〇七。シリアのアンティオキアに生まれ、父親の将軍が早くに亡くなったため、母に育てられた。法律を学び、有名な雄弁家リバニオスの弟子となったが、修道生活を志し、山にこもって苦行者の生活を経て、司祭となった。そのすばらしい説教によって人々を感動させ、クリソストモス（「黄金の口」の意）と称えられた。

三九八年にはコンスタンチノープルの総大司教に選ばれ、当時の社会道徳の乱れを正すことを決意。教会の粛清に乗り出したが、富の悪用と不正に対する攻撃は、教会内外の反発を買い、四〇三年の司教会議によって追放されてしまった。三年後、アルメニアからさらに遠いイベリアのピティウスへ移される途中、力尽き没した。「死は安息であり、労働と世間の悩みからの解放です。あなたの家族のひとりが亡くなっても絶望してはいけません」という言葉を残した。

◎**アトリビュート**　司教のマント、ミツバチの巣箱、白い鳩
◎**守護する対象**　コンスタンチノープル、演説家、弁士、てんかんに苦しむ人
◎**ゆかりの場所・絵画・彫刻**　ジョゼフ・ヴァン・ケール（フランス・ル・ピュイ・クロザティエ美術館）

この日の他の守護聖人

・**聖エメ**　聖ロマリクスとともに修道院を建設した七世紀フランスの隠者。

・**聖女ノートブルガ**　アーヘン湖畔エーベンの農家で働く信仰篤い下女で、主人が晩鐘が鳴ったあとも農作業を続けるように命じると、鎌がひとりでに動き出して農作業を続けたという。下女の守護聖女。アトリビュートは鎌。

9月14日

聖マテルヌス

英：セイント・マターン Saint Materne
仏：サン・マテルヌ Saint Materne

ケルンの初代司教で、この地にキリスト教を布教した。聖ペトロの杖で死からよみがえったと言われ、司教杖（棒）がアトリビュートになっている。

◎アトリビュート　司教杖（棒）

?～三一三。伝説によると、パレスチナに生まれ、聖ペトロに会ってライン川下流地帯の宣教を勧められたというが、年代が合わない。確かなことは、四世紀の前半にこの地にキリスト教を広めにやって来て、ケルンの初代司教になったが、そこで病死したということだ。同じく伝説では、彼の死を教えられた聖ペトロが「この杖を墓の上に置きなさい。よみがえるでしょう」と言ったので、その通りにしたところ、本当によみがえったという。

この日の他の守護聖人

この日は十字架称賛の祝日。十字架とは二枚の木片を交差させてつくられた磔柱で、古代ローマでは奴隷や反逆者の死刑に使われたことから、恥辱の印、非常に不名誉なことと見なされた。手首と足を釘づけにされた受刑者は、徐々に仮死状態に陥り、死に至った。

ところがイエスがゴルゴタの丘でふたりの盗賊とともに十字架刑に処せられたことによって、不名誉な刑具であった十字架は、人類にもたらされた贖いの印となり、十字架上で死んだイエスが死に打ち勝って復活したという記念となった。人々に永遠の幸福と罪の赦しをもたらし、聖霊の源としてすべてのものを聖化し祝福するアトリビュートとなった。

一般にキリスト教で十字架と呼ばれるものは、正式にはラテン十字架とされているが、その他にも多くの形がある。

9月15日

（ジェノヴァの）聖女カタリナ

英：セイント・キャサリン（・オブ・ジェノア）Saint Catherine of Genoa
仏：サン・カトリーヌ（・ド・ジェーヌ）Sainte Cathrine de Génes

◎**アトリビュート**　未亡人の服
◎**守護する対象**　未亡人、新婦、子どものいない夫婦、不幸な結婚に悩む妻、夫の不貞に苦しむ妻

夫に顧みられぬ孤独から社交生活に明け暮れたが、回心し、病院の看護人として贖罪の生活を送ったジェノヴァの聖女。未亡人、新婦、子どものいない夫婦、不幸な結婚に悩む妻、夫の不貞に苦しむ妻の守護聖人。アトリビュートは未亡人の服。


一四四七～一五一〇。ジェノヴァに生まれ、一六歳のときに裕福なアドルニ家のジュリアーノに嫁いだ。ジュリアーノは浪費家で不貞を働く夫だったので、カタリナは孤独な心を癒そうと、上流社会の派手な社交生活に明け暮れる毎日を送ったが、一四七三年に回心した。妻の回心は夫を動かし、ふたりは二〇年間パマトネ病院に入って、病人の看護に一身を捧げることになった。

カタリナは一四九〇年から六年間寮母として病院に住み込むほど献身し、ジュリアーノの死から一三年後の一五一〇年、九年間の闘病ののち亡くなった。回心のときから彼女は神秘的な状態に入り、毎日聖体拝領に出かけ、自分の慈善活動を軽減させることなく断食を行うなど、贖罪の生活を送った。

この日の他の守護聖人

・聖ロレンゾ　メディチ家に生まれたが虚飾を嫌ってパルマの森の中で隠者として二四年間、沈黙を守って暮らした一四世紀の聖人。

9月16日

聖コルネリウス
(コルネリオ)

英：セイント・コーネリアス Saint Cornelius
仏：サン・コルネイユ Saint Corneille

◎**守護する対象**　牛や羊など角のある家畜、てんかん・耳炎・高熱・けいれんに苦しむ人

迫害時代のローマ教皇で、厳格主義のノヴァティアヌス派を異端とした。その名がラテン語のcornu（角）に由来することから角のある牛や羊などの家畜の保護聖人。てんかん、耳炎、高熱、痙攣《けいれん》のときに祈願される。

?～二五三。ローマに生まれ、聖ファビアヌスの殉教から一四ヵ月の教皇空位時代の後、二五一年に教皇に選ばれた。

当時、厳格なノヴァティアヌス派という分派があり、背教は許されない罪であり、迫害にあって落伍《らくご》したら、その後に悔い改めても、その罪は許されないと主張していたが、コルネリウスはこれを否定し、背教者が罪の償いをすれば赦しが与えられると認めた。

カルタゴの聖キプリアヌスとアレクサンドリアの聖ディオニシオスがコルネリウスを支持し、ノヴァティアヌス派は異端とされた。

再びキリスト教徒迫害が厳しくなり、ケントゥムケラエ（チヴィタヴェッキア）に追放され、追放中の辛苦のために死んだと思われるが、伝統的に殉教者と見なされている。

この日の他の守護聖人

・**聖キプリアヌス（シプリアン）**　聖コルネリウスと同時代の三世紀カルタゴの殉教者。聖コルネリウスと一緒に祝われることが多い。

・**聖女エディット**　イギリスのアングル族の王の娘で、母にしたがって修道院に入り、王位を否定して修道院長になった一〇世紀の聖女。

・**聖女エウフェミア（ウーフェミー）**　ディオクレティアヌス帝の迫害で殉教した処女。燃えさかる車に縛り付けられたり、髪の毛で吊るされたり、ライオンの穴に投げ込まれたり、とあらゆる拷問を受けたが死なず、最後は剣で刺し殺された。ライオンはすっかりなついて、逆に裁判官を食い殺したといわれる。

9月17日

聖ランベルトゥス（マーストリヒトの）

英：セイント・ランバート（・オブ・マーストリヒト）
Saint Lambert of Maastricht
仏：サン・ランベール（・ド・メーストリクト）
Saint Lambert de Maestricht

国王の不倫を非難したため槍で殺されたところから、外科医の守護聖人となったベルギーの司教。アトリビュートは槍。ベルギー・リエージュの守護聖人。

◎**アトリビュート**　槍
◎**守護する対象**　ベルギー・リエージュ、外科医

六三五～七〇五。オランダのマーストリヒトの貴族の家に生まれる。地元の司教テオダルドゥスに教えを乞い、テオダルドゥスが六七〇年に殺害されると、その後継者に選ばれた。西フランク王国で熱心に布教に努めるが、王国で強大な影響力を誇ったエブロインと対立し、現在

のベルギーにあったスタブロのベネディクト会の修道院に逃れた。

七年後の六八一年にピピン王によって司教の座に復帰したが、ピピン王と義妹アルペイスとの不倫関係を非難したため、七〇五年頃リエージュで殺害された。槍に体を貫かれて死んだので、外科医の守護者という役割が生まれたといわれる。

殉教者、偉大な伝道者として崇拝され、とくにベルギーでは多くの教会が彼に奉献されている。九月一八日を当てている聖人暦もある。

この日の他の守護聖人

・**（ビンゲンの）聖女ヒルデガルド**　あらゆる病苦にさいなまれながら、幻視した神秘体験を『スキヴィアス』という本にあらわし、さらに独学で百科全書的知識をもつに至った一二世紀ドイツの修道院長。クレルヴォーの聖ベルナールにも評価された。伝記は種村季弘氏の『ビンゲンのヒルデガルトの世界』（青土社）に詳しい。言語学者の守護聖人。

・**聖ロベルト・ベラミノ**　カトリックの側からの反宗教改革を担ったイエズス会の枢機卿で教会博士。一六～一七世紀イタリアの聖人。

・**聖ルノー**　一一世紀フランスの森の隠者。

9月18日

（コペルティーノの）
聖ジュゼッペ（ヨセフ）

英：セイント・ジョゼフ（・オブ・コパーティノ）Saint Joseph of Copertino
仏：サン・ジョゼフ（・ド・キュペルタン）Saint Josèph de Cupertin

恍惚状態に陥ると身体が宙に浮かんだことから、人目に触れないよう修道院に幽閉された聖人。宇宙飛行士、パイロット、飛行機の乗客の守護聖人。アトリビュートは翼。

◎**アトリビュート**　翼
◎**守護する対象**　宇宙飛行士、パイロット、飛行機の乗客

一六〇三～一六六三。イタリアはナポリ近郊、コペルティーノの貧しい家に生まれる。不器用で物忘れがひどかったので、仕事も見つからなかったが、一六二五年にラ・グロテッラの修道会で馬丁の仕事に就くことができた。そこで祈りと断食の修行に励み、一六二八年に司祭となったが、その頃から恍惚状態に陥ると身体が宙に浮かぶようになり、「空飛ぶ修道士」と呼ばれるようになった。

一六三九年頃には教皇ウルバヌス八世に謁見し、そのときも数メートル上空に飛び上り、しばらく空中にとどまったという。しかし、教会の上層部はこれに眉をひそめ、彼を別の修道院に移して、人々の目に触れないようにした。一六六三年に亡くなるまでいくつかの修道院で監禁されたままだったが、それに不平を言わずすべてに耐え抜いた。その人並はずれた忍耐力と謙虚心のために列聖され、一九六三年には宇宙飛行士の守護聖人と定められたが、一九六九年の典礼暦では削除されている。

この日の他の守護聖人

・**聖女ナディア**　四世紀迫害時代のローマで、母や姉妹とともに処刑された殉教処女。

9月19日

聖ヤヌアリウス

英：セイント・ジャヌアリアス Saint Januarius
仏：サン・ジャンヴィエ Saint Janvier

乾いた殉教の血が液化する奇跡で有名な聖人。火山の爆発に際して祈りを捧げられる。ベネヴェント、ナポリの守護聖人。アトリビュートはシュロの葉と開いた本。

◎**アトリビュート**　シュロの葉、開いた本
◎**守護する対象**　伊ベネヴェント、伊ナポリ、火山の噴火に遭った人

?～三〇五。ローマ皇帝ディオクレティアヌス帝の迫害時代、イタリアのベネヴェントの司教ヤヌアリウスは、捕らえられて数人の仲間とともにポッツオリへ送られ、殉教したとされている（コンスタンティヌス帝の時代にアリウス派に弾圧されたともいわれる）。

ナポリの聖堂には、聖ヤヌアリウスの乾いた血を入れたと伝えられるガラス瓶が保管されており、その物質は九月一九日、五月一日と二日、一二月一六日に液化する。この科学的には説明のできない血の奇跡は今も続いている。ヤヌアリウスがナポリの町をヴェズヴィオ火山の噴火から守ったとされる一二月一六日も彼の祝日である。

この日の他の守護聖人

・**聖シオドア**　イギリス教会の基礎を築いた七世紀の聖人。

・**聖女エミリー**　聖家族姉妹会を創設した一九世紀フランスの修道女。

9月20日

聖エウスタキウス（ウスターシュ）

英：セイント・ユスタース Saint Eustace
仏：サン・トゥスターシュ Saint Eustache

◎**アトリビュート**　鹿、帽子
◎**守護する対象**　マドリード、猟師、山番、困難な状況に置かれてしまった人、火事に遭った人、家庭不和に悩む人
◎**ゆかりの場所・絵画・彫刻**　サン・トゥスターシュ教会（パリ）

角の間に光り輝く十字架を戴いた雄鹿の幻を見てキリスト教に改宗した一四救難聖人のひとり。猟師、山番の守護聖人。困難な状況に置かれてしまった人によっても祈りを捧げられる。マドリードの守護聖人。アトリビュートは鹿と帽子。

?～一一八。プラキダスという名のローマ軍最高司令官がチボリの近くで狩りをしていたとき、光り輝く十字架を戴いた雄鹿の幻を見てキリスト教に改宗した。十字架のイエスは「あなたは鹿を追いかけているつもりでしょうが、この鹿によってわたしに捕らえられていたのです」と語りかけた。

プラキダスは以後、エウスタキウス（よい実を結ぶ木）と改名し、家族とともに洗礼を受けたが、その直後、ペストに襲われたり盗賊にあったりして、着の身着のままで逃げ出した。しかし、途中で妻は海賊に拉致され、ふたりの息子は狼とライオンにさらわれ行方不明になってしまった。そのショックで、ある村に一五年間引きこもったが、ローマ皇帝トラヤヌスによってローマ軍最高司令官に復帰させられた。それからしばらくして、妻が解放され、息子たちも森の中で発見された。彼の率いるローマ軍も快進撃を続けたが、ローマの神々に勝利を感謝せよとの命令に背いたため、時の皇帝ハドリアヌスによって妻や息子たちとともに青銅製の雄牛の炉の中で炙り殺されて殉教した。

パリのレ・アール（中央市場）広場の北側に聳《そび》える巨大なサン・トゥスターシュ教会はフィリップ・オーギュストの時代にジャン・アレという市民の寄進によって建立されたサン・タニェス礼拝堂を起源にしている。しばらく後、サン・ドニ修道院を経由して聖エウスタキウスの聖遺物が届けられたので、この聖人に奉じた教会を建てることが決まった。以後、拡張が続けられたが、フランソワ一世の時代に巨費が投じられて大規模な改築が行われ、ルイ一三世治下にようやく完成を見た。

この日の他の守護聖人

・聖アンデレ・キム・テゴン　一八二一年に生まれ、フランスの宣教師モバンから洗礼を受け、密かにマカオの神学校に入り、上海で最初の韓国生まれの司祭となった。キリスト教迫害の厳しい韓国に戻り、宣教活動に励んだが、翌年捕らえられ斬首刑に処せられた。当時、韓国は外国人および外国からの影響に対して閉鎖的だったので、一八七〇年までに約二〇〇〇〇人の信者が殉教した。韓国の司祭の守護聖人。

9月21日

（福音書記者）聖マタイ

英：セイント・マシュー（・ジ・エヴァンジリスト）
Saint Matthew the Evangelist
仏：サン・マチュー（・レヴァンジリスト）
Saint Matthieu l'Évangéliste

十二使徒のひとりで、『マタイによる福音書』の著者。銀行員、銀行家、税吏、会計士、税関職員、警備員、兵士の保護聖人。アトリビュートは天使、インク壺、ペン、財布、有翼《ゆうよく》の人間。

一世紀。ローマ当局の手先となって同胞の血をしぼりとる徴税人は、どこでも人々から毛嫌いされ、罪人扱いされていた。レヴィと呼ばれていたマタイはその徴税人として、ガリレアの中心地カファルナウムで働いていたが、そんなある日、キリストから「ついてきなさい」と声をかけられ、そのまま立ち上がって従った。元の名はレヴィといい、使徒となってマタイ（「ヤハウェの贈り物」の意）と改めたといわれている。

イエス亡き後、福音書を書き上げるとエチオピアへ伝導の旅に出た。そこで二匹の悪竜を退治したり、王子を蘇生させる奇跡を起こしたと伝えられる。彼の指導のもとに修道生活を始めたエチオピアの王女（前王の妃だったともいわれる）イフジェニアが、ヒルタコ王との結婚を断ったことから、王の怒りを買い、殺害されたといわれている。

『マタイによる福音書』は使徒マタイとは別のマタイによって書かれたとも言われる。『旧約聖書』の予言がキリストによって実現され、イエスが真の救い主、神であることが強調されている。また、福音書のシンボルマークによるマタイのアトリビュートは「有翼の人間」である。

ちなみに、吉本隆明の『マチウ書試論』は、『マタイによる福音書』の仏訳《Livre de Mattieu》を敢えて直訳したものである。

◎**アトリビュート**　天使、インク壺、ペン、財布、有翼の人間

◎**守護する対象**　銀行員、銀行家、税吏、会計士、税関職員、警備員、兵士

◎**ゆかりの場所・絵画・彫刻**　レンブラント（ルーヴル美術館）、カラヴァジオ（ローマ・サン・ルイ・デ・フランセ教会）、グイド・レニ（ヴァチカン美術館）

この日の他の守護聖人

・**聖女デボラ**　『旧約聖書』の中で軍隊が戦うのを助ける聖女として登場する。

9月22日

聖マウリキウス（モーリス）

英：セイント・モーリス Saint Maurice
仏：サン・モーリス Saint Maurice

◎**アトリビュート**　軍旗、兵士の制服、騎士の衣装

◎**守護する対象**　オーストリア、伊ピエモンテ、サルディニ、オーストリアのザルツブルク、スイスのサンモリッツ、仏サヴォワ、兵士、軍隊、アルプス猟騎兵、武具師、織物業者、染物職人、騎士修道会、馬

キリスト教徒の殺害を命じられ、拒んだために殉教したテーベの軍団長。兵士、軍隊、アルプス猟騎兵、武具師、織物業者、染物職人、騎士修道会、馬の守護聖人。オーストリア、ピエモンテ、サヴォワ、サルディニアの守護聖人でもある。アトリビュートは軍旗、兵士の制服、騎士の衣装。

?～二八七。三世紀後半のこと、ローマ皇帝マクシミアヌスはガリア（今のフランス）のキリスト教徒を根絶《ねだ》やしにしようと決意し、エジプト中部の都市テーベから制圧部隊を派遣することにした。ところが皮肉なことに、この六六六六人のテーベ軍団は、その指揮官マウリキウスをはじめとして、全員が熱心なキリスト教徒だった。

そのため、軍団がジュネーヴ近くに集められ、皇帝から戦勝祈念のためローマの神々を拝むよう強制されたとき、軍団長のマウリキウスは、断固としてこれを拒み、アガウヌム（現在のサン・モリッツ）まで軍を退却させた。怒った皇帝は、一〇人にひとりの割合で兵士の首をはね、それでも転向者が出ないと見るや、全員を斬首の刑に処した。こうして、マウリキウス率いるテーベ軍は全員無抵抗のまま殉教したのである。

アガウヌムの町は、のちにマウリキウスの名をとってイタリア語で「サン・モリッツ（フランス語ならサン・モーリス）」と呼ばれるようになった。

この日の他の守護聖人

・**聖トマス・ヴィルヌーヴ**　スペインの聖ベルナールと呼ばれる一五世紀～一六世紀、カスティリアの聖人。

・**聖ウィタリス（ヴィタリス）**　前頁「テーベ軍団」の一員。聖遺物がケルン近郊のジーブルク修道院に移送。

9月23日

（イコニウムの）聖女テクラ

英：セイント・シークラ（・オブ・イコニウム）Saint Thecla of Iconium
仏：サント・テークル（・ディコニオム）Sainte Thècle d'Iconium

◎**アトリビュート**　ライオンなどの野獣
◎**守護する対象**　ペストに苦しむ人、火事に遭った人

聖パウロの女弟子。三回の残酷な拷問を受けたが、奇跡的に助かった聖女。ペスト患者、火事災害者の保護聖女。アトリビュートはライオンなどの野獣。

一世紀。小アジア（現在のトルコ）のイコニウムに生まれた。美しく聡明な少女だったテクラは一八歳で婚約したが、聖パウロの説教に感動して回心。婚約を破棄し、自分を神に捧げる決心をする。婚約者がパウロを訴えたため、パウロは追放、テクラは処刑されることになったが、彼女は奇跡に守られ、「三回の残酷な拷問」を切り抜けた。最初は、ライオンのいる闘技場に入れられたが、ライオン（他にクマ、トラも）は彼女をむさぼり食うどころか、パウロのもとに連れていった。次に火あぶりにされたが、どしゃぶりの雨が降って、火は消えた。最後に、アザラシ（一説に毒蛇）のいる池に投じられたが、アザラシが彼女に飛びかかったとき雷が落ちて、アザラシは打たれ死んだ。こうして生き延びたテクラは少年の姿に変装してパウロに従って宣教の旅に出た。

最後はセレウキアの洞窟で暮らしながら、長い間人々に癒しを与え続けた。女性として最初の殉教聖人として初代教会以来深い崇敬を受けている。一九六九年に公式リストから外された。

この日の他の守護聖人

・**聖コンスタンティヌス**　五世紀イタリア・アンコナの教会の聖具係だったが、あるときランプの油が切れたので、水で代用したところ、炎は燃え続けた。聖大グレゴリウスが彼の偉大さを語っている。

・**聖アダムナン**　アイルランドの布教に努めた七世紀スコットランドの聖人。

9月24日

聖ゲラルドス（ジェラルド）

英：セイント・ジェラード Saint Gerard
仏：サン・ジェラール Saint Gérard

◎**守護する対象**　ブダペスト、家庭教師を含む教育者

ハンガリー王子の家庭教師となって、王子を聖人にしたヴェネチア出身の司教。ブダペストの守護聖人。家庭教師を含む教育者の守護聖人。

?～一〇四六。ヴェネチア生まれ。サン・ジョルジオ・マッジョーレ修道院に入り修道院長となるが、やがて、そこを出てエルサレムへの巡礼の旅に出る途中、ハンガリーのステファヌス王に請われ、その王子の聖エメリッヒの家庭教師となる。ステファヌス王はこの労に応え、クサナドに司教座教会を建てたとき、彼を司教に任じた。王が没して異教が再燃すると、異教徒の憎しみはゲラルドスに集まった。その結果、クサナドから旅に出たとき、襲われて殉教した。

この日の他の守護聖人

・**聖ノエル・シャバネル**　一六一三年にフランスのメンデに生まれ、イエズス会士となってカナダへ派遣され、ヒューロン族に宣教。言葉のハンデもあって宣教活動も思うように進まず、反キリスト教のヒューロン族に殺害されて殉教。失敗した人の守護聖人として尊敬されるようになった。

9月25日

（ラドネシの）聖セルゲイ（セルギウス）

英：セイント・サージアス（・オブ・ラドネズ）Saint Sergius of Radonezh
仏：サン・セルジュ（・ド・ラドネーシュ）Saint Serge de Radonech

◎守護する対象　農民

ロシアに多くの修道院を建てたモスクワ大司教で、ロシア最大の聖人。農民の守護聖人。

一三一四～一三九二。ロシアのロストーフの裕福な家に生まれたが、一五歳のとき、ロシア内戦のために、一家はモスクワの北東ラドネシへ移り住んだ。二〇歳のとき、兄ステファンとともに、近くの森の中に、「聖三位一体」に捧げられた木造の小さな聖堂と丸太小屋を建て、修道生活を始めた。兄は途中で断念したが、セルゲイは修行を続け、やがて弟子たちと一緒に、四〇にのぼる修道院を創設した。

セルゲイの名声は広まり、一三七八年にモスクワの総大司教に推された。ロシア諸侯の内紛を調停し、モスクワ公国のドミトリー・ドンスコイを精神的に支えてトルコ軍との戦いに勝利をもたらした。素朴で謙虚で、まじめで優しく、人付き合いがよかったので、「農民の聖人」としてすべてのロシアの聖人の中でももっとも人々から愛された。生涯、貧しさに甘んじ、他者への奉仕のために一三九二年まで生きた。ロシア最大の聖人といわれる。

この日の他の守護聖人

・**聖フィルマン**　四世紀にアキテーヌ地方やオーヴェルニュ地方で宣教し、アミアンの司教となったフランスの聖人。

・**（フリューエの）聖ニコラウス（ニコラ）**　スイス・フ

リューエ出身で、内部分裂寸前のスイスを救った一五世紀スイスの聖人。スイスの守護聖人。

9月26日

聖コスマスと聖ダミアノス（コスマとダミアノ）

英：セイント・コスマス&セイント・ダミアン Saint Cosmas & Saint Damian
仏：サン・コーム&サン・ダミアン Saint Côme & Saint Damien

◎**アトリビュート**　医療器具
◎**守護する対象**　メディチ家、医師、外科医、薬剤師、助産婦、医学、理髪師、美容師、ヘルニア・流行病を患う人
◎**ゆかりの場所・絵画・彫刻**　フラ・アンジェリコ（フィレンツェの国立サン・マルコ美術館）

無償の医療活動をした双子の聖人。医師、外科医、薬剤師、助産婦、医学、理髪師、美容師、およびメディチ家の守護聖人。ヘルニア、流行病よけのためにも祈りを捧げられる。アトリビュートは医療器具。

?〜三〇〇頃。伝説によると、コスマスとダミアノスはアラブ人の双子の兄弟で、熱心なキリスト教徒で優秀な医師となった。「無料で与えられるものは、無料で与えなさい」というイエスの教えにしたがって、シリアで無償の医療活動をしたので、「聖なる文無し《もんなし》」と呼ばれた。体の病のほか、心の病も癒し、罪人を改悛《かいしゅん》させ、憂鬱に悩む人に喜びと希望を与えた。

三〇〇年頃、ふたりはシリアのキュロスで処刑されたが、水責め、火あぶり、石投げなどの刑はすべて奇跡によって失敗し、最後に斬首された。五世紀以降、このふたりへの崇拝は広まった。病人が眠っている間にやって来て、目が覚める前に治してしまうといわれた。メディチ家の守護聖人となったのは、メディチ家が医薬から身を起こしたと伝えられるため。

この日の他の守護聖人

・（ロサノの）聖ニルス　ふたりの子どもを亡くして修道院に入り、教皇グレゴリウス五世と皇帝オットー三世の仲裁をした一〇世紀ギリシャの大修道院長。

9月27日

聖ヴァンサン・ド・ポール

英：セイント・ヴィンセント・デ・ポール Saint Vincent de Paul
仏：サン・ヴァンサン・ド・ポール Saint Vincent de Paul

◎**守護する対象**　マダガスカル、米リッチモンド、慈善事業、病院と病人、囚人、孤児、落し物をした人、精神的な救いが必要な人

◎**ゆかりの場所・絵画・彫刻**　サン・ヴァンサン・ド・ポール教会（パリ）

限りなき優しさで、貧者や病人、孤児、捨て子を保護した、あらゆる意味で「聖者」と呼ぶにふさわしいフランスの聖人。あらゆる慈善事業の守護聖人。ルイーズ・ド・マリアックの協力を得て設立した「愛徳姉妹会」の修道女は看護婦の始まりとして知られる。病院と病人、囚人、孤児の守護聖人。落し物をしたときや、精神的な助けが必要なときに祈願される。

一五八一～一六六〇。フランスはガスコーニュ地方の貧農の家に生まれる。トゥールーズ大学で神学を学び、一六〇〇年に一九歳で司祭となった。その後、フランス王アンリ四世の宮廷に入り、王妃マルゴの懺悔《ざんげ》聴聞《ちょうもん》僧になったとも、海賊に襲われ奴隷として売り飛ばされ、苦労してパリへ戻ったともいわれるが、一六一〇年頃、貧者や病人のために自分の一生を捧げることを誓った。司祭の重要性を認識したヴァンサンは、一六二五年に「ラザリスト会」という司祭の団体をつくり、貧しい人や囚人を助け、宣教活動をしながら祈りと黙想に励み、大勢の人を慈善事業に協力させた。

一六三三年には貴婦人ルイーズ・ド・マリアックの協力を得て、「愛徳姉妹会」を創立し、病院、孤児院、小学校などの経営を通して慈善事業を発展させた。とくに、教会の前に捨てられる乳児を哀れみ、棄児《きじ》院と呼ばれる施設をパリに設けたことは有名。一六四二年にはルイ一三世の臨終に立ち会い、王妃アンヌ・ドートリッシュの顧問となった。ヴァンサンは一六六〇年に亡くなるまで、あらゆる人間の苦難を救うことに努めた。

聖ヴァンサン・ド・ポールが設けた棄児院は、まずブーランジェ通りに置かれ、ついでフォーブール＝サン＝ドニ通りに移され、一六七四年にフォーブール＝サン＝タントワーヌ通りに移された。ノートルダム大聖堂前の広場近くにも分院があったが、一八一四年からはポール・ロワイヤル修道院に移され、現在も、サン・ヴァンサン・ド・ポール救済病院として使われている。

パリ一〇区ラ・ファイエット広場に面するサン・ヴァンサン・ド・ポール教会は名建築家イトルフの設計に基づき一八四四年に建立。見物は、内部の壁を一面に飾るイポリット・フランドランによる聖人伝の壁画。ここに行くと、本書に登場した聖人の多くを目にすることができる。パリ六区セーヴル通りのサン・ヴァンサン・ド・ポール礼拝堂に彼の遺骸が安置されている。

この日の他の守護聖人

・**聖ボンフィス**　第一回十字軍に参加した一一世紀イタリアの聖人。

9月28日

聖バーツラフ（ヴェンセスラウス）

英：セイント・ヴェンセスラス Saint Wenceslas
仏：サン・ヴァンセスラス Saint Wenceslas

◎**アトリビュート**　王冠、短剣、軍旗の鷲
◎**守護する対象**　チェコ、ボヘミア、モラビア、ポーランド、ハンガリー、ビール製造業者

チェコの王で、チェコの守護聖人。チェコはビールで有名で、もっとも知られたチェコの聖人ということで、バーツラフはビール製造業者の守護聖人となった。ボヘミア、モラビア、ポーランド、ハンガリーも守護する。

チェコ民族主義、独立運動の象徴。

九〇七～九二九。ボヘミア（現在のチェコ）の宮殿に生まれる。バーツラフは敬虔なキリスト教徒の祖母ルドミラに教育された。カトリック信者の父王が亡くなり、異教を信じる母ドラホミラが摂政となった。そこで生まれたのがキリスト教徒の祖母ルドミラと長男の王子バーツラフvs.母ドラホミラと次男の王子ボレスラフとの対立である。貴族階級も、キリスト教徒と異教的党派のふたつに分かれて抗争を繰り返したが、勝利を収めたのは異教徒の党派で、九二一年にルドミラは暗殺された。しかし、九二二年にバーツラフが王位につくと、形勢が逆転。ボヘミアはキリスト教が国教となり、多くの教会が建設された。

しかし、異教徒の貴族たちの反発は収まらず、ついに九二九年反キリスト教派の先頭に立っていた弟ボレスラフによってバーツラフは殺害された。のちに、二二歳で死んだバーツラフと彼の祖母ルドミラは殉教者と認められた。一九世紀に書かれたJ・M・ニールによるクリスマス・キャロル（クリスマス聖歌）『善良な王、ヴェンセスラウス』は作者の想像力から生まれた作品である。

この日の他の守護聖人

・**聖ファウスト**　五世紀にイギリスに生まれ、フランスのリエの司教となった聖人。

・**聖女エウストキウム**　聖女パウラの娘。四世紀のローマの聖女。

9月29日

大天使・聖ミカエル&聖ガブリエル&聖ラファエル

英：セイント・マイケル&セイント・ガブリエル&セイント・ラファエル
Saint Michael the Archangel, Saint Gabriel the Archangel, Saint Raphael the Archangel

仏：サン・ミッシェル&サン・ガブリエル&サン・ラファエル
Saint Michel l'Archange, Saint Gabriel l'Archange, Saint Raphaël l'Archange

聖ミカエルは戦闘、治安部隊、落下傘兵、銀行家、銀行員、放射線技師、放射線療法医師、死にゆく人、騎士、景観、食料品店・スーパーで働く人の守護聖人。イギリス、ドイツ、ブリュッセルの保護者。日本の保護者でもある。アトリビュートは剣と天秤と竜（ドラゴン）。

聖ガブリエルは、マリアに受胎告知をしたことから神

◎**アトリビュート**　【聖ミカエル】剣と天秤と竜（ドラゴン）【聖ガブリエル】槍と盾、ユリ【聖ラファエル】瓶、フラスコ、魚を持った青年、棒

◎**守護する対象**　【聖ミカエル】イギリス、ドイツ、ベルギーのブリュッセル、日本、戦闘員、治安部隊、落下傘兵、銀行家、銀行員、放射線技師、放射線療法医師、死にゆく人、騎士、景観、食料品店・スーパーで働く人【聖ガブリエル】イタリア、フランス、コロンビア、外交官、斥候《せっこう》、伝令、通信・報道関係者、テレビ・ラジオ局員、郵便局員、切手収集家、郵便配達員【聖ラファエル】旅行者、実家を離れた若者、薬剤師と薬局、盲人と目を患う人、保健所の職員

◎**ゆかりの場所・絵画・彫刻**　【聖ミカエル】ラファエロ（ルーヴル美術館）、ジョルダーノ（ウィーン美術史美術館）、ルーベンス（ベルギー・ブリュッセル王立美術館、アメリカ・デトロイト美術インスティテュート）

【聖ガブリエル】ダ・ヴィンチ（フィレンツェ・ウフィッツィ美術館）、ヤン・フェン・エイク（ヘントの祭壇画）

【聖ラファエル】アントニオ・ポライオロ（トリノ・サバウダ・ギャラリー）、フィリッポ・リッピ（ワシントン・ナショナル・ギャラリー）、アンドレ・デル・サルト（ウィーン美術史美術館）

のメッセンジャーとして、外交官、斥候《せっこう》、伝令、通信・報道関係者、テレビ・ラジオ局員、郵便局員、切手収集家、郵便配達員の守護聖人。ユリの花を手にした中性的な美青年として描かれることが多い。イタリア、フランス、コロンビアの守護聖人。アトリビュートは槍と盾、ユリ。

聖ラファエルは旅行者、実家を離れた若者、薬剤師と薬局、盲人と目の病気の人、保健所の職員の守護聖人。アトリビュートは瓶あるいはフラスコ、魚を持った青年、棒。

聖人の中に天使も組み込まれている。新典令暦によって、九月二九日は大天使ミカエル、大天使ガブリエル、大天使ラファエルを一括して祝う日となった。秋分に近いので収穫祭と重なり、一年の節目として大きな意味を持ち、かつては来年の天候や吉凶を占う日であった。

天使の中で謀反を企てたルシフェルを追放するため、神が遣わされた大天使ミカエルは、サタンの軍隊と戦う天使軍団の指揮官として『ヨハネの黙示録』に登場する。そのため、絵画には鎧を着て悪魔またはドラゴンを槍で刺している姿で描かれている。聖ミカエルの旗印は実際の戦争でもよりどころとなった。また、プロテスタントに対抗する反宗教改革の時期には、ミカエルはカトリック教会の聖戦の隊長と見なされた。そのせいか、フランスやアイルランドなどのカトリックの国では、ミッシェルやマイケルという名前は多いが、プロテスタントの国には少ない。『旧約聖書』ではイスラエルの守護者「神の天使」とされている。また、ミカエルは昇天した信者の魂を待ちうけ、天秤を使ってその魂をはかるといわれる。生前の行為の善悪が計量され、天国か地獄に振り分けられるのである。食料品店、スーパーで働く人の守護聖人というのはこの天秤から来ている。ミカエルはさまざまな奇跡を起こしているが、フランス、ノルマンディーのモン・サン・ミッシェル大修道院は、八世紀にミカエルが現れて、その指示のもとに建設されたという。

大天使ガブリエルは七人の大天使の中でもリーダー格で、大天使ミカエルが神の右側に立つのに対してガブリエルは神の左側の座を占める。ガブリエルの果たしたもっとも重要な役割は、受胎告知の信者として聖母マリアにイエスの誕生を知らせたことである。その他にも、『旧約聖書』でダニエルに救世主出現の時期を知らせたり、『新約聖書』でザカリアに息子、洗礼者ヨハネの誕生を予言したりしている。また、ガブリエルはイスラム圏では「ジブリール」と呼ばれ、マホメットにイスラム教聖典「コーラン」を伝えた天使とされている。

大天使ラファエルは『旧約聖書』外典の『トビト書』に登場し、ユダヤ人のトビト一家を助ける。ラファエルは盲目になったトビトの親戚のアザリアに姿を変えて、お金を集めにメディアまで行く息子トビアに付き添って、一緒に旅をする。トビアはチグリス川で捕まえた魚を持っていく。そのため、ラファエルは魚を持った旅する少年とともに描かれることが多い。

この日の他の守護聖人

・聖キリアクス　コリントで生まれ、ベツレヘム近くの聖カリントンの洞窟で隠棲生活を送った六世紀の聖人。

9月30日

聖ヒエロニムス

英：セイント・ジェローム Saint Jerome
仏：サン・ジェローム Saint Jérôme

◎**アトリビュート**　ライオン
◎**守護する対象**　学生、大学、神学科、図書館、司書
◎**ゆかりの場所・絵画・彫刻**　カラヴァジョ（ローマ・ボルゲーゼ美術館、マルタ島・サン・ジョヴァンニ聖堂）、ジョヴァンニ・ベッリーニ（ロンドン・ナショナル・ギャラリー）、ロヒール・ファン・デル・ウェイデン（デロトイト美術インスティテュート）、ダ・ヴィンチ（ヴァチカン美術館）、ホセ・リベラ（リール美術館）

聖書をギリシャ語とヘブライ語からラテン語に翻訳したもっとも偉大な聖書学者、教会博士。学生、大学、神学科、図書館、司書の守護聖人。高潔で正直、友人や信者に好かれ、貧者や病人にも優しかった反面、気が短く、論争好きで、論敵を皮肉と毒舌で攻めることもあった。

アトリビュートはライオン。

三四二～四二〇。ダルマチア（現クロアチア）で生まれ、一八歳で洗礼を受け、三七四年頃からの隠棲修道士生活を経て司祭となった。三八二年から三年間ローマで教皇ダマスス一世の秘書を務め、教皇亡き後は聖女パウラたちを伴い東方に戻った。ベツレヘムでは修道院、学校、聖地巡礼者のための宿泊所などを建て、四二〇年に没するまで教育、勉学、執筆に励んだ。ヒエロニムスは若い頃よりギリシャ語、ヘブライ語、ラテン語をマスターし、修辞学、哲学を修め、聖書を熟読し、その他広汎《こうはん》な知識を学び、ラテン教会の教父たちの中でもっとも学識が深い偉大な聖書学者となった。

教皇から命ぜられ、二二年という年月をかけて四〇四年頃に完成させた聖書のラテン語訳は、彼のもっとも大きな業績である。この聖書は『ブルガタ聖書』と呼ばれ、ローマン・カトリック教会の標準ラテン語聖書となった。聖アンブロシウス、聖アウグスチヌス、聖大グレゴリウスと並ぶカトリックの四大教父。アトリビュートがライオンなのは、ライオンの前脚に刺さった刺を抜いてやったところ、ライオンが感謝して修道院に仕えたという言い伝えから。

この日の他の守護聖人

・**（バンベルクの）聖オットー**　一二世紀にポメラニアに宣教したドイツの司教。七月二日参照。

10月の聖人

Les Saints du mois de octobre

10/1　(リジューの)聖女テレーズ
10/2　聖レジェ(レオデガリウス)
10/3　(ブローニュの)聖ジェラール(ゲラルドス)
10/4　(アッシジの)聖フランチェスコ
10/5　聖プラキドゥス(プラシド)
10/6　聖ブルーノ
10/7　聖セルゲイ(セルギウス)
10/8　(痛悔者)聖女ペラギア
10/9　聖ドニ(ディオニシウス)
10/10　聖フランシスコ・ボルジア
10/11　聖アレッサンドロ・サウリ
10/12　聖ウィルフリード
10/13　(オーリャックの)聖ジェロー(ゲラルドス)
10/14　聖カリストゥス(一世)
10/15　(アヴィラの)聖女テレサ(テレジア)
10/16　聖女ヘートヴィヒ
10/17　(アンティオキアの)聖イグナチウス
10/18　(福音書記者)聖ルカ
10/19　(十字架の)聖パウロ
10/20　聖女ベルティラ・ボスカルディン
10/21　聖女ウルスラ(アーシュラ)
10/22　(ヘラクレアの)聖フィリポ
10/23　(カピストラノの)聖ヨハネ(ジョヴァンニ)
10/24　聖アントニオ・マリア・クラレ
10/25　聖クリスピヌスと聖クリスピニアヌス
10/26　聖デメトリウス
10/27　聖フルメンティウス
10/28　聖シモンと
聖ユダ(タダイのユダ、ヤコブの子のユダ)
10/29　(エルサレムの)聖ナルチェッソ(ナルシス)
10/30　聖アルフォンソ・ロドリゲス
10/31　聖ヴォルフガング

Préface

10月の聖人

聖人暦を見てみると、この月は超大物聖人はいないものの、なかなか個性的な聖人がそろっている。まず、一〇月一日のリジューの聖女テレーズ(ラテン語読みはテレジア)。意外にも、彼女は聖女ジャンヌ・ダルクと並ぶ、フランスの第二の守護聖女なのである(第一の守護聖女は聖母マリア)。一八七三年にノルマンディーのアランソンで生まれ、一五歳でカルメル会の修道院に入ったが結核により二四歳の若さで息を引き取った。なぜ、フランスの守護聖女となったのか? 生前に書いた『ひとつの魂の物語』が大ベストセラーになり、カトリック信仰の普及に大いに貢献したからである。一九四四年にピウス一二世によってフランスの守護聖女として認定された。

一〇月四日はアッシジの聖フランチェスコ(フランソワ)の祝日。ルネッサンスの画家ジョットのフレスコ画で有名なあの聖人である。アッシジの裕福な織物商の家に生まれたが、二〇歳のときの回心。フランシスコ修道院を設立した。その女性版が、彼が聖女クララ(クレール)とともに設立したクララ女子修道会。聖フランチェスコは、鳥や魚、羊、狼にまでやさしく説教したといわれる。

一〇月九日はパリ北郊サン=ドニ市に名を残す、初代のパリ司教聖ドニ(ディオニシウス)の祝日。斬首刑に処せられたが、切られた首を手に持ったまま一〇キロほど歩いて倒れたと伝えられる。五世紀に聖女ジュヌヴィエーヴがその地に聖ドニ大聖堂を作り、フランス王家の墓所となった。

同じ一〇月の守護聖女なのでリジューの聖女テレーズと混同されることがあるのがスペイン・アヴィラの聖女テレサ(一〇月一五日)。カルメル女子修道会に入ったが、規律が乱れているのに絶望、ついに改革カルメル女子修道会を設立する。この改革カルメル会は、非常に厳格な規律で知られ、靴を履くことさえ禁じられている。ために「靴を履いた」カルメル会と区別して、「靴をはいていない(裸足の)」カルメル会、すなわち「跣足《せんそく》カルメル会」と称されている。このアヴィラの聖女テレサを有名にしたのは、ローマのサンタ・マリア・デッラ・ヴィットリア教会にあるベルニーニの彫刻「聖女テレサの法悦」である。ベルニーニは天使の焼けた金の矢で心臓を射貫かれたという聖女テレサの神秘体験を彫刻にしているが、そのテレサの法悦の表情はエロティックなまでに美しい。

一〇月のユニークな聖女ということで忘れてはならないのが、一〇月二一日の聖女ウルスラ(ユルシュール)。イングランド王から息子の嫁にと請われたが、三年の猶予を請い、一〇人の乙女を引きつれてローマへ巡礼に出た。その一〇人の乙女はそれぞれ一〇〇〇人の侍女をはべらして巡礼の旅に出たが途中、アッチラ率いるフン族に襲われて全員が殉教。そこから、聖女ウルスラは少女、および少女を導く女学校教師の守護聖人となった。

男の聖人では、一〇月一八日の福音書記者聖ルカあたりが大物聖人だが、守護・救難分野が風変わりな聖人はというと、なんといっても一二使徒のうちのひとり、聖ユダ(ジュード、一〇月二八日。聖シモンと同じ日)にとどめを刺す。というのも、「タダイのユダ」と呼ばれるこの聖人は、キリストを裏切ったイスカリオテのユダと混同されて、なにかというと冷遇されてきたことから、不当な差別、無実の罪や理由なき迫害に泣く人々の復権を助ける聖人として崇拝されているからである。深い絶望、どうしようもない逆境にある人だけがこの聖人の加護を受けられるとされる。フランク・マコートの小説『アンジェラの灰』には、何度も「聖ユダ様、どうしようもない場合の守護聖人様、お助けください。私はどうしようもありません」と祈る場面がよく出ている。

10月1日

(リジューの)聖女テレーズ

英：セイント・テレサ(・オブ・リジューズ) Saint Theresa of Lisieux
仏：サント・テレーズ(・ド・リジュー) Sainte Thérèse de Lisieux

◎**アトリビュート**　バラ
◎**守護する対象(地域・職業・病気・災害)**　フランス、花屋、花を栽培する人々、宣教師、結核・HIV(エイズ)に苦しむ人
◎**ゆかりの場所・絵画・彫刻**　仏ソジューのバジリカ

一五歳のときにカルメル会に入り、二四歳で病死した修道女。花屋、花を栽培する人々、宣教師の守護聖女。フランスを守護する。アトリビュートはバラの花。

一八七三～一八九七。フランスはノルマンディーのアランソンで生まれた。四歳のとき母が死んだため、家族はリジューに移った。姉のポーリーヌから宗教教育の手ほどきを受け、一五歳のときに、この姉ともうひとりの姉にならって、厳格なことで有名なリジューのカルメル会の女子修道院に入ろうとしたが、若年を理由に断られたので、ローマ巡礼した際、教皇に直訴し、入会の許可を得た。のちに「イエスの小さな花」として知られることになるこの少女は、カルメル会で、熱心な祈りと労働の日々を過ごし、ベトナムのハノイに宣教師として赴くことを熱望していたが、九年後に結核にかかり、一八九七年、二四歳の若さで亡くなった。

死後、生前に書いた『ひとつの魂の物語』はベストセラーとなって世界中の人に読まれ、信仰の中心だったリジューには一九五四年にバジリカ（カトリック教会堂の一形式）が建てられた。死期の近いことを悟ったとき、自分は、この世に対する天の贈り物としてバラの花の雨（奇跡と恵み）を降らせると約束したことから、花屋と園芸家の守護聖女となった。

一九四四年には、ピウス一二世によって、ジャンヌ・ダルクと並んで第二のフランスの守護聖女と認定された（第一の守護聖女は聖母マリア）。

この日の他の守護聖人

・**聖バヴォ**　ベルギーのリエージュの領主だったが、妻の死を機に回心し、ゲントの修道院で晩年を過ごした七世紀の聖人。

10月2日

聖レジェ（レオデガリウス）

英：セイント・レジェ Saint Leger
仏：サン・レジェ Saint Léger

◎**アトリビュート**　目玉、目をくりぬくための錐
◎**守護する対象**　目を患う人

宮廷の陰謀から殉教した七世紀フランス・オタンの司教。目の病のときに祈願する。アトリビュートは目玉、および目をくりぬくための錐《きり》。

?～六七八。フランク人の貴族の家系に生まれた。修道院の院長などを経てから六五七年に宮廷に仕え、六六三年には王妃バティルディスより、オタン司教区を任された。バティルディスの息子で国王のクロテール三世が成人に達して政権を取り、宰相エブロインが実権を握るようになると、バティルディスは僧院に幽閉され、レジェも左遷された。さらに、クロテール王が死ぬと、エブロインはレジェの失脚をはかって陰謀を企て、逮捕して拷問にかけた。レジェは目をえぐられ、舌を抜かれるなどの虐待を受け、兄弟のジェリンとともに殉教した。

この日の他の守護聖人

この日は守護天使の祝日。守護天使は旧約と新約両方に登場していることから崇拝の対象となった。天使とは神の使者を務める霊で、肉体を持たず精神（霊魂）として存在している。天界ではそれぞれの職分に応じて九つの位階をなしていると考えられた。神に近い順に上級天使の熾天使（Seraphim）、智天使（Cherubim）、座天使（Ofanim）、次に中級天使の主天使（Dominions）、力天使（Virtues）、能天使（Powers）、そして下級天使の権天使（Principaities）、大天使（Archangels）、天使（Angel）となっているが、上級にいくほど優れているということではなく、大天使のミカエルやガブリエルが天使たちの統率者とされている。また、悪魔は天使が堕落したものとされている。キリスト教では善悪二元論をとれなかったため、こう考えるほか、悪の存在を説明できないからである。

10月3日

（ブローニュの）聖ジェラール（ゲラルドス）

英：セイント・ジェラード（・オブ・ブローニュ）Saint Gerard of Brogne
仏：サン・ジェラール（・ド・ブローニュ）Saint Gérard de Brogne

◎**守護する対象**　ベルギーのナミュール

ベルギーの各地にベネディクト会の修道院を創設した修道院長。

八九五～九五九。フランス・ブルゴーニュの貴族の家に生まれる。ベルギーのナミュール王国に仕えたものの、名誉や享楽を求める宮廷の風潮になじめず、宗教的な生活への憧れを抱くようになっていたところ、九一八年に王国からフランスへ派遣され、サン・ドニ修道院の暮らしを垣間見たことがきっかけで、修道生活に入る決心をした。サン・ドニ修道院で一一年を過ごした後、故郷の領地ブローニュにベネディクト会の修道院を建設し、自ら修道院長となった。この修道院の規律が模範的なものだったため、ロレーヌ公からも修道院の改革を任された。こうして、真の使命に目覚めた彼は、多くのベネディクト会の修道院を創設し、改革し、導いた。神の道具となって修道院の改革のために生涯を捧げたが、温和さでも知られている。

この日の他の守護聖人

・**聖エヴァルド兄弟**　七世紀にノーサンブリアに生まれ、アイルランドで修道士となり、ドイツのウェストファリアに布教した兄弟。髪の色から「ブラウンのエヴァルド」と「ブロンドのエヴァルド」と呼ばれた。

10月4日

（アッシジの）聖フランチェスコ

英：セイント・フランシス（・オブ・アッシジ）Saint Francis of Assisi
仏：サン・フランソワ（・ダッシズ）Saint François d'Assise

ジョットのフレスコ画で有名な聖人。フランシスコ会の創設者。鳥にも説教したことからエコロジスト、動物、動物愛護協会の守護聖人となる。イタリアとアッシジも守護する。イタリアの商人の守護聖人でもある。聖痕《せいこん》を受けた最初の聖人ということからアトリビュートは聖痕。剃髪《ていはつ》と茶色のフランシスコ会の修道服で描かれる。

◎**アトリビュート**　聖痕
◎**守護する対象**　イタリア、伊アッシジ、エコロジスト、動物、動物愛護協会、イタリアの商人
◎**ゆかりの場所・絵画・彫刻**　米サンフランシスコと、伊アッシジの聖フランチェスコ聖堂と二八枚のフレスコ画

一一八一～一二二六。イタリアのアッシジの裕福な織物商の家に生まれる。軽薄で享楽的な青春時代を過ごすが、二〇歳のとき、内戦と病気を経験して回心、隠者の生活に入る。聖ダミアノ聖堂で祈っていたときにキリストの声を聞き、父の商品を売り払って聖堂を再建する。そのため父親から勘当され無一文となるが、ますます神への愛と清貧の誓いを守り、一二〇九年に「フランシスコ会」を創設。やがてアッシジの聖女クララとともに「クララ女子修道会」、在俗信者のための「第三会」も設立した。その説教は多くの回心と改善を呼び起こしたが、人間だけでなく小鳥、魚、羊、狼さえもおとなしく説教に聞き入ったという。

聖痕（キリストが十字架にかけられたときに受けた五つの傷で、両手、両足、頭または胸の傷跡）を受けた最初の人としても知られる。一二二四年に四〇日間の断食と黙想のためモンテ・ラ・ヴェルノ山に登り、神に祈ったと

きに体に聖痕が現れ、目と胃の病とともにその後二年間、彼の死まで肉体的な痛みと弱さを与えた。また、クリスマスの夜に馬小屋を飾って祝う習慣を広めたことでも有名。フランスではこの日に種を蒔くと麦が豊作といわれる。文学作品としては、ジュリアン・グリーン『アシジの聖フランチェスコ』、クリスティアン・ボバン『いと低きもの―小説・聖フランチェスコの生涯』がある。

この日の他の守護聖人

・聖女オール　聖エロワが、七世紀にパリに設立した女子修道院の院長。

10月5日

聖プラキドゥス（プラシド）

英：セイント・プラシド Saint Placid
仏：サン・プラシド Saint Placide

◎**アトリビュート**　こん棒、剣
◎**守護する対象**　船員、海難事故に遭った人

湖で溺れかかっているところを助けられたところから、船員、海難事故者の守護聖人となった修道院長。アトリビュートは殉教具であるこん棒、剣。

六世紀。ローマの貴族の家に生まれ、六歳から当時評判の高かった聖ベネディクトのもとで教育を受ける。一二歳のとき、湖で溺死しかかっているところを、同じように聖ベネディクトの弟子としてスビアコ修道院で育ったローマ元老院議員の息子聖マウルスに奇跡的に救出されたという。長じて、シチリアのメッシーナに修道院を創立するため派遣され、そこの修道院長となるが、五四六年に海賊に襲われて殉教したといわれている。聖マウルスの祝日もこの日。

この日の他の守護聖人

・聖女フルール　ヴィオレット、ヴィオレーヌ、パクレット、ダリ、ペルヴァンシュ、オルタンス、アンネモーヌなど花の名前を持つ女性の守護聖女。多くの施療院を建てた。フロールとも呼ばれる一四世紀フランスの聖女。

10月6日

聖ブルーノ

英：セイント・ブルーノ Saint Bruno
仏：サン・ブリュノー Saint Bruno

◎**アトリビュート**　書物、頭蓋骨
◎**守護する対象**　疫病に苦しむ人

「真の道への案内者、英知の教え主」と評された、偉大な教育者。厳しい戒律で知られる「カルトゥジオ（グランド・シャルトルーズ）修道会」の創設者。疫病のときに祈願する。書物、俗世蔑視をあらわす頭蓋骨とともに描かれる。

一〇三〇頃～一一〇一。ケルンで貴族の家に生まれる。ランス大学で哲学と神学を学び、司祭となった。一〇七五年にランスの大司教マセナの聖職売買を告発したため、免職された。しかし教皇はマセナを破門、後任の司教をブルーノに任せようとした。彼はこれを断って一〇八四年、六人の仲間とともにグランド・シャルトルーズの人里離れた山地で祈りと労働による厳しい生活を始め、静寂と孤独から得られる利益と歓喜を追求した。これがカルトゥジオ会（グランド・シャルトルーズ会）の始まりとなった。教え子の中には後の教皇ウルバヌス二世もいる。教皇から、ローマに顧問として招かれたが、ともにドイツ皇帝ハインリッヒ四世に追われ、南イタリアに逃れるとローマ近郊カラブリアのスキレイス近く、ラ・トレにふたつ目の修道院を建て、そこからシャルトルーズの旧友へ手紙を送って励ました。会はその後一六八八年に教皇から認可され、多くの聖人や学者を輩出した。

この日の他の守護聖人

・**聖女フィデース**　巡礼者の守護聖女。兵士、囚人も守護する。三世紀にフランスのガスコーニュ地方のアジャンで殺された処女殉教者。火のベッドに寝かされ、首をはねられたという伝説から焼き網がアトリビュートとなる。彼女への崇敬はその聖遺物のあるフランスのコンクを中心に、コンポステラの巡礼路に沿って広がった。とくに中世のフランスとイングランドで崇拝され、イタリア、スペイン、南アメリカまで広がった。

10月7日

聖セルゲイ（セルギウス）

英：セイント・サージ Saint Serge
仏：サン・セルジュ Saint Serge

異教の神々の崇拝を拒否して処刑された、若きローマ軍の兵士。オリエントでは最もポピュラーな聖人のひとりとなっている。

?～二八六。シリアのロサファでローマ軍の兵士となったが、ローマの神々へ捧げ物をするように命じられ、これを拒否して殉教した。その墓のあった場所はセルジオポリスという名の巡礼地へと変わった。巡礼者たちが持ち寄った高価な寄進の品々を保管するため分厚い壁がつくられた。現在では、その城壁のあとしか残っていないが、ビザンチン帝国では、いたるところに聖セルゲイに献じられた教会がある。オリエントでは最もポピュラーな聖人のひとり。

この日の他の守護聖人

この日はロザリオの聖母の祝日。一五七一年のこの日、教皇ピウス五世のもとで同盟を結んだヴェネチア、ジェノヴァ、スペインの連合軍がギリシャのレパント沖でトルコ軍を全滅させた。このイスラム教徒に対するキリスト教国の勝利は、武力によるものではなく、「ロザリオの祈り」を聖母に捧げたためにもたらされたといわれた。「ロザリオの祈り」とは「アヴェ・マリア」で始まる「聖母マリアへの祈り（天使祝詞）」を唱えながら副音書に記されたキリストの主な出来事を黙想していく祈りである。ロザリオとはラテン語のローザ（バラ）、さらにロザリウム（バラの花冠）に由来する言葉で、一連の祈禱と祈りの回数を数えるのに使う数珠をさす。珠をくりながら唱える祈りが、ちょうどバラの花輪を編むのに似ているからともいわれるが、実際、ロザリオはもともと数珠状のバラの実でつくられた。

10月8日

（痛悔者）聖女ペラギア

英：セイント・ペラジア（・ザ・ペニテント）Saint Pelagia the Penitent
仏：サント・ペラジー（・ペニタント）Sainte Pélagie Penitente

◎**アトリビュート**　真珠
◎**守護する対象**　ダンサー、俳優

五世紀。シリアのアンティオキアの踊り子だったとも人気女優だったともいわれる。身につけていた真珠のネックレスからマルガレータ（真珠）という愛称を持つ。その美貌ゆえ、享楽的な生活を送っていたが、ある日エ

改悛《かいしゅん》した美貌の踊り子で、オリーブ山のふもとの洞窟の中で男装してペラギウスという名の隠者として暮らした。ダンサー、俳優の守護聖女。アトリビュートは真珠。パリにかつてあったサント・ペラジー刑務所は、もとは一六六二年に悔い改めた娼婦を収容するためにつくられた施設。

デッサの司教ノンノの説教を聞いて深い感銘を受け、洗礼を受けた。財産をすべて処分して貧者や病人に分け与え、自分は祈りと苦行に精進し、ついには故郷を離れ、聖地エルサレムに移った。オリーブ山のふもとの洞窟の中で男装してペラギウスという名で隠者として数年暮らし、亡くなった。

祝日を同じ一〇月八日とする同じ名前のアンティオキアのペラギア（兵士たちが彼女を捕らえるためにやって来たときに、屋根から飛び降りて死んだ四世紀の処女殉教者）と、タルソスのペラギア（不本意ながらディオクレティアヌス帝の息子と婚約した美しい少女が、熱した真鍮《しんちゅう》製の雄牛の中で火あぶりにされて殺された）がいる。

この日の他の守護聖人

・**聖女タイス**　四世紀エジプトの最も美しく有名な娼婦だったが、聖パフヌティウスによって回心した。死んだときには、芳香が立ちのぼったといわれる。ミイラ化された遺体がパリのギメ博物館に安置されている。アナトール・フランスの『タイス』はパフヌティウスとタイスを描いた名作。九月一一日参照。

・**聖デメトリオ**　アトス山頂の修道院に眠る、一世紀ガレリアヌス帝の時代の軍人の殉教者。

・**（エルサレムの老人）聖シメオン**　「ルカ伝」の神殿奉献の場面で、幼子イエスを腕に抱いて、メシアであることを見抜いた老人。

10月9日

聖ドニ（ディオニシウス）

英：セイント・デニス Saint Denis
仏：サン・ドニ Saint Denis

パリとフランスの守護聖人で一四救難聖人のひとり。

◎**アトリビュート**　手に持った首
◎**守護する対象**　フランス、パリ、悪魔憑き・頭痛・狂犬病に苦しむ人
◎**ゆかりの場所・絵画・彫刻**　サン・ドニ大聖堂（パリ）

モンマルトル（殉教者の丘）で首を切られると、その首

を手に持って五リュー（約二〇キロ）歩いたという伝説が有名。悪魔憑《つ》き、頭痛、狂犬病のときに祈願する。アトリビュートは手に持った首。パリ北郊のサン・ドニ市にあるサン・ドニ大聖堂はこの聖人が首を持って歩き、倒れた場所に建てられた。

?～二八五。イタリアに生まれ、三世紀に他の六人の司教とともに教皇からガリアの宣教に派遣され、初代のパリ司教となり、ローマ帝国のキリスト教徒迫害によって殉教したとされている。捕らえられ、打たれても、また火あぶりにされても、傷ひとつつかず、飢えたライオンのいるコロセウムに投げ入れられたが、十字を切るとライオンがおとなしくなり、結局、斬首刑に処された。そのとき、首を切られたのがモンマルトル（殉教者の丘）でそこから五リュー歩いてから、倒れたという。その地に、五世紀になって聖女ジュヌヴィエーヴがサン・ドニ大聖堂をつくり、フランス王家の墓所とした。

パリ郊外にドニが自ら首を洗ったといわれる井戸があり、その水を飲んだ娘は一生処女を守るといわれるが、最近この井戸を訪れる娘はほとんどいないという。使徒パウロによって回心してアテネの初代司教となったディオニシウス・アレオパギタや、六世紀に出回った神秘主義的な一連の文書「偽《にせ》ディオニシウス文書」の作者と混同された。

この日の他の守護聖人

- **聖ヨハネ・レオナルディ**　聖フィッリポ・ネリの弟子で後継者となった一六世紀イタリアの修道院長。一五七四年に神の母の聖職者会を創立。
- **聖ルイ・ベルトラン**　一六世紀スペインのドミニコ会士。説教家。伝染病者の看護や説教活動の後、南アフリカに渡り、聖書と祈禱書だけを持って裸足で現地の人々に信仰を授けた。スペインに戻ってからは修道院長として活動した。
- **（ニーダーアルタイヒの）聖ギュンター**　バイエルンの森に修道院を作った一〇世紀の修道士。

10月10日

聖フランシスコ・ボルジア

英：セイント・フランシス・オブ・ボルジア Saint Francis of Borgia
仏：サン・フランソワ・ボルジア Saint Francois Borgia

◎守護する対象 ポルトガル、地震に遭った人

イエズス会を大きく発展させたスペイン・ボルジア家出身の聖人。ポルトガルの守護聖人。地震の際に祈願する。

一五一〇～一五七二。スペイン・レンシア地方ガンディアの大貴族ボルジア家に生まれる。一九歳で宮中に出仕し国王カルロ五世やその妃イザベラの信任を得、やがて王妃の侍女エレオノレと結婚。八人の子の父となるが、スペイン王妃の死に立ち会って人生の無常を感じ、新生活に入ろうとするが、まだ状況がそれを許さなかった。

一五三九年、王からカタロニアの総督に任命された際、その地位を利用してカトリックの布教に努めた。一五四六年に妻が病死すると、財産分与を済ませてからイエズス会に入り、司祭となった。そして一五六五年、イエズス会第三総長となり、日本、メキシコ、ペルー、ブラジルに会員を派遣し布教を進め、会を大きく発展させた。フランシスコはボルジア家という、カトリックにとって好ましからざる家柄に生まれた（悪名高き教皇アレクサンドロ六世の子孫にあたる）が、その血統にもかかわらず、謙遜で優雅、なおかつ決断力があり、あらゆる階級の人々の尊敬を得た。

この日の他の守護聖人

- **聖ジスラン** ベルギーのサン・ジスラン市のもととなった修道院を創設した七世紀の聖人。
- **聖ゲレオン** ローマ皇帝マクシミアヌスによるキリスト教徒迫害の中、三〇四年頃にケルンで首をはねられて殉教した兵士。偏頭痛の守護聖人。ケルンの守護聖人。アトリビュートは兵士、騎士の装束。

10月11日

聖アレッサンドロ・サウリ

英：セイント・アレキサンダー・サウリ Saint Alexander Sauli
仏：サン・アレクサンドル・ソーリ Saint Alexandre Sauli

◎**守護する対象**　コルシカ島、パヴィア、ジェノヴァ

コルシカ島で献身的に働いた司教。コルシカ島、パヴィア、ジェノヴァの守護聖人。

一五三四～一五九二。ミラノの貴族の家で生まれ、皇帝カルロス五世に仕える。一七歳のときにバルナバ修道会に入り、哲学と神学を学んだ。一五五六年に司祭に叙《じょ》階《かい》されてからは修道会総長として一五七〇年まで教育に励んだ後、コルシカ島で司教として約二〇年間改革に取り組み、同地を荒廃から救った。

コルシカ島の都バスティアで説教会を開き、貧者を救い、教理問答集を出版した。奇跡的治癒や、海賊撃退、予言等の奇跡の話が残されているが、こうした地味な、目立たぬところで実直に働いた業績に対しても、聖人の列に加えられることがあるという好見本となっている。

この日の他の守護聖人

・**（バーキングの）聖女エテルブルガ**　七世紀ロンドンの司教聖エンコンドルの姉妹でバーキングの初代女子修道院長。

・**聖女マリア・ソレダード**　一九世紀後半にスペイン・マドリードの「マリアのはしため」修道会創立者。

・**聖ケネス**　六世紀のアイルランドの修道院長。スコットランドでも活躍。イオナ島の聖コルンバの友人。

10月12日

聖ウィルフリード

英：セイント・ウィルフリード Saint Wilfrid
仏：サン・ウィルフリッド Saint Wilfrid

◎**守護する対象**　英リポン、英ミドルスブラのローマカトリック教区

イギリスでケルト系教会とアングロサクソン系教会の統一を進めた、ヨークの司教。非妥協的な人だったので敵も多かった。

六三四～七〇九。ノーサンブリアの領主の家に生まれる。リンデスファーンの修道院で教育された後、数年間、リヨンとローマで過ごした。当時、イギリスには独立性の強いケルト系のキリスト教会と、ローマ教会に従属するアングロサクソン系の教会があったが、ノーサンブリアはケルト教会の勢力が強く、ローマ教会とは異なる慣習を持っていた。たとえば、復活祭の日は双方では違っていた。それを統一するため、六六四年、ホイットビーの教会会議が開かれ、ウィルフリードは聖ペトロが復活祭を決めていると主張してローマ派の成功を導いた。その後、ヨークの司教に任命されたが、カンタベリーの大司教と意見が対立し追放された。ローマ教皇によって司教に戻されたが、再び追われ、最後にはヘクサムの司教となった。

ウィルフリードはその時代の傑出した人物で、友人よりも敵が多かったが、有能で勇敢であることは確かだった。たびかさなる国家や教会との軋轢《あつれき》にもかかわらず自分の信念を通し、イングランドへのローマの典礼の導入に尽力した。

この日の他の守護聖人

・**聖セラフィン**　不器用であったが信心と慈愛は人一倍大きく、毎日朝まで眠らずに祈ったという、一六世紀イタリアのカプチン会士。その慈愛心には動物たちすらなついた。

・**聖エドウィン**　七世紀ノーサンブリアで最初のキリスト教徒の王。

10月13日

（オーリャックの）聖ジェロー（ゲラルドス）

英：セイント・ジェロー（・オブ・オーリヤック）Saint Geraud of Aurillac
仏：サン・ジェロー（・ドーリヤック）Saint Géraud d'Aurillac

オート・オーヴェルニュの領主の伯爵で、領地の農奴を兄弟と見なして解放した。世俗のまま聖人となったフランス、オーヴェルニュの守護聖人。領主の伯爵なのでアトリビュートは王冠と杖。

八五五～九〇九。オーヴェルニュの領主のオーリャック伯爵家に生まれる。幼いときにひどい湿疹にかかり、その痕が治らなかったため、父は息子を教会に捧げる決心をし、宗教的な教育を施した。ところが息子は奇跡的に回復し、信仰心の篤い青年に成長した。修道院に入ろうかとも迷ったが、領地の民衆の生活を向上させることが自分の使命だと悟ったので、父の後を継いでオーリャック伯爵となった。

あるとき、農奴の娘を見かけ、とても美しいと感じたので、結婚の申し込みに出かけたが、よく見るとひどく醜かったので、結婚資金を与え、他の男に嫁がせた。このとき、結婚の誘惑に負けそうになったことを恥じ、「天国の宦官《かんがん》」になることを決意した。以後、規則正しく高潔な生活を送り、何度もローマに巡礼し、農奴を兄弟と見なして解放し、八九〇年頃、オーリャックに修道院を創設した。この修道院はクリューニー修道会によって継承され、のちにクリューニーの聖オドンが『聖ゲラルドス伝』を書き、それがきっかけとなって中世フランスにおいて聖ジェローの名は広く知られた。

◎**アトリビュート**　王冠と杖
◎**守護する対象**　仏オーヴェルニュ

この日の他の守護聖人

・聖エドワード（証聖王）　↓一月五日の「この日の他の守護聖人」の項参照。

10月14日

聖カリストゥス（一世）

英：セイント・カリスタス（・ザ・ファースト）Saint Callistus I
仏：サン・カリクスト（・プルミエ）Saint Calixte I

◎**アトリビュート**　教皇冠と首にくくりつけられた碾き臼
◎**守護する対象**　墓地で働く人

奴隷から徒刑囚になり、カタコンベを管理する司祭から、最後は教皇にまでなったローマの聖人。アトリビュートは教皇冠と首にくくりつけられた碾《ひ》き臼《うす》。

?〜二二二。銀行を営むキリスト教徒の主人に仕えるローマの奴隷だったが、使い込みの疑いをかけられて、徒刑囚としてサルディニアの採石場へ送られた。恩赦を受けて自由の身となってから、時の教皇ゼフィリヌスに目をかけられ司祭となり、アッピア街道沿いにあるキリスト教共同墓地（彼の名をとって「サン・カリストのカタコンベ」と呼ばれる）の管理を任された。カタコンベとはもともと財産家の信者たちの地下墓地だったが、年とともに拡大され、地下道が何キロも掘られていた。迫害時代にはその地下室が、避難所であると同時に信者たちの集会する聖堂となっていた。

やがて二一七年、ゼフィリヌスのあとを襲って、教皇となり、三位一体の教義を確立し、四季の大斎《たいさい》を定めた。回心した罪人に寛大な処置を取ったり、奴隷の男子と奴隷でない婦人との結婚を認めるなど、いくつかの刷新を断行し、寛容主義の路線を取ったが、こうした方針は聖ヒッポリトゥスなどから激しい反対を受け、二二二年に暴動に巻き込まれて殺された。

この日の他の守護聖人

・**聖セレスト**　四世紀のメッツの司教。

・**（リヨンの）聖ジュスト**　四世紀リヨンの司教。教会内での暴力事件に責任を感じ、エジプトの修道院に渡って隠棲した。

・**（ランスの）聖ドナティアヌス（ドナティアン）**　ローマのテヴェレ川につき落とされたが、教皇が五本のローソクを立てた車輪を川の上に浮かべると、聖人のいる場所まで流れていき、聖人を救いあげたランスの司教。ベルギーのブリュージュの守護聖人。

10月15日

（アヴィラの）聖女テレサ（テレジア）

英：セイント・テレサ（・オブ・アヴィラ）Saint Theresa of Avila
仏：サント・テレーズ（・ダヴィラ）Sainte Thérèse d'Avila

◎**アトリビュート**　カルメル会の制服、書物とペン、矢に射抜かれた心臓

◎**守護する対象**　スペイン、編紐製造業者、スペインの作家、チェスプレイヤー、精神的な救いが必要な人、心臓病の人

◎**ゆかりの場所・絵画・彫刻**　伊ローマのサンタ・マリア・デッラ・ヴィットーリア教会にあるベルニーニの「聖女テレサの法悦」

「改革カルメル会（女子跣足《せんそく》カルメル会）」の創立者。ローマのサンタ・マリア・デラ・ヴィットリア教会にあるベルニーニの「聖女テレサの法悦《ほうえつ》」で有名なスペインの聖女。スペインと編紐《あみひも》製造業者の守護聖女。精神的に救いの欲しい人や心臓病の人が祈願する。

一五一五〜一五八二。スペインのカスティリア州アヴ

イラに生まれ、一九歳のとき、高い理想を抱いてカルメル会の受肉《じゅにく》修道院に入ったが、外部から客を迎えたり、町で外食したりして、規律・修道精神の緩んだ修道生活に失望し苦悩した。しかし、聖堂で見た鞭に打たれるイエスの絵と、聖アウグスティヌスの『告白録』を読んだことが転機となり、祈りと瞑想の生活に徹して、神秘体験を味わい、幻視者となった。

アルカンタラの聖パウロにならって、カルメル会の刷新に取り組み、ついに一五六二年、聖ヨセフ修道院にて改革カルメル会を設立した。この女子跣足カルメル会は厳格な禁入制、孤独、沈黙、祈りの生活を守り、サンダルだけで「靴をはいていない（裸足の）」カルメル会として、緩和された会則の信奉者の「靴をはいた」者たちのカルメル会とは区別された。ベルニーニの彫像に描かれたような、天使に焼けた金の矢で心臓を貫かれるなどの神秘体験をへて、『自伝』をはじめとする多くの著作を残し、十字架の聖ヨハネにも大きな影響を与えた。女性の教会博士は、シエナの聖カタリナと彼女のふたりのみである。

この日の他の守護聖人

・キッツィンゲンの聖テクラ　イングランドで生まれ、ドイツのクレティドンの聖ボニファティウスのもとで働いた後、キッツィンゲンの女子大修道院長を務めた八世紀イギリスの聖人。

10月16日

聖女ヘートヴィヒ

英：セイント・ヘドウィッジ Saint Hedwige
仏：サント・エドウィージュ Sainte Hedwige

◎**守護する対象**　ポーランドのシュレージエン、同クラクフ、独ベルリン、スロヴァキアのブラチスラヴァ、亡命者、新郎

ポーランドとドイツにまたがるシュレージェン公国の公妃で、慈善事業を起こし、多くの修道院を建てた。シ

ユレージエン、ポーランド、ベルリン、ブラチスラヴァ、クラクフの守護聖女。亡命者と新郎の守護聖女。

一一七四～一二四三。南ドイツのバイエルン領主の家に生まれた。わずか一二歳でシュレージエン大公ハインリッヒ一世と結婚し、六人の子どもをもうけた。夫ハインリッヒは宗教心の篤い領主で、妻の慈善事業をよく助け、修道院も建設した。夫婦は二度しか喧嘩をしなかった。一度はポーランドの貴族がスタニスラス公を廃してハインリッヒ一世に国王になるよう要請しにやって来たとき。このとき、ハインリッヒは妻の反対にもかかわらず、兵を挙げようとした。もう一回は、後継者として妻の推す長男ルイに対して、夫が次男のコンラッドを指名したとき。このときは、ルイが闘いに勝って、コンラッドは修道院に入った。

夫が死去すると女子修道院の生活を取り入れ、より深い信仰生活を送った。伝説によれば彼女は奇跡能力と予言能力を持ち、長男ルイがタタール人と戦って戦死することも予言していたという。

この日の他の守護聖人

・**聖女マルガリタ＝マリア・アラコク**　イエスの聖心サクレ・クールの神秘体験を重ね、信仰を広めた一七世紀フランスの聖女。

・**聖ガルス（ガル、ケイレチ）**　六世紀にウェールズのバンガーで修道士となり、聖コロンバヌスに従ってフランスに渡り、宣教活動を行った。グンゾー伯爵の娘にとりついた悪霊を追い払ったとき、黒い鳥の姿となって悪霊が彼女の口から出ていったという伝説から、鳥の守護聖人となる。

10月17日

（アンティオキアの）聖イグナチウス

英：セイント・イグナティアス（・オブ・アンティオッシュ）Saint Ignatius of Antioch
仏：サン・イニャス（・ダンティオッシュ）Saint Ignace d'Antioche

◎アトリビュート　ライオンと鎖
◎守護する対象　喉を患う人

ライオンに噛み殺されて殉教したアンティオキアの司教。喉が痛いときに祈願する。テオフォロス（神を担う者）と呼ばれる。イエスが謙虚さの見本とした少年だったともいわれる。アトリビュートはライオンと鎖。

?～一〇七。六九年頃から、聖ペトロの後継者としてシリアのアンティオキアの司教を務めていた。ローマ皇帝トラヤヌスのキリスト教迫害のため捕らえられローマへ送られる。その間に残した七つの手紙によって、初期教会の組織や教義が今日まで伝えられることとなった。使徒聖ペトロ、聖パウロ、聖ヨハネの弟子だったと言われるが、イエスが「すべてこの幼子のごとく自らへりくだる人は、天国で大いなる者である」と謙虚さの手本と仰いだ少年だったという説もある。

手紙の中で「わたしは主の小麦粉だから、獣たちの歯につぶされてキリストのパンとなろう。獣たちをかわいがりたまえ。獣たちはわたしの墓となり、わたしの体にはなにも残らないだろう」と語ったが、事実、コロセウムでライオンに襲われて殉教した。一〇七年頃のことと思われる。野獣に噛み殺されながらも、この老司教は大声でイエスの名を唱えつづけたといわれる。喉の痛みの際に祈願されるのはそのためである。予言と違って、骨は残り、聖遺物はサン・ピエトロ大聖堂にある。

この日の他の守護聖人

・聖女ゾリーヌ（ゾリィ）　三世紀に故郷のポワトゥーを離れ、聖母マリアの聖地シャルトルに移り住み、そこで異教徒との結婚を拒否して殉教した聖女。

10月18日

（福音書記者）聖ルカ

英：セイント・ルーク（・ジ・エヴァンジリスト）Saint Luke the Evangelist
仏：サン・リュック（・レヴァンジリスト）Saint Luc l'Évangéliste

第三の福音書と使徒言行録の作者。内科医、外科医、画家、ガラス製造業、精肉業、公証人、彫刻家、装丁家の守護聖人。福音書のシンボルマークとしてルカのアトリビュートは有翼《ゆうよく》の雄牛、福音書、マリア像を初めて描いたことから画家のパレット。

一世紀。シリアのアンティオキア生まれのギリシャ人の医師であったとされる。聖パウロがその地を通ったとき、弟子となり、宣教旅行をともにした。パウロの行くところ、必ずルカの姿があった。パウロの壮烈な殉教を見届けたのち、ギリシャに赴き、独身のまま八四歳で死んだとされている。

◎**アトリビュート**　有翼の雄牛、福音書、画家のパレット
◎**守護する対象**　内科医、外科医、画家、ガラス製造業、精肉業、公証人、彫刻家、装丁家

第三の福音書と使徒言行録は二巻からなる一冊の本と見なすべきで、格調高いギリシャ語で書かれている。『ルカによる福音書』ではキリストの優しさが浮き彫りにされ、善きサマリア人や放蕩《ほうとう》息子の話など他の福音書には見られない挿話がある。また、イエスの幼年時代が一番詳しく書き留められていて、聖母マリアの果たした役割が強調されている。あまりに生き生きしたその描写から、画家であったという民間伝承が生まれ、聖母マリアの肖像画を描く彼の姿が絵画に多く残っている。医師だったことからルカの名を冠した病院などが世界各地にある。たとえば東京・築地の聖路加《せいるか》病院もそのひとつである。

福音書の著者ではあるが、一二使徒ではない。

この日の他の守護聖人

・**（リラの）聖ヨハネ**　ブルガリアの守護聖人。

・**聖女グエン**　五世紀イギリスに生きた聖女。聖ゲノレ

の母。

10月19日

（十字架の）聖パウロ

英：セイント・ポール（・オブ・ザ・クロス）Saint Paul of the Cross
仏：サン・ポール（・ド・ラ・クロワ）Saint Paul de la Croix

◎守護する対象　警察官

キリストの受難（パッション）を黙想によって再体験し、その記憶を苦行に生かす修道会「御受難会」の創設者。警察官の守護聖人。

一六九四～一七七五。イタリア・ピエモンテのオヴァタに生まれる。二〇歳のとき、トルコ軍と戦っていたヴェネチア軍に志願したが、兵士が自分の天職ではないと悟って家に帰った。同志数人と山の中へ入って祈りと黙想の生活を始め、一七二〇年に、イエスとマリアの幻影を見て、「御受難会」を創立した。この修道会の特徴は、キリストの受難（パッション）について黙想を深め、自他の罪の償いに心がけることにある。この世の苦難、災害、生活苦などの十字架をわが身に背負って、貧者や病人、死にゆく人に励ましを与えるのである。十字架にかけられたキリストの苦しみに意義を見いだしたので「十字架のパウロ」と呼ばれた。その熱烈な祈りと苦行は、多くの罪人を回心させた。

一七七一年には女子の御受難会も設立した。あるとき、盗賊に襲われたが、その高貴な人柄によって盗賊の心をひきつけ、回心させたという。

この日の他の守護聖人

・**（アルカンタラの）聖パウロ**　フランシスコ会の内部に、より厳しい規律の改革フランシスコ会をつくった一五世紀スペインの幻視者。アヴィラの聖女テレサに改革カルメル会をつくるよう勧めた。番人の守護聖人。ブラジルも守護する。

・聖ルネ　一六四二年にアメリカ・ケベックのイロコイ族によって殺された北米最初の殉教者。

10月20日

聖女ベルティラ・ボスカルディン

英：セイント・バーティラ・ボスカーディン Saint Bertilla Boscardin
仏：サント・ベルティーユ・ボスカルダン Sainte Bertille Boscardin

素朴な娘だったが、困難な仕事に一生を捧げ、その献身的な看護で人々を感動させたイタリアの看護シスター。

一八八八〜一九二二。イタリアのヴィチェンツァ近郊で農家の娘として生まれる。一九〇四年にヴィチェンツァの聖ドロシー修道会で三年間、台所仕事をした後、トレビゾの小児病棟を手伝うようになった。一九一七年にトレビゾが空襲を受けたときにも、沈着に振る舞って患者たちを看護し、コモの陸軍病院の当局者の賛嘆を呼んだ。ときには、看護の場から追われ、洗濯場で働くよう命ぜられたこともあったが、一九一九年には独立小児病棟を任されるまでになった。

しかし、献身的な看護を続けた結果、やがて彼女自身の健康を損ない、大手術のかいもなく一九二二年に亡くなった。困難な仕事に献身する「純な心」の一生であったが、深い印象を人々の心に残した。

この日の他の守護聖人

・聖女イレーヌ　結婚の申し込みを断ったため、逆恨みした男に殺された一〇世紀ポルトガルの殉教処女。

・**聖女アリーヌ**　一二世紀フランスのシトー会修道院長。

・**聖ヴィタリス**　八世紀のザルツブルク司教。その心臓からユリが生えたという言い伝えからユリがアトリビュート。

10月21日

聖女ウルスラ（アーシュラ）

英：セイント・アーシュラ Saint Ursula
仏：サント・ユルシュール Sainte Ursule

◎**アトリビュート**　矢、時計、船、赤十字
◎**守護する対象**　独ケルン、少女、射手、孤児、女生徒、女学生、女学校教師
◎**ゆかりの場所・絵画・彫刻**　独ケルンの聖ウルスラ教会

少女たちを連れてローマへ巡礼した帰途、フン族に襲われて殉教した王女。少女、射手、孤児、女生徒、女学生、女学校教師の守護聖女。ドイツのケルンも守護する。アトリビュートは矢、時計、船、赤十字。

四世紀。ブリテン島（現在のイギリス南部）のキリスト教国にウルスラという名の聡明で美しい王女がいた。異教徒のイングランド王から息子の嫁にと望まれたが、ローマへの巡礼のために三年の猶予を願った。ウルスラには一〇人の乙女を、乙女にはそれぞれ一〇〇〇人の侍女をつけるという途方もない条件だったが、彼女の要求はかなえられ、一万一〇〇〇（計算では一万一一）人の乙女がローマへ赴き、その帰途、ドイツのケルンでアッチラ率いるフン族に襲われたのである。アッチラはウルスラに結婚を申し込み、部下たちを乙女たちと結婚させようとした。ウルスラも乙女たちもこれを拒んだため殉教した。ウルスラが犯されるよりも、死を選ぶよう命じたという伝説から、ウルスラは少女たちを導く女学校教師の守護聖女となった。

九世紀にケルンで発見された五世紀の石碑の碑文に記された、名もない処女たちのために建てられた教会の再建の話が、ウルスラの伝説の背景になったと思われる。ラテン語原典の一一人が一万一〇〇〇人と読み間違えられたらしい。

・**聖女セリーヌ**　ランスの初代司教聖レミの母と、聖女ジュヌヴィエーヴに仕えた五世紀フランスの殉教処女の同名のふたり。

・**聖ヒラレオン**　聖アントニウスの感化で、五〇年以上にわたって泥レンガの小屋で隠者の生活を送った四世紀パレスチナの修道士。

10月22日

（ヘラクレアの）聖フィリポ

英：セイント・フィリップ（・オブ・ヘラクレア）Saint Philip of Heraclea
仏：サン・フィリップ（・デラクレス）Saint Philippe d'Héracles

◎**守護する対象**　喉を患う人

ディオクレティアヌス帝のキリスト教迫害時代に、教会財産の提出を拒んで殉教したトラキアのヘラクレア（ヘラクレスを奉った都市）の主教。火あぶりにされ、煙で声が出なくなるまで神を賛美しつづけたところから、喉の痛みのときに祈願する。

?〜三〇四。ディオクレティアヌス帝のキリスト教迫害時代にトラキアのヘラクレアの主教だった。治安部隊によって教会が襲われ、教会の聖なる容器と聖書を引き渡すように言われたが、聖書の提出を拒んだため、助祭の聖ヘルメスとともに捕らえられた。ヘラクレアという名前の由来となっているヘラクレスやローマの神々を礼拝するよう命じられたが、これを拒否したため、火あぶりにされて殉教した。ふたりの殉教者は、煙で声が出なくなるまで神を賛美しつづけた。

この日の他の守護聖人

・**聖女サロメ**　使徒ヤコブとヨハネの母。イエスに付き従い、イエスが十字架にかけられたとき、遠くから見守っていたひとり。イエスの墓が空であることを確認した。

・**聖女エロディア**　イスラム教徒とキリスト教徒の間に生まれた子どもはイスラム教徒にならなければならないという掟を破って殉教した九世紀スペイン・コルドバの姉妹のひとり。

・**聖女コルドウラ**　ウルスラに従った一万一〇〇〇人の処女のひとり。船底に隠れて助かったが翌日、自ら名乗り出て殉教した。船がアトリビュート。

10月23日

(カピストラノの)聖ヨハネ(ジョヴァンニ)

英：セイント・ジョン(・オブ・カピストラーノ) Saint John of Capistrano
仏：サン・ジャン(・ド・カピストラン) Saint Jean de Capistran

◎**アトリビュート**　フランシスコ会の僧服、赤い十字架、軍旗
◎**守護する対象**　ヨーロッパ、従軍司祭、法律家

ヨーロッパ中を説教して歩き、十字軍の必要を説いて「統一ヨーロッパの使徒」といわれたフランシスコ会修道士。

一三八六～一四五六。イタリアのカピストラノという小さな町で、ドイツ人男爵の子として生まれる。ペルージャ大学で法律を学び、裁判官となり、結婚するが、妻の死で回心。背中に自分の犯した罪を書きつけ、紙の帽子をかぶり、ロバに乗ってペルージャの町中をまわるという試練を経て、一四一五年、フランシスコ会原始会則派に入会を許された。

司祭になると、雄弁で頭角をあらわし、伝導説教者として、フランス、ドイツ、オーストリア、ハンガリー、ボヘミア、ポーランドなどヨーロッパ中を四〇年にわたって説教して歩き、病人を奇跡的に治し、人々を感動させ、回心させた。

一四五三年に東ローマ帝国の首都コンスタンチノープル(現在のイスタンブール)がトルコ軍に陥落すると、人々に十字軍の必要性を説き、自ら十字軍に加わり、一四五六年ベオグラードでトルコを破ったが、そこで命を落とした。汎ヨーロッパ的聖人で「統一ヨーロッパの使徒」といわれる。

この日の他の守護聖人

・**聖セヴェリヌス**　ボエチウスとして知られる五世紀ローマの文人で、冤罪の人を擁護したために処刑された聖人。

・**聖女オーダ**　七世紀のベルギーの聖女。アキタニア公妃。未亡人となったあと、リエージュ近郊のアメに教会を建てて慈善を行う。アトリビュートはパン。

・**聖ロマン**　七世紀のルーアン司教。死刑囚の助けを借りて、ドラゴンを捕らえたという言い伝えからアトリビュートはドラゴン。大革命までは聖ロマンにちなんで、一〇月二三日には囚人がひとり釈放された。

10月24日

聖アントニオ・マリア・クラレ

英：セイント・アントニー・メアリー・クラレット Saint Antony Mary Claret
仏：サン・アントワーヌ＝マリー・クラレ Saint Antoine-Marie Claret

宣教にパンフレットや本が有効だとして、わかりやすく色彩豊かな挿絵を活用したキューバの大司教。

◎**アトリビュート**　司教服、司教帽、開いた本
◎**守護する対象**　カトリックの出版物、織物師、織物業者、教育者

一八〇七～一八七〇。スペインで生まれ、家業の織物工を務め、次いで印刷技術を学ぶが、二二歳のときに神学校に入り、司祭となる。一二年間、故郷のカタロニア中を宣教してまわり、自分のつくったパンフレットをまいた。

一八四九年に「聖母マリアの汚れなき御心の愛子宣教会」（現在はクラレティアン宣教会）を創立する。その翌年にはイザベラ女王に請われてキューバへ赴き、大司教

の任務について改革を断行し、奴隷たちに精力的な宣教を行った。非妥協的な性格のため敵も多く、改革は必ずしもうまくいかず、何度もテロリストに襲われた。一八五七年にスペインへ呼び戻されて女王の宗教顧問となり、マドリードの近くのエスコリアルに化学実験所、自然歴史博物館、音楽学校、言語学学校を、バルセロナに宗教図書館を設立する。一八六八年の革命で女王とともに亡命し、二度とスペインに戻ることなく二年後に没した。

クラレは布教のためには印刷物や絵による効果が大きいと考え、著作による信仰普及にも力を入れた。その際、読者の気持ちをひきつけ、字を読めない人にもわかるよう挿絵などを工夫した。彼の著作は一四四種、総ページ数一一万一〇〇〇、内容は教義、道徳、教育、教会法、歴史、音楽、医学、農業におよぶ膨大なものであった。

この日の他の守護聖人

・聖フロランタン　一〇世紀頃から南仏で崇敬されている聖人。精神障害や憂鬱症のときに祈願する。

10月25日

聖クリスピヌスと聖クリスピニアヌス

英：セイント・クリスピン&セイント・クリスピニアン Saint Crispin & Saint Crispinian
仏：サン・クレパン&サン・クレピニアン Saint Crépin & Saint Crépinien

靴の修理人に扮してフランスで布教に努めた宣教師の兄弟。靴屋、靴職人、皮革業者、皮革職人の守護聖人。フランス・ソワッソンの守護聖人。アトリビュートは修理している靴と靴型。

◎**アトリビュート**　修理している靴と靴型
◎**守護する対象**　仏ソワッソン、靴屋、靴職人、皮革業者、皮革職人

?〜二八六。マクシミアヌス帝の迫害時代にローマで没した兄弟殉教者。六世紀頃フランスのソワッソンに彼らの聖遺物が移され教会が建てられてから、崇敬が広まり、中世には人気者の聖人となった。

伝説によると、ローマの貴族の家に生まれたが、信仰

を広めるために靴修理をならい、フランスのソワッソンにやって来て開業した。靴職人のかたわら宣教し、貧者には無料で靴修理をしてやったので、たちまち多くの顧客を獲得した。やがて、ローマ皇帝マクシミアヌスに捕らえられ、拷問にあい、殉教した。鉛を溶かした釜に入れられても、爪をはがされても耐え抜いたので、最後は斬首されたという。

シェイクスピア『ヘンリー五世』の中に「聖クリスピニアンの祭日」という言葉が何度も出てくるが、これは彼らが、キリスト教徒迫害を逃れてイギリス、ケントのハヴァースハム村に行ったというもうひとつの説を裏付けている。

この日の他の守護聖人

・**聖クリサントゥスと聖女ダリア**　ローマ時代の夫婦の殉教者。夫は長槍、妻はライオン、それに採石場がアトリビュート。いずれも、殉教にかかわるもの。

10月26日

聖デメトリウス

英：セイント・デメトリアス Saint Demetrius
仏：サン・デメトリユス Saint Démétrius

◎**アトリビュート**　ローマ兵士の甲冑
◎**守護する対象**　ギリシャ（とくにテサロニキ）、ヴェネチア、イスタンブール、兵士

ギリシャ、とくにテサロニキの守護聖人。ヴェネチアとイスタンブールも守護地域。兵士の守護聖人でもある。

?～三〇四。マクシミアヌス帝の迫害時代に、アカヤの執政官を務めていたが、キリスト教徒が弾圧されているのを見て、同情の念を禁ずることができず、これをかばおうとしたため、捕らえられ、厳しい拷問にかけられた末に、槍で突かれて殉教した。ギリシャ第二の都市テサロニキでとくに崇敬されている。デメトリウスの聖遺物が埋葬されているというデメトリウス聖堂は、彼の殉教後まもなく巡礼地となった。この聖堂で与えられる香油は霊験あらたかで、遠くからこれをもらいにくる信者が絶えなかった。ギリシャ人にはこの名前の人が多い。

この日の他の守護聖人

- **聖エヴァリスト** 第五代のローマ教皇。
- **福女ボンヌ** 「修道女にならなければ、おまえは罰せられるだろう」という神の声を聞いてクララ会に入り、二八歳で没した一五世紀フランスの貴族の娘。

10月27日

聖フルメンティウス

英：セイント・フルメンティウス Saint Frumentius
仏：サン・フリュマンス Saint Frumence

◎守護する対象 エチオピアのアクスム

奴隷として売られたアビシニアで、国王の相談役となってキリスト教を広め、アビシニア初の司教となった聖人。

?～三八〇。フルメンティウスとアエデシウスは親友で、ともにレバノン南部の都市ティルスの哲学者メロピウスの弟子だった。師弟はインドへの航海の途中、アビシニア（現在のエチオピア）で海賊に捕らえられ、メロピウスは殺された。若いふたりは奴隷として売られ、アビシニアの首都だったアクスムにあったエルラ王の宮廷に連れていかれたが、そこで王の行政を助けたことから、キリスト教布教の機会を得た。

王の死後、ふたりは自由の身となり、故国への帰国を許された。アエデシウスは故郷のティルスに戻ったが、フルメンティウスは、まだ基礎の固まっていないアビシニアのキリスト教をより確実なものにしようと考え、アレクサンドリアへ行って聖アタナシウスに、自分よりも優れた人材をアビシニアに派遣して、司教区をつくるように要請した。聖アタナシウスは、これに対して、あなた以上の人はいないとフルメンティウスを司教に任命した。こうして、彼はアビシニア最初の司教となったのである。フェレーメナトスとかカサーテー・ベルハーンとも呼ばれる。三八〇年頃死去したと思われる。

この日の他の守護聖人

・**福女アントニア**　一五世紀イタリア・フェラーレのドミニコ会女子修道院の基礎を築いた修道女。

10月28日

聖シモンと聖ユダ
（タダイのユダ、ヤコブの子のユダ）

英：セイント・サイモン&セイント・ジュード Saint Simon & Saint Jude
仏：サン・シモン&サン・ジュード Saint Simon & Saint Jude

聖シモンは一二使徒のひとりで「カナンのシモン」「ゼロテ（熱心党）のシモン」と呼ばれ、のちにペトロとなったシモン（アンドレの兄弟）とは別人。染色業者、皮なめし業者、皮革業者、織物業者、左官、きこり、木彫家の守護聖人。アトリビュートは書物とノコギリ、剣あるいは槍。

聖ユダも一二使徒のひとりで、イエスを裏切った「イスカリオテのユダ」とは別の人物で「タダイのユダ」とも「ヤコブの子のユダ」とも呼ばれるが、混同されやすく冷遇されてきた。そのため逆に不当な差別に泣く人にとっての守護聖人になった。復権を望む人、窮乏・挫折・絶望した人の守護聖人。アトリビュートはオールと斧、あるいは矛、槍。

◎**アトリビュート**　【聖シモン】書物、ノコギリ、剣、槍
【聖ユダ】オール、斧、矛、槍
◎**守護する対象**　【聖シモン】染色業者、皮なめし業者、皮革業者、織物業者、左官、きこり、木彫家
【聖ユダ】アルメニア、露サンクトペテルブルク、米フロリダ、シカゴ、警察、不当な差別に泣く人、復権を望む人、窮乏・挫折・絶望した人

一世紀。聖シモンについては『マタイ伝』で一二使徒のひとりとして列挙されている以外には知られていない。エジプトとペルシャで宣教したあと、聖ユダとともに殉教したといわれている。

聖ユダも一二使徒のひとりで小ヤコブの兄弟。母は聖母の妹で、クロパの妻のマリアなので、イエスの従兄弟にもあたる。『新約聖書』に収められた『ユダの手紙』の作者ともいわれる。祝祭日を同じくする聖シモンとともにペルシャで殉教したとされる。名前が同じであったばかりに「イスカリオテのユダ」と混同され、長い間不当に冷遇されてきた。ところが、そのため一九世紀になると無実の罪に泣く者や誤解による失意の人などを優しく守り、復権を果たすための守護聖人と崇められるようになった。深い絶望の淵にある者だけがこの聖人の加護を受けられるという。窮状から脱した人が聖ユダへ捧げた感謝の祈りが新聞の広告欄に出されることがあるという。

この日の他の守護聖人

・**聖アンジュラン**　フランクの国王ペパンによってメッスの司教に取り立てられた八世紀の聖人。

10月29日

（エルサレムの）聖ナルチェッソ（ナルシス）

英：セイント・ナーシサス Saint Narcissus
仏：サン・ナルシス Saint Narcisse

一〇〇歳のときにエルサレムの司教に任命され、一一六歳で亡くなるまで司教の務めを果たした長生きの聖人。長老者の守護聖人にふさわしい。

◎**アトリビュート**　司教服、水差し
◎**守護する対象**　長老者

九六〜二一二。ギリシャ人で、エルサレムの長老とし

て一〇〇歳のとき、司教に任命されたといわれる。高齢にもかかわらず彼は熱心に教区の司牧にあたり、信者たちをよく導いた。無実の罪を着せられて訴えられたときにも信者たちはナルチェッソの無実を信じていたが、彼はそれを機に、祈りと黙想の生活を送るためエルサレムを去った。彼の代行者が亡くなり、新しい司教が任命されると、彼は再びエルサレムに戻り、二一二年に亡くなるまで司牧の務めを果たした。二一二年に副司教アレクサンドルをつけてもらったのが副司教の始まりとされる。アレクサンドルの手紙に「ナルチェッソは一一六歳でもまだ祈りによって教会を支配しています」と書かれている。

この日の他の守護聖人

・**（百人隊長）聖マルケルス**　三世紀にモロッコに滞在するローマの百人隊の隊長だったが、マクシミアヌス帝の誕生日を祝うことを拒否し、殉教した。

10月30日

聖アルフォンソ・ロドリゲス

英：セイント・アルフォンサス・ロドリゲズ Saint Alphonsus Rodriguez
仏：サン・アルフォンス・ロドリゲズ Saint Alphonse Rodriguez

中年を過ぎてから修道士となり、カレッジの門番を務めているうちに評判がたって、深く人々から尊敬されるようになった聖人。イエズス会士の守護聖人。アトリビュートはイエズス会士の僧服。

◎**アトリビュート**　イエズス会士の僧服
◎**守護する対象**　イエズス会士

一五三一～一六一七。スペインはゴヴィアの裕福な商人の家に生まれる。やがて後を継ぎ、二六歳で結婚するが、妻とふたりの子どもが次々に亡くなり、商売もうまくいかず、これからの人生を神に仕えたいとイエズス会への入会を望んだが、三四歳という年齢の高さや、体力、学力などの点で、入会は許可されなかった。

六年後、やっと望みがかなない修道士となった翌年、マジョルカ島のパルマに派遣され、以後四六年間モンテッシオンのカレッジの門番としての仕事に後半生を捧げた。アルフォンソの優しく、礼儀正しい態度は学校を訪れる客に感動を与え、聖人だという評判が高まり、あらゆる階層の人々が助言や指導を求めてやって来るようになった。その中には後の聖ペドロ・クラヴェルもいた。アルフォンソは教育もなく、実践に生きた人であったが、深い宗教的感受性を持っていたのである。

この日の他の守護聖人

- **聖女ビアンヴニュ・ボジアーニ**　奇跡で知られる一三世紀イタリアの聖女。
- **（モンタウの）聖女ドロテ**　一四世紀ポーランドの禁固修道女。九人の子どものうち八人が夭折したため修道女となる。

10月31日

聖ヴォルフガング

英：セイント・ヴォルフガング Saint Wolfgang
仏：サン・ヴォルフガング Saint Wolfgang

皇帝聖ハインリッヒ二世とその兄弟の家庭教師を務めた聖人。胃の病気の守護聖人。レーゲンスブルクを守護する。逆境の試練を忍耐強く謙虚に受けた。

◎**アトリビュート**　司教服、司教杖、教会
◎**守護する対象**　独レーゲンスブルク、胃病に苦しむ人

九二〇〜九九四。ドイツ南部スウェーベンの貴族の家に生まれる。ベネディクト会修道院で学び、ヴュルツブルクの神学校に入り、司祭となる。その後、トリエルの聖堂学校で教鞭をとった。

九六四年にはアインジーデルンのベネディクト会の修

道士たちとともにハンガリーへ布教に向かったが、あまりよい結果は得られなかった。九七二年に神聖ローマ帝国皇帝オットー二世からレーゲンスブルクの司教に任ぜられ、司祭や修道士の生活を指導する一方、皇帝のよき相談相手となった。後の皇帝聖ハインリッヒ二世とその兄弟の家庭教師も務めた。司教職にあった二二年間もヴォルフガング自身は修道士としての質素で厳しい生活を続け、貧しい者や病人への物心両面にわたる援助に全力を尽くしたので、貧困者から「偉大な施し手」と感謝された。

この日の他の守護聖人

- **聖カンタン**　フランスのサン・カンタン市の由来となった三世紀ローマの殉教者。
- **聖コロマン**　アイルランドからパレスチナに巡礼に向かう途中、ウィーン近郊の村で縛り首にされたが二年たっても遺体が腐らなかったことから、崇敬が始まった一〇～一一世紀の聖人。

11月の聖人

Les Saints du mois de novembre

11/1 聖ベニニュス(ベニーニュ)
11/2 (ペッタウの)聖ヴィクトリヌス(ヴィクトリノ)
11/3 聖マルティン・デ・ポレス
11/4 聖カルロ・ボロメオ
11/5 聖ザカリアと聖女エリザベト
11/6 聖レオナルドゥス(レオナルド)
11/7 聖エンゲルベルト
11/8 聖ゴドフロワ(ジョフロワ)
11/9 聖テオドロス
11/10 聖レオ(一世)
11/11 (トゥールの)聖マルタン(マルティヌス)
11/12 (ポロツクの)聖ヨサファト
11/13 聖オモボノ(ホモボヌス)
11/14 聖ローレンス・オトゥール
11/15 聖アルベルトゥス・マグヌス
11/16 (スコットランドの)聖女マーガレット
11/17 (ハンガリーの)聖女エリザベート
11/18 (クリュニーの)聖オドン
11/19 聖女メヒチルド(メクチルド)
11/20 聖エドマンド(エドムンド)
11/21 聖ゲラシウス(一世)
11/22 聖女セシリア(カエキリア、チェチリア)
11/23 聖クレメンス(一世)
11/24 聖クリソゴノス(クリュソゴヌス)
11/25 (アレクサンドリアの)聖女カタリナ
11/26 (ポルト・マウリチオの)聖レオナルド
11/27 (ザルツブルクの)聖ヴィルギリウス
11/28 聖女カトリーヌ・ラブーレ
11/29 聖サチゥルニウス(セルナン)
11/30 聖アンドレ(アンデレ)

Préface

11月の聖人

冬の始まりの日である一一月一日は、すべての死者が転生する日としてケルト人の間で祝われていた。前夜には死者の世界の扉があけられ、死者たちが蘇《よみがえ》る。この前夜祭がハロウィーン。九世紀のローマ教皇グレゴリウス四世はすべての聖人をまとめて祝う万聖祭（Toussaint）をこの日に移動して異教的要素を隠蔽《いんぺい》した。

といっても、万聖祭というのもローマ起源の異教的な祭りだった。すなわち、七世紀の教皇ボニファティウス四世は、ローマのパンテオン（万神殿）をすべての聖人の神殿とし、ローマの神々を追放して、聖人たちの遺骨を運び込んだが、このとき万聖祭という祝日も作ったのである。ただし、これは五月に設けられていたので、グレゴリウス四世がこの万聖祭を一一月一日に移したというわけだ。なお、万聖祭は英語ではAll Saint's day。英語の起源となったアングロ＝サクソン語ではSaintはHallowと呼ばれ、その前夜はAll Hallow's eve。これがなまって、ハロウィーン（Halloween）となったのだといわれている。

フランスではハロウィーンの習慣は残らず、万聖祭が死者を弔《とむら》う日となったが、ケルト起源の死者の日と融合した万聖祭に異議を唱える者もいた。一一世紀のクリュニーの神父オディロンはそのひとりで、死者の霊が罪の浄化を済ませて煉獄《れんごく》から天国へ導かれるよう祈る日として、万聖祭の翌日の一一月二日を死者の日とするよう提案した。この提案は西方教会で受け入れられたが、あまり民間には定着せず、万聖祭に死者を弔う習慣のほうが広まったのである。農事暦では、万聖祭は悪い気候の代表として扱われている。「一一月は不健康な月。天気は万聖祭から咳《せ》きこみはじめる」「万聖祭には寒さが戻ってきて、冬を軌道に乗せる」

天気が悪い一一月の中で、一一日の前後だけは例外的に好天が続く。これを一一月一一日の聖人である聖マルタンにちなんで「聖マルタンの夏」と呼ぶ。マルタンは貧者にマントを半分に切って与えたところ、その夜、キリストがそのマントをまとってあらわれる夢を見て回心した聖人。聖マルタンの祝日は、その年に収穫されたワインを最初に味わう日であり、農事暦も「聖マルタンの日には、老いも若きも、ワインを飲め」。

一一月二五日が祝日のアレクサンドリアの聖女カタリナ（カトリーヌ）はローマ帝国で最高に賢く美しいといわれた殉教処女で、「イエスの花嫁」とされる。殉教のさい、傷口からミルクが湧き出たと伝えられる。ジャンヌ・ダルクにお告げをしたことでも知られ、パリ大学の守護聖女となっている。フランスでは、この聖女カタリナの祝日に、二五歳を過ぎても独身を通す女性を祝って、枝を剪定《せんてい》し、苗を植える習慣がある。カタリナが「イエスの花嫁」になると言い張って、二五歳を過ぎても結婚しようとしなかったからである。一四救難聖人のひとり。

一一月二八日が祝日の聖女カトリーヌ・ラブーレは、ブルゴーニュ生まれの普通の修道女だったが、聖母の出現を見て、「奇跡のメダルを製作せよ」という啓示を受ける。この聖母マリアの姿が刻まれたメダルは多くの奇跡を呼び起こし、非常に人気が出た。

一一月の末日の三〇日は、聖アンドレの祝日。聖アンドレは、最初のイエスの弟子となったガリラヤの漁師。X型の十字架にかけられて殉教したところから、これがアトリビュートとなる。聖遺物がスコットランドから運ばれて以来、スコットランドの守護聖人となる。スコットランドはこのエンブレムのX型の白十字を国旗にしていたが、イングランドに併合されたとき、ユニオン・ジャックにその図柄が取り入れられた。英語読みはアンドリューあるいはアンドリュース。

11月1日

聖ベニニュス（ベニーニュ）

英：セイント・ベニグナス　Saint Benignus
仏：サン・ベニーニュ　Saint Bénigne

◎**アトリビュート**　犬、鍵
◎**守護する対象（地域・職業・病気・災害）**　仏ディジョン

ディジョンの墓から遺骸が発掘され、ガリアのキリスト教会を築いた初代司教と目されるに至った聖人。守護地域はフランスのディジョン。アトリビュートは犬と鍵。

二世紀頃。六世紀から広まった伝説によれば、スミルナに生まれ、聖ポリカルプスによってガリアへの宣教を命じられ、マルセイユに上陸。オタンで布教したのちディジョンに落ち着くが、魔術師として訴えられ、鞭で打たれたあと、異教の偶像の前で聖別《せいべつ》した肉をむりやり口に詰め込まれると、その瞬間に、偶像も異教の祭壇も一瞬に消え去ったという。猛犬とともに牢に入れられたが、犬はたちまちなついたため、鉄の棒で頭を割られて殉教した。

この日の他の守護聖人

この日は「万聖祭（La Toussaint, All Saint’s day）」といって、すべての聖人が祝福される祝日。七世紀、ボニファウス四世は、古代ローマ人がパンテオンと呼んだ円形神殿を聖母マリアをはじめとする諸聖人に奉献した。パンテオンではローマ人の神々の像のかわりに聖人たちの聖像が置かれ、地下墓地から聖人や殉教者の遺骨もこの聖堂へ移された。そして九世紀、皇帝グレゴリウス四世は、膨大な数の巡礼者に食料を提供するため、秋の収穫の終わった一一月一日を諸聖人の祭日とした。一一月一日はもともと大陸の先住民族ケルト人の収穫祭で、冬の準備を始める新しい年の始まりとされていた。前の年に死んだすべての死者が戻ってきて転生し、世界が一新するのである。その前夜は、死者の世界の扉が開けられ、すべての火が消されて、生と死の境が曖昧になる。そこで、死者や魔物の集まるハロウィーンの夜として、主にイギリスやアメリカでは大きなお祭りとなった。

11月2日

（ペッタウの）聖ヴィクトリヌス（ヴィクトリノ）

英：セイント・ヴィクトリン（・オブ・ペトー）Saint Victorin of Pettau
仏：サン・ヴィクトラン（・ド・ペトー）Saint Victorin de Pettau

◎**アトリビュート**　シュロ、司教服

ラテン教会最初の聖書注釈者。ラテン教会にギリシャ語による聖書注釈の伝統を伝えた。その注釈は千年王国説的傾向が強い。

?〜三〇三。パンノニア（現在のユーゴ）のペッタウの司教でディオクレティアヌス帝の迫害時代に殉教した。ギリシャ文化とラテン文化の仲介者的な役割を果たしたが、その注釈には聖ユスティノスなどと同様に、千年王国説的傾向が強く出ている。千年王国説とは「最後の審判に先立つ一〇世紀のあいだにイエスが再び地上に現れて、支配するだろう」というもの。

この日の他の守護聖人

この日は、西方教会では、死者の魂が罪の浄化、償いを済ませて一刻も早く天国へ導かれるよう、生者が祈りによってそれを助ける死者の日とされている。「死者の日」を定めたのはクリューニーの司教だった聖オディロン（祝日一月一日）である。

11月3日

聖マルティン・デ・ポレス

英：セイント・マルティン・デ・ポレス
Saint Martin de Porres
仏：サン・マルタン・ド・ポレス
Saint Martin de Porrès

◎**アトリビュート** 同じ皿で食べる犬・猫・鳥・ハツカネズミ、ほうき
◎**守護する対象** 人種差別、異人種間に生まれた人、人種間の調和、社会正義、公的教育、テレビ、ペルーの公衆衛生、動物、混血児、理髪師、黒人、ホテル従業員
◎**ゆかりの場所・絵画・彫刻** ベトナムのホーチミン市のサン・マルタン・ド・ポレス教会、ペルーのリマの同名の学校とサッカー場、パリ一七区のサン・マルタン・ド・ポレス礼拝堂、リマのサンタ・ローザ・デ・ラス・モンハス教会には肖像画がある

とりわけ、「人種差別、異人種間に生まれた人、人種間の調和」を守護し、社会正義、公的教育、テレビ、ペルーの公衆衛生、動物への愛の守護聖人。混血児、理髪師、黒人、ホテル従業員の守護聖人でもある。アトリビュートは同じ皿で食べる犬、猫、鳥、ハツカネズミ。ほうき。

一五七九～一六三九。スペイン系貴族と黒人の私生児としてペルーのリマに生まれ、私生児として育った。一二歳のとき当時は外科医が兼業していた理髪の弟子となった。一五歳でドミニコ会に手伝いとして入って働くことになるが、徳の高さが認められて修道士となり孤児院を設立。病人の世話をし、貧困に苦しむ人々を助けた。とくにアフリカから連れてこられた黒人奴隷や原住民の援護に心を砕いた。社会のための正義に燃え、慈善事業の最前線で働いた。死後はおろか生前から奇跡が行われたという。動物へも深い愛情を注いだ聖人としても有名。

この日の他の守護聖人

・**聖フーベルト（ユベール）** 現在の南仏アキテーヌの貴族で、異常なほど狩りを好んだが、妻の急死に打ちのめされたとき、額に十字架を立てた鹿に出会って回心した七～八世紀ベルギーの聖人。アルデンヌ地方で宣教し、マーストリヒトとリエージュの司祭となり、リエージュに大聖堂を建てた。リエージュの守護聖人。狩猟の守護聖人。アトリビュートは鹿、狩猟の角笛、鍵（ペトロから受け取ったとされる）、書物。

ベルギー、カナダ、フランスにサン・ユベールという都市がある。教会の中で一番有名なのは、狩人と森の守護聖人であるこの聖人を祭ったリエージュのサン・ユベール教会。ケルン大聖堂マリア礼拝堂にはJ・ガイセルブルン作の木彫がある。

・**聖女ウィニフレッド**　七世紀ウェールズの守護聖女。大修道院長・聖ベウノの姪と伝えられる。族長の息子に求婚されたが拒絶したため、首を切り落とされて殉教した。彼女の首が落ちた場所からは聖なる泉が湧いたという。

・**聖ピルミニウス**　八世紀ドイツの大修道院長。ライヘナウ島に修道院を建設したときカエルと蛇を追い払って建設に着手したことから、カエル、蛇の害、悪疫などの際に祈願される。アトリビュートは蛇とカエル。

11月4日

聖カルロ・ボロメオ

英：セイント・チャールズ・ボロメオ
Saint Charles Borromeo
仏：サン・シャルル・ボロメ
Saint Charles Borromée

◎**アトリビュート**　頭蓋骨と鞭、首の周りの縄
◎**守護する対象**　ルガーノとザルツブルク大学、フランシスコ修道会、マルタ騎士修道会、カルメル会、ペストに苦しむ人
◎**ゆかりの場所・絵画・彫刻**　聖カルロ・ボロメオに捧げられた教会はオーストリア（ウィーン）、ベルギー（アンベール）、チリ（チホエ島）、米国（デトロイト）、フランス（ジョワンヴィル＝ル＝ポン、スダン）、ポーランド（ウロクラウ）、セネガル（ゴレ島）など多数。伊アローナのジョバンニ・バティスタ・クレスピによる巨大な銅像、伊マントーヴァ美術館のルイ・ド・ゴンザーグ（ルイジ・デ・ゴンザーガ）とともに聖母マリアに祈っている姿を描いたアゴトティオ・ボニゾリの油彩

メディチ家の親類ゆえに得た地位や財産におごることなく、聖人として生きたミラノの大司教、枢機卿。ルガ

ーノとザルツブルク大学の守護聖人。フランシスコ修道会、マルタ騎士修道会、カルメル会の守護聖人。ペストのときに祈願する。アトリビュートは頭蓋骨と鞭、首の周りの縄。

一五三八～一五八四。イタリアはロンバルディア地方アローナの貴族の家に生まれる。パヴィアの大学で法律を学んだ後、一五六〇年に伯父の教皇ピウス四世からローマに招かれ二二歳の若い枢機卿となる。教皇の期待通り献身的に働いたおかげで、トリエント公会議の再開にも力を発揮し、大きな成果を収め、その決議を実践するよう教会行政、聖職者の生活改革に力を尽くした。一五六五年にはミラノ大司教に選ばれた。当時、教会や修道院の風紀が乱れており、反対派に暗殺されそうになったこともあったが、敢然と大改革を進めた。

民衆の宗教的な無知を矯正するために「日曜学校」を創設し、神学校を聖職者の訓練のために開放し、公の礼拝の大切さを強調した。内気で早口の彼は演説や説教が苦手だったが、やがてそれも克服し、人々に感動を与えるようになった。貧しい人々や病人の救済にも力を入れ、とくに、一五七六年にペストが大流行したときには、カルロ自ら先頭に立って、看護に努めた。

この日の他の守護聖人

・**聖エメリッヒ**　一〇世紀にハンガリーをキリスト教国にした国王・聖ステファヌスの息子。狩りの最中の事故で早世した。

11月5日

聖ザカリアと聖女エリザベト

英：セイント・ザカリア&セイント・エリザベス
Saint Zachariah & Saint Elizabeth
仏：サン・ザカリ&サン・テリザベート
Saint Zacharie & Sainte Élizabeth

◎アトリビュート　香炉、ユダヤ教の祭司のかぶる二角帽
◎守護する対象　木挽き職人
◎ゆかりの場所・絵画・彫刻　ヴェネチアのサン・ザカリア教会。ヴェネチアのサン・ザカリア教会の聖遺物を収めた墓、『ベリー公のいとも優雅なる時禱書』（仏コンデ美術館）、グイド・カニャッチ『眠るイエスと洗礼者ヨハネとザカリア』（同）

洗礼者聖ヨハネの両親。親類の聖母マリアがイエスを懐胎したのと同じ時期に、天使ガブリエルがザカリアの前に現れ、聖ヨハネの誕生を告げる。木挽き職人の守護聖人。アトリビュートは香炉、ユダヤ教の祭司のかぶる二角帽。

一世紀。エルサレムの神殿の司祭だったザカリアとその妻エリザベトは子どものない年配の夫婦だった。彼らはヨセフの妻マリアの親戚だった。あるとき、ザカリアが神殿で香を捧げていると、突然、天使ガブリエルが出現し「喜びなさい。おまえたちの願いはかなえられた。おまえの妻は男の子を生むだろう。その子はヨハネと呼ばれるだろう」と予言した。ザカリアは、ガブリエルの言葉を信じなかったので、口がきけなくなってしまったが、誕生した息子の割礼の際に、母親がこの子の名は「ヨハネ」と名付けられるべきだといい、ザカリアもそれに同意して書き板の上に書くと、口がきけるようになり、「ベネディクトゥス（褒めたたえよ、イスラエルの神である主を……）」という言葉を発した。

この日の他の守護聖人

・聖女シルヴィア　六世紀ローマの聖女。聖大グレゴリウスの母。

・聖イレム　ハンガリー王の聖イシュトヴァンと王妃である福女ギゼーラの間に生まれた王子で、結婚後も禁欲を守り通したが、狩猟の最中に事故死。アトリビュートは騎士の装束。剣と百合（禁欲的な生活の象徴）。

11月6日

聖レオナルドゥス（レオナルド）

英：セイント・レナード　Saint Leonard
仏：サン・レオナール　Saint Léonard

◎**アトリビュート**　鎖、手かせ、足かせ、鍵
◎**守護する対象**　囚人、病人、産婦、家畜、捕虜、強盗に遭いそうな人
◎**ゆかりの場所・絵画・彫刻**　仏リムーザン地方のサン・レオナール=ド=ノブラ、コレッジオ『聖ペトロ、聖女マルタ、聖女マグダラのマリア、聖レオナルドゥス』（ニューヨーク・メトロポリタン美術館）

クロヴィス王の王妃の出産を助けたことから、修道院長となったリモージュ近郊ノブラの聖人。囚人、病人、産婦、家畜、捕虜の守護聖人。強盗よけのためにも祈りを捧げられる。アトリビュートは鎖、手かせ、足かせ、鍵。

五～六世紀。伝説によると、フランク族の貴族の家に生まれ、王国の命運をかけた戦いに勝利を収め、四九六年のクリスマスの夜、国王が誓い通りに洗礼を受けたときに、ともにキリスト教徒となり、司祭となった。やがて、国王は彼に司教職を与えようとしたがこれを辞退し、代わりに改心した囚人の釈放を願い、自分はオルレアンの修道院に入った。

クロヴィス王の王妃が難産で重態に陥ったとき、レオナルドゥスが祈りを捧げると、母親と赤ん坊の命が救われたので、感謝した王からノブラク（現在のサン・レオナール）の土地を与えられ、修道院を建てた。一二世紀に十字軍が始まると、留守を持つ家族にとってこの聖人が頼みの綱となった。レオナルドゥスが捕虜の守護聖人なのは、イスラム教徒の捕虜となった夫や息子の無事を祈ったから。投獄されようとする者、捕虜となった者がレオナルドゥスに祈願するのは、フランス語での名前「Leonard」が「足かせ」の意味のフランス語「lien」に由来するためである。

聖レオナルドゥスにちなんだ都市にはリムーザン地方

のサン・レオナール＝ド＝ノブラがある。また絵画・彫刻には、コレッジオ『聖ペトロ、聖女マルタ、聖女マグダラのマリア、聖レオナルドゥス』（ニューヨーク・メトロポリタン美術館）がある。

この日の他の守護聖人

・聖ヴィノック　七～八世紀のウェールズ出身の聖人。聖ベルタンの創設した修道院で粉をひいて働いていたとき、年老いた彼に代わって天使が粉をひいてくれたことから粉ひきの守護聖人となった。

11月7日

聖エンゲルベルト

英：セイント・エンゲルベルト Saint Engelbert
仏：サン・アンジェルベール Saint Engelbert

◎アトリビュート　司教杖、司教冠、三日月を刺した剣
◎ゆかりの場所・絵画・彫刻　独エッセン州のザンクト・エンゲルベルト教会

神聖ローマ帝国の貴族出身にもかかわらず、厳しい修道生活を送って、教会や修道院を世俗の権力から守ったケルンの大司教。

一一八五～一二二五。神聖ローマ帝国の高位の貴族の家に生まれる。一族のおかげで、いくつかの教会の聖職禄を受け、一二一七年に、インノケンティウス三世の支持を受けて、ケルンの大司教に任命された。その数年後、ドイツの行政官に任命され、ベルクに平和を確立するために力を尽くしたが、彼自身は厳しい修道生活を送って司祭、修道者、信者を導いた。皇帝や領主が教会の財産を侵害しないように心を配り、ドミニコ会やフランシスコ会を擁護した。彼の従兄弟にあたるイーゼンベルクのフリードリヒがエッセンの女子修道院の土地、財産を奪おうとしたとき、それをやめさせようとして殺された。この悲劇的な死によって聖人となった。ドイツ・エッセン州のザンクト・エンゲルベルト教会は、この聖人にちなむ。

この日の他の守護聖人

・**聖エルンスト**　ツヴィーファルテンの大修道院長だったが、職を辞して第二回十字軍に参加。メッカで内臓を取り出す巻き上げ機の拷問で一一四七年に殉教した。アトリビュートは巻き上げ機。

・**聖ウィリブロード**　六五八年にイングランドのノーサンブリアに生まれ、フリースラント（現・オランド北部）に宣教し、ユトレヒトの司教となる。ルクセンブルクのエヒテルナッハに修道院を創設した。この聖人が十字杖を突き刺したところ樽のワインの量が増えたという言い伝えから、アトリビュートは十字杖を刺した樽。この聖人にちなんだ絵画・彫刻には、「サン・ウィリブロード」（銅版画　アムステルダム国立美術館）がある。

・**聖フロレンティウス**　七世のストラスブルク司教。ニーダーハスラハに修道院を創建した。フランク王ダゴベルトの王女の病気を治したため、王は、用足しにいっている間に、聖人のつれたロバが歩き回った範囲の土地を寄進すると約束。王の戻りが遅れたので、ロバは広大な敷地を聖人にもたらすことになる。これがニーダーハスラスの修道院の所有地となる。アトリビュートは森の動物たち。

11月8日

聖ゴドフロワ（ジョフロワ）

英：セイント・ゴッドフロイド（ジョフロイ）Saint Godefroid(Geoffroy)
仏：サン・ゴドフロワ（ジョフロワ）Saint Godefroid(Geoffroy)

◎**アトリビュート**　司教杖、司教冠
◎**ゆかりの場所・絵画・彫刻**　仏ソワッソン、仏アミアン

修道院改革の目覚ましい成果をあげたが、出世を拒否して、改革者にとどまろうとしたために、非難を浴びて

帰天したフランスの修道僧。アミアンの司教。

一〇六六〜一一一五。フランス・ソワッソンの生まれ。ノジャンのベネディクト派修道院にやって来たときには、三〇がらみの一介の修道僧にすぎず、修道院には茨が生い茂り、六人の修道士しかいなかったので、ゴドフロワが瞬く間に修道院を立て直し、豊かな収穫をもたらしたときには、みなが驚き、再建の手腕に注目した。フランスの大司教が、当時最も裕福な教区だったサン・レミの司教にならないかともちかけたが、彼はこの申し出を断った。結婚している男が糟糠《そうこう》の妻を捨てて、より魅力的な女に乗り換えるようなものだと言ったのだ。一一〇四年にアミアンの司教に選ばれたが、修道院や僧院が乱れに乱れ、聖職売買がまかり通っていた時代にあっては、修道院改革の情熱に燃えるゴドフロワの態度は既得権に対する侵害と取られ、強い非難を浴びた。そこで、ゴドフロワは改革派の拠点だったグランド・シャルトルーズ修道院に逃げ込んだが、教会会議で認められなかったため、やむなく自分のアミアンの司教区に帰ることになったが、その途中、聖クレパン修道院で客死した。

この日の他の守護聖人

・聖ウィレアド　八世紀ノーサンブリアの宣教師で、ブレーメンの司教。フリジア人とサクソン人のあいだで布教した。ブレーメンの司教に叙任され大聖堂を建設した。アトリビュートは大聖堂。

11月9日

聖テオドロス

英：セイント・シオドア Saint Theodore
仏：サン・テオドール Saint Théodore

◎アトリビュート　竜と盾、槍、冠
◎守護する対象　兵士

異教の礼拝を拒否したために殉教したローマの兵士。兵士を守護する聖人。竜と戦ったというエピソードから、アトリビュートは竜と盾、槍、冠。

?〜三〇三。ローマ軍の兵士だったが、異教の礼拝を拒否したため、小アジアのエウカイタで捕らえられた。拘留中に大地母神キュベレの神殿に火をつけたので、残酷な拷問にかけられたが、天の幻に励まされ、拷問に耐えたため、最後には生きたまま焼かれた。四世紀には埋葬地エウカイタは宗教上大切な場所となっていた。竜(ドラゴン)と戦ったという伝説がある。

この日の他の守護聖人

・**聖マチュラン**　マクシミアヌス帝の娘についた悪魔を払ったことで知られる三〜四世紀の聖人。狂気に陥った人、耐えがたい妻を持った人が祈願する。

・**聖ルイジ・モルビオリ**　博打うちで大酒のみで好色だったが三〇歳のときに病気をして回心し、カルメル会に入って二〇年を贖罪の生活に費やした一五世紀イタリアの聖人。

11月10日

聖レオ(一世)

英：セイント・レオ(・ザ・グレート)Saint Leo the Great
仏：サン・レオン(・ル・グラン)Saint Léon le Grand

聖ペトロの後継者として初めて「教皇」(Papa)という称号が用いられたローマ教皇。アリウス派が多数派となっていた教会で正統派を守った。弁論や文筆にもすぐれた。音楽家、歌手、オルガン奏者の守護聖人。アトリビュートは教皇十字、教皇冠、竜(アッチラの象徴)。

◎**アトリビュート**　教皇十字、教皇冠、竜

◎**守護する対象**　音楽家、歌手、オルガン奏者

◎**ゆかりの場所・絵画・彫刻**　カナダ・ケベック州のザン・レオン・ル・グラン、サン・レオン教会(パリ一五区)

？〜四六一。ローマの名家に生まれ、若い頃から聖職者として重要な職務につき、四四〇年教皇に選出された。弱体化した西ローマ帝国が民族移動によりフン族やヴァンダル族に攻めこまれた時代に、アリウス派などの異端が多数派となった教会で絶大な指導力を発揮して正統派を守り、フン族のアッチラと会見して外敵からローマ人を救い、ローマ文化と新民族の文化をキリスト教において融合し、国家と教会のために奮闘した。レオ一世のとき、聖ペトロの後継者として初めて「教皇」（Papa）という称号が用いられた。他の教会に対するローマ教会の「首位権」を主張し、教皇の地位と権能を確立させた。「大教皇」という称号を与えられ、「大レオ」と呼ばれた。一四三通の手紙と九六の説教が残っている。

この聖人にちなんだ都市には、カナダ・ケベック州のサン・レオン・ル・グランがあるほか、フランスにもこの名前の町は多い。教会には、パリ一五区のサン・レオン教会（エミール・ブリュネ設計のアール・デコ様式の珍しい教会）がある。

この日の他の守護聖人

・**聖アンドレア・アヴェリーノ**　テアティノ修道会を設立した一六世紀ナポリの司祭。

11月11日

（トゥールの）聖マルタン（マルティヌス）

英：セイント・マーティン（・オブ・トゥール）
Saint Martin of Tours
仏：サン・マルタン（・ド・トゥール）
Saint Martin de Tours

◎**アトリビュート**　鵞鳥、白馬、マント
◎**守護する対象**　フランス、ドイツ、アルゼンチンのブエノス・アイレス、兵士、旗手、皮職人、織物業者、ワイン生産者、病気の子ども、貧困に苦しむ人、皮膚病患者、武器、甲冑、動物（鵞鳥と馬）
◎**ゆかりの場所・絵画・彫刻**　仏トゥールのサン・マルタン・バジリカ教会、仏コルマールのサン・マルタン教会。その他、フランスをはじめ数多くの都市、教会が同聖人の名を冠する

聖マルタン（マルティヌス）という名の聖人は数多いが、ただの聖マルタン（マルティヌス）といえば、この

聖人である。軍刀で自分のマントを半分に分けて裸の貧者に与えたところ、そのマントをまとったイエスが夢に現れたために回心したという伝説がある。数々の奇跡を起こした人気聖人で、兵士、旗手、皮職人、織物業者、ワイン生産者の守護聖人。子どもの病気、貧困、皮膚病、武器、甲冑、動物（鵞鳥と馬）を守護する。フランス、ドイツ、アルゼンチンのブエノス・アイレスの守護聖人。マルタンとは「軍神マルスに捧げられた者」という意。アトリビュートは鵞鳥、白馬、マント。

三一六～三九七。パンノニア（現在のハンガリー西部）でローマ軍人の息子として生まれ、イタリアで育った。一五歳のときにローマ騎兵となり、フランスに派遣された。ある冬の寒い日、アミアンで裸の貧者に出会い、自分のマントを軍刀で半分に切って与えた。その夜、彼が与えたマントを身にまとったキリストの夢を見て回心。洗礼を受け、軍を引退して宣教生活に入る。聖ヒラリウス（イレール）に師事し、トゥール近郊にフランス最初の修道院（後のサン・マルタン修道院）をつくった。三七二年にトゥールの司教となる。

彼の足跡はフランス全土に広がり、ハンセン病患者を抱擁しただけで治したり、死者をよみがえらせたり、話すことができない娘を話すようにした等、起こした奇跡は数多い。徳は高く、動物さえも彼の言うことを聞いたという。ヨーロッパでは非常に人気のある聖者で、同じ名前の男の子や彼の名を冠した教会、学校、病院、修道院がたくさんある。また、祝日の一一月一一日は年の節目にあたり、中世の村では税金の納入、使用人の交代、小作料の更新などが行われた。

フランスだけで二三〇の自治体がサン・マルタンという名前をもっており、サン・マルタン教会は三七〇〇を数える。

フランドル、ベルギー、スイス、ドイツ、オーストリア、ハンガリー、南米など、無数の都市の教会がサン・マルタンに捧げられている。代表的なものをふたつだけあげれば、トゥールのサン・マルタン・バジリカ教会、コルマールのサン・マルタン教会。絵画・彫刻についても、これまた無数に近いサン・マルタンが世界中の教会を飾っている。

この日の他の守護聖人

・**聖ヴェラン**　五世紀リヨンの司教。

11月12日

(ポロツクの)聖ヨサファト

英：セイント・ジョザファト(・オブ・ポロック)Saint Josaphat of Polotsk
仏：サン・ジョザファ(・ド・ポロツク)Saint Josaphat de polotsk

守護する対象　ウクライナ

ビザンチン教会とローマ教会の合同運動をはかっているときに殺害された殉教者。守護する地域はウクライナ。

一五八〇～一六二三。ポーランドに生まれる。商人見習いとして働いていたときに出会ったイエズス会の司祭が修道者への導きとなった。バジリオ修道会に入り司祭となると、優れた徳と神学の深い知識で、人々の尊敬を集めた。一六一七年にベラルーシのポロツクの主教となる。ビザンチン教会に属していたが、ローマの司教区と親しく交流し始め、多くの支持者を獲得した。しかし、状況は非常に困難であり、一六二三年、「カトリック教徒を殺せ！」と叫ぶ暴漢に殺害された。文字通り東西両教会の合同運動に生涯を捧げたのである。

この日の他の守護聖人

・**聖エミリアーノ**　五世紀イタリア・コローガの隠者。
・**聖ルブイン**　フリースラントに布教した八世紀のイギリス人。
・**(アンキラの)聖ニルス**　聖ヨハネ・クリソストモスの弟子で、アンキラ（現在のトルコのアンカラ）に修道院を建てた五世紀の聖人。

11月13日

聖オモボノ（ホモボヌス）

英：セイント・ホモボナス Saint Homobonus
仏：サン・オモボン Saint Homobon

◎**アトリビュート** 財布、物差し、ハサミ
◎**守護する対象** 伊クリモナ、実業家、仕立て屋、服飾関係者
◎**ゆかりの場所・絵画・彫刻** オモボノ教会（ローマ）、ベルギーのグラン・プラスの仕立て人の家のレリーフ

聖職位を持たずに列聖された例外的な人物。自分の仕事は神から与えられたものであると信じ、事業の利益の大部分は慈善活動にあてた聖人。実業家、仕立て屋、服飾関係者の守護聖人。クリモナの守護聖人。アトリビュートは財布、物差し、ハサミ。

一一五〇〜一一九七。イタリア・クレモナの裕福な商人の息子として生まれる。将来の姿を予言したように「善き人」という意味のオモボノと名付けられた。仕事は神から与えられた天職であると信じ、父親の家業を継いで正直に働いた。彼の妻は必ずしもそれを喜んでいなかったらしいが、利益の大部分は貧者のための慈善活動にあてられた。一一九七年、教会の中でミサの最中に転び、腕を十字架のように広げたまま亡くなった。殉教者、司教、司祭、それに国王でなくては聖者となれなかった時代に、その墓で奇跡がたびたび起こったことから、聖職位を持たずに列聖された人物である。

この日の他の守護聖人

・**聖ブリス** 五世紀のフランス・トゥールの司教。トゥールの聖マルタンの後継者で、最初のサン・マルタン教会を建てたが洗濯女に子どもを生ませたと中傷を受けたため、神明裁判で身の潔白を証明。アトリビュートはこの故事から灼熱した炭火と赤ん坊。

・**聖スタニスラス・コストカ** 一七歳で帰天した一六世紀ポーランドの少年修道士。ポーランドとワルシャワ、それに大学生の守護聖人。

11月14日

聖ローレンス・オトゥール

英：セイント・ローレンス・オトゥール Saint Lawrence O'Toole
仏：サン・ローラン・オトゥール Saint Laurent O'Toole

アイルランドの再キリスト教化に尽くしたダブリンの大司教。ノルマンディーで没したこともあって、ルーアンで崇敬されている。

一一二八頃～一一八〇。アイルランドはキャッスルダーモットの近くにレンスターの首長の息子として生まれ、少年時代の大部分を敵対するマクマラ家で人質として過ごした。その後、修道士となってグレンダラの修道院長を経て、一一六一年にダブリンの大司教となり、アイルランドの再キリスト教化に活躍した。一一七九年にローマでアイルランドへの皇使節に任命されると、ヘンリー二世の怒りを買い、アイルランドに戻ることを禁じられた。そのため、ノルマンディーにいた王のもとへ赴き、王の説得を試みるが果たせず、ブレスル川河口近くのユーで亡くなった。今もなおフランス、ルーアンの司教区では深く崇敬されている。

◎**守護する対象**　ダブリンのローマ・カトリック教区

この日の他の守護聖人

・**聖サーンス**　七世紀アイルランド出身で、フランスの修道院（サン・サーンス僧院）を創設。

11月15日

聖アルベルトゥス・マグヌス

英：セイント・アルバート・ザ・グレイト Saint Albert the Great
仏：サン・アルベール・ル・グラン Saint Albert le Grand

◎**アトリビュート**　ペン、書物
◎**守護する対象**　科学者
◎**ゆかりの作品など**　ユスタス・ヴァン・ゲントの『アルベルトゥス・マグヌス』

「偉大なるアルベルトゥス」という称号を与えられた中世の百科全書的知識人。科学者の守護聖人。「万能博士」と呼ばれたほどの広い学識を持つ。アトリビュートはペン、書物。

一二〇六～一二八〇。ドイツのボルシュタット伯爵の息子として生まれる。北イタリアのパドヴァ大学で医学、自然科学などを学んだ後、ドミニコ会に入って司祭となり、ローゼンベルグの司教まで務めるが、自分の天職は教師であると信じて、ケルンで教育と執筆活動に当たった。パリ大学で神学と哲学の講義をして、その深い学識で学生たちを魅了した。ケルン大学に移ったときはそのあとを追った学生もあったという。著作は膨大で、天文学、植物学、科学、数学、地理学、地質学と広範囲にわたる。アリストテレスの哲学思想に影響を受けて神学をつくりあげたが、これは弟子のトマス・アクィナスによって完成される。

この日の他の守護聖人

・**聖マロ**　ブルターニュのサン・マロの由来となった七世紀の修道士。聖ブレンダヌスの弟子だったとする伝承もある。

・**聖レオポルド三世**　一一世紀のオーストリア辺境伯。数々の修道院を寄進。オーストリアの守護聖人。

11月16日

（スコットランドの）聖女マーガレット

英：セイント・マーガレット（・オブ・スコットランド）Saint Margaret of Scotland
仏：サント・マルグリット（・デコッス）Sainte Marguerite d'Écosse

スコットランド王家のキリスト教的聖性の象徴。イングランド王の孫娘だったが、亡命を試み船がスコットランドに流され、青年王マルコム三世と結婚。王を回心させ慈善事業を多く起こした。スコットランドの守護聖女。

◎**守護する対象**　スコットランド
◎**ゆかりの場所・絵画・彫刻**　パリ・マドレーヌ教会の西側ファサードの壁画のオーギュスタン・コノワ作の彫像

一〇四五～一〇九三。イングランド王エドワード・アイアンサイドの孫娘として、ハンガリーで生まれ、イングランドへ渡って伯父の宮廷で育ったが、フランスのノルマンディー公ギヨーム（ウィリアム征服王）がイングランドを征服すると、大陸への亡命を図ったが失敗。船が流されたスコットランドの宮廷で保護を受けることになった。一〇七〇年、優れた人柄に魅せられたスコットランドの青年王マルコム三世は、彼女と結婚した。彼女に影響されて王は聖堂、学校、修道院、病院などを設立し、慈善事業を支援した。その一方で、木彫、金物細工、染色などの事業を起こし、国民に仕事を与え、また、対外的には隣国と平和を保つよう努力するなど善政を布《し》いた。彼らは王子六人、王女ふたりに恵まれ、息子のデヴィッドも賢王と称えられた。

この日の他の守護聖人

・**聖女ゲルトルーディス**　神秘体験で有名な修道院長。一二五六年にドイツのテューリンゲンに生まれ、ベネディクト会修道女となる。あらゆる学問を研究したが、勉学の目的に不安を感じていたときにイエスが現れ、厳しく戒められる。以降は学問を徳の修行に役立たせ、キリストの神性を崇拝すると同時に、その人性から発する恵みを敏感にとらえて、自分自身の中に「内在する神」と親しく交わった。アトリビュートは糸巻き棒とそれをかみ切ろうとするハツカネズミ。彼女が悪魔祓いを行ったところから、悪魔の象徴であるネズミを追い払うときに祈願する。次の一一月一七日を祝日とすることもある。

・聖オトマール　ザンクト・ガレン修道院の創設者で大修道院長。病人、貧者、妊婦、中傷を受けた人の守護聖人。アトリビュートは、聖遺物をザンクト・ガレン修道院に移送するさいに割れなかったということでワインの小樽。

同聖人にちなんだ絵画や彫刻には、チューリッヒのスイス国立博物館にザンクト・オトマール像（木彫）がある。

11月17日

（ハンガリーの）聖女エリザベート

英：セイント・エリザベス（・オブ・ハンガリー）Saint Elizabeth of Hungary
仏：サン・テリザベート（・ド・オングリ）Sainte Élisabeth de Hongrie

◎**アトリビュート**　パン、書物、杖、壺、バラ
◎**守護する対象**　乞食、パン屋、孤児、罪なく迫害されている者、慈善病院、歯が痛い人

ドイツ人から最も愛されている聖女のひとり。相思相愛の夫の死後、逆境にもかかわらず、慈善病院を設立し、重病人の看護に当たった。その名を取った病院や施設が多い。乞食とパン屋、孤児、罪なく迫害されている者、それに慈善病院の守護聖人。歯痛のときに祈願する。アトリビュートはパン、書物、杖、壺、バラ。

一二〇七～一二三一。スロバキアのブラチスラバで、ハンガリー王の娘として生まれ、四歳でドイツ・テューリンゲン伯の子ルートヴィッヒと婚約し、ともにヴァルトブルク城で教育された。一二二一年に結婚、幸せな結婚生活を送るが、夫が十字軍に出征途中で死去したため運命が一転する。姑に嫌われていたため、居城のヴァルトブルクの城を追い出され、乳飲み子を抱えて城を出てバンベルク城の伯父のもとに身を寄せるが、結婚を迫られたので「貞女は二夫《じふ》にみまえず」といって拒否。子どもを婚家に預けて、聖フランシスコの第三会に入り、マ

ルブルクに病院を設立し、引き取り手のない貧しく悲惨な病人たちを介抱することに一生を捧げた。告解師《こっかいし》のコンラートが一種のサディストで、なにかにつけて彼女を鞭打った。イエスの受難を思ってよくこれに耐えたが、二四歳で神に召された。

ドイツ人からもっとも愛された聖女のひとりである。アトリビュートがバラなのは、飢饉のとき籠にパンを入れて貧者に分け与えようとしたところ夫に見とがめられたが、籠を開けるとパンはバラに変わっていたとする伝承から。一一月一九日を祝日とすることもある。

この日の他の守護聖人

・**(リンカーンの)聖ヒュー**　ブルゴーニュ出身の一二世紀のイギリスの司教。トマス・ベケットを殺した償いとしてグランド・シャルトルーズ会修道院をイギリスにも創設しようと考えたイングランド王ヘンリー二世によって招かれ、リンカーンの司教となった。屋敷を訪れる白鳥をこよなく愛したことから白鳥の守護聖人。

・**(トゥールの)聖グレゴワール**　クロヴィスの孫たちが殺し合いをやっていたときに良導に努めた六世紀トゥールの司教。星の軌道についても知識が長けていた。

・**聖フロリヌス**　南チロルのマッレス・ヴェノスタで生まれた七世紀スイス・ラモッシュの司祭。まだ助祭だったころ、ワインを買いにやらされたとき、貧しい女にワインを全部与えてしまったので水を壺に入れておいたところ、水がワインに変わったという言い伝えから、ワインの壺がアトリビュート。

11月18日

(クリュニーの)聖オドン

英：セイント・オド(・オブ・クリュニー)Saint Odo of Cluny
仏：サン・トドン(・ド・クリュニー)Saint Odon de Cluny

◎**守護する対象**　音楽家、雨が降らず悩んでいる人

思いやりとユーモアで人を励まし、最も厳格な規律も楽しげにこれを守ったクリュニー修道院の院長。音楽家の守護聖人。雨が降らず、日照りが続くときに祈願する。

八七九～九四二。フランス・トゥールで生まれ、アキテーヌのギヨーム伯の家で育てられた。九二七年にそのギヨーム伯が創立したクリュニーの第二代修道院長に任命された。当時の修道院の規律は乱れ、ローマ教皇も暗殺される者が相次ぐなど困難な状況にあったが、彼はクリュニーだけでなく、他の多くのフランスの修道院を同じ方針で改革した。彼のもとで修道士が急速に増加し、続々と歴史に残る聖人が現れ、その影響力はイタリアの修道院にも及んだ。

思いやりとユーモアで人をはげまし、もっとも厳格な規律も楽しげにこれを守ったといわれている。九四二年、ローマからクリュニーへ帰る途中、自分が生まれた地トゥールで死んだ。

この日の他の守護聖人

・**福女フィリピーヌ**　一七六九年にフランス・グルノーブルに生まれ、アメリカに聖心会女子修道院を設立した修道女。

11月19日

聖女メヒチルド（メクチルド）

英：サイント・メチルド Saint Mechtilde
仏：サント・メチルド Sainte Méchtilde

聖女ゲルトルーディス（ゲルトルード）の先生で、自らも幻視者だったシトー会の修道女。盲人の守護聖人。

アトリビュートは書物、イエスの聖心。

◎**アトリビュート**　書物、イエスの聖心
◎**守護する対象**　盲人

一二四一～一二九八。ドイツ・ヘルフタに生まれる。七歳で、姉のゲルトルーディス（聖女ゲルトルーディスとは別人）にならってシトー会の修道院に入り、姉の指導を受ける。音楽、とくに声楽にすぐれた才能を発揮した。姉がヘルフタの修道院に移ると、その聖歌隊長として活躍した。五歳で修道院に入ってきた聖女ゲルトルーディスの教育をゆだねられ、その精神的な指導者となる。

霊的な質素に恵まれ、『超常的恩寵の本』を書いて、後世に大きな影響力を及ぼした。聖女ゲルトルーディスが霊的な啓示を受け、それを書き留めたときにはショックを受けたが、その出版を許した。聖女ゲルトルーディスは恩師のことを、尊敬を込めて書き記している。

もうひとり、彼女よりも年長で、同じくヘルフタの修道院にいたメヒチルドと混同されるが、こちらは「マクデブルクのメヒチルド」と呼ばれている。

この日の他の守護聖人

・聖タンギー　妹を過って殺し、一生を贖罪に費やした九世紀ブルターニュの聖人。

11月20日

聖エドマンド（エドムンド）

英：セイント・エドマンド Saint Edmund
仏：サン・エドモン Saint Édmond

◎アトリビュート　狼（熊）
◎守護する対象　ペストに苦しむ人

東アングリア（イギリス）の王で殉教者。デンマークのヴァイキングに棄教《ききょう》を迫られ、拒否して首を切り落とされたが、狼（熊）がその首の番をしていたことから狼がアトリビュートとなった。ペストに対する守護聖人。

八四一～八七〇。キリスト教徒の貴族の末裔として生まれ、八五五年一四歳の若さで東アングリア（イギリス）の王に選ばれた。八六九年にデンマークのヴァイキングたちの侵攻を受け、勇敢に戦ったが、敵の捕虜となってしまった。キリスト教王国を異教徒の侵略者たちと分け合うことを拒んだので、木に縛りつけられ矢で射られた後、首を落とされた。彼の体は「多くのとげを持つアザミのようであった」といわれている。一匹の狼（熊）がはねられた首の番をしていたので、狼（熊）が彼のアトリビュートとなった。彼の人気はイギリスやフランスのトゥールーズで非常に高い。

この日の他の守護聖人

・**（ヴァロワの）聖フェリックス**　イスラム教徒の捕虜となった人たちの解放を目的として聖ヨハネ・マタとともに三位一体修道会を設立。アトリビュートは三位一体の象徴である赤と青の十字架を角の間につけた鹿。

・**聖コルビニアヌス**　七、八世紀のミュンヘン郊外フライジングの初代司教。南チロルに宣教したとき、熊にラバを食べられたので、ラバに代わって荷物を運ぶよう熊に命じたところ、熊がこれに従ったという言い伝えから、背中に背負った熊がアトリビュート。

11月／21日

聖ゲラシウス（一世）

英：セイント・ジラシアス（・ザ・ファースト）Saint Gelasius I
仏：サン・ジェラーズ（・プルミエ）Saint Gélase I

原罪を否定した人々を非難したことで知られるローマ教皇。ローマ教会の優越性の確立者。

？～四九六。アフリカのローマ市民として生まれ、前任者のふたりの教皇のあとを受けて、教皇となる。アリウス派、ネストリウス派などの異端に対する反論をまとめた書簡で知られる。とりわけ、原罪を否定する人々を厳しく非難した。コンスタンチノープルの東方教会に対するローマ教会の優越性を確立することに心を砕いた。

この日の他の守護聖人

この日は聖母マリアの奉献の日。古い伝承によると、聖母マリアは三歳のとき、エルサレムの神殿に詣で、両親（聖アンナと聖ヨアキム）の手を離れて神殿内にとどまり、聖ヨセフのいいなずけとなるまでの一一年間を過ごした。マリアはその存在の最初から、つまり「無原罪の宿り」の瞬間から、身も心も神に献げていたが、改めてこのとき幼児の純粋な天真爛漫さで「自ら」を神に「奉献」したわけである。祝日がこの日なのは、エルサレム神殿の近くにある「聖マリア・ノーヴァ」と呼ばれる聖堂の献堂式を五四三年一一月二一日に行ったことにちなむといわれている。

11月22日

聖女セシリア（カエキリア、チェチリア）

英：セイント・セシリア Saint Cecillia
仏：サント・セシル　Sainte Cécile

「天のユリ」という名の可憐な殉教少女。異教徒のヴァレリアヌスと結婚したが、初夜を拒んだ。しかし、心優しい夫がセシリアに理解を示し、自ら洗礼を受けて帰宅すると、天使が現れ、夫にはバラの花冠を、セシリアにはユリの花冠を授けたという。音楽、音楽家、オルガン、リュート、詩人の守護聖人。アトリビュートはオルガンとユリの花冠。

◎**アトリビュート**　オルガン、ユリの花冠
◎**守護する対象**　音楽、音楽家、オルガン、リュート、詩人
◎**ゆかりの場所・絵画・彫刻**　仏アルビのサント・セシル大聖堂、ローマのサンタ・チェチーリア・イン・トラステヴェレ大聖堂

三世紀。ローマの貴族の娘で、異教徒のヴァレリアヌ

スと結婚させられるが、結婚式では、心の中でイエスに捧げる歌を歌い、初夜を拒んだ。心優しい花婿は妻を理解し、洗礼を受けた。帰宅した彼を天使が待ち受けており、ユリの花冠《かかん》をセシリアに、バラの花冠をヴァレリアヌスに与えたという。やがて、ヴァレリアヌスと弟のティベリウスのふたりは殉教者の埋葬に尽力したが、捕らえられ、改宗を拒んで殺された。同じくセシリアにも自宅の蒸し風呂で窒息死すべしという命令が下ったが、かまどで燃料を燃やして湯気を立てても、彼女の身には何も起こらなかった。そこで、首をはねようと兵士が切りつけたが、三度繰り返しても彼女の首はつながったままであった。当時、処刑に際し三度以上剣を振るってはならないとされていたので、そのまま釈放されたが、三日間苦しんだのちにこと切れた。

この日の他の守護聖人

・聖フィレモン　一世紀に聖パウロが回心させた黒海の聖人。

11月23日

聖クレメンス（一世）

英：セイント・クレメント（・ザ・ファースト）
Saint Clement I
仏：サン・クレマン（・プルミエ）
Saint Clément I

聖パウロと聖ペトロに仕え、第四代教皇となった『コリント人への手紙』の作者。柔和で学識に秀でた人物。

◎**アトリビュート**　錨と子羊

◎**守護する対象**　セビリア、クリミア、石工、大理石細工師、不妊症の女性、病気の子ども、洪水に遭った人

◎**ゆかりの場所・絵画・彫刻**　サン・クレメンス・デ・ラトラン大聖堂（ローマ）、ベルナディーノ・フンガイ『サン・クレメンスの殉教』、ジョバンニ・ティエポロ『教皇クレメンス一世の幻視』（ロンドン・ナショナル・ギャラリー）、ジョバンニ・ティエポロ『三位一体を崇める教皇クレメンス一世』（ミュンヘン・アルテ・ピナコテーク）

石工、大理石細工師などの守護聖人。不妊症、子どもの病気、洪水のときに祈願する。セビリア、クリミアの守

護聖人。アトリビュートは錨《いかり》と子羊。

?〜一〇一。ローマに貴族の子として生まれた。聖パウロや聖ペトロから直接キリストの教えを聞いて、宣教に努めた。ペトロの後継者として九二年に第四代教皇となる。各教会に書簡を送り、信者を導いた。とくに『コリント人への手紙』は有名で『新約聖書』の一部となっている。コリント教会だけでなく他の教会においても聖書と同じくらい権威があった。

彼の死については、ローマ皇帝トラヤヌスの迫害時にクリミア半島に追放され、大理石採掘場の奴隷とされたが、熱心に布教を続けたため（あるいは奇跡によって水を湧き出させたため）、怒った刑吏が錨をクレメンスの首にくくりつけ海に投げ込んだといわれている。アトリビュートが子羊なのは、湧き水のありかを教えたのが子羊だったことにちなむ。フランス、メッスの初代司教聖クレマンも同じ日に祝われる。

この日の他の守護聖人

・**聖コロンバン**　フランス・ヴォージュ地方を布教してリュクスーユに修道院を建て、厳しい規律で修道僧を育てた六世紀アイルランド出身の聖人。アイルランドの守護聖人。洪水と精神障害になったときに祈願する。

・**聖女フェリキタス**　マルクス・アウレリウス治下のローマで、七人の息子とともに斬首された聖女。アトリビュートは七人の息子。

11月24日

聖クリソゴノス（クリュソゴヌス）

英：セイント・クリソゴナス Saint Chrysogonus
仏：サン・クリソゴーヌ Saint Chrysogone

◎**アトリビュート**　剣、長槍、盾
◎**守護する対象**　非キリスト教徒と結婚したキリスト教徒
◎**ゆかりの場所・絵画・彫刻**　ローマのサン・クリソゴノ教会、ミケーレ・ジアンボノの『サン・クリソゴノ』（ヴェネチア・サン・トロヴァソ教会）

ローマ皇帝ディオクレティアヌスの迫害時代に、多くの人を回心させた殉教者。聖女アナスタシアの指導者。非キリスト教徒と結婚したキリスト教徒の守護聖人。アトリビュートは剣、長槍、盾。

?~三〇四。ローマの役人だったが、キリスト教徒となり、多くの人を信仰に導いた。聖女アナスタシアもそのひとりといわれている。当時はローマ皇帝ディオクレティアヌスによる迫害の時代だったので、三〇四年、捕らえられ何ヵ月も拷問を受けたあと斬首された。遺体は海に投げ込まれ、ゾイルスという司祭に発見されたといわれている。

四世紀の初めに教皇シルヴェステル一世によってクリソゴノスの墓の上に教会が建てられ、ローマで崇拝されてきた。ローマのミサ典礼書（聖体拝領の祈り）において名を挙げられている殉教者たちの中に入っている。

この日の他の守護聖人

- **聖女フローラ**　九世紀スペイン・コルドバの殉教処女。
- **聖女フィルミナ**　四世紀ディオクレティアヌス迫害時代のローマの殉教処女。

11月25日

(アレクサンドリアの)聖女カタリナ

英：セイント・キャサリン(・オブ・アレクサンドリア)
Saint Catherine of Alexandria
仏：サント・カトリーヌ(・ダレクサンドリ)
Sainte Catherine d'Alexandrie

◎アトリビュート　壊れた車輪、剣、冠、書物、鵞ペン

◎守護する対象　女子教育、哲学の学生、二五歳以上で独身の女性、神学者、弁護士、少女、大学、図書館員、教師、書店員、看護婦、死にゆく人、車大工、紡績工、製粉業者、パリ大学

◎ゆかりの場所・絵画・彫刻　カナダのケベック州に五つ、フランスに四つサント・カトリーヌという自治体がある。サント・カトリーヌ修道院(エジプト)、ラファエロ、カラヴァジオ(マドリード・ティセン・ボルネミッサ美術館)、クロード・ギネ(リヨン美術館)、アルテミシア・ジェンティレッシ(テキサス・エル・パソ美術館)、ニッコロ・セグナ(イタリア・シエナ美術館)、『聖女カタリナの葬列』(ロンドン・ナショナル・ギャラリー)

最も有名な殉教処女で「イエスの花嫁」。一四救難聖人のひとり。ローマ帝国で最高に賢い最高の美女といわれた。殉教のとき首をはねられたが、傷口からミルクが流れ出たといわれる。女子教育、哲学の学生、二五歳以上で独身の女性の守護聖女。神学者、弁護士、少女、大学、図書館員、教師、書店員、看護婦、死にゆく人、車大工、紡績工、製粉業者も保護する。フランスではこの日を「聖女カトリーヌの日」とし、二五歳を過ぎても独身の女性を祝う。パリ大学の守護聖女。アトリビュートは壊れた車輪、剣、冠、書物、鵞ペン。

?～三〇六。エジプトのアレクサンドリアで生まれ、キリスト教徒として一八歳のとき、偶像崇拝を強要するローマ皇帝マクセンティウスを公然と非難した。五〇人の哲学者と対決するが、カタリナは全員を論破し改宗させたので、皇帝は怒って彼らを焼き殺した。次に皇帝は彼女に結婚を申し込んだが、拒否されると鞭打ちの後、地下牢に閉じ込めた。しかし、鳩が食べ物を運び、キリストも姿を見せた。皇帝は釘のついた車輪で彼女を八つ裂きにしようとしたが、車輪が壊れ見物の群集のほうが傷ついた。最後にはカタリナの首がはねられたが、傷口からはミルクが流れ出たという。

六世紀に天使によって遺体が運ばれたというシナイ山に聖カタリナ修道院が建てられ、そこからある修道士がカタリナの指をフランス、ルーアンに持ち帰り、トリニテ・オ・モン修道院を建てた。この修道院は、一〇世紀以降ヨーロッパにおける聖カタリナ崇敬の中心地となる。ジャンヌ・ダルクにお告げをした聖女のひとりでもある。

この日の他の守護聖人

・聖メルクリウス　伝説上の東方の聖人兵士。

11月26日

（ポルト・マウリチオの）聖レオナルド

英：セイント・レナード（・オブ・ポート・モリス）Saint Leonard of Port Maurice

仏：サン・レオナール（・ド・ポール＝モーリス）Saint Léonard de Port-Maurice

◎守護する対象　説教者

不治の病が聖母マリアへの祈願で治ったのを機に、イタリアとシチリアで黙想指導して歩いた宣教師・説教師。説教師の守護聖人。

一六七六〜一七五一。イタリア、ジェノヴァ郊外のポルト・マウリチオの船乗りの家に生まれる。信仰深く育てられ、一二歳でローマへ遊学し、その後ローマ大学の医学部へ進んだが、一六九七年に修道院に入り、一七二〇年に司祭となった。ところが、このとき重病にかかり、あらゆる治療を受けたが治らず、聖母マリアにすがって誓いをたてたところ、奇跡的に回復した。

それ以降、四〇年以上もイタリア各地やコルシカ島をまわって説教を続けた。その黙想指導は聖母へのロザリオの祈りに始まり、十字架の道行き（キリストの受難を黙想する祈り）で終わるもので、一七四〇年に教皇ベネディクト一四世に招かれてローマ教会で開いた黙想会では、聖堂から多くの人があふれ出るほどの盛況で、やむなく戸外で説教したという。また、一七五〇年には黙想会の終わりにコロセウム（円形闘技場）で、初めての大規模な十字架の道行きを行った。彼はその時代の最良の宣教師であったといわれ、一二巻におよぶ説教・書簡集が残された。

この日の他の守護聖人

・アレクサンドリアの聖ペトロ　三世紀の迫害時代に殉教したアレクサンドリアの司教。

11月27日

（ザルツブルクの）聖ヴィルギリウス

英：セイント・ヴァージル（・オブ・サルツバーグ）Saint Virgil of Salzburg
仏：サン・ヴィルジル（・ド・サルツブルク）Saint Virgile de Salzbourg

◎ゆかりの場所・絵画・彫刻　ザルツブルク大聖堂

学問を究め、「地球は丸く、いくつかの星には人が住む」と言ったために、非難を浴びたザルツブルクの修道院長。

?～七八四。おそらくアイルランド生まれのベネディクト会士で、七四〇年頃外国に出て、オーストリア・ザルツブルクの修道院の院長となった。学識の深い人物であると同時に成功した宣教師であった。「地球は丸く、いくつかの星には人が住む」と言ったために、聖ボニファティウスから非難を浴びた。教皇聖ザカリウスはこの説に衝撃を受けたという。最後にはザルツブルクの司教区の司教となり、七八四年に死去した。ザルツブルク大聖堂の扉の外に彼の立像がある。

この日の他の守護聖人

・**聖セヴラン**　現在、パリのサン＝セヴラン教会が建っているあたりに暮らしていた六世紀の隠者。五四〇年建立と伝えられる同教会は、この聖人に捧げられたもの。

・**（シナイの）聖グレゴリオ**　心の中での祈りに完全に集中するための身体的な方法を考案した、シナイ山の修道士。

11月28日

聖女カトリーヌ・ラブーレ

英：セイント・キャサリン・ラブーレ　Saint Catherine Laboure
仏：サント・カトリーヌ・ラブーレ　Sainte Catherine Labouré

◎**アトリビュート**　メダル
◎**守護する対象**　奇跡のメダル、虚弱者、高齢者
◎**ゆかりの場所・絵画・彫刻**　パリ七区のメダーユ・ミラキュルーズ（奇跡のメダル）礼拝堂

修道院で修練中に、聖母マリアの出現を見て、奇跡のメダル（不思議のメダイ）を製作せよという啓示を得た修道女。アトリビュートはメダル。

一八〇六～一八七六。フランス・ブルゴーニュの裕福な農家に生まれた。九歳で母を亡くし、その後は彼女が家事をみていたが、一八三〇年に愛徳姉妹会に入りパリの修道院に派遣された。修練中、礼拝堂で聖母の出現を見る。二回目の聖母出現のときに、奇跡のメダル（不思議のメダイ）を製作せよという啓示を得た。初めのうちこそ彼女の話は相手にされなかったが、やがてパリ大司教の許可を得てメダル製造が始められた。この聖母マリアの姿が刻まれたメダルは非常に人気があり、多くの奇跡を呼び起こしたので、一八三六年にはパリ大司教区調査会から正式にメダルの起源と効果が認められた。カトリーヌ・ラブレは見た目には平凡そのもので、感情に動かされない性格だったので、聖母マリアの幻視に説得力があったという。

この日の他の守護聖人

・（マルキアの）聖ヤコブ　ヨーロッパ中を説教して回った一五世紀のフランシスコ会修道士。

11月29日

聖サチゥルニウス（セルナン）

英：セイント・サーニン（サターニン）Saint Sernin(Saturnin)
仏：サン・セルナン（サチュルナン）Saint Sernin(Saturnin)

◎アトリビュート　雄牛
◎ゆかりの場所・絵画・彫刻　仏トゥールーズの聖セルナン教会

神殿の雄牛に縛り付けられて殉教したトゥールーズの司教。フランスでもっとも大きいロマネスク建築の教会であるトゥールーズの聖セルナン教会は、彼に奉じられたもの。アトリビュートは雄牛。

?〜二五〇。ローマで生まれ、二四五年頃教皇ファビアヌスからスペインのパンプローナに派遣され、そこからフランスのアルスに渡り、宣教に励んだ。その後、トゥールーズの司教に任命され、説教と奇跡で多くの人を回心させた。しかし、それが異教の神殿の祭司たちの怒りを買い、残酷な方法で殺された。彼らはサチゥルニウスの足を神殿の雄牛に縛り付け、引きずられた彼の頭蓋骨が砕け、網が切れるまで町中を走らせたのである。今日、トゥールーズの聖セルナン教会は、フランスでもっとも大きいロマネスク建築の教会である。彼の遺骨は、一七四六年につくられた墓のブロンズの牛の上に置かれている。

トゥールーズのサン・セルナン・バジリカ聖堂は、同聖人にちなむ。

この日の他の守護聖人

・**聖カスバート・メーヌ**　一六世紀イギリスのプロテスタントで、フランスでカトリックに改宗し、帰国して布教しようとしたが殉教。

11月30日

聖アンドレ（アンデレ）

英：セイント・アンドリュー Saint Andrew
仏：サン・アンドレ Saint André

一二使徒のうちのひとりで、イエスの最初の弟子となったひとり。一四救難聖人のひとりでもある。信念を貫くたくましい海の男で、X型の十字架にかけられて殉教したところから、これがアトリビュートとなる。ロシア、ウクライナ、シチリア、ルーマニア、仏ブルゴーニュ、ギリシャ、スコットランドの守護聖人。漁師、魚網職人、織物業者、歌手の守護聖人。喉の痛み、熱病、せき、けいれんのときに祈願する。

◎**アトリビュート**　X型の十字架、漁師の網、福音書

◎**守護する対象**　ロシア、ウクライナ、シチリア、ルーマニア、ギリシャ、スコットランド、漁師、魚網職人、織物業者、歌手、喉を患う人、熱病・けいれんに苦しむ人

◎**ゆかりの場所・絵画・彫刻**　ギリシャ・パトラスのサン・アンドレ教会、ヴェネチアのサン・タンドレ・デラ・ジラーダ教会、スコットランドのセント・アンドリュース、『ベリー公のいとも豪華なる時禱書』（フランス・コンデ美術館）、ジョルジュ・ラ・トゥール『聖アンドレ』（スイス・個人蔵）

一世紀。洗礼者ヨハネの弟子となったあと、兄弟のシモン（後のペトロ）とともにガリラヤ湖畔で漁をしているとき、イエスと出会い、「わたしについて来なさい。人をすなどる者にしよう」という言葉を聞くと、すぐに父も、船も、網も捨て、シモンとともにイエスの最初の弟子となった。ギリシャのパトモスで殉教したが、そのときにX型の十字架にかけられ、以後、これがアトリビュートとなる。

　スコットランドの守護聖人となったのは、彼の聖遺物の一部をギリシャから運んだレグルス司教が、止まれと

命じるまで北西の方向に旅せよという声を聞き、歩きつづけた結果、スコットランドのファイフの町に着いたからである。この町は「セント・アンドリュース」と呼ばれるようになり、スコットランドは彼のX十字を国旗に使っている。イギリスのユニオン・ジャックには、イングランドがスコットランドを併合して以来、この図柄が取り入れられている。

この日の他の守護聖人

・**聖ゾシマ**　六世紀レバノンの修道士。

12月の聖人

Les Saints du mois de décembre

12/1　聖エリギウス(エロワ)

12/2　聖女ヴィヴィアナ(ビビアナ)

12/3　聖フランシスコ・ザビエル

12/4　聖女バルバラ

12/5　聖サバス

12/6　聖ニコラウス(ニコラ)

12/7　聖アンブロシウス

12/8　聖ロマリクス(ロマリク)

12/9　聖ピエール・フーリエ(ペトロ・フリエ)

12/10　聖女エウラリア

12/11　聖ダマスス(一世)

12/12　聖女ジャンヌ＝フランソワーズ・ド・シャンタル

12/13　聖女(サンタ)ルチア

12/14　(十字架の)聖ヨハネ

12/15　聖女ニーノ

12/16　聖女アーデルハイト(アリス)

12/17　聖ラザロ

12/18　聖ワインバルト(ヴィニバルト)

12/19　聖ウルバヌス(五世)

12/20　(シラスの)聖ドミニコ

12/21　聖ペトルス・カニシウス

12/22　聖女フランチェスカ＝ザベリア・カブリーニ

12/23　(ケンティの)聖ヨハネ

12/24　聖チャーベル・マクーロフ

12/25　聖アナスタシア

12/26　聖ステファノ

12/27　(福音書記者)聖ヨハネ

12/28　聖ガスパーレ・デル・ブファーロ

12/29　聖トマス・ベケット

12/30　聖女アニシア

12/31　聖シルヴェステル(シルヴェストロ)一世

Préface

12月の聖人

一二月はいうまでもなくクリスマスの月だが、イエス・キリストの誕生日とされるクリスマスの行事の多くは、一二月六日の聖ニコラウス（ニコラ）の伝説に起源をもっている。聖ニコラウスは数多くの奇跡を行い、民衆に最も人気のある聖人となる（一四救難聖人のひとり）。一二世紀頃から北ドイツ、オランダ、ベルギー、北部フランスではこの聖ニコラウスの祝日が子どもたちの祝日と定まり、その前夜にプレゼントを用意しておく習慣が生まれた。この習慣がアメリカに移住したオランダ人とともに海を渡り、サンタ・クロースの誕生となった。サンタ・クロースという名称はオランダ人が聖ニコラウスを「シンテ・クラアス」と呼んでいたため。サンタ・クロースの様々な神話は、アメリカという植民地に移民の持ち寄った言い伝えや風習が融合して生まれたものである。

一二月は有名な聖女の多い月である。

まず、四日の聖女バルバラ。美少女ゆえに父親に溺愛され、塔の中に閉じ込められたが、そこで回心し、三位一体《さんみいったい》を表す三つの窓を作らせた。バルバラは拷問《ごうもん》にも屈せず、父親に首を斬られて殉教した。父親がその直後に雷に打たれて死んだという言い伝えから、雷が鳴ったときに祈る守護聖女となった。一四救難聖人のひとりで、伝説上の聖人ということで一九六九年のローマ典礼暦からは外された。

一三日の聖女ルキア（フランス語ではリュシー、イタリア語でルチア）は拷問を受けたときに両目をえぐられた（あるいは結婚を断るために自分でえぐった）という伝説から、目と光の守護聖女となる。アトリビュートは皿に乗ったふたつの眼球。

クリスマスの二五日は聖女アナスタシア（アナスタジー）の祝日でもある。アナスタシアは火あぶりの刑で殉教。病気治癒の霊験《れいげん》あらたかなもうひとりの聖女アナスタシアとの混同が起こってから信仰が広まった。クリスマスの夜明けのミサでは聖女アナスタシアの名前が連禱《れんとう》される。エンブレムは治癒を示す油壺《あぶらつぼ》。

男の聖人としては、聖ラザロ（ラザール、一二月一七日）が挙げられる。ベタニアのマリアとマルタの兄（あるいは弟）でイエスの友人。危篤となり、イエスが来たとき埋葬されていたため、イエスは墓のラザロに呼びかけた。すると、ラザロは死から蘇り、埋葬されたときの姿で外に出てきた。蘇生後、マルセイユで布教して殉教したので、マルセイユの守護聖人となる。パリのサン＝ラザール駅は同名の医療刑務所に由来する。

二六日の聖ステファノ（エティエンヌ）は、七人の助祭のひとりで、キリスト教最初の殉教者として知られる。弁舌に優れていたため、ユダヤ教徒の恨みを買い、石打ちの刑に処せられた。石打ちの刑とは、頭を狙って、皆が石をぶつける恐ろしい刑。ここから、聖ステファノは頭痛のときに祈願する聖人となった。石にちなんで、石工と建築業者の守護聖人でもある。フランス語では、ステファノは普通、エティエンヌとなる。詩人のステファヌ・マラルメも本名はエティエンヌ。

二七日の聖人ヨハネ（ジャン）は同じヨハネでも、洗礼者ヨハネではなく、『第四の副音書』と『黙示録』の作者である副音書記者ヨハネのほう。福音書記者ヨハネは復活したイエスを最初に見た使徒で、聖母マリアの守護者。

最後に、その聖人名をいえば、だれもが大晦日のことを思い浮かべる聖シルヴェステル（シルヴェストル）をあげておく。聖シルヴェステルは第三三代の教皇。大晦日に祝日を振り当てられたおかげで、名を残したようだ。アトリビュートは死んだ雄牛を生き返らせたという逸話から雄牛。フランスでは聖シルヴェストルの夜、家庭で大御馳走を食べ、夜更かしして新年を迎える。

12月1日

聖エリギウス（エロワ）

英：セイント・エロイ　Saint Eloi
仏：サン・テロワ　Saint Éloi

◎**アトリビュート**　蹄鉄、ペンチ
◎**守護する対象（地域・職業・病気・災害）**　宝飾業者、蹄鉄工、馬の医者
◎**ゆかりの場所・絵画・彫刻**　サン・テロワという名の自治体がフランス、カナダ、ベルギーに複数存在。サン・テロワ教会もフランス、ベルギーに多数。サン・カンタンのバジリカ聖堂にサン・テロワ像

宝飾職人・金属職人から司祭となった聖人。宝飾業者の守護聖人。蹄鉄《ていてつ》工や馬の医者の守護者でもある。暴れ馬に蹄鉄をつけるために、馬の足を切って蹄鉄をつけた後、元通りにしたという言い伝えからアトリビュートは蹄鉄。またペンチで悪魔の鼻をつまんで引き回したともいわれていることから、ペンチもアトリビュート。英語ではエロイが短縮されてロイとなることもある。

五八八〜六六〇。フランスのリモージュで生まれ、優秀な宝飾職人・金属職人となる。その名声を伝え聞いたフランク王クロテール二世が金銀宝石をちりばめた玉座をひとつ注文すると、エリギウスはひとつ分の材料でふたつの玉座を仕上げた。王はその優れた手腕と正直さを喜び、彼をパリ王室造幣局長兼皇室顧問とした。エリギウスは次の王、ダゴベルト一世からも重用された。彼の作といわれるすばらしい聖杯、十字架、聖廟などが今も残っている。報酬のほとんどを修道院の建設費にあて、自分もそこで祈りを捧げた。

五〇歳を過ぎて公職から退いてからは、ノワイヨンおよびトゥルネの司教となり、ノワヨンからフランドルに至る広い地域で熱心に宣教活動し、多くの教会や修道院を建て、青少年の教育にも力を尽くした。

この日の他の守護聖人

・**聖女フロランス**　聖レアンドルと聖イジドロの妹。六世紀スペインの聖女。

12月2日

聖女ヴィヴィアナ（ビビアナ）

英：セイント・ヴィヴィアナ　Saint Viviana(Bibiana)
仏：サント・ヴィヴィアンヌ　Sainte Viviane(Bibiana)

◎**アトリビュート**　柱、シュロの枝
◎**守護する対象**　二日酔いの人、てんかんに苦しむ人、頭が痛い人
◎**ゆかりの場所・絵画・彫刻**　フージェールのサン・シュルピス教会の聖女ヴィヴィアナの蠟人形

三世紀に殉教した少女。殉教した遺体が葬られた教会の庭に生えた草が、二日酔いやてんかん、頭痛を防いだことから、これらの病になったときに祈りを捧げられる。アトリビュートは柱とシュロの枝。

?～二七四。ローマ総督アプロニアヌスは、事故で失った片目をキリスト教徒の責任にしようとした。ターゲットとなったのは、キリスト教徒だった前総督フラビアヌスの一家。財産は没収され、フラビアヌスとその妻、ふたりの娘デメトリアとヴィヴィアナは捕らえられた。父母と姉は殺され、ヴィヴィアナも柱にくくられて鞭打たれ、殉教した。彼女たちが埋葬された場所には教会が建てられたが、やがて、その庭に生えた薬草がてんかんと頭痛、飲み過ぎに効くという言い伝えが広まり、彼女の名前がこれらの病や二日酔いの際に祈願されるようになる。イタリア、ドイツ、スペインでは広く信奉されている。

この日の他の守護聖人

・**聖ルキウス**　五、六世紀スイス・クールの宣教師。クール司教区の守護聖人。ブリタニアの王だったという言い伝えがある。

・**福者ジャン・ルイスブロック**　一四世紀のフランドルの神秘家。

12月3日

聖フランシスコ・ザビエル

英：セイント・フランシス・ザヴィヤー Saint Francis Xavier
仏：サン・フランソワ・グザヴィエ Saint Francois Xavier

◎守護する対象　インドのアガルタラ、ムンバイ、ゴア、フィリピン、ボルネオ、ケープタウン、上智大学（日本）、外国宣教師、囚人、災難、建築家、炭鉱労働者

◎ゆかりの場所・絵画・彫刻　パリ七区のサン・フランソワ・グザヴィエ教会、パリのサン・シュルピス教会のフランシスコ・ザビエルの生涯を描いたジャン＝エミール・ラフォンの壁画と天井画

日本にキリスト教をもたらした最初の伝道者で、外国宣教師の守護聖人。聖ミカエルを日本の守護聖人と決めた。囚人、災難、建築家、炭鉱労働者などの守護聖人。謙遜で私心のない人柄は残された多くの手紙からも伝わってくる。

一五〇六〜一五五二。スペイン貴族の家に生まれる。パリ大学でイグナチウス・ロヨラと親しくなり、イエズス会創立メンバーとなる。一五四一年に東洋布教に乗り出し、一三ヵ月の航海を経てインドのゴアへ上陸。インドを手始めにマレーシア、フィリピン、日本で布教し、気候・風土・言語・風習の違いなどの困難に負けず多くの人に洗礼を授けた。聖パウロ以来最大の宣教者といわれている。

一五四九年に鹿児島へ渡り、平戸、博多、山口で熱心に活動して二年を日本で過ごした。いったんインドの本拠地へ戻り、また再び日本へ帰るつもりだったが、中国文化が日本に多大な影響を与えていることを知って中国への布教を思い立ち、広東《カントン》港の近くで中国本土潜入を待つ間に病気となり、四六歳で亡くなった。

12月4日

聖女バルバラ

英：セイント・バーバラ
Saint Barbara
仏：サント・バルバラ（バルブ）
Sainte Barbara(Barbe)

美少女ゆえに断頭された処女殉教者。一四救難聖人のひとり。聖女カタリナ、聖女マルガレータとともに三大

◎**アトリビュート**　三つある窓の塔、冠、シュロの杖、クジャク

◎**守護する対象**　愛の占い、爆発物取り扱い者、消防士、建築家、坑夫、フランスのエリート校「エコール・ポリテクニック」、発熱に苦しむ人、死の恐怖に怯える人

◎**ゆかりの場所・絵画・彫刻**　米の都市サンタ・バーバラ。伊、仏、ポーランド、レバノン、チェコ、ガボン、エジプトなどに教会、礼拝所多数。絵画はコシモ・ロッセリ『聖女バルバラ、洗礼者ヨハネ、聖パウロ』（フィレンツェ・ウフィッツィ美術館）、ハンス・メムリンク『聖女バルバラと聖女カタリナとともにいる聖母子』（メトロポリタン美術館）、ヤン・ファン・エイク『聖女バルバラ』（アンヴェール王立美術館）、ルーカス・クラナッハ『聖女カタリナ、聖女ドロテ、聖女バルバラとともにいる聖母子』（ブタペスト美術館）、ロベール・カンパン『聖女バルバラ』（マドリッド・プラド美術館）、ヴェロネーゼ『聖女バルバラと小さな聖ヨハネとともにいる聖家族』（フィレンツェ・ウフィッツィ美術館）。壁画は仏サヴィニーのロマネスク教会、ヴァティカン宮殿のボルジアのアパルトマン、彫刻は仏プルイエのサン・ピエール教会、パリ・サン・ロック教会、仏サヴィニーのロマネスク教会

この日の他の守護聖人

・**聖ガルガノ・グイドッティ**　一二世紀トスカーナの修道士。

聖処女と呼ばれる。愛の占いの守護聖女。死の恐怖をやわらげる。爆発物取り扱い者、消防士、建築家、坑夫の守護聖女。突然死を防ぐともいわれる。囚人、塔、火薬庫、未婚女性も守護する。フランスのエリート校「エコール・ポリテクニック」の守護聖女。アトリビュートは三つある窓の塔、冠、シュロの杖、クジャク。

二三五〜三一三頃殉教。小アジアのニコメディアに生まれたと伝えられる。父親は美少女バルバラを溺愛し、求婚者を追い払うために塔の中に閉じ込めてしまった。密かにキリスト教に回心したバルバラは、塔に三位一体を示唆する三つの窓をつくらせた。娘がキリスト教徒と知って父親は激怒したが、バルバラは信仰を捨てず、どんな拷問を受けても体は傷つかなかった。ついには断頭役として自ら父親を指名して、殉教を遂げた。娘の首を切り落とした父親は雷に打たれて灰となった。

バルバラの物語は七世紀になってはじめて出てきた伝説で、殉教したとされる年は二三五年から三一三年までにわたり、場所はエジプト、ローマ、トスカーナ、トルコとさまざまな説がある。カトリックの教会暦からは外されている。

鉱山や船底、トンネル工事など爆発の危険のある場所ではバルバラの像を置くことが多い。拷問を受けたバルバラが手折った枝から花が咲いたという伝説があり、この祝日には、サクラ、アンズ、リンゴ、レンギョウなどの枝を花瓶に挿し、クリスマスの頃に咲く花によって幸運を占う習慣があるが、これを「バルバラの枝」と呼ぶ。同じように水にひたした麦がクリスマスの頃に芽吹く数で幸運を占うことから、これを「バルバラの麦」と呼んでいる。

この日の他の守護聖人

・**(ダマスカスの）聖ヨハネ**　八世紀のシリアの教会博士。一一五〇年に彼の著作がラテン語に翻訳され、東方教会の教父たちの教理を西方教会に広めるのに役立った。聖歌の作者としても知られる。法律学者の守護聖人。

・**聖女エメリータ**　聖ルキウスの妹とされる。兄に従ってスイス・クール地方で宣教。アトリビュートは火刑で殉教したことから柴の束。

12月5日

聖サバス

英：セイント・サバス Saint Sabbas
仏：サン・サバ Saint Sabas

◎**アトリビュート** 修道院
◎**ゆかりの場所・絵画・彫刻** パレスチナのマール・サバ修道院

ロシア正教のマール・サバ修道院の設立者。荒野の洞窟で暮らしていた隠棲《いんせい》修道士を集めて修道院で祈りの生活にあたらせた。アトリビュートは修道院。

四三九〜五三二。カッパドキアに生まれる。当時、パレスチナの修道士には荒野の洞窟で隠遁生活をしている者が多かった。一八歳のとき、サバスもこうした生活に憧れ、エウティミウス修道士に参加の希望を伝えたところ、三〇歳になってから来るように言われたので、修道院で修行したのち、三〇歳でエウティミウスに会いに行くと、五日は洞窟に住んで小枝でバスケットをつくり、そのバスケットを持ち帰って残りの二日を修道院で過ごすよう命じられた。よくこの試練に耐えたが、エウティミウスの死後は、放浪生活を送っている隠棲修道士たちを集めて修道院をつくり、祈りの生活を実践させた。こうした修道院は各地に広まった。異端のキリスト単性説と闘ったことでも知られる。その聖遺骸は腐らず、数世紀ローマで礼拝されたのちパレスチナのマール・サバ修道院に戻された。

この日の他の守護聖人

・**聖ジェラール**　スペイン・トレドの大聖堂で聖歌隊を組織した一一世紀フランスの聖人。

12月6日

聖ニコラウス（ニコラ）

英：セイント・ニコラス Saint Nicolas(Nicholas)
仏：サン・ニコラ（ニコル）Saint Nicolas(Nicole)

◎**守護する対象**　ギリシャ、ロシア、仏ロレーヌ地方、子ども、仕立て屋、香水商、船乗り、弁護士、酒屋、質屋、学生、処女、無実の罪に苦しむ人、三〇歳をすぎても独身の男性

◎**ゆかりの場所・絵画・彫刻**　仏ムルト・モゼール県のサン・ニコラ・ド・ポールの同名のバジリカ教会。絵画は仏ヴァル・ド・シューズ県のノヴァレーズ修道院の壁画『聖ニコラと聖エルドラド』ほか多数

博愛家であったという伝説から、サンタ・クロースとして知られるようになった聖人。子ども、仕立て屋、香水商、船乗り、弁護士、酒屋、質屋、学生、処女、無実の罪に苦しむ人、三〇歳をすぎても独身の男性の守護聖人。ギリシャ、ロシア、フランス・ロレーヌ地方の守護聖人。

二七〇～四世紀。アナトリア（今のトルコ）のパタラの財産家に生まれ、相続した莫大な遺産を貧しい人々のために使った。その後、リュキアのミュラの司教に選ばれ、教会と貧しい人々のために献身した。キリスト教迫害のため投獄されたこともあるが、敬虔《けいけん》な祈りが奇跡を起こし、無実の三人の死刑囚や難破しそうになった水夫たちを救い、わずかな小麦で二年間ミュラの人々を養い、殺されて樽に塩漬けになった三人の子どもたちを蘇生させたという。

一〇八七年に聖遺物がイタリアのバリに移され、一二世紀から、ヨーロッパ中に信仰が広まった。とくにスイス、フランス、ドイツ、オランダでは、聖ニコラウスの日が子どもの祝日となり、その前夜、子どもにそっとプレゼントをする習慣が広まった。宗教改革の頃から、司教服の色である赤い頭巾と服を身にまとった髭のおじいさんがプレゼントを入れた袋を背負って子どもたちを訪れるという形に伝説が変わり、クリスマスと結びついた。また、名前もオランダなまりの「シンテ・クラアス」から「サンタ・クロース」へと変わっていった。

一八世紀には「サンタ・クロース」はイギリスへ渡り、

煙突から入って暖炉やストーブのそばの靴や靴下の中にプレゼントを入れるということになり、さらに、北欧の伝説が加わって、八頭のトナカイが引くソリにおもちゃを乗せて北の国から飛んでくることになった。「サンタ・クロース」の神話が完成したのは、これらの国の移民の持ち寄った伝説がアメリカのニューヨークの植民地で融合してからのこと。

ヨーロッパ中にこの聖人の名前を冠した教会があるが、多いのはフランスとスラブ圏。フランスに限定すれば、ロレーヌ公がブルゴーニュ公の侵略を免れたのを感謝して一四七七年に建造を命じたムルト・モゼール県のサン・ニコラ・ド・ポールの同名のバジリカ教会。絵画も無数にあるが最も古いものは、一〇九六年頃にヴァル・ド・シューズ県のノヴァレーズ修道院の壁画『聖ニコラと聖エルドラド』。その他イタリア・ウディーノ大聖堂ヴィターレ・ディ・ボローニャ『聖ニコラ伝』、アンドレア・デ・ボナイウート『聖レオナルドゥス、聖ニコラ、洗礼者ヨハネに囲まれた聖母子』（フィレンツェ・サンタ・マリア・デル・カルミナ教会）、フラ・アンジェリコがペルージャのサン・ドミニコ教会のために描いた祭壇画の一部『聖ドミニコと聖ニコラ』（ピナコテカ・ヴァティカン）、ベルナルド・ダッディ『聖マタイと聖ニコラに囲まれた聖母子』（フィレンツェ・ウフィッツィ美術館）、カルロ・クリヴェリ『三つの金の玉をもった聖ニコラ』（アヴィニョン・プチ・パレ美術館）、ラファエロ『悪魔を追い払う聖ニコラ』（フランス・リール美術館）、ロレンツォ・ディ・クレディ『聖ユリアヌスと聖ニコラと聖母子』（ルーヴル美術館）、ピエロ・ディ・コジモ『聖母マリアが聖女エリザベートを聖ニコラ、聖アントニウスとともに訪れる』（ワシントン・ナショナル・ギャラリー）、ヴィトリオ・カルパッチオがサンタ・フォスカ教会のために描いた祭壇画の一部、ロレンゾ・ロット『洗礼者ヨハネと聖女ルチアに祝福される聖ニコラ』（ヴェネチア・サンタ・マリア・デイ・カルミニ教会）、パウロ・ヴェロネーゼ『聖ニコラの聖別』（ロンドン・ナショナル・ギャラリー）、パウロ・ヴェロネーゼ『ミールの人々に迎えられる聖ニコラ』（ヴェネチア・アスデミア美術館）、ティツィアーノ『聖ニコラ』、イリヤ・レーピン『三人の死刑囚を救う聖ニコラ』（サンクトペテルブルク・ロシア美術館）など。

この日の他の守護聖人

・**聖女ドゥニーズ**　五世紀にアリウス派の信仰の強要に抗して殉教した聖女。

12月7日

聖アンブロシウス

英：セイント・アンブローズ Saint Ambrose
仏：サン・タンブロワーズ Saint Ambroise

甘美な雄弁、それに温かい人柄、学識の深さで人々を惹きつけた聖人。神学、聖歌の守護聖人。雑貨商、ローソク商、それに家畜の守護聖人でもある。聖アウグスティヌス、およびその聖女モニカの洗礼者。アトリビュートは、蜜のような雄弁の象徴としてミツバチの巣箱、およびアリウス派を追放した鞭と杖、および天啓を象徴する鳩。ミラノとボローニャの守護聖人。

◎**アトリビュート**　ミツバチの巣箱、鞭と杖、鳩
◎**守護する対象**　伊ミラノ、ボローニャ、神学、聖歌、雑貨商、ローソク商、家畜
◎**ゆかりの場所・絵画・彫刻**　パリ一一区サン・タンブロワーズ教会のステンドグラス、ヴァン・ダイクの『ミラノ大聖堂からテオドシウス二世に贖罪を要求する聖アンブロシウス』（ロンドン・ナショナル・ギャラリー）、アドルフ・ヴィルトの聖アンブロシウス像（ミラノ大学）

三四〇～三九七。ローマ貴族の子としてドイツに生まれるが、父の死後ローマへ移り、法律を学んだ。知事として赴任したミラノでは、正統派とアリウス派があい争い、後継の司教が決まらなかった。アンブロシウスが平和と調和を訴えると、その雄弁の中に人々は最適任者を見て、彼を司教に選んだ。この結果に驚きつつも洗礼を受け、三七四年一二月七日にミラノ司教に就任した。以後、祈りと神学研究、説教、著述、そして慈善に身を献げた。

　ギリシャのテサロニキの暴動で住民七〇〇〇人を虐殺したテオドシウス帝に贖罪を要求し、皇帝もこれに従っ

て苦行で答えた。アトリビュートの鞭は、テオドシウス帝に強いた苦行を意味する。また、聖女モニカも彼の指導を乞い、その息子の聖アウグスティヌスも回心し、洗礼を受けた。正義、法、尊厳など古代ローマの遺産を中世キリスト教社会に伝えた功績は大きい。また、神の賛美と正しい信仰の育成のために賛美歌をうまく使った最初の司教でもある。パンとワインをイエスの肉と血と見なす聖体の祭儀をミサと呼んだ最初の人。

この日の他の守護聖人

・聖女マリア＝ジョゼフ・ロゼロ　一九世紀イタリアの修道女。

12月8日

聖ロマリクス（ロマリク）

英：セイント・ロマリック Saint Romaric
仏：サン・ロマリク Saint Romaric

◎ゆかりの場所・絵画・彫刻　仏ヴァージュ県のルミールモン修道院

フランク王国のルミールモン修道院長。廷臣として多くの奴隷を従えていたが、彼が修道院に入ったとき、解放された奴隷たちも彼を慕って修道院に入ったといわれる。

?～六五三。フランク王国の貴族に生まれたが、父が女王ブルネヒルダに殺されたため、今日のフランス・ヴォージュ地方をさまよう。後にクロテール二世の廷臣となり、多くの奴隷と財産を持つようになったが、そんなとき、アマトゥスという聖人に出会って回心、アマトゥスとともにルミールモン修道院をモーゼル川の近くに創設した。そのとき、財産を貧者にあたえ、奴隷もすべて解放したが、元の主人を慕う奴隷たちは、自由であるにもかかわらず、ともに修道院に入ったといわれる。

アマトゥスの死後、ロマリクスは修道院長となり、メッスの聖アルヌールなどを受け入れた。

この日の他の守護聖人

この日はカトリックの典礼暦では、「聖母マリア無原罪の宿り」の祝日になっている。無原罪とは、原罪すなわちアダムとイブが犯した肉の交わりのないことをいう。イエスはこの原罪を免れて、聖母マリアから生まれている。では、なぜ、イエスが人間のマリアから生まれなければならないかというと、イエスは神であると同時に人であるから、普通の人々と同じように母親から生まれる必要があるからだ。しかし、その母が原罪に汚れた世間並みの女性では潔白な救い主にふさわしくない。そこで、神は、聖母マリアがその母アンナの胎内に懐胎したとき、その原罪の汚れを取り除いた。これが「聖母マリア無原罪の宿り」である。無原罪の聖母マリアに対する崇敬は昔からあったが、一八五四年一二月八日に教皇ピウス九世が「聖母マリア無原罪の宿り」をローマ・カトリック教会の信仰箇条として以来、今日のような盛大な祝祭日となった。

12月9日

聖ピエール・フーリエ（ペトロ・フリエ）

英：セイント・ピーター・フーリア Saint Peter Fourier
仏：サン・ピエール・フーリエ Saint Pierre Fourier

貧しい人々が無料で学べる学校、それに女子教育のための「聖母女子修道参事会」を創設したフランスの司祭。

◎**アトリビュート**　書物、聖母マリアの肖像
◎**ゆかりの場所・絵画・彫刻**　『ピエール・フーリエ像』（ロレーヌ美術館）

一五六五〜一六四〇。フランスのロレーヌ地方に生まれる。イエズス会の学校で教育を受け、その後アウグスティヌス修道会の会員となり、やがて司祭となる。当時、プロテスタントの台頭により社会は混乱していたが、彼

は男子・女子・青少年のための信仰組織をつくり、信者の指導にあたった。主任司祭となったマタンクール村で四〇年間、宗教面だけでなく献身的に村の改革に努めたので「マタンクールのすばらしい司祭」と呼ばれた。

また、貧しい子どもたちのために無料で教育を受けられる学校も設置した。次に少年の教育を志し、これには失敗したが、良き協力者を得、少女のための教育を目的とする「聖母女子修道参事会」の創設に邁進した。教える修道女会という考え方は珍しいものだったので、大変な困難が伴ったが、成功を収め、その精神は現在まで続いている。

この日の他の守護聖人

・**聖女レオカディア**　三〇五年に殉教したスペイン・トレドの処女聖人。

・**聖女ヴァレリー**　三世紀フランス・リモージュの殉教処女。リモージュの初代司教・聖マルシアルから洗礼を受け、異教徒のステファーヌ公との婚約を解消したため、公爵によって斬首された。切り落とされた首をもって聖マルシアルのもとに運んだという言い伝えから、アトリビュートは首。一二月一〇日を祝日とすることもある。

ジャック・ローダンによる『聖女ヴァレリー』（リモージュ美術館）がある。

12月10日

聖女エウラリア

英：セイント・ユーラリア Saint Eulalia
仏：サン・テュラリー Sainte Eulalie

◎**アトリビュート**　白い鳩、ユリ、シュロ、書物、薪の山（殉教具）
◎**守護する対象**　バルセロナ、船員、旅行者、妊婦、不運に見舞われた人、下痢に苦しむ人
◎**ゆかりの場所・絵画・彫刻**　仏サン・トレーのサン・テュラリー教会、ボルドーのサン・テュラリー教会、ジョン・ウィリアム・ウォーターハウス『聖女エウラリアの殉教』（ロンドン・テイト・ギャラリー）

スペインで最も人気があり、有名な殉教少女。火あぶりにされたとき、白い鳩が口から飛び立ち、白い雪が死体を覆ったという言い伝えから、バルセロナと船員と旅行者、それに妊婦の守護聖女。不運に陥ったとき、下痢のときに祈願する。アトリビュートは白い鳩、ユリ、シュロ、書物、薪の山（殉教具）。

?～三〇四。スペインのメリダで生まれる。ディオクレティアヌス帝の迫害が始まった頃、すでに殉教者となる希望を持ったため、貴族の両親に城に幽閉されたがそこを抜け出し、当時、メリダで迫害をほしいままにしていた知事のところに出かけて、その残忍さを非難し、顔につばを吐きかけたため激しい拷問に遭い、一三歳で火あぶりにされた。スペインの詩人ブルデンティウスによれば、そのとき、白い鳩が彼女の口から飛び立っていったように見え、雪が降って彼女の死体を覆ったという。

三〇四年に殉教して以来、エウラリアへの崇拝は、スペインからアフリカ、フランス、イタリア、さらにイギリスまで広がった。フランスでは聖テュラリーの日が晴れると、リンゴとナシが豊作だといわれている。

もうひとり、同じように殉教した同じ名前の少女、バルセロナのエウラリアに重ねられている。

この日の他の守護聖人

・聖ミルティアディス　第三二代教皇。

12月11日

聖ダマスス（一世）

英：セイント・ダマサス（・ザ・ファースト）Saint Damasus I
仏：サン・ダマーズ（・プルミエ）Saint Damase I

◎**アトリビュート**　ダイヤモンド
◎**守護する対象**　高熱に苦しむ人

アリウス派と闘い、殉教者の墓（カタコンベ）を修復し、ラテン語訳聖書を出版させたローマ教皇。高熱のときに祈願する。アトリビュートはダイヤモンド。

三〇四頃～三八四。ローマに生まれ、三六六年に教皇となる。彼の教皇選出に反対する一派から不当な非難を浴びせられたが、これに耐えたばかりか、相手の罪を許し、回心に導いた。また、異端のアリウス派とも闘い、神は唯一であり、父と子と聖霊の三つの位格があるとする三位一体の教義の正当性を擁護した。

子どもの頃に、キリストの名のために殉教していく人々を目にしたことがあったため、殉教者への崇敬の思いを強く持ち、殉教者たちの遺骨を納めてあったカタコンベ（地下墓地）の修復と保存に尽力した。自ら殉教者を称える碑文を書き、その多くは現存している。

また、信仰の基礎となる聖書の重要さを痛感し、聖ヒエロニムスを励ましてラテン語訳聖書を出版させた。それが有名なウルガタ（一般普及版）聖書である。アトリビュートがダイヤモンドなのは、ダマススという名前が似ていたためとも言われる。

この日の他の守護聖人

・**柱の聖ダニエル**　柱の聖人シメオンにならって柱の上に住んだ五世紀コンスタンチノープルの聖人。

12月12日

聖女ジャンヌ＝フランソワーズ・ド・シャンタル

英：セイント・ジェイン＝フランセス・ディ・シャンタル
Saint Jane Frances de Chantal
仏：サント・ジャンヌ＝フランソワーズ・ド・シャンタル
Sainte Jeanne-Francoise de Chantal

◎**アトリビュート**　イエスの名前（ＩＨＳ）をしるした心臓（ハート）
◎**守護する対象**　サレジオ会員、安産を願う妊婦

聖フランソワ・ド・サールに師事して、規律のゆるやかな聖母訪問修道会を創設した未亡人。書簡文学で有名なセヴィニェ夫人の祖母。サレジオ会員の守護聖女。安産のために祈る。アトリビュートはイエスの名前（ＩＨＳ）をしるした心臓（ハート）。

一五七二～一六四一。フランス・ディジョンの貴族フレミオ家に生まれる。夫のシャンタル男爵を狩猟中の事故で失ってから、ジュネーヴの司祭フランソワ・ド・サール（フランシスコ・サレジオ）に師事し、一六一〇年に病人の看護と教育を目的とする聖母訪問会を創立した。この訪問修道会は他の修道会の厳格な生活には耐えられない独身女性や未亡人のためにつくられ、貴族の娘たちも入会した。彼女たちは上品さを誇示しながら、実際には短気で無知なことが多く、シャンタル夫人は非常に苦労することになるが、深い宗教生活に裏打ちされた偉大な管理能力と人格の強靱さによってすべてを乗り切った。

　彼女の出家に反対する息子が床に横たわって止めようとしたが、彼女は息子の体をまたいで家を出たという。その息子というのが、書簡文学で有名なセヴィニェ夫人の父である。

この日の他の守護聖人

・**聖コランタン**　六～七世紀フランス・カンペールの最初の司教。

12月13日

聖女（サンタ）ルチア

英：セイント・ルーシー Saint Lucy
仏：サント・リュシー Sainte Lucie

迫害に屈しなかった三世紀シチリアの殉教処女、目と光の守護聖女。盲人、病気の子ども、眼科医、ガラス製造業、ランプ・電球製造業、刃物製造業者、秘書、悔い改めた娼婦の守護聖女。出血したとき、また目や喉の病気のときに祈願される。

アトリビュートは短剣、皿にのったふたつの眼球、ローソク、たいまつ。ヴェネチアの守護聖女。スウェーデンではこの日は光の祝日。

◎**アトリビュート**　短剣、皿にのったふたつの眼球、ローソク、たいまつ

◎**守護する対象**　ヴェネチア、目と光、盲人、病気の子ども、眼科医、ガラス製造業、ランプ・電球製造業、刃物製造業者、秘書、悔い改めた娼婦、出血した人、目や喉を患う人

◎**ゆかりの場所・絵画・彫刻**　カリブ諸島のサンタ・ルチア島、フィレンツェのサンタ・ルチア・フローレ教会。絵画・彫刻にロレンゾ・ロットの『洗礼者ヨハネと聖女ルチアに祝福される聖ニコラ』（ヴェネチア・サンタ・マリア・デイ・カルミニ教会）、ピエトロ・ロレンゼッティのサンタ・ルチア・フローレ教会の祭壇画（フィレンツェ）、ドメニコ・ベッカフーミの『聖女ルチア』（シエナ国立美術館）、パウロ・ヴェロネーゼの『サンタ・ルチアの殉教と最後のコミュニオン』（ワシントン・ナショナル・ギャラリー）

三世紀。シチリア・シラクサの貴族の家に生まれた。病気の母親のために聖女アガタに祈願したところ快癒したので、感謝して貧しい人々に財産を配ったが、キリスト教徒であることを密告されて、総督によって娼婦の館に売られそうになったが、牛車の牛がその場を動かなかったため拷問を受けた。牛の股裂き拷問も、また火あぶりも功を奏しなかったので、刑吏が喉を剣で刺して殺した。

拷問の際、両目をえぐられた（あるいは結婚を断るため自分でえぐった）と伝えられるところから、皿の上に

自分の眼球をのせている姿が描かれる。

　その名前がラテン語の光（lux）と関係があるところから視力の保護者として崇められている。ダンテは目が痛かったときサンタ・ルチアに祈り、『神曲』では聖母マリアと並ぶ有力聖女とした。

この日の他の守護聖人

・聖女オディール　七世紀アルザスの盲目の修道女。娘が盲目で生まれたため、父親のアルザス侯爵は殺害を命じるが、乳母の機転で、修道院に逃れる。伝道司教エアハルトから一二歳で洗礼を受け、目に聖香油を塗ったところ目が開いた。長じて、城に戻されるが、修道院で神に純潔の誓いを立てていたため、父が強いた結婚を嫌って城から逃げ出した。
　逃亡を悲しんだ父は娘を呼び戻し、修道院を建てるよう山と金を与えた。彼女は一〇年の歳月をかけて山頂に修道院を建て、山のふもとにも聖堂、病院、無料宿泊所などを設立した。後に、この山はモン・サン・トディールと呼ばれたが、泉の水が眼病に効くと信じられ、いまも訪れる眼病の患者が絶えない。

　盲人とアルザスの守護聖女。アトリビュートはふたつの目玉をのせた書物、あるいは光の象徴としての雄鶏。

　同聖女ゆかりの場所に、アルザスのモン・サン・トディール修道院跡に再建されたバジリカ教会、サン・トディール・ド・ボーム・レ・ダーム修道院がある。また絵画や彫刻には、ストラスブール大聖堂のステンドグラスがある。

12月14日

（十字架の）聖ヨハネ

英：セイント・ジョン（・オブ・ザ・クロス）Saint John of the Cross
仏：サン・ジャン（・ド・ラ・クロワ）Saint Jean de la Croix

◎**アトリビュート**　書物、鵞ペン、鷲
◎**守護する対象**　詩人、歌手
◎**ゆかりの場所・絵画・彫刻**　ヨセファ・デ・オビドス『十字架の聖ヨハネ』（ポルトガルのサンタ・カーサ・デ・ミゼリコルド教会）、ラファエル・ビ・ベルダ『十字架の聖ヨハネ像』（スペイン・ムルシアのカラバカ・デ・ラ・クルーズ教会）

一六世紀スペインが輩出した偉大な聖人のひとりで教会博士。カトリック神秘主義の代表者にしてスペイン古典文学の大詩人。詩人と歌手の守護聖人。アトリビュートは書物、鵞ペン、鷲など。

一五四二～一五九一。スペインのトレドの近くに生まれ、サラマンカ大学に学んだ後、二一歳でカルメル修道会に入り、修道士となった。四年後、アヴィラの聖女テレサと出会い感銘を受け、彼女と力を合わせて、カルメル会の改革に力を尽くした。穏健派に捕らえられてトレドの獄舎に幽閉されたこともあったが、屈することなく改革を進め、跣足《せんそく》カルメル会を発足させ、顧問となる。

しかし、晩年には職を解かれ、一修道士として死んだ。大人になっても身長が伸びず、背が低かったが、詩才だけでなく、絵、彫刻、音楽の才能にも恵まれていた。とくに音楽は得意で、きれいな声で歌い、楽器の演奏もこなし、森のささやきや水の流れ、星のきらめきなどを「無音の音楽」と名付けて楽しんだ。

この日の他の守護聖人

・**聖ヴナンス・フォルチュナ**　六世紀フランスの吟遊詩人。
・**聖スピリディオン**　四世紀キプロス出身の羊牧場の経営者。トレミトゥスの司教。
・**聖ニカシウス**　四〇〇年頃のランスの大司教。ヴァンダル族に脳天を剣で割られて殉教したことから、アトリビュートは頭蓋骨の割られた頭頂部。

12月15日

聖女ニーノ

英：セイント・クリスティーナ Saint Christina
仏：サント・クリスティアーヌ（ニナ、ニノン） Sainte Christiane(Nina, Ninon)

◎守護する対象　ジョージア（グルジア）

キリスト教をジョージア（グルジア）に伝えた少女奴隷。その宗教的敬虔さがジョージア王や王妃を感動させ、ジョージアはキリスト教国となった。ジョージアの守護聖人。

?〜三三五。四世紀のこと、カッパドキア出身の少女が捕虜となり、女奴隷としてジョージアへ連れてこられたが、キリストの名において病気を癒したことで注目を集めた。ジョージア王妃の病がニーノの力で治ったことや、ジョージア王も狩りの途中で道に迷ったとき、キリストに助けを求めて無事に城に帰ることができたことから、キリスト教への信仰が生まれた。王はニーノの指導のもとに教会を建て、コンスタンティヌス皇帝に聖職者の派遣を依頼した。これがジョージアの王子バクルによって語られた物語である。

この日の他の守護聖人

・聖女マリア・クロシフィサ・ディ・ローザ　一九世紀
イタリアのブレシアで「愛徳はしため修道会」を設立した聖女。

12月16日

聖女アーデルハイト（アリス）

英：セイント・アデライード（アリス）Saint Adelaide(Alice)
仏：サン・タデライード（アリス）Sainte Adélaïde(Alice)

ブルゴーニュ公女・イタリア王妃・ドイツ王妃・神聖ローマ帝国皇后となるという数奇な運命をたどりながら、キリストへの愛を失わず、「美と善の不思議」と呼ばれた女子修道院長。新妻、皇后、大家族、再婚者、義父母、未亡人、中傷に苦しむ人を守護する。アトリビュートは皇后の冠、笏と書物。

◎**アトリビュート**　皇后の冠、笏と書物
◎**守護する対象**　新妻、皇后、大家族、再婚者、義父母、未亡人、中傷に苦しむ人

九三一頃～九九九。フランス・ブルゴーニュのブルグンド王ルドルフの娘として生まれた。九三七年にイタリア王ロータル二世と結婚するが、夫は毒殺された。夫を殺した男の息子との結婚を強要されたが、断固拒否したために城に幽閉された。九五一年、ドイツ王オットー一世がイタリアを征服したことから、解放されて彼と結婚する。九六二年に教皇ヨハネス一二世から神聖ローマ帝国皇帝および皇后として戴冠される。

夫の死後、息子のオットー二世から追放され、ブルゴーニュへ戻るが、やがて帰国し、孫のオットー三世の後見人となる。ユーグ・カペーをフランス王位に就けるために尽力し、アルザスに自分が設立したゼルツ女子修道院で死去した。「美と善の不思議」と呼ばれた。ちなみに、アルプスの「ハイジ」という名前はアーデルハイトの短縮形。

この日の他の守護聖人

・**聖エヴラール**　シャルルマーニュの孫の聖女ジゼルの夫で、九世紀に修道院を創設。

12月17日

聖ラザロ

英：セイント・ラザラス Saint Lazarus
仏：サン・ラザール Saint Lazare

イエスが墓からよみがえらせたベタニアのイエスの友人。聖女マルタと聖女マリア姉妹の兄。マルセイユで殉教したことからマルセイユを守護する聖人。精肉業、寺男、乞食の守護聖人。アトリビュートは杖。

?〜三〇。エルサレム郊外のベタニアに妹のマルタ、マリア（マグダラのマリアと同一人物とする説もある）と暮らしていた。一家はイエスの友人だった。イエスがヨルダン川の東部ペレアで布教していたときに、ラザロが急に発病し危篤となったので、姉妹はイエスのもとに使いを送ったが、イエスは二日間動こうとしなかったので、ベタニアへ着いたときにはラザロが埋葬されてからすでに四日たっていた。イエスがいたら兄は死ななかったと泣き崩れる姉妹を前に、イエスは墓へ行き、墓石をとってラザロに呼びかけた。すると、死んだはずのラザロがよみがえり、埋葬されたときの装束で外に出てきた。ラザロの復活はイエス自身が死に勝つことの予兆で、この奇跡を目の当たりにして大勢のユダヤ人が入信した。その結果、キリストに脅威を感じたユダヤ当局によってキリストの死は決定づけられた。ラザロはその後、マルセイユで布教した後、殉教したといわれている。

　パリのサン・ラザール駅は九世紀末に破壊されたサン・ラザール修道院跡に建てられたサン・ラザール施療院に由来するが、そのサン・ラザール施療院はパレスチナで病人看護のためにつくられた「エルサレム・サン・ラザロ修道会」から名前をとったもの。

◎**アトリビュート**　杖
◎**守護する対象**　マルセイユ、精肉業、寺男、物乞い
◎**ゆかりの場所・絵画・彫刻**　パリのサン・ラザール駅、仏ブルゴーニュ地方のアヴァロンのサン・ラザール教会、ソーヌ・エ・ロワール県オタンのサン・ラザール大聖堂。絵画・彫刻にはファン・デ・フランデスの『ラザロの蘇生』（マドリッド・プラド美術館）、カール・ハインリッヒ・ブロッホの『ラザロの蘇生』（所在不明）

この日の他の守護聖人

・**聖女オリンピア**　コンスタンチノープル総督の未亡人。キリスト教弾圧者のテオドシウス帝に求婚されるが拒否。病院や孤児院を建てる。聖ヨハネ・クリソストモスがコンスタンチノープルに来ると、その精神的な娘となった。四世紀の聖女。

12月18日

聖ワインバルト（ヴィニバルト）

英：セイント・ウィニボールド Saint Winibald
仏：サン・ヴィヌバルド Saint Winebald

◎**アトリビュート**　レンガ積み職人のコテ
◎**守護する対象**　新郎新婦、坑夫

ドイツの宣教に尽力し、兄や妹と協力して修道院を建てたアングロ・サクソンの聖人。新郎新婦、坑夫の守護聖人。

七〇〇～七六一。東アングリアに生まれ、兄の聖ワイリバルト（祝日七月七日）や父とともにローマに巡礼。父は途中で亡くなるが、兄弟は助け合って巡礼を続けた。

兄の聖ワイリバルトは聖地エルサレムまで行ったが、弟は体力がないのでローマにそのまま留まって勉学を続けた。そこで聖ボニファティウスと知り合い、彼に従ってドイツに行って、テューリンゲンとバイエルンで宣教する。ハイデンハイムに男用と女用のベネディクト会修道院を創設し、男子修道院は自らが、女子修道院は妹の聖女ヴァルブルガ（祝日二月二五日）がその長となる。一二月一五日を祝日とすることもある。

この日の他の守護聖人

・**聖フラヴィ**　奴隷として買われ、主人の妻に誘惑を受けるが、キリストの教えを守ってそれを退けたため迫害を受ける。屈せず隠者となって信仰を守った八世紀フランク王国の聖人。

・**聖ガディアン**　聖ドニの弟子の、三世紀フランス・トゥールの司教。

12月19日

聖ウルバヌス（五世）

英：セイント・ウルバイン（・ザ・フィフス）Saint Urban V
仏：サン・テュルバン（・サンク）Saint Urbain V

◎**アトリビュート**　教皇冠
◎**守護する対象**　建築家、教育者、宣教師

「アヴィニョンの幽囚《ゆうしゅう》」の最中の教皇のひとり。いったんローマに戻るが、またアヴィニョンに帰る。

一三一〇〜一三七〇。フランスのグリサに生まれ、ギョーム・ド・グリモールと名づけられる。モンペリエ、トゥールーズ、アヴィニョン、パリの大学で学び、優秀な学者となる。その後、ベネディクト会に入り、サン・ジェルマンの修道院長、マルセイユのサン・ヴィクトル修道院長、教皇の特使などを経て、一三六二年に教皇ウルバヌス五世となる。しかし、当時は一三〇九年から一三七七年まで続く「アヴィニョンの幽囚」の真っ只中。教皇庁はローマからアヴィニョンに移されていた。一三六七年に一度、フランス王の反対を押し切ってローマへ移るが、結局またアヴィニョンに戻ることとなり、失意のうちに亡くなった。イエスが宮殿の中では死ななかったことを思い出し、教皇庁を出て、民家の中で、戸を開け放しにしたまま死んだ。

この日の他の守護聖人

・**聖アナスタシウス一世**　聖ヒエロニムスの称賛した五世紀のローマ教皇。

12月20日

(シラスの)聖ドミニコ

英：セイント・ドミニク(・オブ・シラス)Saint Dominic of Silos
仏：サン・ドミニク(・ド・シロス)Saint Dominique de Silos

◎**アトリビュート** 書物、修道院長杖に結んだヴェール
◎**守護する対象** 妊婦、囚人、狂犬病・昆虫害に苦しむ人
◎**ゆかりの場所・絵画・彫刻** スペインのサン・ドミンゴ・デ・シロス修道院。絵画にはバルトロメ・ベルメホ『サン・ドミンゴ・デ・シロス』(プラド美術館)

一一世紀で最も有名な修道者のひとり。シラスのサン・セバスチャン修道院内に写本室を設け、写字生に多数の美しい写本を製作させた。妊婦、囚人、狂犬病に罹った人、昆虫害に苦しむ人の守護聖人で、アトリビュートは書物、修道院長杖に結んだヴェール。

?〜一〇七三。スペイン・ナヴィラの農家に生まれる。少年時代、羊の番をしながら教会の典礼、聖書などを学んだ。やがて、サン・ミリャン・ド・ゴゴリャのベネディクト会に入り、学問と徳の深さを見込まれて修道院長に選ばれるが、修道院の土地を奪おうとするナヴァラ王ガルシア三世と激しく対立したため追放される。しかし、カスティリア王フェルナンドⅠ世の保護によりシラスのサン・セバスチャン修道院に招かれ、荒廃したこの修道院の再建に力を尽くす。ドミニコが亡くなったとき、サン・セバスチャン修道院はスペイン最大の修道院のひとつとなっていた。この修道院は以後、サン・ドミンゴ・デ・シロス修道院と呼ばれている。

この日の他の守護聖人

・**聖テオフィル** アレクサンドリアで裁かれるキリスト教徒を励まして罪に問われた三世紀エジプトの兵士殉教者。

12月21日

聖ペトルス・カニシウス

英：セイント・ピーター・カニジアス Saint Peter Canisius
仏：サン・ピエール・カニジウス Saint Pierre Canisius

◎**守護する対象**　ドイツ、オーストリアのインスブルックおよびブレッシャ、ドイツのカトリック系学校関係者、カトリック系出版人

聖ボニファティウスに次ぐ「ドイツ第二の使徒」。宗教改革後のカトリック改革に尽力。インスブルックとブレッシャの守護聖人。ドイツのカトリック系学校関係者の守護聖人。

一五二一～一五九七。オランダのナイメーヘンで市長の息子として生まれる。父親の意向で弁護士になるべくケルン大学へ送られたが、神学者を志し、イエズス会へ入る。南ドイツ、オーストリア、またはボヘミアにおけるイエズス会最高の指導者とされた。多くの学校、大学、神学校などを設立する一方、驚くべきエネルギーで、説教、著作、伝道を続け、宗教改革後のカトリック改革に尽力した。礼儀正しく丁重で、節度があり、ものわかりが良い、論争家としては例外的な人物であったという。

早くからペンと印刷の影響力を理解して、印刷業者と出版業者を励ました。数多い著作の中でも、深遠な内容をわかりやすい問答形式にした教理学習書はとくに有名で、一五ヵ国語に翻訳されている。八世紀にドイツにカトリックをもたらした「ドイツ第一の使徒」である聖ボニファティウスに並んで「ドイツ第二の使徒」と呼ばれる。

この日の他の守護聖人

・**聖プソテ**　三世紀エジプトの殉教者。

12月22日

聖女フランチェスカ＝ザベリア・カブリーニ

英：セイント・フランシス＝ザヴィアー・カブリーニ Saint Frances-Xaviere Cabrini
仏：サント・フランソワーズ＝グザヴィエ・カブリニ Sainte Francoise-Xaviere Cabrini

◎守護する対象　米リンカーン、移民、病院経営者

アメリカ合衆国最初の聖女となった移民の守護聖女。イタリア人移民への奉仕のためにニューヨークへ渡り、アメリカ各地に学校、孤児院、病院を建設した。

一八五〇～一九一七。北イタリアの農家に生まれる。宣教師を希望したが、病弱なため引き取り手がなかったので六人の仲間と共に聖心の布教修道女会を創立。修道女会経営の師範学校で教育を受け、教職についた。その後ローマにも支部を開いた。教皇レオ一三世の承認と祝福を受け、彼の助言で一八八九年イタリア人移民への奉仕のためにニューヨークへ渡る。ニューヨーク、ニューオリンズ、デンバー、シカゴとアメリカ各地で移民のために多くの学校、孤児院、病院、修道院を開き、聖心の布教修道女会を発展させた。「移民の母」として慕われ、アメリカに帰化し、アメリカ合衆国最初の聖女となった。

この日の他の守護聖人

・**聖女ユッタ**　幻視者ビンゲンのヒルデガルドの世話をした一一世紀ドイツの修道院長。

12月23日

（ケンティの）聖ヨハネ

英：セイント・ジョン（・オブ・カンティ）Saint John of Kanti
仏：サン・ジャン（・ド・ケンティ）Saint Jean de Kénty

◎**アトリビュート**　教授のガウン
◎**守護する対象**　ポーランド、リトアニア
◎**ゆかりの場所・絵画・彫刻**　聖ヨハネ・カンティウス像（クラクフ大学）

クラクフ大学の教授として有名な神学者で、聖トマス・アクィナスの注釈者。ポーランド、リトアニアの守護聖人。

一三九〇年～一四七三。ポーランドのカンティ（ケンティ）に生まれ、ヨハネ・カンティウスとも呼ばれた。クラクフ大学に学び、三〇歳で、同大学の哲学と神学の教授として有名になる。聖トマス・アクィナスの注釈者として今日も名を残している。高邁な知識で学生を指導するだけでなく、信仰深く清貧に生き、貧しい人々にも寛大な愛を示した。

説教者として、フス派の異端とも激しく闘った。ローマへ四度、エルサレムへ一度、徒歩で巡礼したといわれている。古いクラクフ大学の構内に彼の住居と個人小聖堂が、原稿の多くは同大学図書館に保存されている。

この日の他の守護聖人

・**聖トルラク**　一二世紀アイスランド出身の聖人でアイスランド・サーガの収集者として知られる。アイスランドの守護聖人。

・**聖ダゴベルト二世**　北フランクであるアウストラシア王国のシギベルト三世の王子で、フランク王ダゴベルト二世として即位するも信仰にあけくれ、対立する一派に森で襲われて殉教。

12月24日

聖チャーベル・マクーロフ

英：セイント・シャーベル・マクルー Saint Charbel Makhlouf
仏：サン・シャルベル・マクルー Saint Charbel Makhlouf

初代教会の教父たちにならって、聖ペトロと聖パウロの庵の近くに住まい、隠棲修道士となったレバノンの修道士。

一八二八～一八九八。ヨゼフ・ザルーン・マクーロフはレバノンのラバの御者の息子として生まれた。二三歳のときに聖マロン修道院に行き、二世紀のアンティオキア教会の殉教者の名前であるチャーベルを名乗り、模範的な修道士の生活を送った。つまり、厳格な服従と自己否定のかたわら、聖歌隊で歌い、修道院のブドウ畑とオリーブ果樹園で働いたのである。しかし、一八七五年に初代教会の教父たちが荒野で行った厳しい祈りと修行の生活を求めて、聖ペトロと聖パウロの庵の近くに住まい、隠棲修道士となる。真夜中の詩編の朗誦《ろうしょう》、一日に一度だけの野菜の食事、年四回の長い断食、必要最小限のものしかない小さな部屋。二三年にわたるその非常に厳しい生活の後、一八九八年のクリスマス・イブの日に天に召された。

この日の他の守護聖人

- **聖女アデル**　七世紀フランク王国のダゴベルト二世の娘で修道院を設立。

12月25日

聖女アナスタシア

英：セイント・アナスタシア Saint Anastasia
仏：サント・アナスタジー Sainte Anastasie

◎**アトリビュート**　油壺
◎**守護する対象**　報道関係者、頭痛や乳房の病気に苦しむ人
◎**ゆかりの場所・絵画・彫刻**　仏ガール県のサン・タナスタジー市

ディオクレティアヌス帝の迫害で火あぶりになった殉教処女。報道関係者の守護聖女。アトリビュートは治癒を示す油壺。頭痛と乳房の病気のときに祈願される。

?〜三〇四頃。ローマの貴族の娘として生まれ、結婚した後、聖クリソゴノスの指導のもとにキリスト者となった。当時、ローマ皇帝ディオクレティアヌスによってキリスト教は激しく迫害されていたので、やがて彼女も捕らえられ死刑の宣告を受けた。一度は奇跡的に助かり、居合わせた他の罪人たちも皆、キリスト信者になったといわれているが、その後、火あぶりの刑によってシルミウムで殉教した。レオ一世の時代に彼女の聖遺骨がコンスタンチノープルに運ばれ、病気治癒の霊験のあるもうひとりのアナスタシアと混同が始まってから信仰が広まった。クリスマスの夜明けのミサで彼女の名前が連禱《れんとう》される。現在のカトリック暦では、一二月二二日に移動している。

この日の他の守護聖人

・**聖エウゲニア**　男装してエジプトの修道院長になったが密通のかどで告発されたため、女性であることを示して潔白を証明した初期ローマの殉教者。フランス名はウージェニー。

この日は言うまでもなく、イエスの降誕祭、つまりクリスマスである。イエスは現在のイスラエルの首都エルサレムの南の町ベツレヘムで聖母マリアから生まれた。収穫祭を中心とする異教の祭りをキリスト教にとりこむために、クリスマスは冬至にあてられた。実際の冬至とクリスマスとのずれは、きっちり二四時間ではない地球の自転のために生じたずれが、制定された頃との差となっている。また、キリストの誕生日がもとになっている西暦紀元も、つくられたときの誤算のため、実際のキリスト誕生の四年後となった。クリスマスがヨーロッパで一般的な習慣となったのは四世紀のこと。

12月26日

聖ステファノ

英：セイント・スティーブン Saint Stephen
仏：サン・エティエンヌ Saint Étienne

キリストを信じて最初の殉教者となった聖人。石打ちの刑で頭を狙われて殉教したため、頭痛の際に祈願する守護聖人となっている。石にちなんで石工と建築業者、最初の助祭だったことから助祭の守護聖人。フランスのブルージュを守護する。アトリビュートはチュニック風衣装、香炉（助祭職）、赤い布（殉教の象徴）、石（殉教具）、シュロ（殉教者の象徴）。

◎**アトリビュート**　チュニック風衣装、香炉、赤い布、石、シュロ
◎**守護する対象**　仏ブルージュ、石工と建築業者、助祭、頭痛に苦しむ人
◎**ゆかりの場所・絵画・彫刻**　仏ロワール県のサン・テティエンヌ、パリ近郊サンスのサン・テティエンヌ大聖堂、メッスのサン・テティエンヌ大聖堂、パリ・ノートル・ダム大聖堂のサン・テティエンヌ鐘楼、ホアン・コレア・デ・ヴィレ『サ・ステバン』（マドリッド・プラド美術館）

?～三五。使徒たちが選んだ七人の助祭のうち、最初に名前があげられているギリシャ語を話すユダヤ人。非常に有能な助祭として人々の信望を集め、また際立った弁舌の才を持つ熱心な説教者でもあったが、そのためユダヤ教徒の怒りと敵意を買い、キリスト教最初の殉教者となった。ユダヤ人の議会に連れていかれ、冒瀆《ぼうとく》者として告発されて石打ちの刑に処されたのである。石打ちの刑とは、手足や体ではなく頭を集中的に狙って石を投げる刑。頭痛の際に祈願される聖人であるのは、こうして殺されたときの鋭い痛みに由来する。同じくその処刑方法から石工の、また最初の七人の助祭のひとりだったの

で助祭の守護聖人でもある。ステファノの処刑に賛同した人々の中にサウロ、後の聖パウロがいた。ステファノの最後の祈りは「主よ、この罪を彼らに負わせたもうことなかれ」であった。その立派な態度はのちの殉教者の手本となった。

フランス語では、ステファノはエティエンヌとなるが、詩人のステファーヌ・マラルメ（本名はエティエンヌ・マラルメ）のようにステファーヌという名前を採用する人もいる。南仏では、エステーヴと変化する。スペイン語ではエステバン。

この日の他の守護聖人

・**聖ニコデモ**　一四世紀セルビアの修道院設立者。

12月27日

（福音書記者）聖ヨハネ

英：セイント・ジョン（・ジ・エヴァンジリスト）
Saint John the Evangelist
仏：サン・ジャン（・レヴァンジリスト）
Saint Jean l'Évangéliste

第四の副音書および『黙示録』の作者。文筆家、彫刻家の守護聖人。猟師だったので猟師の守護聖人でもあるが、それだけでなく、ローソクやワイン、てんかん、足の病気、毒、火傷など、その守護範囲は広い。アトリビュートは鷲《わし》。トルコの守護聖人。

◎**アトリビュート**　鷲
◎**守護する対象**　トルコ、文筆家、彫刻家、猟師、ローソク、ワイン、てんかん・足の病気に苦しむ人、毒を飲んだ人、火傷に苦しむ人
◎**ゆかりの場所・絵画・彫刻**　同聖人の名を冠した都市や教会はカナダをはじめ多数。美術作品も無数にあり、エル・グレコ『福音書記者・聖ヨハネ』（プラド美術館）など

?〜一〇〇年頃。兄のヤコブとともに「雷の子ら」とあだ名をつけられるほど激しくまっすぐな情熱の持ち主。「使徒ヨハネ」、または「副音書記者ヨハネ」、あるいは「神のヨハネ」と称される。イエスの最初の弟子のひとりで、とくに愛されたという。伝承によると、彼は最後の晩餐のときにイエスの胸にもたれかかり、イエスから

聖母マリアの世話を託された。復活したキリストを最初に見て、奇跡を信じた弟子である。

その後、ヨハネはペトロとともにエルサレム教会の指導者として活躍し、パウロが殉教したのちはエフェソスの司教として小アジア教会の牧者となり、たいへんな高齢で死去した。『新約聖書』に収められた『ヨハネ福音書』『三通の手紙』『黙示録』の作者とされるが『黙示録』は別の作者とする聖書学者もいる。ローマで煮えたぎった油の大釜に投げ込まれたが無事だったという伝説もある。

福音書記者・聖ヨハネの名前を冠した都市は無数にあるが、とくにカナダには多い。同じく教会も多い。また、最後の晩餐でイエスの隣にいて熱心に話に耳を傾けていたとされるため、最後の晩餐の絵画や壁画には必ず登場している。同じく、イエス磔刑図でもマリアとともに描かれ、またゲッセマネにおけるイエス最後の祈りの場面でも登場することが多い。エル・グレコ『福音書記者・聖ヨハネ』（プラド美術館）など。

この日の他の守護聖人

・**聖女ファビオラ**　ポルトガルに最初に慈善病院をつくった四世紀ローマの聖女。

12月28日

聖ガスパーレ・デル・ブファーロ

英：セイント・カスパー・デル・バッファロ Saint Caspar Del Bufalo
仏：サン・ガスパール・デル・ビュファーロ Saint Gaspard Del Bufalo

◎**アトリビュート**　司祭の平常服（スータン）
◎**守護する対象**　絹商人

ナポレオンへの忠誠を拒否して追放された宣教師。ナポレオン没落後、復帰して、「尊い血潮《ちしお》宣教会」を組織。

一七八六～一八三六。料理人の息子としてローマに生まれる。ナポレオンに対する忠誠を拒否して追放されたが、ナポレオン没落後、ヴァチカンに戻り、ピウス七世から、イタリア中央部の宣教を依頼される。そのために「尊い血潮宣教会」を創設し、演劇的な方法を駆使して宣教を行ったが、コレラにかかって死去した。

この日の他の守護聖人

この日は、フランス語でLes Saints Innocents、英語でThe Innocentsといって、罪のない（イノセントな）幼子イエスの命を奪おうと試みたヘロデ王の命令によって殺された幼児たちを祭った「幼子殉教者」の祝日。虐殺された幼児たちは二〇人ほどではないかといわれている。不思議な星の出現によってユダヤの王イエスの誕生を知らされた三博士が東方（現在のイラン）からエルサレムへやって来たとき、イスラエルを治めていた残虐なヘロデ王は帰りに必ず寄るように頼んだが、生誕したイエスのもとへたどり着いた博士たちが無断で急ぎ帰途についたのに怒って、自分の王位を脅かす種を刈り取るべく、ベツレヘム一帯の二歳以下の男の子を全員殺させた。しかし、天使からヘロデ王の幼児虐殺計画を知らされたヨセフに伴われ、イエスは夜のうちにエジプトへ逃れていた。パリに一八世紀まであったイノサン墓地（現在はイノサン広場）はこの幼子殉教者にちなむ。

12月29日

聖トマス・ベケット

英：セイント・トマス・ベケット Saint Thomas Becket
仏：サン・トマス・ベケット Saint Thomas Becket

◎**アトリビュート** 大司教の装束と剣、シュロ
◎**守護する対象** 病に苦しむ人、ロンドンのビール業者、ヴェネチアの樽業者
◎**ゆかりの場所・絵画・彫刻** 仏サンスのサン・テティエンヌ大聖堂のステンド・グラス、仏アンジェのサン・モリス大聖堂のステンド・グラス、仏シャルトル大聖堂のステンド・グラス、英カンタベリー大聖堂のステンド・グラス

ヘンリー二世に反対して教会を守ったために暗殺されたカンタベリーの大司教。万病の守護聖人。ロンドンの

ビール業者、ヴェネチアの樽業者の守護聖人。アトリビユートは大司教の装束と剣、それにシュロ。

一一一八〜一一七〇。ロンドンの裕福な商人の子として生まれる。すらりと背の高い好男子だったといわれるが、聖職者への道を選び、カンタベリー大司教に仕え、やがてイングランド王ヘンリー二世の信任を得て、国事を担う有能な宮廷聖職者となる。

一一六二年、トマスはカンタベリー大司教に任命された。以後、国務大臣として国王を助けながらも、自分の職務に目覚めて、教会に関しては国王と衝突し、教会を守った。これは腹心トマスを大司教にして、教会の権利・財産を国家に奪おうと考えていたヘンリー二世には許しがたいことであった。教会と国王の対立は激化し、一一六四年にトマスはフランスへ亡命する。

六年後、やっと許されて帰国するが、国王のトマスに対する怒りは燃え上がり、四人の騎士に襲われる。大聖堂の祭壇の前に立っているとき斬りつけられ、神聖な大聖堂の床に血が飛び散った。その血や脳漿《のうしょう》を水で薄めた「ベケット・ウォーター」は霊験あらたかな聖遺物としてイギリスはもとよりフランスまで持ち運ばれ、カンタベリーはヨーロッパ有数の霊場、巡礼地となる。

この日の他の守護聖人

・**聖ダビデ**　『旧約聖書』のユダヤの王。イエスの養父ヨセフはダビデの子孫とされるため。

12月30日

聖女アニシア

英：セイント・アニシア Saint Anicia
仏：サント・アニーズ Sainte Annise

◎**アトリビュート**　ヴェール

異教の神への供え物を拒否したために兵士に殺された殉教処女。ヴェールがアトリビュート。

?～三〇四。ギリシャのテサロニキで生まれ、イエスの教えを守って、両親の遺産を貧しい人々に分け与えていたが、ある日、集会に出かける途中で、兵士に話しかけられた。軍人は彼女がキリスト教徒だと見抜いて、むりやり、異教の神殿に導き、供え物をさせようとしたが、これを拒否。兵士は彼女のヴェールもはぎとろうと試みたが、抵抗されたため、怒って剣で彼女を刺し殺した。

この日の他の守護聖人

・聖ルッジェロ　一二世紀のイタリアの司教。バルレッタの住民が隣町のカンヌから聖遺骨を持ち去った際に、聖ルッジェロの遺骸も一緒に運ばれて、以来、バルレッタの守護聖人となった。

12月31日

聖シルヴェステル（シルヴェストロ）一世

英：セイント・シルヴェスター（・ザ・ファースト）Saint Silvester I
仏：サン・シルヴェストル（・プル・ミエ）Saint Sylvestre I

迫害時代が終わったあと、聖メルキアデス（聖ミルティアディス）のあとを襲って第三三代教皇となった聖人。守護対象は病気。アトリビュートは雄牛、貝殻。

◎**アトリビュート**　雄牛、貝殻
◎**守護する対象**　病人
◎**ゆかりの場所・絵画・彫刻**　フランスには同聖人の名を冠する村がいくつかある

?～三三五。三一三年、コンスタンティヌス大帝によるキリスト教国教化で三〇〇年にわたる長い迫害の時代が終わった。当時の教皇は聖メルキアデス（聖ミルティアディス）。その後を継いだのが、ローマの貴族出身のシルヴェステルである。ディオクレティアヌス帝やマクシミアヌス帝による最後の残酷な迫害の中でも厳しい官憲の目を逃れて、教会のために大いに尽くした彼はコンスタンティヌス大帝の援助を得て、ラテラン大聖堂、聖ペトロ大聖堂、聖ラウレンチオ教会などを建て、迫害時代には地下墓地で密かに献げられていたミサが公に行われるようにした。宗教会議を開いて異端を退け、また、貧しい人々の救済のために慈善事業にも力を尽くした。初期の聖人の中で殉教者でない人物のひとりである。

この日の他の守護聖人

・**聖女メラニア**　四世紀のローマで福祉の使徒と尊敬された聖女。莫大な財産を使って、病院、無料宿泊所、修道院、聖堂などを建て、八〇〇〇人の奴隷を解放するなど、福祉活動に力を入れた。四一〇年にゴート族がローマへ侵入してきたときは、ローマを離れて北アフリカへ行き、聖アウグスティヌスの下でも何年かを過ごし、さらに聖地エルサレムへ赴き、修道生活を送った。父方の祖母が聖女大メラニアである。

・**（サンスの）聖女コロンブ**　スペイン・サラゴッサの領主の娘として生まれ、二七三年にサンスで殉教した処女。牢獄内で凌辱《りょうじょく》されそうになったとき、雌熊があらわれて彼女を守った。火あぶりにされそうになったとき大雨が降って火が消えた。鉄の鉤《かぎ》で全身を引き裂かれた後、斬首されて殉教。雨乞いのときに祈願される。アトリビュートは雌熊、書物、孔雀の羽。

ゆかりの地に、フランスのサン・ドニ・レス・サンスのサント・コロンブ修道院、コローニュのサント・コロンブ教会がある。絵画や彫刻には、バルトロマイの祭壇画『聖アンデレと聖コロンブ』（マインツ州立博物館）、前述のサント・コロンブ修道院に聖女コロンブの石像がある。

あとがき

本書は二〇〇〇年に『バースデイ・セイント』（飛鳥新社）というタイトルで上梓した本を全面的に書き改め、飛鳥新社編集部の意向で加えられた「占い本」的な要素をすべて削除したうえで、文学・芸術の研究にも十分役立つレベルで三六六日の聖人の情報を網羅した聖人事典です。

とはいえ、『バースデイ・セイント』で採用した三六六日の聖人は本書でもそのまま踏襲されています。聖人の選定に時間がかかっているからです。

自分で三六六日の聖人事典をつくろうと決意したとき、困ったのは、参考資料となる聖人カレンダーや聖人事典によって、それぞれの日に割り振られている聖人が微妙にちがうことでした。

もちろん、一二使徒や一四救難聖人など「大物聖人」については、いずれの本も一致して同じ日にしているのですが、それ以外の聖人となると、本があれば、その冊数だけ、聖人の割り振りがちがっているのです。

それに、英語圏とフランス語圏、イタリア語圏では、自分たちの国の聖人を優遇していて、まったくバラバラです。また同じ国の本であっても、宗教上の立場のちがいからか、ある本ではこれこれの日にこの聖人を当てているが、別の本ではその聖人は排除しているなど、相違が目につきます。

そこで、私は、英語、フランス語、イタリア語の、学術的にも信頼できる聖人カレンダーと聖人事典を選び、三六五日（閏《うるう》日も含めれば三六六日）のそれぞれについて、これらの資料を総合して、もっとも無理のないかたちで聖人を確定する作業から始めました。じつはこの作業が一番たいへんで、多くの困難をともないました。というのも、同じ日に、有力聖人が何人もいる場合、どの聖人を選んで、どの聖人を落とすか、決定に苦しんだからです。

その結果、窮余の一策として「この日の他の守護聖人」というコーナーを設け、選ばれなかった聖人もフォローできるようにしました。例外は、七月二五日で、この日は一二使徒のひとり聖大ヤコブと一四救難聖人のひとり聖クリストフォロスという超大物同士がかちあうので、いずれも落とすことができず、ふたりとも当選ということにしました。

このように、思いがけない苦労をして『バースデイ・セイント』を上梓してから一六年がたちました。

この間、インターネットの進化はめざましく、守護聖人の名前を検索すれば、ただちに画面に詳細な情報が表示されるようになっています。ヴァティカンもインターネットの力を認識し、聖人情報を充実させているようです。

ですから、今回、東京堂出版から、面目を一新して『聖人三六六日事典』を出すにあたり、インターネット経由の情報も大幅に取り入れましたが、しかし、その内容を精査してみると、その多くが参考とした聖人事典や聖人カレンダーをそのまま踏襲しているという印象をうけました。インターネット情報の多くと同じように、探索を元からやり直すという地道な作業はされていないようです。

最後になりましたが、全聖人の挿絵を描かれた岸リューリさん、それに、今回、全面改定を勧めてくださった東京堂出版編集部の吉田知子さんに、この場を借りて、感謝の言葉を捧げたいと思います。

二〇一六年九月二〇日　一四救難聖人・聖エウスタキウスの祝日に

鹿島茂

参考文献一覧

・フランス語文献

Jean-luc Dubart: «Les Saints Grérisseurs», abeditions, 2002

Georges Cerbelaud-Salagnac: «Prénoms traditionnels & d'aujourd'aui» Pierre Téqui, 2003

Odile Haumonté :«Les Grand Livre des Saints», Presse de la Renaissance, 2010

Bertrand Galimard Flavigny: «Guide des Saints et de lears Attributs», De Vecchi, 2014

Bernard Berthod, Élisabeth Hardouin-Fugier: «Dictionnaire iconographique des Saints», Les éditions de l'Amateur, 1999

Omer Englebert: «La Fleur des Saints ou Vie des Saints pour chaque jour de l'année», Albin Michel, 1980

Georges Daix: «Dictionnaire des Saints», Jean-Claude Lattès, 1996

Alban Butler, Herbert Thurston, Donald Attwatter: «Les Saints Patrons», Editions Brepols, 1996

Alison Jones: «Les Saints», Bordas, 1995

Gaston Duchet-Suchaux, Michel Pastoureau: «La Bible et les Saints Guide iconographique», Flammarion, 1994

Florence Montreynaud, Agnès Pierron, François Suzzoni : «Dictionnaire de Proverbes et Dictons», Dictionnaires Le Robert, 1993

・英語文献

David Hugh Farmer: «Oxford Dictionary of Saints», Oxford University Press, 1997

Michael Walsh (edited by): «Butler's Lives of the Saints», Harper San Francisco, 1991

Donald Attwatter with Catherrine Rachel John: «The penguin Dictionary of Saints», Penguin, 1995

W. Ellwood Post: «Saints, Signs and Symbols», Spck, 1996

F.G.Holweck: «A Biographical Dictionary of the Saints» B.Herder Book, 1924

・イタリア語文献

Vera Schauber, Hanns Michael Schindler: «Santi e patroni nel corso dell'anno», Libreria Editrice Vaticano, 1997

Di Suor Wendy Beckett: «Il libro dei Santi»: Mondadori, 1998

・日本語文献

ドナルド・アットウォーター／キャサリン・レイチェル・ジョン『聖人事典』（山岡健訳）、三交社、1998（上記 «The penguin Dictionary of Saints» の翻訳）

『キリスト教人名辞典』、日本基督教団出版局、1986

オットー・ヴィマー『図説　聖人事典』（藤代幸一訳）、八坂書房、2011

ヤコブス・デ・ウォラギネ『黄金伝説』全４巻（前田敬作／今村孝訳）、人文書院、

1979
竹下節子『聖者の宇宙』、青土社、1998
エリザベス・ハラム編『聖者の事典』（鏡リュウジ／宇佐和通訳）、柏書房、1989
池田敏雄『教会の聖人たち　改訂増補版』上下巻、サンパウロ、1996
ジェームズ・ベントリー『聖人カレンダー』、サンパウロ、1990
真野隆也『守護聖人　聖なる加護と聖人カレンダー』、新紀元社、1997
ピエール・ジュネル『聖人略伝　典礼暦による』（十勝女子カルメル会訳／中垣純監修）、ドン・ボスコ社、1993
C．バリョヌエボ『ミサの前に読む聖人伝』、サンパウロ、1990
梅田修『ヨーロッパ人名語源事典』、大修館書店、2000
石黒マリーローズ『キリスト教文化の常識』、講談社現代新書、1994
ジェニファー・スピーク『キリスト教美術シンボル事典』（中山理訳）、大修館書店、1997
谷泰『カトリックの文化誌　神・人間・自然をめぐって』、ＮＨＫブックス、1997
ダニエル・フイユー他『聖書文化辞典』（高柳俊一日本語版監修／榊原晃三監訳）、1996
『聖書』、日本聖書協会、1991
大塚高信／寿岳文章／菊野六夫 共編『固有名詞英語発音辞典』、三省堂、1969
渡邊昌美『フランスの聖者たち』、八坂書房、2008

Thérèse de Lisieux 331
Thierry 223
Thomas 225
Thomas Becket 435
Thomas d'Aquin 51
Thomas More 210
Turibe 111

U

Ulric 77
Urbain V 425
Ursule 353

V

Valentin 71
Valtrude 131
Vartan 81
Véronique 60
Véronique Giuliani 231
Victorin de Pettau 368
Vincent de Paul 322
Vincent de Saragosse 45
Vincent Ferrier 127
Virgile de Salzbourg 396
Vite(Guy) 203
Viviane(Bibiana) 404

W

Walburge 82
Wenceslas 323
Wilfrid 343
Winebald 424
Wolfgang 363
Wulfric 77

Y

Yves 172

Z

Zacharie 110
Zacharie 372
Zenon de Vérone 134
Zéphirin 286
Zita 148

Marie-Madeleine Postel 238
Marthe 254
Martial de Limoges 218
Martin de Porrès 369
Martin de Tours 378
Martin I 135
Materne 308
Mathilde 102
Matthias 167
Matthieu l'Evangéliste 316
Maurice 317
Maximilien 100
Maximilien Kolbe 274
Méchtilde 387
Médard 196
Mériadec 195
Méthode de Constantinople 202
Michel l'Archange 325
Monique 287

N

Narcisse 361
Natalie 302
Nazaire 253
Nicolas de Tolentino 304
Nicolas(Nicole) 409
Nicoras de Flue 109
Norbert 194

O

Odon de Cluny 386
Othon de Bamberg 224

P

Pacome 162
Palladius 229
Pancrace 165
Pantaléon 252
Paphnuce 305
Pascal Baylon 170
Patrice 105
Paul de la Croix 351
Paul de Thèbes 38
Paule 49
Pélagie Penitente 338
Perpétue 95
Pétronille 184
Philippe 155
Philippe d'Héracles 354
Philippe Neri 179
Pie V 152
Pie X 281
Pierre 217
Pierre Canisius 427
Pierre Chanel 149
Pierre Claver 303
Pierre Damien 78
Pierre de Tarantaise 161
Pierre Fourier 413
Placide 335
Polycarpe 80
Porphyre 83
Prosper d'Aquitaine 213

R

Rainier de Pisa 205
Raphaël l'Archange 325
Raphaëlle Marie Porras 29
Raymond de Peñafort 30
Raymond Nonnat 291
Rémi 85
Richard de Chichester 125
Rita de Cascia 175
Roch 276
Romaric 412
Romuald 207
Rosalie 298
Rose de Lima 283
Rupert de Salzbourg 115

S

Sabas 408
Savine 289
Scholastique 67
Sébastien 43
Serge 337
Serge de Radonech 320
Sernin(Saturnin) 398
Séverin de Norique 31
Siegfried 72
Siméon le Stylite 28
Simon 360
Sixtus II 266
Stanislas de Cracovie 133
Stéphan de Perm 148
Sylvestre I 437
Symphorian 282

T

Tarcisius 275
Télémaque 23
Thècle d'Iconium 318
Théodore 376
Théodore de Sykeon 144
Théodose le Cenobiarque 34
Thérèse d'Avila 346

Gontran 116
Gregoire Barbarigo 206
Grégoire de Nazianze 24
Grégoire le grand 297
Guillaume de Bourges 33
Guy d'Anderlecht 306

H

Hedwige 347
Hélène 278
Henri II 235
Heribert de Cologne 104
Hilaire d'Arles 159
Hilaire de Poitiers 36
Hippolyte 273
Homobon 381
Hugues de Grenoble 123
Hunna 137
Hyacinthe de Cracovie 277

I

Ignace d'Antioche 349
Ignace de Loyola 256
Irénée de Lyon 216
Isabelle de Portugal 226
Isidor de Seville 126

J

Jacques le Majeur 248
Jacques le Mineur 157
Janvier 313
Jean Bosco 54
Jean Chrysostome 307
Jean Climaque 118
Jean de Béverley 160
Jean de Capistran 355
Jean de Dieu 96
Jean de Kénty 429
Jean de la Croix 420
Jean Eudes 279
Jean Guarbert 234
Jean l'Aumonier 46
Jean l'Évangéliste 433
Jean-Baptiste 212
Jean-Baptiste de la Salle 129
Jean-Marie Vianney 264
Jeanne d'Arc 183
Jeanne de Lestonnac 58
Jeanne-Francoise de Chantal 417
Jérôme 327
Jérôme Émilien 65
John Fisher 210
Jonas 117
Josaphat de polotsk 380
Josèph 107
Josèph de Cupertin 312
Jude 360
Julie Billart 130
Julien l'Hospitalier 69
Julienne 73
Justin 189

K

Kévin 191
Kilien 230

L

La Conversion de Saint Paul 48
Lambert de Maestricht 311
Landry 198
Laurent 270
Laurent de Brindes 244
Laurent Justinien 299
Laurent O'Toole 382
Lazare 423
Léger 332
Léo III 200
Léo IX 141
Léon le Grand 377
Léonard 373
Léonard de Port-Maurice 395
Lidwine 136
Louis IX 285
Louis（d'Anjou） 86
Louise de Marillac 103
Luc le Jeune 64
Luc l'Évangéliste 350
Lucie 418
Ludger 114
Lutgarde 204
Lydie 263

M

Madeleine-Sophie Barat 178
Magne 300
Marc l'Évangéliste 147
Marcel I 39
Marcellin 128
Marguerite Bourgeoys 35
Marguerite d'Antioche 242
Marguerite de Cortone 79
Marguerite d'Écosse 384
Marguerite de Hongrie 41
Maria Goretti 228
Marie Madeleine 245
Marie-Madeleine de Pazzi 182

Calixte I 345
Camille de Lellis 236
Canut IV 42
Casimir 92
Catherine d'Alexandrie 394
Catherine de Ricci 70
Catherine de Siena 150
Catherine de Suède 112
Catherine Labouré 397
Cathrine de Génes 309
Cécile 390
Celse 253
Chad 90
Charbel Makhlouf 430
Charles Borromée 370
Christiane (Nina, Ninon) 421
Christine 247
Christophe 249
Chrysogone 392
Chrysologue 255
Claire 271
Clarisse 272
Clément I 391
Cloud 301
Colette 94
Colomba d'Iona 197
Côme 321
Conrad 76
Corneille 310
Crépin 357
Crépinien 357
Cunégonde 91
Cuthbert 108
Cyrille d'Alexandrie 215
Cyrille de Jerusalem 106

D

Damase I 416
Damien 321
David 89
David I de l'Ecosse 177
Démétrius 358
Denis 339
Didier 176
Dismas le bon larron 113
Dominique 268
Dominique de Silos 426
Dominique Savio 98
Dorothé 62
Dymphna 168

E

Edbert 160
Édith Stein 269
Édmond 388
Élisabeth de Hongrie 385
Élisabeth de Portugal 226
Elisabethe Seton 27
Élizabeth 372
Éloi 403
Engelbert 374
Érasme (Élme) 190
Eric 171
Étheldréde (Audrey) 211
Étienne 432
Eulalie 414
Euloge 99
Euphrasie 101
Eusèbe 262
Eustache 314

F

Félicité 95
Félix de Nola 37
Fiacre 290
Fidele de Sigmaringen 146
Florian 158
Francis Caracciolo 192
Francois Borgia 341
François d'Assise 334
Francois de Girolamo 164
Francois de Paule 124
François de Sales 47
Francois Xavier 405
Francoise Romaine 97
Francoise-Xaviere Cabrini 428
Frumence 359
Fulbert 132

G

Gabriel l'Archange 325
Gabriel possenti 84
Gaëtan 267
Gaspard Del Bufalo 434
Gélase I 389
Georges 145
Gérard 319
Gérard de Brogne 333
Gérasime 93
Géraud d'Aurillac 344
Germain 181
Geneviève 25
Gildas le Sage 52
Gilles 295
Godefroid (Geoffroy) 375
Godric 174

リュシー 418
リュジェ 114
リュック(・ル・ジューヌ) 64
リュック(・レヴァンジリスト) 350
リュトガルド 204
リュベート(・ド・ザルツブール) 115
ルイ(・ダンジュー) 86
ルイ(・ヌフ) 285
ルイーズ・ド・マリヤック 103
レイモン・ノナ 291
レオ(・トロワ) 200
レオ(・ヌフ) 141
レオナール 373
レオナール(・ド・ポール＝モーリス) 395
レオン(・ル・グラン) 377
レジェ 332
レニエ(・ド・ピサ) 205
レミ 85
レモン(・ド・ペニャフォル) 30
ローズ(・ド・リマ) 283
ローラン・オトゥール 382
ローラン・ジュスチニアン 299
ローラン(・ド・ブランド) 244
ロザリー 298
ロック 276
ロマリク 412
ロミュアルド 207
ロラン 270

聖人名索引（仏語表記）

A

Adalbert de Magdebourg 208
Adélaïde(Alice) 422
Adrian 302
Adrien de Canterbury 32
Afra 265
Agathe 61
Agnès 44
Agnès de Montepulciano 142
Agricola d'Avignon 296
Albert le Grand 383
Alexandre Sauli 342
Alexis 239
Alexis, Les sept Fondateurs des Servites 74
Aloysius(Louis de Gonzague) 209
Alphonse de Liguori 261
Alphonse Rodriguez 362
Ambroise 411
Anastasie 431
André 399
André-Hubert Fournet 166
Angèle Merici 50
Anicet 139
Anne 251
Annise 436
Anselme de Canterbury 143
Anthelme 214
Antoine de Padova 201
Antoine des Caves 232
Antoine le Grand 40
Antoine-Marie Claret 356
Antoine-Marie Zaccaria 227
Antonin de Florence 163
Apolline 66
Apollonius 140
Arnoul 240
Arsène 241
Athanase 156
Augustin 288
Augustin de Canterbury 180

B

Balbine 119
Barachise 117
Barbara(Barbe) 406
Barnabé 199
Barthélemy 284
Basile le Grand 24
Bathilde 53
Bénigne 367
Benoit 233
Benoit d'Aniane 68
Benoit Labre 138
Bernadette Soubirous 75
Bernard de Clairvaux 280
Bernardin de Sienne 173
Bertille Boscardin 352
Blaise 59
Bonaventure 237
Boniface 193
Brendan le voyageur 169
Brigitte 57
Brigitte de Suéde 246
Bruno 336

C

ピ(・ディス) 281
フィアクル 290
フィッリップ 155
フィッリップ・ネリ 179
フィデール(・ド・シーグマランジャン) 146
フィリップ(・デラクレス) 354
フェリシテ 95
フェリックス(・ド・ノラ) 37
ブノワ 233
ブノワ(・ダニアーヌ) 68
ブノワ・ラーブル 138
フュルベール 132
プラシド 335
フランソワ(・ダッシズ) 334
フランソワ(・ド・ポール) 124
フランソワ・カラシオロ 192
フランソワ・グザヴィエ 405
フランソワーズ＝グザヴィエ・カブリニ 428
フランソワーズ(・ロメーヌ) 97
フランソワ・ド・サール 47
フランソワ・ド・ジロラモ 164
フランソワ・ボルジア 341
ブランダン(・ル・ヴォワイヤジュール) 169
ブリジット 57
ブリジット(・ド・シュエド) 246
ブリュノー 336
フリュマンス 359
ブレーズ 59
プロスペール(・ダキテーヌ) 213
フロリアン 158
ペトロニル 184
ベニーニュ 367
ペラジー(・ペニタント) 338
ベルティーユ・ボスカルダン 352
ベルナデット(・スビルー) 75
ベルナルダン(・ド・シエナ) 173
ベルナール(・ド・クレルヴォー) 280
ペルペチュ 95
ポール 49
ポール(・ド・テーブ) 38
ポール(・ド・ラ・クロワ) 351
ポール(の回心記念日) 48
ボナヴァンチュール 237
ホニファス 193
ポリカルプ 80
ポルフィール 83

マ　行

マーニュ 300
マクシミリアン 100
マクシミリアン・コルブ 274
マチュー(・レヴァンジリスト) 316
マティアス 167
マティルド 102
マテルヌ 308
マドレーヌ・ソフィ・バラ 178
マリア・ゴレッティ 228
マリー＝マドレーヌ 245
マリー＝マドレーヌ・ポステル 238
マリー＝マドレーヌ・ド・パッツィ 182
マルク(・レヴァンジリスト) 147
マルグリット(・ダンティオッシュ) 242
マルグリット(・デコッス) 384
マルグリット(・ド・オングリ) 41
マルグリット(・ド・コルトーン) 79
マルグリット(・ブルジョワ) 35
マルシアル(・ド・リモージュ) 218
マルスラン 128
マルセル(・プルミエ) 39
マルタン(・ド・トゥール) 378
マルタン(・プルミエ) 135
マルタン・ド・ポレス 369
マルト 254
ミッシェル 325
メダール 196
メチルド 387
メトッド(・ド・コンスタンチノープル) 202
メリアデク 195
モニック 287
モーリス 317

ヤ　行

ヤサント(・ド・クラコヴィ) 277
ユーグ(・ド・グルノーブル) 123
ユスターシュ 314
ユーゼーブ 262
ユナ 137
ユラリー 414
ユルシュール 353
ユルバン(・サンク) 425
ユルリク 77

ラ　行

ラザール 423
ラファエル 325
ラファエル(・マリー・ポラス) 29
ランドリ 198
ランベール(・ド・メーストリクト) 311
リシャール(・ド・シシェステール) 125
リタ(・ド・カッシア) 175
リディー 263
リドヴィヌ 136

ジャン・ド・デュ　96
ジャン（・ド・ラ・クロワ）　420
ジャン＝バチスト　212
ジャン＝バチスト・ド・ラ・サール　129
ジャン・ボスコ　54
ジャン＝マリー・ヴィアネー　264
ジャン（・レヴァンジリスト）　433
ジャン（・ロモニエ）　46
ジャン（・ド・ベヴェルレー）　160
ジャンヌ・ダルク　183
ジャンヌ（・ド・レストナック）　58
ジャンヌ＝ フランソワーズ・ド・シャンタル　417
ジュスタン　189
ジュード　360
ジュヌヴィエーヴ　25
ジュリアン（・ロスピタリエ）　69
ジュリー・ビヤール　130
ジュリエンヌ　73
ジョザファ（・ド・ポロツク）　380
ジョゼフ　107
ジョゼフ（・ド・キュペルタン）　312
ショナス　117
ジョルジュ　145
ジョン・フィッシェール　210
シリル（・ダレクサンドリ）　215
シリル（・ド・ジェリュザレム）　106
ジル　295
シルヴェストル　437
ジルダ（・ル・サージュ）　52
スコラスティック　67
スタニスラス（・ド・クラコヴィ）　133
ステファン（・ド・ペルム）　148
セヴラン（・ド・ノリック）　31
セシル　390
ゼノン（・ド・ヴローヌ）　134
セバスチャン　43
ゼフィリラン　286
セルジュ　337
セルジュ（・ド・ラドネーシュ）　320
セルス　253
セルナン（サチュルナン）　398

タ　行

ダヴィッド　89
ダヴィッド（・ド・レコッス）　177
ダマーズ（・プルミエ）　416
ダミアン　321
タルシジユス　275
タルフォンス（・ド・リゴリ）　261
チュリーブ　111
ティエリー　223
ディスマス（・ル・ボン・ラロン）　113
ディディエ　176
テークル（・ディコニオム）　318
テオドーズ（・ル・セノビアルク）　34
テオドール　376
テオドール（・ド・シケオン）　144
デメトリユス　358
テレーズ（・ダヴィラ）　346
テレーズ（・ド・リジュー）　331
テレマーク　23
デンフナ　168
ドニ　339
トマ　225
トマ・ダカン　51
トマ・モール　210
トマス・ベケット　435
ドミニク　268
ドミニク・サヴィオ　98
ドミニク（・ド・シロス）　426
ドロテ　62

ナ　行

ナゼール　253
ナタリ　302
ナルシス　361
ニコラ（・ド・トレンティーノ）　304
ニコラ（・ド・フリュ）　109
ニコラ（ニコル）　409
ノルベール　194

ハ　行

パコム　162
バジル（・ル・グラン）　24
パスカル・ベロン　170
バチルド　53
パトリス　105
パフニュース　305
バラシーズ　117
パラディユス　229
バルテルミー　284
バルナベ　199
バルバラ（バルブ）　406
バルビーヌ　119
パンクラス　165
パンタレオン　252
ピエール　217
ピエール（・ド・タランテーズ）　161
ピエール・カニジウス　427
ピエール・クラヴェル　303
ピエール・クリゾログ　255
ピエール・シャネル　149
ピエール・ダミアン　78
ピエール・フーリエ　413
ピ（・サンク）　152

ウロージュ　99
エティエンヌ　432
エディット・スタン　269
エテルドレッド(オードレー)　211
エドウィージュ　347
エドベール　160
エドモン　388
エラスム(エルム)　190
エリザベート　372
エリザベート(・ド・オングリ)　385
エリザベート・セトン　27
エリザベット(・ド・ポルチュガル)　226
エリック　171
エリベール(・ド・コローニュ)　104
エロワ　403
オギュスタン　288
オギュスタン(・ド・カンテルビュリー)　180
オドン(・ド・クリュニー)　386
オトン(・ド・バンベルク)　224
オモボン　381
オレーヌ　278
エドモン　388
エラスム(エルム)　190
エリザベート・セトン　27
エリック　171
エリベール(・ド・コローニュ)　104
オギュスタン　288
オギュスタン(・ド・カンテルビュリー)　180
オモボン　381

カ　行

ガエタン　267
カジミール　92
ガスパール・デル・ビュファーロ　434
カトリーヌ(・ダレクサンドリ)　394
カトリーヌ(・ド・ジェーヌ)　309
カトリーヌ(・ド・シエナ)　150
カトリーヌ(・ド・シュエッド)　112
カトリーヌ(・ド・リッシ)　70
カトリーヌ・ラブーレ　397
カニュ(・カトル)　42
ガブリエル　325
ガブリエル・ポセンティ　84
カミーユ・ド・レリス　236
カリクスト(・プルミエ)　345
ギー(・ダンデルレクト)　306
キュトベール　108
キュネゴンド　91
ギヨーム(・ド・ブールジュ)　33
キリアン　230
クラリス　272
クリスチーヌ　247
クリスティアーヌ(ニナ、ニノン)　421
クリストフ　249
クリソゴーヌ　392
クルー　301
クレール　271
グレゴワール(・ド・ナジアンズ)　24
グレゴワール(・ル・グラン)　297
グレゴワール・バルバリゴ　206
クレパン　357
クレピニアン　357
クレマン(・プルミエ)　391
ケヴァン　191
コーム　321
ゴッドリック　174
ゴドフロワ(ジョフロワ)　375
コルネイユ　310
コレット　94
コロンバ(・ディオナ)　197
ゴントラン　116
コンラッド　76

サ　行

ザカリ　110
ザカリ　372
サバ　408
サビーヌ　289
サンフォリアン　282
ジークフリード　72
ジェラーズ(・プルミエ)　389
ジェラール　319
ジェラール(・ド・ブローニュ)　333
ジェラジム　93
ジェルマン　181
ジェロー(・ドーリヤック)　344
ジェローム　327
ジェローム・エミリアン　65
シクトュス(・ドゥ)　266
ジタ　148
シメオン(・ル・スティリスト)　28
シモン　360
ジャック(・ル・マジョール)　248
ジャック(・ル・ミヌール)　157
シャド　90
シャルベル・マクルー　430
シャルル・ボロメ　370
ジャンヴィエ　313
ジャン・ウード　279
ジャン・ガルベール　234
ジャン・クリゾストム　307
ジャン・クリマック　118
ジャン(・ド・カピストラン)　355
ジャン(・ド・ケンティ)　429

Veronica 60
Veronica Giuliani 231
Victorin of Pettau 368
Vincent de Paul 322
Vincent Ferrer 127
Vincent of Zaragoza 45
Virgil of Salzburg 396
Vitus(Guy) 203
Viviana(Bibiana) 404

W

Walburga 82
Waldetrudis 131
Wenceslas 323
Wilfrid 343
William of Bourges 33
Winibald 424
Wolfgang 363
Wulfric 77

Z

Zachariah 372
Zacharias 110
Zeno of Verona 134
Zephyrinus 286
Zita 148

聖人名索引（仏語読み）

ア　行

アガット 61
アグリコーラ(・ダヴィニョン) 296
アタナーズ 156
アダルベール(・ド・マグドブール) 208
アデライード(アリス) 422
アドリアン 302
アドリアン(・ド・カンテルビュリー) 32
アナスタジー 431
アニーズ 436
アニェス 44
アニェス(・ド・モントピュルシアーノ) 142
アニセ 139
アフラ 265
アポリーヌ 66
アポロニユス 140
アルセーヌ 241
アルヌール 240
アルフォンス・ロドリゲズ 362
アルベール・ル・グラン 383
アレクサンドル・ソーリ 342
アレクシス 239
アレクシス(聖母のしもべ会七聖人) 74
アロイジュス(・ルイ・ド・ゴンザーグ) 209
アンジェール・メリシ 50
アンジェルベール 374
アンセルム(・ド・カンテルビュリー) 143
アンテルム 214
アントナン(・ド・フロランス) 163
アンドレ 399
アンドレ・ユベール・フルネ 166
アントワーヌ(・デ・カーヴ) 232
アントワーヌ(・ド・パドーヴァ) 201
アントワーヌ＝マリー・クラレ 356
アントワーヌ＝マリー・ザカリア 227
アントワーヌ(・ル・グラン) 40
アンヌ 251
アンブロワーズ 411
アンリ(・ドゥ) 235
イヴ 172
イザベル(・ド・ポルチュガル) 226
イジドール(・ド・セヴィル) 126
イニャス(・ダンティオッシュ) 349
イニャス・ド・ロヨラ 256
イポリット 273
イレール(・ダルル) 159
イレール(・ド・ポワティエ) 36
イレネー(・ド・リオン) 216
ヴァランタン 71
ヴァルタン 81
ヴァルトリュード 131
ヴァルビュルジュ 82
ヴァンサン(・ド・サラゴス) 45
ヴァンサン・ド・ポール 322
ヴァンサン・フェリエ 127
ヴァンセスラス 323
ヴィヴィアンヌ 404
ヴィクトラン(・ド・ペトー) 368
ヴィト(ギー) 203
ヴィヌバルド 424
ヴィルジル(・ド・サルツブルク) 396
ウィルフリッド 343
ウーフラジー 101
ヴェロニック 60
ヴェロニック・ジュニアーニ 231
ヴォルフガング 363
ヴュルフリック 77

N

Narcissus 361
Natalia 302
Nazarius 253
Nicholas of Tolentino 304
Nichoras of Flue 109
Nicolas (Nicholas) 409
Norbert 194

O

Odo of Cluny 386
Otto of Bamberg 224

P

Pachomius 162
Palladius 229
Pancras 165
Pantaleon 252
Paphnutius 305
Paschal Baylon 170
Patrick 105
Paul of the Cross 351
Paul of Thebes 38
Paula 49
Pelagia the Penitent 338
Perpetua 95
Peter 217
Peter Canisius 427
Peter Chanel 149
Peter Chrysologus 255
Peter Claver 303
Peter Damian 78
Peter Fourier 413
Peter of Tarantaise 161
Petronilla 184
Philip 155
Philip Neri 179
Philip of Heraclea 354
Pius V 152
Pius X 281
Placid 335
Polycarp 80
Porphyry 83
Prosper of Aquitaine 213

R

Rainier of Pisa 205
Raphael the Archangel 325
Raphaelle Mary Porras 29
Raymund Nonnatus 291
Raymund of Penyafort 30
Remigius 85
Richard of Chichester 125
Rita of Cascia 175
Rock 276
Romaric 412
Romuald 207
Rosalie 298
Rose of Lima 283
Rupert of Salzburg 115

S

Sabbas 408
Sabina 289
Scholastica 67
Sebastian 43
Serge 337
Sergius of Radonezh 320
Sernin (Saturnin) 398
Severinus of Noricum 31
Sigfrid 72
Silvester I 437
Simeon The Stylite 28
Simon 360
Sixtus II 266
Stanislaus of Krakow 133
Stephen 432
Stephen of Perm 148
Symphorian 282

T

Tarsicius 275
Telemachus 23
Thecla of Iconium 318
The Conversion of Saint Paul 48
Theodore 376
Theodore of Sykeon 144
Theodosius The Cenobiarch 34
Theresa of Avila 346
Theresa of Lisieux 331
Thierry 223
Thomas 225
Thomas Aquinas 51
Thomas Becket 435
Thomas More 210
Turibius 111

U

Ulric 77
Urbain V 425
Ursula 353

V

Valentine 71
Vartan 81

I

Ignatius of Antioch 349
Ignatius of Loyola 256
Irenaeus of Lyon 216
Isabel of Portugal 226
Isidore of Seville 126
Ives 172

J

James the Greater 248
James the Less 157
Januarius 313
Jerome 327
Jerome Emiliani 65
Joan of Lesonna 58
Joann of Arc 183
John-Baptist 212
John-Baptist de la Salle 129
John Bosco 54
John Chrysostom 307
John Climacus 118
John Eudes 279
John Fisher 210
John Guarbert 234
John-Mary Vianney 264
John of Beverley 160
John of Capistrano 355
John of God 96
John of Kanti 429
John of the Cross 420
John The Almsgiver 46
John the Evangelist 433
Jonah 117
Josaphat of Polotsk 380
Joseph 107
Joseph of Copertino 312
Jude 360
Julian the Hospitaller 69
Juliana 73
Julie Billiart 130
Justin 189

K

Kevin 191
Kunigunda 91

L

Lambert of Maastricht 311
Landry 198
Lawrence (Laurence) 270
Lawrence Giustiniai 299
Lawrence of Brindisi 244
Lawrence O'Toole 382
Lazarus 423
Leger 332
Leo III 200
Leo IX 141
Leo the Great 377
Leonard 373
Leonard of Port Maurice 395
Lidvina 136
Liudger 114
Louis(of Anjou) 86
Louis of France 285
Louise de Marillac 103
Lucy 418
Luke the Evangelist 350
Luke the Younger 64
Lutgard 204
Lydia 263

M

Magdalen-Sophie Barat 178
Magnus 300
Marcellinus 128
Marcellus I 39
Margaret Bourgeoys 35
Margaret of Antioch 242
Margaret of Cortona 79
Margaret of Hungury 41
Margaret of Scotland 384
Maria Goretti 228
Mark the Evangelist 147
Martha 254
Martial of Limoges 218
Martin de Porres 369
Martin I 135
Martin of Tours 378
Mary Magdalene 245
Mary-Magdalene dei Pazzi 182
Mary-Magdalene Postel 238
Materne 308
Mathilda 102
Matthew the Evangelist 316
Matthias 167
Maurice 317
Maximilian 100
Maximilian Kolbe 274
Mechtilde 387
Medard 196
Meriadoc(Meriasek) 195
Methodius of Constantinople 202
Michael the Archangel 325
Monica 287

Christina 421
Christopher 249
Chrysogonus 392
Cilien 230
Clare 271
Clarisse 272
Clement I 391
Cloud 301
Colette 94
Columba of Iona 197
Conrad 76
Cornelius 310
Cosmas 321
Crispin 357
Crispinian 357
Cuthbert 108
Cyril of Alexandria 215
Cyril of Jerusalem 106

D

Damasus I 416
Damian 321
David 89
David I of Scotland 177
Demetrius 358
Denis 339
Desiderius 176
Dismas the Good Thief 113
Dominic 268
Dominic of Silos 426
Dominic Savio 98
Dorothy 62
Dympna 168

E

Edbert 160
Edith Stein 269
Edmund 388
Elizabeth 372
Elizabeth of Hungary 385
Elizabeth of Portugal 226
Elizabeth Seton 27
Eloi 403
Engelbert 374
Erasmus(Elmo) 190
Eric 171
Etheldreda(Audrey) 211
Eulalia 414
Eulogius 99
Euphrasia 101
Eusebius 262
Eustace 314

F

Felicity 95
Felix of Nola 37
Fiacre 290
Fidelis of Sigmaringen 146
Florian 158
Frances de Chantal 417
Frances of Rome 97
Frances-Xaviere Cabrini 428
Francis Caraciolo 192
Francis di Girolamo 164
Francis of Assisi 334
Francis of Borgia 341
Francis of Paola 124
Francis of Sales 47
Francis Xavier 405
Frumentius 359
Fulbert 132

G

Gabriel possenti 84
Gabriel the Archangel 325
Gelasius I 389
Genevieve 25
George 145
Gerard 319
Gerard of Brogne 333
Gerasimus 93
Geraud of Aurillac 344
Germanus 181
Gildas the Wise 52
Giles 295
Godefroid(Geoffroy) 375
Godric 174
Gontran 116
Gregory Barbarigo 206
Gregory of Nazianzus 24
Gregory the Great 297
Guy of Anderlecht 306

H

Hedwige 347
Helen 278
Henry II 235
Heribert of Cologne 104
Hilary of Arles 159
Hilary of Poitiers 36
Hippolytus 273
Homobonus 381
Hugh of Grenoble 123
Hunna 137
Hyacinth of Cracow 277

ローレンス・ジュスティアーニ　299
ロザリー　298
ロック　276
ロマリック　412
ロムアルド　207

ワ　行

ワールバーガ　82

聖人名索引（英語表記）

A

Adalbert of Magdeburg　208
Adelaide(Alice)　422
Adrian　302
Adrian of Canterbury　32
Afra　265
Agatha　61
Agnes　44
Agnes of Montepulciano　142
Agricola of Avignon　296
Albert the Great　383
Alexander Sauli　342
Alexis　239
Alexis,The Seven Founders of the Servite Order　74
Aloysius(Louis Gonzaga)　209
Alphonsus Liguori　261
Alphonsus Rodriguez　362
Ambrose　411
Anastasia　431
Andrew　399
Andrew-Hubert Fournet　166
Angela Merici　50
Anicetus　139
Anicia　436
Ann　251
Anselm of Canterbury　143
Anthelm　214
Antoninus of Florence　163
Antonius of Padova　201
Antony Mary Claret　356
Antony-Mary Zaccaria　227
Antony of Egypt　40
Antony of the Caves　232
Apollonia　66
Apollonius　140
Arnulf　240
Arsenius　241
Athanasius　156
Augustine of Canterbury　180
Augustines　288

B

Balbina　119
Barbara　406
Barnabas　199
Bartholomew　284
Basil The Great　24
Bathild　53
Benedict　233
Benedict of Aniane　68
Benignus　367
Benoit Labre　138
Berikjesu　117
Bernadette Soubirous　75
Bernard (of Clairvaux)　280
Bernardino of Siena　173
Bertilla Boscardin　352
Blaise　59
Bonaventure　237
Boniface　193
Brendan the Voyager　169
Bridget of Sweden　246
Brigid　57
Bruno　336

C

Cajetan　267
Callistus I　345
Camillus de Lellis　236
Canute IV　42
Casimir　92
Caspar Del Bufalo　434
Catherine de Ricci　70
Catherine Laboure　397
Catherine of Alexandria　394
Catherine of Genoa　309
Catherine of Siena　150
Catherine of Sweden　112
Cecillia　390
Celsus　253
Chad　90
Charbel Makhlouf　430
Charles Borromeo　370
Christina　247

ブリジッド　57
ブリジット(・オブ・スウェーデン)　246
ブルーノ　336
フルバート　132
フルメンティウス　359
ブレイズ　59
ブレンダン(・ザ・ヴォイジャー)　169
プロスパー(・オブ・アキテイヌ)　213
フロリアン　158
ベイジルト・ザ・グレート　24
ヘドウィッジ　347
ペトロニラ　184
ベニグナス　367
ベネディクト　233
ベネディクト(・オブ・アニアン)　68
ペラジア(・ザ・ペニテント)　338
ベリクジェス　117
ヘリバート(・オブ・コローニュ)　104
ヘレン　278
ヘンリー(・ザ・セカンド)　235
ボナヴェンチャー　237
ボニフェイス　193
ポーフィリー　83
ホモボナス　381
ポーラ　49
ポリカープ　80
ポール(・オブ・ザ・クロス)　351
ポール(・オブ・テーベス)　38
ポール(の回心記念日)　48

マ　行

マイケル　325
マーガレット(・オブ・アンティク)　242
マーガレット(・オブ・コートーナ)　79
マーガレット(・オブ・スコットランド)　384
マーガレット(・オブ・ハンガリー)　41
マーガレット(・ブルジョワ)　35
マキシミリアン　100
マキシミリアン・コルベ　274
マーク(・ジ・エヴァンジリスト)　147
マグダレン・ソフィ・バラ　178
マグナス　300
マシアス　167
マーセラス(・ザ・ファースト)　39
マーセリナス　128
マターン　308
マーチン(・ザ・ファースト)　135
マティルダ　102
マーティン(・オブ・トゥール)　378
マリア・ゴレッティ　228
マリー＝マグダレン・ポステル　238
マルタ　254
マルティアル(・オブ・リモージュ)　218
マルティン・デ・ポレス　369
メアリー＝マグダレン・ディ・パッツィ　182
メアリー・マグレン　245
メソディウス(・オブ・コンスタンチノープル)　202
メダード　196
メチルド　387
メリアドク(メリアセク)　195
モーリス　317
モニカ　287

ヤ　行

ユスタース　314
ユーセビアス　262
ユーフラシア　101
ユーラリア　414
ユルリク　77
ユーロジウス　99

ラ　行

ラザラス　423
ラファエル　325
ラファエル(・メアリー・ポラス)　29
ランドリー　198
リタ(・オブ・カッシア)　175
リチャード(・オブ・チチェスター)　125
リディア　263
リドヴィナ　136
リュージャー　114
ルイス(・オブ・アンジュー)　86
ルイス(・オブ・フランス)　285
ルイーズ・ディ・マリラック　103
ルーク(・ザ・ヤンガー)　64
ルーク(・ジ・エヴァンジリスト)　350
ルーシー　418
ルートガード　204
ルパート(・オブ・ザルツバーグ)　115
レイニア(・オブ・ピサ)　205
レイマンド(・オブ・ペニャフォート)　30
レイモンド・ノナタス　291
レオ(・ザ・グレート)　377
レオ(・ザ・サード)　200
レオ(・ザ・ナイン)　141
レジェ　332
レナード　373
レナード(・オブ・ポート・モリス)　395
レミギウス　85
ローズ(・オブ・リマ)　283
ローレンス　270
ローレンス・オトゥール　382
ローレンス(・オブ・ブリンディシ)　244

スタニスラス(・オブ・クラコウ) 133
スティーブン 432
スティーブン(・オブ・パーム) 148
セイント・マシュー(・ジ・エヴァンジリスト) 316
セイント・ランバート(・オブ・マーストリヒト) 311
セヴェリナス(・オブ・ノリカム) 31
セシリア 390
ゼーノ(・オヴ・ヴェローナ) 134
セバスティャン 43
ゼフィリナス 286
セルサス 253

タ 行

ダマサス(・ザ・ファースト) 416
ダミアン 321
タルシシアス 275
チャド 90
チャールズ・ボロメオ 370
デイヴィッド 89
デイヴィッド(・オブ・スコットランド) 177
ティエリー 223
ディスマス(・ザ・グッド・シーフ) 113
ディンプナ 168
テオドシアス(・ザ・シノビアーチ) 34
デシデリウス 176
デニス 339
デメトリアス 358
テレサ(・オブ・アヴィラ) 346
テレサ(・オブ・リジューズ) 331
テレマカス 23
トゥリビウス 111
トーマス・アクィナス 51
トマス 225
トマス・ベケット 435
トマス・モア 210
ドミニク 268
ドミニク(・オブ・シラス) 426
ドミニック・サヴィオ 98
ドロシー 62

ナ 行

ナザリアス 253
ナーシサス 361
ナタリア 302
ニコラス 409
ニコラス(・オウ・フルー) 109
ニコラス(・オブ・トレンティーノ) 304
ノルバート 194

ハ 行

バーバラ 406
パーペチュア 95
ハイアシンス(・オブ・クラコウ) 277
パコミアス 162
バシルド 53
パスカル・バイロン 170
バーソロミュー 284
バーティラ・ボスカーディン 352
パトリック 105
バーナデット(・スビルー) 75
バーナード(・オブ・クレアヴォー) 280
バーナードディノ(・オブ・シエナ) 173
パフヌティウス 305
パラディアス 229
バルナバス 199
バルビナ 119
パンクラス 165
パンタリオン 252
ピアス(・ザ・テンス) 281
ピウス(・ザ・フィフス) 152
ピーター 217
ピーター(・オブ・タランテーズ) 161
ピーター・カニジアス 427
ピーター・クリソロガス 255
ピーター・クレイヴァー 303
ピーター・ダミアン 78
ピーター・チャネル 149
ピーター・フーリア 413
ヒポリタス 273
ヒュー(・オブ・グルノーブル) 123
ヒューナ 137
ヒラリー(・オブ・アルレス) 159
ヒラリー(・オブ・ポワチエ) 36
ビンセント(・オブ・ザラゴーサ) 45
フィアクル 290
フィッリップ 155
フィッリップ・ネリ 179
フィデリス(・オブ・ジークマリンゲン) 146
フィリップ(・オブ・ヘラクレア) 354
フェリシティ 95
フェリックス(・オブ・ノラ) 37
ブノワ・ラーブル 138
プラシド 335
フランシス(・オブ・アッシジ) 334
フランシス・オブ・セイルズ 47
フランシス(・オブ・パオラ) 124
フランシス・オブ・ボルジア 341
フランシス・カラチオロ 192
フランシス・ザヴィヤー 405
フランシス＝ザヴィアー・カブリーニ 428
フランシス・ディ・ジロラモ 164
フランセーズ(・オブ・ローム) 97

カスバート　108
カスパー・デル・バッファロ　434
カヌート(・ザ・フォース)　42
ガブリエル　325
ガブリエル・ポセンティ　84
カミラス・デ・レリス　236
カリスタス(・ザ・ファースト)　345
キャサリン(・オブ・アレクサンドリア)　394
キャサリン(・オブ・シエナ)　150
キャサリン(・オブ・ジェノア)　309
キャサリン(・オブ・スゥーデン)　112
キャサリン(・ディ・リッチ)　70
キャサリン・ラブーレ　397
ギルダス(・ザ・ワイズ)　52
クニグンダ　91
クラリス　272
クリスチーナ　247
クリスティーナ　421
クリストファー　249
クリスピニアン　357
クリスピン　357
クリソゴナス　392
クレア　271
グレゴリー(・オブ・ナジアンザス)　24
グレゴリー(・ザ・グレイト)　297
グレゴリー・バルバリゴ　206
クレメント(・ザ・ファースト)　391
クロード　301
ケヴィン　191
コスマス　321
ゴッドフロイド(ジョフロイ)　375
ゴッドリック　174
コーネリアス　310
コルンバ(・オブ・イオナ)　197
コレット　94
ゴントラン　116
コンラッド　76

サ　行

サイモン　360
ザカリア　372
ザカリアス　110
サージ　337
サージアス(・オブ・ラドネズ)　320
サーニン(サターニン)　398
サバス　408
サビーナ　289
ジェイムズ(・ザ・グレーター)　248
ジェイムズ(・ザ・レス)　157
ジェイン=フランセス・ディ・シャンタル　417
ジェラード　319
ジェラード(・オブ・ブローニュ)　333
ジェラシマス　93
ジェロー(・オブ・オーリヤック)　344
ジェローム　327
ジェローム・エミリアーニ　65
シオドア　376
シオドア(・オブ・シケオン)　144
シクスタス(・ザ・セカンド)　266
ジークフリード　72
シークラ(・オブ・イコニウム)　318
ジタ　148
シメオン(・ザ・スタイリット)　28
ジャイルズ　295
ジャスティン　189
ジャヌアリアス　313
シャーベル・マクルー　430
ジャーマナス　181
ジュード　360
ジュヌヴィエーヴ　25
ジュリアナ　73
ジュリアン(・ザ・ホスピタラー)　69
ジュリー・ビリアート　130
ジョザファト(・オブ・ポロック)　380
ジョージ　145
ジョゼフ　107
ジョゼフ(・オブ・コパーティノ)　312
ジョナ　117
ジョーン・オブ・アーク　183
ジョン(・オブ・カピストラーノ)　355
ジョン(・オブ・カンティ)　429
ジョン・オブ・ゴッド　96
ジョン(・オブ・ザ・クロス)　420
ジョン(・オブ・ベヴァリー)　160
ジョーン(・オブ・レストナック)　58
ジョン(・ジ・アームズギヴァー)　46
ジョン(・ジ・エヴァンジリスト)　433
ジョン=バプティスト　212
ジョン=バプティスト・ド・ラ・サール　129
ジョン=マリー・ヴァアニー　264
ジョン・ガーバート　234
ジョン・クリソストム　307
ジョン・クリマカス　118
ジョン・フィッシャー　210
ジョン・ボスコ　54
ジョン・ユーデス　279
ジラシアス(・ザ・ファースト)　389
シリアン　230
シリル(・オブ・アレクサンドリア)　215
シリル(・オブ・ジェルサレム)　106
シルヴェスター　437
シンフォリアン　282
スコラスティカ　67

ロムアルド　207
ロメオ　82
ロレンゾ　270
ロレンゾ　310

ワ　行

ワイリバルト　229
ワインバルト　424

聖人名索引（英語読み）

ア　行

アイヴス　172
アガサ　61
アグネス　44
アグネス(・オブ・モンテプルシアーノ)　142
アグリコーラ　296
アーシュラ　353
アーセニアス　241
アタナシアス　156
アダルバート(・オブ・マグデバーグ)　208
アデライード(アリス)　422
アナスタシア　431
アニシア　436
アニセタス　139
アーヌルフ　240
アフラ　265
アポロニア　66
アポロニウス　140
アルバート・ザ・グレイト　383
アルフォンサス(・リゴリ)　261
アルフォンサス・ロドリゲズ　362
アレキサンダー・サウリ　342
アレクシス　74
アレクシス　239
アロイシアス(・ルイス・ゴンザーガ)　209
アン　251
アンジェラ・メリシ　50
アンセルム　214
アンセルムス(・オブ・カンタベリー)　143
アントニアス(・オブ・パドーヴァ)　201
アントニー(・オブ・エジプト)　40
アントニー(・オブ・ザ・カーヴズ)　232
アントニナス(・オブ・フローレンス)　163
アントニー＝マリー・ザカリア　227
アントニー・メアリー・クラレット　356
アンドリュー　399
アンドリュー・ハバート・フルネット　166
アンブローズ　411
イグナティアス(・オブ・アンティオッシュ)　349
イグナティアス・オブ・ロヨラ　256
イザベル(・オブ・ポートガル)　226
イシドア(・オブ・セヴィル)　126
イレネウス(・オブ・リオン)　216
ヴァージル(・オブ・サルツバーグ)　396
ヴァータン　81
ヴァルデトルーディス　131
ヴァレンタイン　71
ヴィヴィアナ　404
ヴィクトリン(・オブ・ペトー)　368
ヴィタス(ガイ)　203
ウィニボールド　424
ウィリアム(・オブ・ブールジュ)　33
ウィルフリード　343
ヴィンセント・デ・ポール　322
ヴィンセント・フェラー　127
ヴェロニカ　60
ヴェロニカ・ジュリアーニ　231
ヴェンセスラス　323
ヴォルフガング　363
ヴルフリク　77
ウルベイン(・ザ・フィフス)　425
エイドリアン　302
エイドリアン(・オブ・カンタベリー)　32
エディット・スタイン　269
エテルドレダ(オードリー)　211
エドバート　160
エドマンド　388
エラスマス(エルモ)　190
エリザベス　372
エリザベス(・オブ・ハンガリー)　385
エリザベス(・オブ・ポートガル)　226
エリザベス・シートン　27
エリック　171
エロイ　403
エンゲルベルト　374
オーガスティン　288
オーガスティン(・オブ・カンタベリー)　180
オット(・オブ・バンバーグ)　224
オド(・オブ・クリュニー)　386

カ　行

ガイ(・オブ・アンダーレクト)　306
カジェタン　267
カシミール　92

ヨハネ(洗礼者)　212, 290
ヨハネ(ダマスカスの)　407
ヨハネ(ネポムクの)　170
ヨハネ・フィッシャー　210
ヨハネ(福音書記者)　433
ヨハネ(ベヴァリーの)　160
ヨハネ・ボスコ　54
ヨハネ(リラの)　350
ヨハネ・レオナルディ　340
ヨランダ　199

ラ　行

ライッサ　300
ライムンド(ペニャフォルの)　30
ライムンド・ノンナート　291
ライムンドゥス・ノンナートゥス　291
ラウレンチオ(ブリンディシの)　244
ラウレンチオ・ユスチニアノ　299
ラウレンティウス　270
ラウレンティウス(ブリンディシの)　244
ラウレンティウス・ユスティニアニ　299
ラザール　80
ラザロ　423
ラドゴンド　273
ラニエリ(ピサの)　205
ラファエラ(・マリア・ポラス)　29
ラファエル(大天使)　325
ラリッサ　114
ランドリ　139
ランドリー　198
ランベール　201
ランベルトゥス(マーストリヒトの)　311
リタ(カッシアの)　175
リチャード　64
リチャード(ナチェスターの)　125
リディア　263
リドヴィナ　136
リファール　191
リベラ　277
ルイ(九世)　285
ルイ＝マリ・グリニャン・ド・モンフォール　150
ルイ・ベルトラン　340
ルイーズ・ド・マリヤック　103
ルイジ(アンジューの)　86
ルイジ・モルビオリ　377
ルー　255
ルー　295
ルートガー　114
ルカ(福音書記者)　350
ルカ(若い)　64
ルキアヌス(ボーヴェの)　31
ルキウス　404
ルチア(サンタ)　418
ルッジェロ　437
ルデヤ　263
ルドヴィコ(アンジューの)　86
ルトガルディス　204
ルドゲルス　114
ルナン　189
ルネ　352
ルノー　31
ルノー　312
ルフィーナ　242
ルブイン　380
ルペルト(ザルツブルクの)　115
ルマークル　298
レア　110
レアンドル　84
レアンドル(セビリャの)　101
レーヌ　302
レオ(一世)　75, 377
レオ(九世)　141
レオ(三世)　200
レオヴィジルド　282
レオカディア　414
レオデガリウス　332
レオナルド　373
レオナルド(ポルト・マウリチオの)　395
レオナルドゥス　373
レオポルド三世　383
レギナ　302
レジェ　332
レスティテュア　171
レミ　38, 85
レミギウス　85
ローザ(ヴィテルボの)　299
ローザ(リマの)　283
ローランド　167
ローレンス・オトゥール　382
ロガシアン　177
ロクス　276
ロザリア　298
ロジーヌ　99
ロズマリーヌ　40
ロック　276
ロドリグ　101
ロドルフ　209
ロベール　27
ロベール(モレムの)　152
ロベルト・ベラミノ　312
ロマリク　412
ロマリクス　412
ロマン　85
ロマン　269
ロマン　356

マドレーヌ・ソフィ・バラ　178
マリア(エジプトの)　124
マリア・クロシフィサ・ディ・ローザ　421
マリア・ゴレッティ　228
マリア＝ジョゼフ・ロゼロ　412
マリア(聖母)　24, 275, 303
マリア・ソレダード　342
マリア＝マグダレナ・ディ・パッツィ　182
マリアンナ・パレデス・イ・フロレス　179
マリアンヌ　75
マリウス　43
マリー(受肉の)　140
マリー＝テレーズ・ド・スビラン　195
マリー・ドニー　211
マリナ(アンティオキアの)　242
マリー＝マドレーヌ・ポステル　238
マルガリタ(アンティオキアの)　242
マルガリータ(コルトナの)　79
マルガリータ(ハンガリーの)　41
マルガリタ＝マリア・アラコク　348
マルクー　155
マルグリット(・ブルジョワ)　35
マルケリヌス　128
マルケルス一世　39
マルケルス(百人隊長)　362
マルコ(福音書記者)　147
マルシアーナ　33
マルシアル(リモージュの)　218
マルセル　54
マルタ　43
マルタン(トゥールの)　378
マルタ(ベタニアの)　254
マルチェリーヌ　240
マルチェロ一世　39
マルティナ　53
マルティニヤン　71
マルティヌス(一世)　135
マルティヌス(トゥールの)　378
マルティン・デ・ポレス　369
マロ　383
マング　300
ミカエル(大天使)　301, 325
ミゲル　66
ミシェル・ガリコイト　168
ミルティアディス　415
メクチルド　387
メソッド　72
メダルドゥス(ノワイヨンの)　196
メダール(ノワイヨンの)　196
メトディウス　72
メトディウス(コンスタンチノープルの)
　202
メヒチルト　387
メラニア　438
メリアセク　195
メリアドク　195
メルクリウス　395
メレーヌ　30
モーセス　289
モーリス　317
モール　38
モデスト　81
モニカ　287

ヤ　行

ヤコブ(小)　157
ヤコブ(大)　248
ヤコブ(パレスチナの)　51
ヤコブ(マルキアの)　398
ヤヌアリウス　313
ユーグ(クリュニーの)　151
ユーグ(グルノーブルの)　123
ユスタ　242
ユスティナ　100
ユスティノス　189
ユダ(タダイの)　360
ユダ(ヤコブの)　360
ユッタ　159
ユッタ　428
ユベール　369
ユリアナ　73
ユリアナ　207
ユリアナ(レエージュの)　127
ユリアヌス(看護者)　52, 69
ユリウス　180
ユリウス一世　134
ユルリク　77
ユルリック　232
ヨアキム　252
ヨサファト(ポロツクの)　380
ヨセフ　107, 156
ヨセフ・カラサンス　286
ヨセフ(コペルティーノの)　312
ヨナ　117
ヨハネ・ア・デオ　96
ヨハネ一世　171
ヨハネ(カピストラノの)　355
ヨハネ・グアルベルト　234
ヨハネ・クリソストモス　307
ヨハネ・クリマスク　118
ヨハネ(ケンティの)　429
ヨハネ(サハグンの)　200
ヨハネ(慈善家の)　46
ヨハネ(十字架の)　420
ヨハネ(新)　213
ヨハネス・カッシアヌス　247

フランシスコ・サレジオ　47
フランシスコ・ソラーノ　237
フランシスコ・ボルジア　341
フランソワ・ド・サール　47
フランチェスカ＝ザベリア・カブリーニ　428
フランチェスカ(ローマの)　97
フランチェスコ(アッシジの)　334
フランチェスコ・カラチオロ　192
フランチェスコ・ディ・ジロラモ　164
フランチェスコ(パオラの)　124
ブランディーヌ　190
ブリジッド　57
ブリス　381
プリス　49
プリスカ　42
フルゲンティウス　23
プルデンツァ　160
ブルーノ　336
ブルーノ(ヴュルツブルクの)　180
フルメンティウス　359
フルール　336
ブレーズ　59
フレデリック　241
ブレンダヌス(冒険旅行家の)　169
ブレンダン(冒険旅行家の)　169
プロコピウス(カイサリアの)　231
プロスペール(アキテーヌの)　213
フローラ　393
フロラン　227
フロランス　403
フロランタン　357
フロリアヌス　158
ブロリオン　114
フロリヌス　386
フロレンティウス　375
ベアト　163
ベアトリス　42
ベアトリス　296
ベウノ　143
ペギー　31
ヘートヴィヒ　347
ペトルス・カニシウス　427
ペトルス・クラヴェル　303
ペトルス・クリソロゴス　255
ペトロ(アレクサンドリアの)　396
ペドロ・クラヴェル　303
ペトロ・クリソロゴ　255
ペトロ(使徒)　217
ペトロ・ダミアノ　78
ペトロ・フリエ　413
ペトロニラ　184
ベニーニュ　367
ベニニュス　367
ベネディクト　104
ベネディクト　233
ベネディクトゥス　109, 233
ベネディクトゥス(アニアンの)　68
ペラギア(痛悔者)　338
ベランジェ　179
ヘリベルト(ケルンの)　104
ベルティラ・ボスカルディン　352
ベルト　227
ベルナール(クレルヴォーの)　280
ベルナール(モンジューの)　181
ベルナデッタ(ルルドの)　75
ベルナデット(ルルドの)　75
ベルナデット・スビルー　138
ベルナルディノ(シエナの)　173
ベルナルドゥス(クレルヴォーの)　280
ペルペドゥア　95
ヘルマン　129
ヘルメス　289
ヘルメネジルド　135
ヘレナ　278
ポーラン　35
ポーラン・ド・ノール　211
ボナヴェントゥラ　237
ボニファティウス　193
ボニファティウス(ローマの)　167
ボニフェイス　193
ホモボヌス　381
ポリカルポ　80
ボリス　248
ポリュカルポス　80
ポルフィリオ　83
ボンヌ　359
ボンフィス　323

マ　　行

マインラッド　45
マウリキウス　317
マーガレット(スコットランドの)　384
マキシミリアン・コルベ　274
マクシマン　182
マクシミリアヌス　100
マグダラのマリア　245
マグヌス　300
マケドニウス　48
マケール　98
マタイ(福音書記者)　316
マチュラン　377
マッテヤ　81, 167
マティルデ　102
マテルヌス　308
マドレーヌ(カノッサの)　132

パウロ(テーベの)　38
パウロ(の回心記念日)(使徒)　48
パウロ・ミキ　63
パウロ(無学の)　96
パコミウス　162
パシャーズ・ラドベール　148
バジリウス　24
バジリオ　24
パスクァル・バイロン　170
バーツラフ　323
バティルダ　53
バティルド　53
パテルヌ　137
ハドリアヌス　302
ハドリアヌス(カンタベリーの)　32
パトリック　105
ハーバート　108
ハビブ　115
パフヌティウス　305
バラキシウス兄弟　117
パラディウス　229
パルテニウス　64
バルトロマイ　284
バルトロメア・カピタニオ　252
バルトロメオ　284
バルナバ　199
バルナール　47
バルバラ　406
バルビナ　119
パルフェ　140
パンクラティウス　165
バンジャマン　119
パンタレオヌス　252
パンタレオン　252
パンフィルス　189
パンボ　241
ヒアキントウゥス(クラクフの)　277
ビアンヴニュ・ボジアーニ　363
ピウス(五世)　152
ピウス一〇世　281
ピエール・シャネル　149
ピエール(タランテーズの)　161
ピエール・フーリエ　413
ピエトロ(ヴェローナの)　128
ピエトロ・オルセオロ　34
ピエトロ・ダミアノ　78
ヒエロニムス　327
ヒエロニムス・エミリアニ　65
ヒッポリトゥス　273
ビビアナ　404
ビヤンヴニュ　110
ヒュー(リンカーンの)　386
ヒラリア　272
ヒラリウス(アルルの)　159
ヒラリウス(ポワティエの)　36
ヒラレオン　354
ビルギッタ(スウェーデンの)　246
ビルジッタ(スウェーデンの)　246
ヒルデガルド(ビンゲンの)　312
ヒルデリット　112
ピルミニウス　370
ファウスト　324
ファビアヌス　44
ファビオラ　434
ファール　125
フィアクル　290
フィーナ　100
フィッリッポ・ネリ　179
フィデース　337
フィデリス(ジークマリンゲンの)　146
フィナン　75
フィリピーヌ　387
フィリベール　281
フィリポ　155
フィリポ・ベニツィ　284
フィリポ(ヘラクレアの)　354
フィルマン　320
フィルミナ　393
フィレモン　97
フィレモン　391
フィロメーヌ　271
フーナ　137
フーベルト　369
フェリキタス　392
フェリーチェ(カンタリーチェの)　171
フェリチタス　95
フェリックス　70
フェリックス(ヴァロワの)　389
フェリックス(ノラの)　37
フェルディナンド三世　184
フェルナンド　216
フォカス　247
フォティーヌ　108
プソテ　427
ブノワ(アニアンの)　68
ブノワ・ビショップ　35
ブノワ・ラーブル　138
フュルベール(シャルトルの)　132
フラヴィ　424
プラキドゥス　335
プラキドゥス(ディゼンティスの)　233
プラクセディス　244
ブラシウス　59
プラシド　335
プラトン　126
フランシスコ・ザビエル　405

タルシキウス　275
タンギー　388
ダンスタン　172
チェチリア　390
チャド　90
チャーベル・マクーロフ　430
チャールズ　53
チリロ(エルサレムの)　106
ディアナ　197
デイヴィッド　89
デイヴィッド一世(スコットランドの)　177
ティエリー　223
ディオニシウス　339
ディスマス(良き盗賊の)　113
ディディエ　176
ティト　50
ティブルチオ　136
ティボー(プロヴァンの)　219
ティリアダート　196
ディンフナ　168
テオステリクトゥス　106
テオドシウス　158
テオドシウス(共同修道士)　34
テオドラ　70
テオドラ　306
テオドリック　231
テオドロス　376
テオドロス(シケオンの)　144
テオヌァーヌ・ヴェナール　58
テオフィル　61
テオフィル　93
テオフィル　426
テクラ(イコニウムの)　318
テクラ(キッツィンゲンの)　347
デシデリウス　176
デジレ　162
デボラ　317
デメトリウス　358
デメトリオ　339
テモテ　49
デリコール　42
テレサ(アヴィラの)　346
テレジア(アヴィラの)　346
テレーズ(リジューの)　331
テレマキウス　23
ドゥニーズ　169
ドゥニーズ　411
トゥリビオ　111
ドナ　267
ドナシアン　177
ドナティアヌス(ランスの)　346
ドナティアン(ランスの)　346
ドナルド　238
ドニ　339
トマス(使徒)　225
トマス・アクィナス　51
トマス・ヴィルヌーヴ　318
トマス・ベケット　435
トマス・モア　210
ドミニクス　268
ドミニコ　268
ドミニコ(シラスの)　426
ドメニコ・サヴィオ　98
ドリュオン　138
トルラク　429
ドロテ(モンタウの)　363
ドロテア　62
ドロテア(モンタウの)　214
トロペ　151

ナ　行

ナザリウス　253
ナタリア　253
ナタリア　302
ナディア　313
ナルシス(エルサレムの)　361
ナルチェッソ(エルサレムの)　361
ニカシウス　420
ニコデモ　263
ニコデモ　433
ニコラ　409
ニコラ　(フリューエの)　320
ニコラ(トレンティーノの)　304
ニコラウス　409
ニコラウス(フリューエの)　320
ニコラス(フルーエの)　109
ニーノ　421
ニルス(アンキラの)　380
ニルス(ロサノの)　322
ネオト　257
ネストール　83
ネレオ　166
ノエル・シャバネル　319
ノエル・ピノ　78
ノートカー・バルブルス　161
ノートブルガ　308
ノルベルト　194

ハ　行

ハイムラット　216
ハインリッヒ(二世)　235
バヴォ　332
パウラ　49
パウロ　218
パウロ(アルカンタラの)　351
パウロ(十字架の)　351

シャルル・ルワンガ　191
シャルルマーニュ　52
シャルロット　240
ジャン・ウード　279
ジャン＝バチスト・ド・ラ・サール　129
ジャン・フランソワ・レジス　205
ジャン＝マリー・ヴィアネー　264
ジャン・ルイスブロック　404
ジャンヌ＝アンティッド・トゥーレ　285
ジャンヌ＝エリザベート・ビシェ・デ・サージュ　287
ジャンヌ・ダルク　183
ジャンヌ・ド・フランス　61
ジャンヌ(・ド・レストナック)　58
ジャンヌ＝フランソワーズ・ド・シャンタル　417
ジュザンヌ　272
ジュスト　296
ジュスト(リヨンの)　346
ジュゼッペ(コペルティーノの)　312
ジュヌヴィエーヴ　25
ジューリアス　225
ジュリアン　50
ジュリアン(看護者)　69
ジュリアン・エマール　261
ジュリエット　204
ジュリー・ビリヤール　130
シュルピス　52
ジョヴァンニ(カピストラノの)　355
ジョヴァンニ・グアルベルト　234
ジョヴァンニ・ジョセッペ(十字架の)　93
ジョヴァンニ・ボスコ　54
ジョゼッペ・モスカリ　134
ジョフロワ　375
ジョルジェット　73
ジョン・ネポムシン・ノイマン　28
ジョン・フィッシャー　210
ジョン(ベヴァリーの)　160
シリル　72
ジル　295
シルヴァン　74
シルヴァン　158
シルヴィア　372
シルヴェステル一世　437
シルヴェストロ一世　437
シルヴェリウス　208
ジルベール　195
ジロラモ・エミリアニ　65
シンフォリアヌス　282
シンプリチオ　90
スヴィージン　224
スコラスティカ　67
スザンナ　76
スタニスラス・コストカ　381
スタニスラフ(クラクフの)　133
ステファヌス(ハンガリーの)　277
ステファノ　432
ステファン(ペルミの)　148
スピリディオン　420
セヴェリヌス　356
セヴェリヌス(ノリクムの)　31
セヴラン　68
セヴラン　397
セシリア　390
セドリック　31
セネン　256
ゼーノ(ヴェローナの)　134
セバスティアヌス　43
セバルドゥス　279
ゼフィリヌス　286
ゼフィリノ　286
セラファン　38
セラフィナ　304
セラフィム(サロフの)　25
セラフィン　343
セリーヌ　354
セルヴェ　167
セルギウス　337
セルギウス(ラドネシの)　320
セルゲイ　337
セルゲイ(ラドネシの)　320
セルジュ　303
セルナン　398
セレスト　346
ゾエ　156
ゾシマ　400
ゾシマス　126
ソフィー　152
ソランジュ　164
ゾリィ　349
ゾリーヌ　349

タ　行

タイス　339
ダヴィッド　89
ダヴィッド　215
ダゴベルト二世　429
タチアナ　36
ダニエル　74
ダニエル　244
ダニエル(柱の)　416
ダビデ　436
ダマスス(一世)　416
ダミアノ　321
ダミアノス　321
ダリア　358

グレゴリウス(大)(一世) 100, 297
グレゴリウス(ナジアンズの) 24
グレゴリウス(七世) 178
グレゴリウス(ニュッサの) 97
グレゴリオ(シナイの) 397
グレゴリオ(ナジアンズの) 24
グレゴリオ(大)(一世) 297
グレゴリオ・バルバリゴ 206
グレゴワール 86
グレゴワール(トゥールの) 386
グレブ 248
クレメンス 109
クレメンス(一世) 391
クレメンス・ホフバウアー 103
クロチルド 192
クロデガング 94
クロード・ラ・コロンビエール 73
クロードヴァルド 301
ケイレチ 348
ケヴィン 191
ゲオルギウス 145
ゲネシウス 286
ケネス 342
ゲノレ 91
ゲラシウス(一世) 389
ゲラシムス 93
ゲラルドス 319
ゲラルドス(オーリャックの) 344
ゲラルドス(ブローニュの) 333
ゲラン 288
ケルスス 253
ゲルトルーディス 105
ゲルトルーディス 384
ゲルマヌス 181
ゲレオン 341
ゲロルト 141
ケンティゲルン 37
ゴアール 229
ゴーティエ 46
ゴーティエ 131
コスマ 321
コスマス 321
ゴッドリック 174
ゴドフロワ 375
ゴドフロワ・ド・ブイヨン 238
ゴドレーヌ 229
コランタン 417
ゴルディウス 26
コルドウラ 355
コルネリウス 58
コルネリウス 310
コルネリオ 310
コルビニアヌス 389
コルンバ(イオナの) 197
コルンバヌス(イオナの) 197
コレット 94
コロナ 168
コロマン 364
コロンバン 392
コロンブ(サンスの) 438
ゴンザレス 34
コンスタンティヌス 174
コンスタンティヌス 319
ゴントラン 116
コンラッド 76
コンラッド(パルザムの) 143

サ　行

サヴァ 38
ザカリア 372
ザカリウス 110
サチゥルニウス 398
サドック 92
サバ・ブラコヴィッチ 146
サバス 408
サビナ 289
サムエル 74
サムソン 254
サモロン 101
サロメ 354
サーンス 382
シール 204
ジェラール 408
ジェラール(ブローニュの) 333
ジェラルド 319
ジェルマン 181
ジェルマン(オセールの) 257
ジェルメーヌ・クザン 204
ジェロー(オーリャックの) 344
ジェンマ・ガルガニ 133
シオドア 314
シギスベルト(ディゼンティスの) 233
シクストゥス(二世) 266
ジークフリード 283
ジークフリード 72
ジスラン 341
ジゼル 161
ジタ 148
シビル 107
シプリアン 311
シメオン(エルサレムの老人) 339
シメオン(柱の) 28
シメオン・サルス 223
シモン 360
ジャクリーヌ 65
シャルル・ル・ボン 90

エレミア 74
エレントルーデ(ザルツブルクの) 219
エロディア 355
エロワ 403
エンゲルベルト 374
オイフラシア 101
オーガスティン(カンタベリーの) 180
オクタヴィアン 266
オザナ 206
オスカール 60
オズワルド 265
オーダ 356
オットー(バンベルクの) 224, 328
オディール 419
オディロン 24
オデット 142
オトマール 385
オードリー 211
オドン(クリューニーの) 386
オヌフリウス 200
オノラ(アルルの) 39
オノリーヌ 84
オノレ 169
オーバン 89
オベール 305
オポルチューヌ 144
オメール 304
オモボノ 381
オラフ 255
オリーヴ 198
オリーヴ 93
オリンピア 424
オール 335
オルガ 233
オンスタンス 130

カ 行

カエキリア 390
カエサリウス(アルルの) 287
ガエタノ 267
カシミルス 92
ガストン 63
カスバート 108
カスバート・メーヌ 399
ガスパーレ・デル・ブファーロ 434
カタリナ(・ディ・リッチ) 70
カタリナ(アレクサンドリアの) 394
カタリナ(シエナの) 150
カタリナ(ジェノヴァの) 309
カタリナ(スウェーデンの) 112
カタリナ(ボローニャの) 98
ガディアン 425
カテリーナ(シエナの) 150
カトリーヌ・ラブーレ 397
カヌート(四世) 42
ガブリエル(大天使) 325
ガブリエル・ポセンティ 84
カミルロ・デ・レルリス 236
カリストゥス(一世) 345
ガル 348
ガルガノ・グイドッティ 406
ガルス 348
カルロ・ボロメオ 370
ガングー 165
カンタン 364
ギー(アンデルレヒトの) 306
ギーゼラ 161
キプリアヌス 311
ギベール 176
ギャバン 76
キュリアクス 268
キュリコス 204
キュリロス 72
キュリロス(アレクサンドリアの) 215
キュリロス(エルサレムの) 106
ギュンター(ニーダーアルタイヒノの) 340
ギヨーム 33
ギヨーム(アキテーヌの) 182
キリアクス 327
キリアヌス 230
ギルダス(賢者) 52
ギルバート 61
ギレス 295
グイド(アンデルレヒトの) 306
クウィリヌス(ノイスの) 118
グエン 350
クセニア 48
クトベルト 108
クニグンデ 91
グラティウス 302
グラディス 117
クララ 271
クラリス 272
クリサントゥス 358
クリスチーナ(伊ボルセナの) 247
クリスチーナ(ベルギーの) 247
クリストデュール 104
クリストフ 282
クリストフォロ 249
クリストフォロス 249
クリスピニアヌス 357
クリスピヌス 357
クリソゴノス 392
クリュソゴヌス 392
クルー 301
グレゴリウス 34

ヴァレリー　150
ヴァレリー　414
ヴァレンタイン　71
ヴァレンティヌス　71
ウーアン　285
ヴァンサン・ド・ポール　322
ヴァンチュラン　116
ヴァンドリル　246
ヴィヴィアナ　404
ヴィギリウス(トリエントの)　215
ヴィクトール　244
ヴィクトリアン　111
ヴィクトリヌス(ペッタウの)　368
ヴィクトリノ(ペッタウの)　368
ヴィケンティウス(サラゴサの)　45
ヴィジフォルティス　243
ウィタリス　318
ヴィタリス　318
ヴィタリス　353
ヴィタリス(ガザの)　35
ヴィタル　150
ヴィトゥス　203
ヴィトリア　307
ヴィニバルト　424
ウィニフレッド　370
ヴィノック　374
ヴィリディアナ　57
ウィリブロード　375
ヴィルギリウス(ザルツブルクの)　396
ウィルフリード　343
ウィレアド　376
ヴィンセンテ・フェレル　127
ヴェラン　380
ヴェロニカ　60, 234
ヴェロニカ・ジュリアーニ　231
ヴェンセスラウス　323
ヴォルフガング　363
ウージェニー・スメ　64
ウシェール　77
ウスターズ　117
ウステーシュ　314
ウトリール　173
ヴナンス・フォルチュナ　420
ウーフェーミー　311
ヴラジーミル　236
ウルスラ　353
ウルバヌス(五世)　425
ウルフスタン　43
ウルフリク　77
ウルリク(アウグスブルクの)　227
ウンベルト　113
エイドリアン(カンタベリーの)　32
エーヴ　301
エヴァリスト　359
エヴァルド兄弟　334
エウゲニア　431
エウゲニウス(カルタゴの)　235
エウスタート　102
エウスタキウス　314
エウストキウム　324
エウセビウス　262
エウセビオ　262
エウフェミア　311
エヴラール　422
エウラリア　414
エウロギウス　99
エウロゲ　99
エグジュペール　156
エステル　165
エセルブルガ　230
エティエンヌ・ハーディング　139
エディット　311
エディット・シュタイン　269
エテルドレダ　211
エテルブルガ(バーキングの)　342
エドウィン　344
エドバード　160
エドベルト　160
エドマンド　388
エドムンド　388
エドワード(証聖王)　28, 345
エフレム　197
エマ　141
エミール　175
エミリアーノ　380
エミリー　314
エメ　77
エメ　308
エメリータ　407
エメリッヒ　371
エラ　57
エラスムス　190
エリアス　74
エリー・ジョレスト　146
エリギウス　403
エリザベート(ハンガリーの)　385
エリザベート(ポルトガルの)　226
エリザベス・シートン　27
エリザベト　372
エリシャ　202
エリゼ　202
エリック　171
エリヤ　243
エルヴェ　205
エルモ　190
エルンスト　375

アデル　430
アーデルハイト　422
アデルフ　306
アドリアノ　302
アドルフ　68
アナスタシア　98
アナスタシア　137
アナスタシア　274
アナスタシア　431
アナスタシウス一世　425
アニアン　147
アニケトス　139
アニシア　436
アビ　62
アブドン　256
アフラ　265
アベル　265
アポリナリス(ラヴェンナの)　247
アポリネール　307
アポロニア　66
アポロニウス　140
アポロン　97
アマルバール　40
アマルベルガ(ゲントの)　232
アマン　63
アムール　269
アメデ　118
アリアン　97
アリーヌ　353
アリエノール・ダキテーヌ　214
アリス　422
アリス(・ル・クレール)　33
アリスタルコス　264
アリスチッド　292
アルセニウス　241
アルヌール　240
アルノー　67
アルノルト　241
アルバン　89
アルフォンソ・マリア・デ・リグオリ　261
アルフォンソ・ロドリゲス　362
アルフレッダ　262
アルベルトゥス・マグヌス　383
アルメル　277
アレクサンドル　106
アレクサンドル・ネフスキー　291
アレクシウス　239
アレクシス(聖母のしもべ会七聖人)　74
アレッサンドロ・サウリ　342
アロイジオ(・ルイージ・ゴンザーガ)　209
アーロン　225
アンジェラ(フオリーニョの)　27
アンジェラ・メリチ　50
アンジェロ　159
アンジュラン　361
アンセルム　214
アンセルムス(カンタベリーの)　143
アンティム　149
アンデレ　399
アンデレ・キム・テゴン　315
アントニア　360
アントニウス(砂漠の)　40
アントニウス(洞窟の)　232
アントニウス(パドヴァの)　201
アントニウス(フィレンツェの)　156
アントニオ(パドヴァの)　201
アントニオ・マリア・クラレ　356
アントニオ・マリア・ザカリア　227
アントニノ(フィレンツェの)　163
アンドレ　399
アンドレ・ボボラ　170
アンドレ・ユベール・フルネ　166
アンドレア・アヴェリーノ　378
アンナ　251
アンブロシウス　411
イヴ　172
イヴィット　37
イヴォ　172
イグナチウス(アンティオキアの)　349
イグナチウス・デ・ロヨラ　256
イーゴリ二世　193
イザベル(ポルトガルの)　226
イザベル・ド・フランス　79
イザヤ　74
イザヤ　163
イシドルス(セビリアの)　126
イジドロ　169
イシドロ(セビリアの)　126
イダ　135
イッポリト　273
イネス・タケヤ　305
イリス　299
イルマ　299
イレーヌ　127
イレーヌ　352
イレール(アルルの)　159
イレネウス(リヨンの)　216
イレネー(リヨンの)　216
イレム　372
イングリッド　297
インデフォンソ　47
ヴァルタン　81
ヴァルデトルーディス　131
ヴァルブルガ　82
ヴァレリアノ　136
ヴァレリー　123

ユダヤ人　269
ユーモア作家　179
養鶏業者　57
幼児　304
妖術を使われた人　233
腰痛に苦しむ人　242
養蜂家　71, 280
ヨーロッパ　233, 269, 355

ら　行

ライダー　97
落石事故に遭った人　199
ラジオ　183
落下傘兵　325
ラテン・アメリカ先住民　111
ラ・ロシェル　36
ランス　85, 223
ランプ・電球製造業　418
リエージュ　311
陸軍兵士　183
リスボン　201
リッチフィールド　90
リッチモンド　322
リトアニア　91, 92, 429
リネンの織物業者　60
理髪師　285, 321, 369
リベットや釘の製造業者　301
リポン　343
リモージュ　218
流行病を患う人　85, 321
流産の危険性がある女性　112
リュート　390
リューマチに苦しむ人　36, 223, 230, 248
漁師　217, 314, 399, 433
良心的兵役拒否者　100
良心の呵責を感じている人　256
料理人　170, 253, 270
旅行者　69, 71, 107, 138, 201, 205, 249, 325, 414
リヨン　216
リンカーン　428
ルーアン　183
ルイジアナ州シュリーブポート　27
瘰癧に苦しむ人　301
ルガーノ　370
ルクセンブルク　91
ルーマニア　399
ルルド　75
冷害に苦しむ人　199
レーゲンスブルク　363
レジスタンス　37
レンガ職人　45, 217, 297
煉獄にある魂　304
牢獄の看守　273
労働者　107, 237
ろくろ工　190
ロシア　24, 399, 409
ローソク　433
ローソク商　411
ローソク職人　280
ロチェスターの教区　210
ローマ　43, 150, 179, 217, 236, 270, 289
ローマ教皇職　217
ロレーヌ地方　409
ロンドンのビール業者　435

わ　行

ワイン　433
ワイン商人　45, 199, 212, 266
ワイン生産者　378
若いカトリック信者　209
ワールドユースデイ　269

聖人名索引（ラテン語読み）

ア　行

アイルレッド　36
アヴェルタン　82
アウグスティヌス　288
アウグスティヌス(カンタベリーの)　180
アウレア　242
アウレリウス　243
アエギディウス　295
アカキウス　119
アガタ　61
アガピトゥス　279
アキレス　166
アグネス　44
アグネス(モンテプルチアノの)　142
アグラエ　167
アグリコラ(アヴィニョンの)　296
アゴバール　195
アーシュラ　353
アタナシウス　156
アタナシウス(アトス山の)　228
アダムナン　319
アダルベルト　146
アダルベルト(マクデブルクの)　208

プロヴァンス　212, 245
風呂屋　285
フロリダ　360
ブロワ　285
文筆家　433
兵士　145, 256, 316, 317, 358, 376, 378
平静な死を迎えたい人　247
ペスト、コレラなどの伝染病に苦しむ人　276
ペストなどの流行病に苦しむ人　209
ペストに苦しむ人　43, 145, 295, 297, 318, 370, 388
ベネヴェント　313
蛇(動物)に咬まれた人　203, 217, 300
蛇に遭遇した人　36, 105
ペルー　111, 283
ペルーの公衆衛生　369
ベル職人　52
ヘルニアを患った人　76, 321
ベルリン　347
弁護士　172, 210, 394, 409
弁士　307
編集者　54
弁証法学者　189
偏頭痛に苦しむ人　179, 196
法学部教授　172
帽子職人　59
帽子屋　155, 157
放射線技師　325
放射線療法医師　325
宝飾業者　403
紡績業者　59
紡績工　190, 199, 212, 394
紡績女工　61
法曹関係者　172
報道関係者　431
亡命者　347
法律家　30, 355
牧人　248
捕鯨家　169
保健所の職員　325
ボスコ・マレンゴ　152
ポーター　237
墓地で働く人　345
ホテル・旅館経営者　69
ホテル業者　212
ホテル従業員　369
ホテルの管理人　253
ボヘミア　194, 203, 323
ホームヘルパー　148
ホームレス　138
ポメラニア地方　224
ポーランド　92, 133, 277, 323, 429
捕虜　181, 373
ボルセナ　247
ポルトガル　201, 225, 226, 341
ボルネオ　405
ボローニャ　411
ポワティエ　36

ま　　行

マーシア　90
マダガスカル　322
まったく見込みのない者　175
マット職人　38
マドリード　314
マルセイユ　423
マルタ騎士修道会　370
マルタ島　212
ミドルスブラのローマカトリック教区　343
南アメリカ　283
未亡人　27, 49, 58, 97, 308, 422
ミュージシャン　59
身寄りのない外国人　34
ミラノ　199, 411
無実の罪で投獄されている囚人　291
無実の罪に苦しむ人　409
ムンバイ　405
瞑想的生活を送る人　245
雌牛　57
メディチ家　321
目と光　418
目を患う人　59, 300, 325, 332, 418
めまいに苦しむ人　212
メリーランド州　27
猛獣に襲われた人　59
盲人　200, 204, 225, 325, 387, 418
木彫家　360
物乞い　423
物を失くした人　201, 240
モラビア　323
森の動物たち　191
モンス　131
モンペリエ　276

や　　行

薬剤師　147, 157, 253, 321, 325
火傷に苦しむ人　150, 270, 433
野菜栽培業者　62
野生動物　59
薬局　325
宿を求めている人　107
病に苦しむ人　435
山番　314
郵便局員　325
郵便配達員　325

は　行

バイエルン　31, 230, 235
梅毒に苦しむ人　145
俳優　203, 338
パイロット　312
パヴィア　342
歯が痛い人　385
爆発物取り扱い者　406
橋の建築家　217
柱や塔などに関する職業　28
橋を渡る人　69
パスタ屋　167
麦角病患者　24, 40
バックパッカー　138
発熱に苦しむ人　94, 184, 406
馬丁　39
パドヴァ　201
花屋　62, 283, 331
花を栽培する人々　331
母親　287
刃物製造業者　270, 418
パリ　24, 339
パリ大学　394
パルクール・フリーランニングなどのスポーツをする人　78
バルセロナ　127, 414
バレリーナ　212
パレルモ　247, 298
ハンガリー　323
ハンセン氏病に苦しむ人　145
バンベルク　235
パン屋　385
パン焼き職人　59
ピエモンテ　317
皮革業　284
皮革業者　357, 360
皮革職人　357
非キリスト教徒と結婚したキリスト教徒　392
飛行機の乗客　312
ピサ　205
秘書　49, 147, 418
羊飼い　24, 69, 75, 108, 170, 212, 295
羊飼いの少女　61
ヒッチハイカー　138
ヒッピー　138
日照りに苦しむ人　67
ひどい悲しみに見舞われた人　199
独り身の老人　34
皮膚病患者　40, 69, 378
百日咳を患う人　59
病院　236, 322
美容院　245
病院関係者(医師、看護師)　46, 96
病院経営者　34, 428
病院職員　236
病気の子ども　212, 378, 391, 418
病気の巡礼者　281
美容師　321
病人　59, 70, 96, 130, 136, 144, 236, 322, 373, 437
ひょうやあられの被害に苦しむ人　212
疲労に苦しむ人　252
ビール製造業者　62, 193, 240, 270, 323
貧困に苦しむ人　62, 130, 201, 378
瀕死の病人　157
貧者　46, 239, 295
フィリピン　283, 405
フィレンツェ　163, 182, 199, 212, 251
夫婦仲の悪い人　175
不運に見舞われた人　296, 414
ブエノス・アイレス　378
不可能な夢をいだく人　175
武器　378
武器製造業者　270
武具師　317
服飾関係者　380
不幸な結婚に悩む妻　308
婦人病に苦しむ人　242
ブダペスト　319
二日酔いの人　404
復権を望む人　360
ブドウ栽培業者　24, 31, 45
ブドウ酒づくりをする人　245
不当な差別に泣く人　360
舞踏病に苦しむ人　203
ブドウを潰す職人　157
船乗り　124, 247, 409
船酔いで苦しむ人　190
不妊症の女性　124, 175, 179, 201, 290, 295, 391
ブラジル　201
ブラチスラヴァ　347
フラワーアーティスト　283
フランシスコ修道会　370
フランス　183, 325, 331, 339, 378
フランスのエリート校「エコール・ポリテクニック」 406
フランスの王太子　184
フランドル　204
ブリュッセル　325
ブルージュ　432
ブルゴーニュ　116, 212
ブルターニュ　172, 251
ブレッシャ　427

タクシー運転手(以前は辻馬車の御者) 290
旅芸人 69
ダブリン 191
ダブリンのローマ・カトリック教区 382
タラスコン 253
樽職人 199, 212, 230
炭鉱労働者 61, 405
ダンサー 203, 338
治安部隊 325
チェコ 323
チェスプレイヤー 346
チーズ商人 284
チチェスター 125
父親 107
乳房の病気(乳癌)に苦しむ人 61, 431
中傷に苦しむ人 58, 422
治癒を望む人 295
彫刻家 212, 350, 433
長命の人 217
長老者 361
著述家 47
通信・報道関係者 325
痛風に苦しむ人 230, 297
通訳 147
辻芸人 69
辻馬車の御者 306
壺作り 217
罪なく迫害されている者 385
釣り人 134
手足を骨折した人 140
テアティノの修道士 267
抵抗者 37
ディジョン 367
蹄鉄工 403
手織り業者 285
デザイナー 212
哲学 189
哲学者 51, 143, 189
哲学の学生 394
鉄格子職人 290
寺男 423
テレビ 369
テレビ・ラジオ局員 325
テレビ関係者 271
テレビ脚本家 271
てんかんに苦しむ人 71, 203, 295, 307, 310, 404, 433
天候 196
天候不順に悩まされた農民たち 296
伝染病患者 40
電報 183
デンマーク 42
天幕職人 48
天文学者 90, 268
伝令 325
ドイツ 193, 325, 378, 427
ドイツのカトリック系学校関係者 427
トゥールーズ 295
銅器製造業者 233
洞窟探検家 233
陶工 45
銅細工師 290
道徳教育家 261
盗難に遭った人 217
動物 334, 369
動物(鵞鳥と馬) 378
動物愛護協会 334
東方の修道院 24
毒を飲んだ人 233, 433
時計職人 217
登山者 184
図書館 327
図書館員 270, 394
ドライバー 97, 249
トリノ 212
トルコ 433
奴隷 53

な　行

内科医 350
内臓の病気に苦しむ人 190
流しの歌手 69
仲の良い兄弟 117
仲の良い夫婦 144
何をやってもうまくいかない人 175
ナポリ 86, 124, 164, 192, 245, 251, 313
ナミュール 333
縄編み職人 48
難破 217
新妻 422
にきびや腫れ物で悩む人 119
西インド諸島 283
二五歳以上で独身の女性 394
日本 325
乳児 57
ニュルンベルク 295
庭師 44, 62, 290
妊産婦 62, 73
妊婦 82, 204, 251, 256, 291, 414, 426
熱病に苦しむ人 85, 123, 201, 223, 233, 253, 256, 270, 399
眠気に襲われた人 203
農業 196
農民 40, 59, 126, 196, 212, 248, 320
喉を患う人 59, 211, 349, 354, 399, 418
ノラ 37

職業選択に悩む人　209
贖罪僧　261
食料品店で働く人　325
女工　251
助祭　432
助産婦　252, 291, 321
女子教育　50, 394
女子大教員　50
女子中高教員　50
処女　409
処女性　217
女性　24
女生徒　353
書店　96
書店員　394
神学　411
神学者　51, 143, 237, 288, 394
神学生　84
神学科　327
神経の病を抱えた人　284
人種間の調和　369
人種差別　369
紳士用品店　290
人生の危機に直面した人　62
心臓病の人　346
親族の犯した罪に悩む人　207
身体障害者　295
新婦　308
森林労働者　234
新郎　347
新郎新婦　62, 424
スイス　109
水難事故に遭った人　158
水夫　45
スウェーデン　72, 112, 171, 246
スケートをする人　136
スコットランド　197, 384, 399
スコットランドにいるアイルランド人　197
頭痛に苦しむ人　94, 123, 165, 195, 212, 252, 339, 431, 432
捨て子　172
スーパーで働く人　325
スペイン　126, 248, 346
スペインの作家　346
すべてに絶望した者　175
スポーツ選手　43
スリッパ作り職人　59
聖歌　411
税関職員　316
聖餐兄弟団　170
聖餐式　170
政治犯　274
青少年一般　209
青少年関係の教育者　54
聖職者　84
精神疾患の患者　34, 36
精神修養者　256
精神的な救いが必要な人　212, 322, 346
精神を病む人　144, 168
精肉業　40, 145, 167, 217, 284, 350, 423
青年　84
聖パウロ天使修道女会　227
聖バルナバ修道会　227
製粉業者　240, 247, 394
製本業者　96, 197
税吏　316
赤十字　236
咳を患う人　59
説教者　127, 173, 395
石工　127, 167, 212, 217, 225, 391, 432
斥候　325
絶望した人　247, 360
セビリア　391
船員　108, 217, 335, 414
宣教師　274, 331, 425
戦士　43
染色業者　212, 230, 263, 278, 360
戦争に苦しむ人　199
戦争に反対する者　226
戦争の渦中にいる人　278
洗濯女　60
洗濯屋　137, 270
戦闘員　325
旋盤工　190
腺ペストに苦しむ人　249
惣菜屋（デリカテッセン）　157
装丁家　96, 350
装丁業　284
測量技師　225
組織者　140
訴訟に苦しむ人　199
卒中に襲われた人　96, 127, 212
染物職人　317
ソルボンヌ大学　32
ソワッソン　357

た　行

大英帝国　145
大学　327, 394
大学教員　51
大家族　422
大工　94, 99, 107, 127, 157, 212, 225, 290
大地の豊饒　82
逮捕された人　147
大理石細工師　391
鷹匠　282

災難　405
罪人　247
裁判官　172
サヴォワ　317
魚の骨が喉につかえた人　59
魚屋　217
酒屋　409
左官　225, 360
左官業　59, 284
指物師　251
挫折した人　360
サセックス　125
雑貨商　411
ザルツブルク　114, 317
ザルツブルク大学　370
サルディニ　317
ざる職人　40
サレジオ会員　417
サン・クルー　301
サンクトペテルブルク　360
三〇歳をすぎても独身の男性　409
サント・ジュリエンヌ　73
産婦　57, 373
サンモリッツ　317
痔・性病にかかった人　290
シエナ　150
ジェノヴァ　212, 342
耳炎に苦しむ人　310
塩商人　284
歯科医　66
シカゴ　360
司教　111
死刑囚　113, 212
事故に遭った人　57
司祭　264
刺繍職人　271, 285
刺繍女工　60
司書　327
シシリア　399
詩人　24, 197, 213, 390, 420
地震に遭った人　61, 179, 341
私生児　57
自然　191
慈善家　46
慈善事業　322
慈善病院　385
仕立て屋　59, 193, 268, 380, 409
仕立て屋(デザイナー)　167
舌に障害のある人　200
下働きの女性　60
質屋　409
市長　297
シチリア島　245
耳痛で苦しむ人　80
歯痛に苦しむ人　66, 196
実家を離れた若者　325
実業家　380
執達吏　172
自動車関係者　249
死にゆく人　43, 233, 304, 325, 394
死の恐怖に怯える人　406
司法官　30
司法関係者　62
ジャーナリスト　47
社会主義を求めている人　107
社会正義　369
社会福祉ボランティア　103
射手　43, 353
写真家　60
就学年齢の子ども　282
従軍司祭　355
囚人　31 181, 276, 322, 372, 373, 405, 426
絨毯職人　48
修道会　212
修道会に拒否された人　58
修道士　162
修道女　245
手芸材料店　155
出血した人　289, 418
出産する女性　94
出産痛に苦しむ人　62
出版人　47
授乳する母　295
主婦　251, 253
腫瘍患者　69
狩猟者　76, 77
シュレージェン　347
殉教者　269
純潔さを祈願する人　51
巡礼　248
巡礼者　69, 138, 239, 249
少女　44, 228, 353, 394
醸造業者　266, 288
上智大学(日本)　405
少年　98
少年少女　54
少年聖歌隊員　98
少年の軽犯罪者　98
少年労働者　274
娼婦　79
消防士　158, 406
消耗性熱病に苦しむ人　252
ジョージア(グルジア)　421
女学生　353
女学校　353
書記　147

義父母　422
キプロス島　199
弓術家　247
窮乏した人　360
教育者　32, 356, 425
教員　129, 233
教会法学者　30
狂気に陥った人　203, 295
狂犬病に苦しむ人　203, 253, 339, 426
教師　241, 297, 353, 394
虚弱者　397
魚網職人　399
ギリシャ　399, 409
ギリシャ(とくにテサロニキ)　358
キリスト教　217
金銀細工師　61
銀行員　316, 325
銀行家　316, 325
悔い改めた罪人　113
悔い改めた娼婦　245, 264, 418
靴職人　357
靴屋　357
首を患う人　211
クラクフ　347
グラナダ　96
クリミア　391
クリモナ　380
グルノーブル　123
車大工　394
軍隊　317
景観　325
警察　360
警察官　351
警備員　316
刑吏　302
けいれんに苦しむ人　165, 310, 399
毛織物業者　59
外科医　276, 311, 321, 350
怪我人　157
毛皮商　212
怪我をした人　283
ケーキ職人　157
結核に苦しむ人　252, 331
結石に苦しむ人　233
ケープタウン　405
下痢に苦しむ人　190, 414
ケルト人　89
ケルン　252, 353
研究者　51
検事　172
建築家　127, 212, 225, 233, 405, 406, 425
建築業者　59, 99, 432
剣闘士　23, 286
ゴア　405
恋人たち　71
コインブラ　226
皇后　422
広告業者　173
鉱山　114
鉱山関係者　251, 278
鉱山労働者　114, 251
甲状腺腫を患う人　59
公証人　147, 350
高所で働く人　28
香水商　409
洪水に遭った人　134, 158, 391
高速道路　212
香づくりをする人　245
公的教育　369
荒天に苦しむ人　245
強盗に遭いそうな人　373
高熱に苦しむ人　163, 181, 217, 310, 416
坑夫　62, 233, 406, 424
膏薬づくりをする人　245
高齢者　397
声のかすれに苦しむ人　212
護教論者　189
黒人　369
黒人奴隷　303
獄吏　302
孤児　65, 239, 269, 322, 353, 385
乞食　385
子育てに悩む人　175
骨折に苦しむ人　217
言葉の不自由な人　195
子ども　57, 62, 165, 237, 249, 256, 289, 291, 409
子どものいない夫婦　308
子どもの教育に携わっている人　287
子どもの授からない母親　251
木挽き職人　372
小間物商　285
古文書館員　270
コーラス歌手　98
コルシカ島　342
コロンビア　325
混血児　369
コンスタンチノープル　307
昆虫害に苦しむ人　426
困難な状況に置かれてしまった人　314
梱包業者　290
婚約したカップル　44

さ　　行

災害に見舞われた人　295
再婚者　422

ＨＩＶ(エイズ)に苦しむ人　331
栄養士　253
疫病に苦しむ人　201, 296, 336
エコロジスト　334
エジンバラ　295
エスペラント語学習者　281
園芸家　283
炎症に苦しむ人　233
演説家　173, 307
煙突掃除人　212
鉛筆製造業者　51
オーヴェルニュ　344
黄金探索者　278
大雨に遭った人　289
幼くして死んだ子ども　27
お産に苦しむ妊婦　190
オーストリア　31, 317
オセアニア　149
夫の不貞に苦しむ妻　308
おできに苦しむ人　301
お手伝いさん　95, 148
落し物をした人　322
お針子　212
織物業者　31, 48, 317, 356, 360, 378, 399
オルヴィエート　74
オルガン　390
オルガン奏者　376
オルレアン　183
音楽　181, 390
音楽家　140, 212, 376, 386, 390

か　行

会計士　316
外交官　325
外国宣教師　405
改悛した罪人　245
害虫駆除業者　300
害虫に悩む人　245
海難事故に遭った人　39, 190, 201, 335
顔の皮膚病に苦しむ人　145
画家　350
科学者　383
鍵を失くして困っている人　148
学業成就を祈願する人　51
家具職人　94, 107, 217, 225
学生　51, 84, 327, 409
学生のイエズス会士　209
学童　233
かご職人　38, 40
火災に遭った人　158, 270
火山の噴火に遭った人　283, 313
菓子職人　270
火事に遭った人　61, 150, 181, 295, 314, 318
鍛冶家　57, 167, 212, 295, 302
歌手　212, 297, 376, 399, 420
家政婦　253
家畜　40, 57, 59, 190, 212, 276, 300, 373, 411
家畜の病気に悩む人　145, 190, 201, 252, 256
学校　129
活字鋳造職人　217
甲冑　378
かつら屋　285
家庭教育　50
家庭教師を含む教育者　319
家庭の主婦　289
家庭不和に悩む人　283, 314
カトリック系学校　27, 256
カトリック系出版人　427
カトリック系の寄宿学校　256
カトリックの出版物　356
カナダ　35, 251
鐘や鈴の鋳物職人　61
寡婦　251
カプチン会　244
雷に遭った人　203
ガラス製造業　217, 350, 418
ガラス屋　147
体が不自由な人　204
カリフォルニア　298
カルメル会　370
皮職人　378
皮なめし業者　59, 157, 360
眼科医　418
監禁された人　147
看護人　69, 103, 236
看護婦　61, 69, 103, 236, 394
カンタベリー　32, 180
癌に苦しむ人　295
旱魃に見舞われた人　83, 282, 295
眼病に苦しむ人　223, 230, 245
管理人　270
喜劇役者　179
きこり　360
既婚女性　287
騎士　145, 325
生地業者　263
騎士修道会　317
騎手　39
旗手　378
偽証を避けたい時　165
奇跡のメダル　397
気絶した人　71
北オーストリア　158
切手収集家　325
絹糸織工　237
絹商人　434

ユダヤ教の祭司のかぶる二角帽　372
指輪を口にくわえた魚　240
ユリ　50, 112, 150, 201, 251, 325, 414
ユリの杖　118
ユリの花　142, 179
ユリの花冠　390
よみがえらせた死者　133

ら　行

ライオン　92, 203, 327, 349
ライオンなどの野獣　318
竜　36, 242, 325, 376, 377
漁師の網　399
リンゴ　62
レンガ積み職人のコテ　424
ロザリオ　35, 50, 148, 152
ローソク　112, 246, 418
ローマ教皇の衣服　200
ローマの三角帽　256
ローマ兵士の甲冑　358
ロールパンが入ったかご　304

わ　行

ワイン　266
鷲　420, 433
割れたグラス　233

守護する対象別索引

あ　行

愛の占い　406
アイルランド　57, 105, 197
アヴィニョン　296
アカデミー・フランセーズ　285
アガルタラ　405
赤ん坊　134
アクスム　359
アクセサリー屋　157
悪天候に見舞われた人　295
悪魔憑きに苦しむ人　203, 234, 339
足の病気に苦しむ人　217, 433
頭が痛い人　127, 404
アッシジ　334
アブルッツィ　84
編紐製造業者　346
雨が降らず悩んでいる人　386
雨の被害に苦しむ人　104
誤って告発された人　62
嵐に遭った人　67
アルコール中毒者　212
アルプス猟騎兵　317
アルメニア　360
アルル　253
アレクサンドリア　215
安産を願う妊婦　242, 417
イエズス会士　256, 362
医学　321
イギリス　325
イコン製造業者　202
医師　59, 252, 276, 285, 321
石切り業者　59
異人種間に生まれた人　369
イスタンブール　276, 358
イタリア　40, 150, 325, 334
イタリア女性　170
イタリアの商人　334
イナゴの害に苦しむ人　144, 252
胃病に苦しむ人　190, 363
移民　428
癒しを行う人　246
医療関係者　252
イングランド　145
印刷業者　96, 288
インスブルック　251, 427
インド　225
隠遁者　124, 205, 256
ヴァレッタ　152
ウェールズ　89
ウェールズの歴史家　52
ウェストファーレン・ライン地方　114
飢えに苦しむ人　82
ヴェネチア　147, 358, 418
ヴェネチアの家父長制　299
ヴェネチアの樽業者　435
ヴェルサイユ　285
ヴェルチェリ　262
ヴェローナ　134
ウクライナ　380, 399
牛や羊など角のある家畜　310
疑いが心に兆した人　107
宇宙飛行士　312
乳母　252
馬　273, 317
馬の医者　403
馬の御者　125
ヴュルツブルク　230
ウルグアイ　155
映画館経営者　212

天使　316
天秤　325
塔　28
投獄されたときに天使が解いた鎖　216
トウモロコシ　82
時計　353
鳥　71

な　行

ナイフ　284
長い髪　245
長槍　392
二頭のライオン　38
庭師のスコップ　290
二羽の鷲鳥　114
脱いだ王冠　92
ノコギリ　157, 360
のみ　298

は　行

歯からなる首飾り　63
白衣　150
白馬　145, 378
ハサミ　61, 381
梯子　118
柱　28, 404
バスケット　276, 290
鉢　73
蜂の巣　280
バッグ　148
鳩　297, 411
鳩型の聖体器　85
花かざりが先端についた十字架　41
葉の生えた棒　249
バラ　41, 62, 71, 136, 175, 226, 283, 331, 385
バラの冠　298
歯を挟んだペンチ　63
パン　385
パンかご　198
パンをくわえたカラス　38
光を放つ聖体顕示台　271
羊　94
羊用ブラシ　59
皮膚　284
ヒマワリ　130
ひょうたん　49, 276
開いた本　251, 313, 356
瓶　325
福音書　350, 399
ブドウ搾り機　117
船　216, 353
船の形の炎　80
フラスコ　325
フランシスコ会の僧服　355
振りかざされた十字架　244
兵士の制服　317
蛇　36, 105
ベルトの留め金　239
ペン　49, 126, 143, 147, 189, 316, 346, 383
弁護士の服　172
ペンチ　403
棒　62, 300, 325
ほうき　102, 184, 254, 369
芳香の入った薬瓶　252
帽子　314
矛　167, 360
星　268
ホタテ貝　248, 276
炎　256
本　→　書物
本(『マタイ伝』)　199
本に突き刺さった剣　193

ま　行

巻き上げ機　190
巻きろくろ　190
マント　30, 79, 124, 165, 378
真ん中に「ＩＨＳ」の文字がある放射状に光を
　放つ円盤　173
三日月を刺した剣　374
水桶　158
水差し　254, 361
三つある窓の塔　406
三つのパン　148
三つ葉のクローバー　105
ミツバチ　175
ミツバチの巣箱　307, 411
未亡人の服　309
未亡人の喪服　287
鞭　78, 102, 370, 411
牝鹿　112
雌鹿　295
目玉　332
メダル　397
目をくりぬくための錐　332
燃える心臓　182
燃えるローソク　25
物差し　381

や　行

矢　43, 247, 295, 353
焼き網　45
矢に射抜かれた心臓　346
槍　167, 225, 311, 325, 360, 360, 376
有翼の雄牛　350
有翼の人間　316

子犬　79
香壺　245
皇后の冠　422
コウノトリ　296
香炉　372, 432
黒衣　256
子羊　44, 142, 212, 391
子豚　40
壊れた車輪　394
こん棒　157, 335

さ　　行

財布　91, 102, 270, 316, 381
逆さの十字架　216
魚　134, 216
魚を持った青年　325
ザクロ　96
皿にのせた乳房　61
皿にのったふたつの眼球　418
三人の男の子の入った樽　72
三本の穂麦　82
鹿　314
司教冠　374, 375
司教杖(棒)　123, 308, 363, 374, 375
司教のマント　307
司教服　356, 361, 363, 368
司教帽　356
司祭の平常服(スータン)　434
七星(プレイヤード)　123
笏　422
十字架　50, 83, 150, 227, 242, 246, 278, 298
十字架の形のローソク　59
十字架を抱いた姿　231
修道院　408
修道院長杖に結んだヴェール　426
修道会会則書　50
修理している靴と靴型　357
シュロ　242, 368, 414, 432, 435
シュロの枝　139, 146, 404
シュロの杖　406
シュロの葉　38, 165, 313
シュロの実　38
巡礼者の杖　106, 239, 246, 248, 276
巡礼服　239
贖罪を示す鞭　79
書物　24, 31, 48, 51, 67, 78, 79, 80, 85, 94, 112, 126, 127, 147, 150, 159, 165, 200, 242, 246, 296, 298, 336, 346, 360, 383, 385, 387, 394, 413, 420, 422, 426
白い犬　280
白い僧服　280
白い鳩　67, 307, 414
白い鎧　183
白ユリ　183
真珠　338
心臓　150, 246
枢機卿のマント　291
枢機卿帽　78
頭蓋骨　78, 79, 298, 336, 370
犂　91
頭上の炎　127
鈴　40
炭　61
星球武器　146
聖痕　150, 334
聖体顕示台　194
聖体のパン　227
聖杯　227
正方形の四辺にそれぞれＴの字を立てたようなマーク　90
聖母マリアの肖像　413
聖母マリアの投げた帯　225
聖油瓶(アンプル)　85
赤十字　145, 353
背中の翼　127
僧帽　172

た　　行

大工の定規　106
大司教の装束　435
たいまつ　45, 62, 418
ダイヤモンド　416
薪の山　414
盾　325, 376, 392
短剣　323, 418
地に投げ捨てられた司教冠　280
チュニック風衣装　432
杖　30, 94, 296, 344, 385, 411, 423
翼　312
翼のあるドラゴンと折れた槍　145
翼のあるライオン　147
壺　385
釣竿　134
剣　48, 73, 146, 165, 167, 189, 230, 253, 302, 325, 335, 360, 392, 394, 435
ティアラ　200
Ｔ型十字架　40
蹄鉄　403
剃髪　197
手かせ　373
鉄網　270
鉄櫛　242
鉄板　45
鉄床　302
手に持った首　339
手の上の炎　127

アトリビュート別索引

あ　行

アイルランド国旗である銀地に赤のＸ十字　105
赤い十字架　355
赤い布　432
あごひげ　253
葦　117
足かせ　373
油壺　431
油瓶を乗せた書物　82
雨　83
雨をふせぐ鷲　196
アントニウス(Ｔ形)十字架　155
イエスから与えられた天国への扉の鍵(ふたつの場合は結ぶ鍵と解く鍵)　216
イエズス会士の僧服　362
イエズス会の会憲を定めた本　256
イエスの聖心　387
イエスの名前(ＩＨＳ)をしるした心臓(ハート)　417
錨　391
石　165, 199, 432
石臼　45, 247
犬　203, 276, 367
茨の冠　150, 175, 182, 231
医療器具　321
インク壺　316
隠遁者の服装　174
ヴェール　436
馬　39
ウルガタ聖書　49
Ｘ型の十字架　399
オイルランプ　203
王冠　43, 91, 323, 344
雄牛　95, 398, 437
王杖　91
狼　388
大きなパン　155
幼子イエス　201
雄鹿　69
同じ皿で食べる犬・ネコ・鳥・ハツカネズミ　369
斧　62, 167, 189, 302, 360
帯　165, 254
オリーブの枝　199
オリーブの冠　46
オール　69, 360
オルガン　390
雄鶏　203

か　行

貝殻　437
階段　239
外套　212
貝を持つ天使　288
画家のパレット　350
鍵　148, 184, 367, 373
鍵束　254
鵞鳥　378
金槌　298
鵞ペン　394, 420
「神の子羊を見よ」という言葉の書かれた巻物　212
カラス　45
ガラスの破片　45
カルメル会の制服　346
皮カバン　172
冠　376, 394, 406
騎士の衣装　317
騎士の姿　302
教会　51, 363
教会の模型　102
教皇冠　139, 297, 345, 377, 425
教皇十字　377
教授のガウン　429
教会　363
金色の後光につつまれた白い鳩　89
金貨　91
巾着型の財布　106
金の三角定規に黒の十字架を配したパリウム(帯状の肩掛け)　156
銀の梯子の周りを回っている金のドラゴン　95
銀の刃の金の剣　95
金の指輪　239
鎖　73, 349, 373
鎖かたびら　77
鎖でつながれた足元の悪魔　194
クジャク　406
鯨　169
口にたいまつをくわえた犬　268
首にくくりつけられた碾き臼　345
首の周りの縄　370
熊　388
クロウタ鳥　191
軍旗　317, 355
軍旗の鷲　323
ケルト系修道院長の牧杖　197
建築家が持つＴ型定規　225

■聖人名6ヵ国語表記対照表（12使徒）

日にち	本書見出し（ラテン語）	英語	フランス語	イタリア語	ドイツ語	スペイン語	ロシア語
5/1	聖フィリポ	Philip（フィッリップ）	Philippe（フィッリップ）	Filippo（フィリッポ）	Philipp（フィリップ）	Felipe（フェリペ）	Filipp（フィリープ）
5/3	聖（小）ヤコブ	James (the Less)（ジェイムズ〈・ザ・レス〉）	Jacques (le Mineur)（ジャック〈・ル・ミヌール〉）	Giacopo（ジャコポ）／Jacopo（ヤコポ）	Jacob／Jakob（ヤーコプ）	Jacobo（ハコボ）	Yakov（ヤーコフ）
5/14	聖マッテヤ	Matthias（マシアス）	Matthias（マティアス）	Mattia（マッティア）	Mathias／Matthias（マティアス）	Matías（マティアス）	Matvei（マトヴェーイ）
6/29	使徒聖ペトロ	Peter（ピーター）	Pierre（ピエール）	Pietro（ピエトロ）	Peter（ペーター）	Pedro（ペドロ）	Pyotr（ピョートル）
7/3	使徒聖トマス	Thomas（トマス）	Thomas（トマ）	Tommaso（トンマーゾ）	Thomas（トーマス）	Tomás（トマス）	Foma（フォマ）
7/25	聖（大）ヤコブ	James (the Greater)（ジェイムズ〈・ザ・グレーター〉）	Jacques (le Majeur)（ジャック〈・ル・マジョール〉）	Giacomo（ジャコモ）	Jacob／Jakob（ヤーコプ）	Diego（ディエゴ）／Jacobo（ハコボ）／Jaime（ハイメ）	Yakov（ヤーコフ）
8/24	聖バルトロマイ（バルトロメオ）	Bartholomew（バーソロミュー）	Barthélemy（バーテルミー）	Bartolomei（バルトロメイ）／Bartolomeo（バルトロメーオ）／Bartolommeo（バルトロンメーオ）	Bartholomäus（バルトロメーウス）	Bartolomeé（バルトロメ）	Varfolomei（ヴァルフォロメイ）
9/21	（福音書記者）聖マタイ	Matthew (the Evangelist)（マシュー〈・ジ・エヴァンジリスト〉）	Matthieu (l'Évangéliste)（マチュー〈・レヴァンジリスト〉）	Matteo（マッテオ）	Matheus、Mtthäus（マテウス）／Matthias（マティアス）	Mateo（マテオ）	Matfei（マトフェーイ）
10/28	聖ユダ（タダイのユダ、ヤコブの子のユダ）	Jude（ジュード）	Jude（ジュード）	Giuda（グイーダ）	Judas（ユーダス）	Judá（フーダ）	Iuda（イウーダ）
10/28	聖シモン	Simon（サイモン）	Simon （シモン）	Simone（シモーネ）	Simon（ジーモン）	Simón（シモン）	Simeon （シメオーン）
11/30	聖アンドレ（アンデレ）	Andrew（アンドリュー）	André（アンドレ）	Andrea（アンドレア）	Andreas（アンドレーアス）	Andrés（アンドレス）／Andreu（アンドレウ）	Andrei（アンドレーイ）
12/27	（福音書記者）聖ヨハネ	John (the Evangelist)（ジョン〈・ジ・エヴァンジリスト〉）	Jean (l'Évangéliste)（ジャン〈・レヴァンジリスト〉）	Giovanni（ジョヴァンニ）	Hans（ハンス）／Johann（ヨーハン）／Johannes（ヨハンネス）	Juan（フアン）	Ivan（イヴァン）／Ioann（イオアン）

■聖人名６ヵ国語表記対照表（14救難聖人）

日にち	本書見出し（ラテン語）	英語	フランス語	イタリア語	ドイツ語	スペイン語	ロシア語
2/3	聖ブラシウス（ブレーズ）	Blaise（ブレイズ）	Blaise（ブレーズ）	Biagio（ビアッジオ）	Blasius（ブラジウス）	Blas（ブラス）	Vlasii（ヴラーシー）
3/31	聖アカキウス	Agathius（アガシウス）	Acace（アカース）	Acacio（アカッチオ）	Achatius（アカシウス）	Acacio（アカッシオ）	Akakii（アカーキー）
4/23	聖ゲオルギウス	George（ジョージ）	Georges（ジョルジュ）	Giorgio（ジョルジョ）	Georg（ゲオルク）	Jorge（ホルヘ）	Georgii（ゲオルギイ）
6/2	聖エラスムス（エルモ）	Erasmus〈Elmo〉（エラスムス〈エルモ〉）	Érasme〈Élme〉（エラスム〈エルム〉）	Erasmo（エラスモ）	Erasmus（エラスムス）	Erasmo（エラスモ）	Erazm（エラズム）
6/15	聖ヴィトゥス	Vitus〈Guy〉（ヴィタス〈ガイ〉）	Vite〈Guy〉（ヴィト〈ギー〉）	Vito（ヴィート）	Veit（ヴェイト）	Vito（ヴィート）	Vit（ヴィト）
7/20	（アンティオキアの）聖女マルガリタ（マリナ）	Margaret(of Antioch)（マーガレット〈・オブ・アンティク〉）	Marguerite(d'Antioche)（マルグリット〈・ダンディオッシュ〉）	Margherita（マルゲリータ）	Margareta（マルガレータ）	Margarita（マルガリータ）	Margarita（マルガリータ）
7/25	聖クリストフォロス（クリストフォロ）	Christopher（クリストファー）	Christophe（クリストフ）	Cristoforo（クリストフォロ）	Christoph（クリストフ）／Christophorus（クリストフォルス）	Cristóbal（クリストバル）	Khristofor（フリストフォール）
7/27	聖パンタレオン（パンタレオヌス）	Pantaleon（パンタリオン）	Pantaléon（パンタレオン）	Pantaleone（パンタレオーネ）	Pantaleon（パンタレオン）	Pantaleone（パンタレオーネ）	Panteleimon（パンテレイモン）
8/8	聖キュリアクス	Cyriacus（シリアカス）	Cyriaque（シリアク）	Ciriaco（チリアコ）	Cyriacus（シリアクス）	Ciríaco（シリアコ）	Kiriak（キリアーク）
9/1	聖ジル（ギレス、アエギディウス）	Giles（ジャイルズ）	Gilles（ジル）	Egidio（エジディオ）	Gilles（ギレス）	Gil（ヒル）	Egidii（エギージー）
9/20	聖エウスタキウス（ウスターシュ）	Eustace（ユスタース）	Eustache（ウスタージュ）	Eustachio（エウスタキオ）	Eustachius（エウスタシウス）	Eustaquio（エウスタキオ）	Evstafii（エフスタフィー）
10/9	聖ドニ（ディオニシウス）	Denis（デニス）	Denis（ドニ）	Denis（デニ）	Denis（デニス）	Denis（デニ）	Deni（デニ）
11/25	（アレクサンドリアの）聖女カタリナ	Catherine(of Alexandria)（キャサリン〈・オブ・アレクサンドリア〉）	Catherine(d'Alexandrie)（カトリーヌ〈・ダレクサンドリ〉）	Caterina（カテリーナ）	Katharina（カタリーナ）／Katherine（カテリーネ）	Catalina（カタリーナ）	Ekaterina（エカテリーナ）
12/4	聖女バルバラ	Barbara（バーバラ）	Barbara(Barbe)（バルバラ〈バルブ〉）	Barbara（バルバラ）	Barbara（バルバラ）	Bárbara（バルバラ）	Varvara（ヴァルヴァーラ）

鹿島　茂（かしま・しげる）

フランス文学者、評論家、エッセイスト、明治大学国際日本学部教授。1949年横浜市生まれ。1973年東京大学仏文科卒業。1978年同大学院人文科学研究科博士課程単位取得満期退学。専門は19世紀フランスの社会・小説。古書コレクターとしても知られる。
主な著書に『馬車が買いたい！』『モンマルトル風俗事典』（以上 白水社）、『文学的パリガイド』『フランス文学は役に立つ』（以上 日本放送出版協会）、『パリの秘密』『パリの日本人』（以上 中公文庫）、『子供より古書が大事と思いたい』『大読書日記』（以上 青土社）ほか多数。
Twitter アカウント @office_kashima、@_kashimashigeru
Facebook　https://www.facebook.com/kashimashigeru

聖人366日事典

2016年11月30日　初版印刷
2016年12月10日　初版発行

著　　者　鹿島　茂
発 行 者　大橋　信夫
発 行 所　株式会社 東京堂出版
〒101-0051　東京都千代田区神田神保町1-17
電　話　(03)3233-3741
振　替　00130-7-270
http://www.tokyodoshuppan.com/
D　T　P　株式会社オノ・エーワン
装　　丁　坂川栄治＋鳴田小夜子（坂川事務所）
イラスト　岸リューリ
印刷・製本　東京リスマチック株式会社

ISBN978-4-490-10883-5 C0516